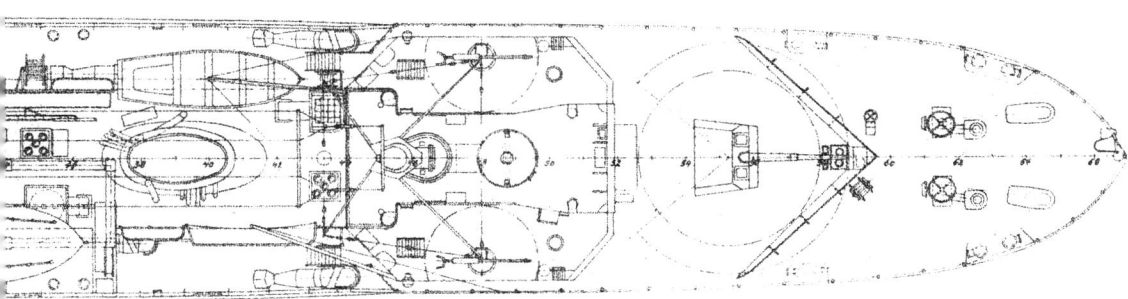

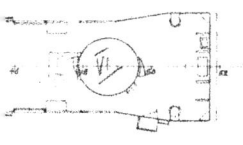

...l - u. Artilleriestand

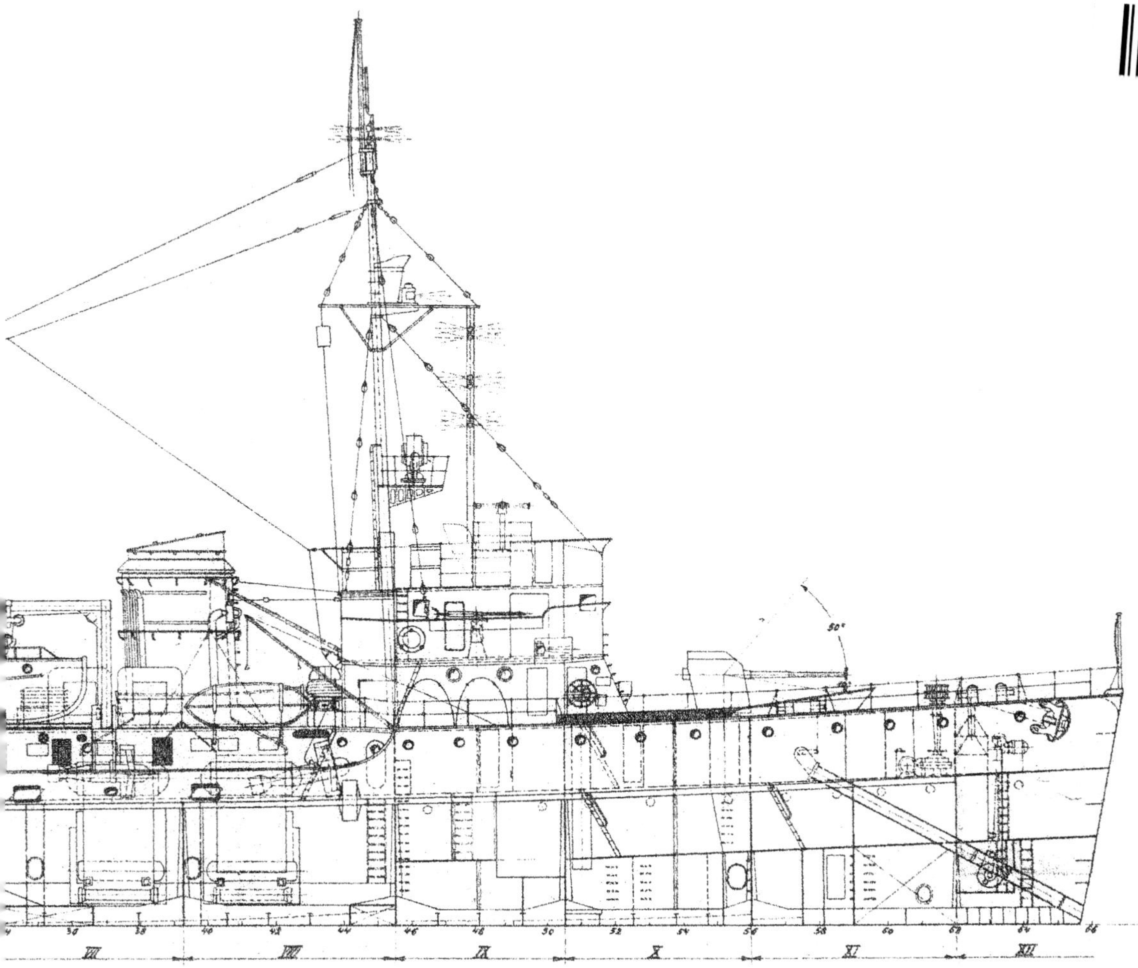

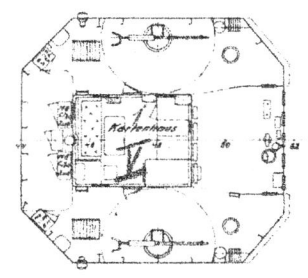

Kommandobrücke

Sigurd Hess – Guntram Schulze-Wegener – Heinrich Walle

Faszination See

50 Jahre Marine der Bundesrepublik Deutschland

Glasfenster über dem Haupteingang der Marineschule Mürwik mit dem deutschen Reichsadler. Seit neun Jahrzehnten durchschreiten alle Offizieranwärter diesen Eingang. Wie schon die Kaiserliche Marine repräsentiert auch die heutige Marine das gesamte Deutschland   (Slg. Walle)

Wie unpassend, diesen Planeten Erde zu nennen,
wenn er doch ganz klar ein Ozean ist.

(Arthur C. Clarke, geb. 1917)

I must go down to the seas again, to the lonely sea and the sky,
And all I ask is a tall ship and a star to steer her by …

(Aus »Sea Fever« von John Masefield, 1878–1967)

Sigurd Hess – Guntram Schulze-Wegener – Heinrich Walle

Faszination See

50 Jahre Marine der Bundesrepublik Deutschland

Herausgegeben im Auftrag des Deutschen Marine Instituts

Seit 1789

Verlag E. S. Mittler & Sohn GmbH

Hamburg · Berlin · Bonn

Bildnachweis:

IMZBw:	Informations- und Medienzentrale der Bundeswehr
PIZ-Marine:	Presse- und Informationszentrum der Marine
Slg. Arendt:	Sammlung Konteradmiral a.D. Rudolf Arendt
Slg. DMI:	Sammlung Deutsches Marine Institut
Slg. HDW:	Sammlung Howaldtswerke Deutsche Werft
Slg. Hess:	Sammlung Konteradmiral a.D. Dr. Sigurd Hess
Slg. Hupfeld:	Sammlung Fregattenkapitän Werner Hupfeld
Slg. IABG:	Sammlung der Firma IABG
Slg. Mannhardt:	Sammlung Kapitän z.S. Dipl.-Ing. Jürgen Mannhardt
Slg. Salewski:	Sammlung Professor Dr. Michael Salewski
Slg. Schütz:	Sammlung Dipl.-Ing. Heinrich Schütz
Slg. TKMS:	Thyssen Krupp Marine Systems
Slg. Walle:	Sammlung Dr. Heinrich Walle
WGAZ-MSM:	Wehrgeschichtliches Ausbildungszentrum Marineschule Mürwik

Umschlagvorderseite: Flugabwehrfregatte SACHSEN (Blohm + Voss)
Umschlagrückseite: SK Schnellboot S 46 FUCHS der Klasse 148 vor Korsika (Slg. Mannhardt)

Nicht bei allen Fotos konnten die Inhaber der Bildrechte ermittelt werden.
Der Verlag bittet freundlich um Kontaktaufnahme:
Verlagsgruppe Koehler/Mittler
Striepenweg 31, 21147 Hamburg

Ein Gesamtverzeichnis der lieferbaren Titel
der Verlagsgruppe Koehler/Mittler schicken
wir Ihnen gern zu. Senden Sie eine E-Mail mit
Ihrer Adresse an: vertrieb@koehler-mittler.de
Sie finden uns auch im Internet unter:
www.koehler-mittler.de

Bibliografische Information Der Deutschen Bibliothek
Die Deutsche Bibliothek verzeichnet diese Publikation in
der Deutschen Nationalbibliografie; detaillierte bibliografische
Daten sind im Internet über http://dnb.ddb.de abrufbar.

ISBN 3-8132-0838-9

© 2005 by Verlag E.S. Mittler & Sohn GmbH, Hamburg, Berlin, Bonn
Alle Rechte, insbesondere das der Übersetzung, vorbehalten.
Marketing: Rainer Metzner, Alexander Müller
Produktion: Mirja Hübner
Druck und Bindung: B.o.s.s Druck und Medien GmbH, Kleve
Printed in Germany

Inhaltsverzeichnis

50 Jahre Marine der Bundesrepublik Deutschland

Grußwort von Bundesminister a. D. Dr. h. c. Georg Leber

Mit der Gründung der Bundeswehr 1955 trat auch die Marine der Bundesrepublik Deutschland ihren Dienst an. Seit einem halben Jahrhundert führen ihre Schiffe und Boote die Bundesdienstflagge auf allen Meeren der Welt. In den vergangenen mehr als 150 Jahren hat es acht deutsche Marinen oder Marinen in Deutschland gegeben. Keine von ihnen kann eine derartige Kontinuität vorweisen wie unsere Bundesmarine, in die Teile der Nationalen Volksmarine integriert worden sind.

Neben diesen bemerkenswerten Besonderheiten unterscheidet sich unsere heutige Marine von allen ihren Vorgängern dadurch, daß sie in ein auch seebetontes Bündnis mit großen Seemächten dieser Erde eingebunden ist. Damit ist die Wahrung der eigenen Seeinteressen nicht mehr nur auf die Basis des nationalen Kräfteaufkommens gestellt, sondern befindet sich im Rahmen des europäischen und atlantischen Bündnisses und im Einklang mit den Vereinten Nationen in einer Allianz, die sich weltweit für Friedenssicherung und Schadensbegrenzung einsetzt.

Obwohl ich auf festem Land aufgewachsen war, habe ich mich in der Kriegsmarine bald zu Hause gefühlt. Dieses Gefühl ist bei mir nicht erst durch meine dienstliche Berührung mit den Soldaten der Marine entstanden. Mein Kontakt zur Marine ist älter. Mein letzter Tag als Soldat im Zweiten Weltkrieg endete im Februar 1945 mit einer schweren Verwundung auf der Frischen Nehrung in Ostpreußen. Die damalige Kriegsmarine hat mich und viele andere Verwundete in einer

Dr. h. c. Georg Leber, 1972 bis 1978 Bundesminister der Verteidigung   (Slg. Verlag E.S. Mittler & Sohn)

schwierigen, tagelangen Fahrt durch die verminte Ostsee nach Kiel gebracht und uns damit davor bewahrt, schwer verwundet in Gefangenschaft zu geraten. Solche Erinnerung verliert man nicht, sie bleibt haften.

Später war ich sechs Jahre Bundesminister für Verkehr. Dazu gehörte auch die Zuständigkeit für die deutsche Binnen- und Seeschiffahrt. Das führte zu einem häufigen Kontakt mit unserer neu entstandenen Marine.

Als mir danach das Bundesministerium der Verteidigung übertragen wurde, hatte ich nie das Gefühl, mich in fremdem Terrain zu bewegen, sondern fühlte mich wie zu Hause. Beim Umgang mit Marinesoldaten und ihren Einheiten ist mir die Faszination spürbar geworden, welche die See auf Menschen auszuüben vermag. Ich habe erfahren, daß der berufliche Umgang mit diesem eindrucksvollen Element die Menschen Weitblick und Weltoffenheit lehrt und sie Verständnis gewinnen läßt für ande-

Verteidigungsminister Georg Leber beim Truppenbesuch am 12. Mai 1977 an Bord des FK-Zerstörers MÖLDERS. *Vordere Reihe v.l.n.r.: General Wust, Generalinspekteur; Vizeadmiral Luther, Inspekteur der Marine; Staatssekretär Dr. Schnell; Bundesminister der Verteidigung Leber*

(IMZBw)

re Völker und Länder sowie deren Gemeinschaft zum Nutzen von Frieden und Sicherheit.

Angesichts eines solchen Rückblicks auf 50 arbeitsreiche und erfüllte Jahre der Marine und ihrer Angehörigen bin ich sicher, daß die Frauen und Männer im blauen Rock auch in den künftigen Jahrzehnten eine hervorragende Rolle für die Sicherheit unseres Landes und seiner weltweiten Seeinteressen gemeinsam mit unseren Freunden und Verbündeten zum Nutzen des Friedens in der Welt spielen werden.

Georg Leber

Der Minister bei seinen Soldaten. Verteidigungsminister Georg Leber an Bord der MÖLDERS *während der Übung* DELPHIN 77 *am 12. Mai 1977 im Gespräch mit einem Taucher* *(IMZBw)*

Vorwort

Lutz Feldt, Vizeadmiral und Inspekteur der Marine

Der Titel dieses Buches weist zuallererst auf den Menschen, seine Faszination hin, die für ihn von der See ausgeht. Die Facetten Geschichte, Technik und Marine beschreiben dabei einen Teil der maritimen Welt, um die es aber in ihrer Gesamtheit geht. 50 Jahre Marine der Bundesrepublik Deutschland deuten darauf hin, daß der junge Staat, seine Regierungen sich den Argumenten für eine Beteiligung mit Seestreitkräften zusammen mit den Verbündeten und Nachbarn gegenüber aufgeschlossen zeigten. Selbstverständlich war dies in einem Land, das bis heute stark von dem »Bann der kontinentalen Tradition« geprägt ist, sicher nicht. Daß die Bundeswehr Teil eines atlantischen Bündnisses wurde und ist und auch die heutige starke europäische Ausprägung des Bündnisses weiterhin stark durch die See bestimmt ist, hat dieses Denken nur wenig verändert. Trotzdem bleibt festzuhalten, daß die Zahl der Menschen, die von der See leben, aber auch für sie leben, viel größer ist, als uns bewusst ist. Also handelt auch dieses Buch direkt und indirekt von den Menschen, die seit 1955 – und für die Marine seit 1956 – sich entschlossen haben und entschließen werden, die See, die Meere zu befahren und über See zu fliegen.

Wenn ein Staat sich entscheidet, Seestreitkräfte als Beitrag zu seiner nationalen Sicherheit aufzustellen und in ein Bündnis einzubringen, dann ist dies ein Beweis für Weitsicht, Weisheit und eine Sicht der Welt, die den Begriff einer umfassenden Sicherheit nicht an den eigenen Küsten enden läßt.

Die überragende Bedeutung der See liegt bis heute in ihrer Nutzung als Transportweg. Die Abhängigkeit – unsere deutsche Abhängigkeit – von sicheren Seewegen ist keine abstrakte konzeptionelle Überlegung, sondern wird sehr praktisch erfahren. Der kalte Krieg war ein Krieg der Seemächte: Die Sowjetunion hat das durchaus so verstanden, und Admiral Gorschkow hat dies treffend in seinem Buch dargestellt.

Heute sind die Sicherheit und der Wohlstand unseres Landes wie auch Europas abhängig von dem wohlorganisierten und global ausgerichteten Fluß von Gütern, Halbfertigprodukten und Rohstoffen. Dieser Warenstrom wird zu über 80 % über die See gelenkt – die Seewege, ihre Verfügbarkeit sind der Schlüssel zu unserer staatlichen Sicherheit und damit der gemeinsamen Sicherheit der Menschen im Bündnis. Wie diese Sicherheit in den zurückliegenden fünf Dekaden erreicht wurde, wie der Beitrag der Bun-

Vizeadmiral Lutz Feldt, Inspekteur der Marine (PIZ-Marine)

9

desmarine, seit 1990 der Deutschen Marine, sich entwickelte und darstellt, dies soll den Lesern in diesem Buch erzählt und erklärt werden. Dabei sind Konstanten festzustellen, aber auch Variablen, die sich aus den Veränderungen in der Welt ergeben haben. Daraufhin zielgerichtet zu handeln ist für die Zukunftsfähigkeit der Deutschen Marine bedeutend. Lassen Sie mich an dieser Stelle den Rahmen skizzieren, in dem sich die Deutsche Marine auch in der Zukunft positionieren wird: Die Deutsche Marine ist eine »Bündnismarine«, sie ist von ihren Fähigkeiten und ihrer Organisation her gesehen auf das Bündnis der NATO und in Zukunft auch auf den europäischen Pfeiler der NATO ausgerichtet.

Die Deutsche Marine ist eine »Marine des Parlaments«, über ihre Einsätze entscheidet das Parlament nach Vorschlägen der Regierung – ein Vorgang, der sicher in Zukunft, was seinen verfahrensmäßigen Anteil anbelangt, verbessert werden muß und wird.

Unsere Aufgaben sind auch weiterhin am Verteidigungsauftrag des »Grundgesetzes« zu messen. Dieser ist seit 1990 nicht mehr ausschließlich – eher weniger stark – an der unmittelbaren Landesverteidigung und damit territorial orientiert, sondern er hat eine globale Ausrichtung erfahren, die für die Sicherheit Deutschlands dort zum Ansatz kommt, wo eine Krise oder ein Krieg direkte Auswirkungen auf die Sicherheit und das Wohlergehen der Menschen in Deutschland hat. Gerade wir sollten diesen Aspekt, daß wir die Sicherheit der Seewege gegen jede Art von Bedrohung schützen, immer in allen Gesprächen mit Selbstbewußtsein und Stolz auf unsere Leistungen ansprechen.

Wir »handeln gemeinsam« mit dem Heer, der Luftwaffe, dem Sanitätsdienst und unterstützt durch die Streitkräftebasis. Dieser Ansatz der »Jointness« steht, was seine konsequente Verwirklichung anbelangt, noch am Beginn seiner Entwicklung. Ich denke, uns ist hier ein guter Start gelungen, nun gilt es, mit Ausdauer und genauer Beobachtung der Entwicklungen die gewonnene Höhe zu halten. Hierbei ist zu beachten, daß die maritimen Fähigkeiten der Bundeswehr immer im Kontext zu den geforderten Fähigkeiten der Streitkräfte insgesamt zu sehen sind. Dabei

ist es wichtig, zu erkennen, daß Gemeinsamkeit nur aus gut entwickelten und gefestigten Fähigkeiten der Teilstreitkräfte erwachsen kann. Gemeinsames Handeln, gemeinsames Entwickeln von Plänen, von Verfahren, von Ausbildungsabschnitten – all das bietet große Möglichkeiten, die wir auch weiterhin nutzen wollen. Aber es hat auch Grenzen, die aufzuzeigen wichtig sind, denn Gemeinsamkeit ist kein Selbstzweck. Hier gilt es, auch weiterhin wachsam zu sein und mit Ausdauer und Nachdruck für das Ziel zu werben – die Verbesserung der Einsatzfähigkeit der Streitkräfte.

Das Prinzip der »Inneren Führung«, das vom Selbstverständnis des Soldaten als Staatsbürger in Uniform ausgeht, unser Führungsverhalten beruht auf der im Grundgesetz als unveränderliches Prinzip festgeschriebenen Würde des Menschen! Auf dieser unveräußerlichen Grundlage beruht damit unser Führungsverhalten und Führungsverständnis! Jeder hat sich daran zu messen und wird auch daran gemessen werden! Ich sehe hier den Offizier – jeden Offizier – in der besonderen Verantwortung! Es geht im Führungsverhalten, also der Frage, wie ich die anvertrauten Soldaten führe, in erster Linie um die damit übertragene Verantwortung für andere Menschen im täglichen Dienst ebenso wie im Einsatz.

Die Innere Führung, also unser Rahmen, in dem wir Führung praktizieren, hat sich bewährt. Es ist sicher notwendig, Einsatzerfahrung mit einzubeziehen, aber über eines sind wir uns alle klar: Es gibt deshalb nur »eine« Innere Führung, die immer gilt – in der Ausbildung, im Friedensbetrieb und im Einsatz. Eine harte, fordernde Ausbildung steht dem genausowenig entgegen, wie es klar ist, daß Führung im Einsatz gerade vom Offizier verlangt, daß er sich vorbildlich verhält und seine Soldaten ihm vertrauen.

Ich denke, daß damit ein Rahmen und ein roter Faden aufgezeigt sind, der sich durch die unterschiedlichen Beiträge des Buches erkennbar hindurchzieht.

Der Leser wird den Weg der Deutschen Marine verfolgen können, und so hoffe ich, daß Sie sich nach der anregenden Lektüre weiterhin mit Sympathie und Wissen um die Bedeutung der See und derer, die sie befahren und sichern, verbunden fühlen.

»Ich sehe auf das Meer hinaus«

Ein Essay von Michael Salewski

Der Obermaat Peter Silbernagel kam davon. Der Leichtmatrose Albrecht Hepe nicht. Als die WESPE im Februarsturm des Jahres 1959 mühselig durch die Biskaya stampfte, der Krängungsmesser auf bedenkliche 40 Grad ausschlug, ich nach vier oder fünf Stunden Wache aus der stinkend brüllenden Maschine kam, um nach frischer Seeluft zu schnappen, machte ich, wie sich das für Jünglinge von 20 Jahren gehört, ein Gedicht, das nie einer meiner Kameraden von der Crew IV/58 R je gesehen oder gelesen hat:

> »Ich sehe auf das Meer hinaus
> und bin so müde.
> Die Wogen rauschen um mich her
> Und alles weit und wüst und leer,
> Heut ist der Himmel trübe.
>
> Drei Möwen taumeln um den Mast
> Und schreien heiser.
> Die hat der Sturm wohl hergebracht,
> Nun schreien sie die ganze Nacht
> Erst laut, dann immer leiser.
>
> Und weiß zersprüht die wilde See
> An steilen Klippen.
> Es bricht das Schiff, dumpf stürzt der Mast,
> Von tiefem Grauen jäh erfaßt,
> Ersterben hundert Lippen.«

»Carrie« hieß der Sturm, nicht der Film, in dem am 21. September 1957 die PAMIR untergegangen war.[1] Später zog es mich immer wieder in die Lübecker Jakobi-Kirche, zu dem zerschlagenen Rettungsboot und den achtzig Namen. Einer sprang mich immer an: Albrecht Hepe. Albrecht Hepe war mein Klassenkamerad. Nach dem »Einjährigen« war

er abgegangen und hatte zu unser aller Bewunderung einen Platz als Matrose auf der PAMIR bekommen. Als er zum ersten Mal Urlaub hatte, standen wir Landratten stumm um ihn herum, ich aber beschloß, meiner Wehrpflicht in der Marine zu genügen, auch wenn die GORCH FOCK noch im Bau war.

»Literarische Seestücke« hat Peter Krahé[2] sein Buch genannt – es ist in Deutsch erschienen und behandelt nur englische Texte. Kein Wunder, geistert doch immer noch der von Tirpitz aus dem Jahr 1873 überlieferte Ausspruch einer englischen Lady durch das Gemüt der Deutschen: »But you are not a seagoing nation.«[3] Tirpitz hat ihr, im Rang eines Großadmirals stehend, dann am Ende, also 1919, recht gegeben: »Die Deutschen haben die See nicht verstanden.«

Natürlich hatte er recht, aber er selbst war ein Deutscher (kein Kreter ...). Er hatte immer noch recht, als das mit der »Bundesmarine« 1956 anfing, und wer an Silbernagel oder Hepe denkt, bedarf keines weiteren Beweises: U HAI soff ab (am 14. September 1966), weil die Besatzung die Tücken des Schnorchels des ein wenig modernisierten Weltkrieg-II-Bootes (Typ XXIII) nicht beherrschte. Albrecht Hepe ertrank, weil der Kapitän der PAMIR nicht wahrhaben wollte, welche Gefahren von einer Ladung Gerste als Schüttladung auf einem Segelschiff ausgehen konnten. Und daß das mit der WESPE, ja dem ganzen »Insektengeschwader« damals in der Biskaya gutging – das war wohl eher Glück.

Inzwischen ist alles anders und alles gut, wir Deutsche bauen hervorragende Schiffe, vor allem U-Boote (ab Baunummer 32 wenigstens). Aber wie lange noch? Wann wird das letzte maritime Know-how über den großen Teich geschwommen und die ehemaligen HDW nur noch Erinnerung sein? Zu Museen wird eine Werft nach der anderen verwandelt; zwei Jahre nur noch, so bedeutete der Sprecher einer großen, sehr nördlich gelegenen Werft, betrage der technische Vorsprung etwa Südkorea gegenüber im Handelsschiffbau, und er wird immer kleiner. In solchen Fällen entsinnt man sich der Geschichte von Achilles und der Schildkröte und mag getröstet sein.

»Die Griechen empfanden natürlich. Wir empfinden das Natürliche«: Schillers berühmter Aus-

Der Leichtmatrose Albrecht Hepe, ein Klassenkamerad des Autors, ging am 21. September 1957 mit dem Segelschulschiff PAMIR *unter* (Slg. Salewski)

spruch ließe sich unschwer auf das Konstrukt »Die Deutschen und die See« übertragen. Anstelle der Griechen setze man die Engländer, anstelle des »wir« die Deutschen, und man hat in denkbar knappster Form das Problem umschrieben, mit dem es die deutsche Geschichte – keineswegs allein die Marinegeschichte – schon immer zu tun hatte.

»'s ist nichts, Kapitän«: die Mannschaft nach höllischer Seefahrt todmüde. Die lange ersehnte Heimat fast schon vor Augen, an einen unwirtlichen Strand verschlagen. Die Besatzung schläft, der Kapitän auch, der Steuermann soll wachen, aber der denkt lieber an sein Mädchen und was er ihm alles mitbringen wird. Dann schläft auch er ein und bekommt nicht mit, wie die Grundfesten der Welt erbeben, eine finstere Macht über den Ozean in diese trügerische Idylle greift. Nicht Batschs »Seegras deutsch«, sondern Richard Wagners »Fliegender Holländer« hat zuerst gezeigt, was es mit dem Meer auf sich hat, und seitdem war den Deutschen der Ozean immer auch ein Stück Musik[4] und Metaphysik. Die Seefahrten des Odysseus und Sindbads Reisen prägten das deutsche »Meeresbewußtsein«, dagegen konnten die »Knurrhähne« ebensowenig ansingen wie Hans Albers auf der Reeperbahn nachts um halb eins. Und die Kap Hoorniers haben sich aufgelöst.

Am Anfang der »Bundesmarine« stand die Frage, ob man sie überhaupt brauchte, zumal die Ostsee als bloße überschwemmte Wiese galt, dem deutschen maritimen Denken nicht satisfaktionsfähig. Zurückgeworfen auf die Küsten, aber nur einen Bruchteil der einst im Osten sehr langen, abhängig in nahezu allem von den einstigen Gegnern und Vorbildern, Engländern und Amerikanern, angewiesen auf ein paar Bötchen aus deren Kriegsbeute und Reserven. Zwei dieser kläglichen Kriegsschiffchen wurden wirklich und wahrhaftig auf die Namen SCHARNHORST und GNEISENAU getauft! Wer die beiden »Geleitfregatten« der Marine von 1957 mit den Schlachtschiffen gleichen Namens von 1940 vergleicht, wird erahnen, wie es in der Seele jener ausgesehen haben muß, die solche Namen nicht nur vorschlagen, sondern durchsetzen konnten – darüber wissen wir bisher noch viel zuwenig. Den Fletcher-Zerstörern aus Amerika gab man nur die Namen »Z1« bis »Z 6«, das hatte durchaus Tradition, aber dann kamen die ersten deutschen Zerstörer und die hießen LÜTJENS, MÖLDERS, ROMMEL. Da gab es keine Camouflage mehr: der Stolz der Bundesmarine als Reminiszenz an eine glorreiche Vergangenheit?

Ja! Eben davon waren jene, welche die deutsche Marine 1956 aus der Taufe hoben, überzeugt. Was im Ersten, vor allem aber im Zweiten Weltkrieg an Land geschehen, ging die Marine nichts an; im November 1918 hatte Admiral Scheer erklärt, die Marine habe einen Waffenstillstand nicht nötig; kein Geringerer als der ehemalige Oberbefehlshaber der Kriegsmarine Erich Raeder verkündete im Schlußplädoyer des Nürnberger Prozesses: »Mit reinem Schild und unbefleckter Flagge« habe die Kriegsmarine den Zweiten Weltkrieg geführt. Wegen »erwiesener Unschuld« sei er zu zehn Jahren Gefängnis verurteilt worden, so Karl Dönitz.

Wir haben nicht den mindesten Grund, uns darüber aufzuregen, und moralische Entrüstung aus dem sicheren Port einer friedliebenden freiheitlichen Demokratie heraus wäre schäbig und billig. Und dies zu Recht, denn die Metaphysik des Meeres transzendiert die beiden Weltkriege. Sie sind gewaltige Untiefen im Ozean des deutschen Seedenkens, aber der Ozean besteht eben nicht nur aus Untiefen und Klippen, an denen Sindbads Schiffe scheitern können.

Die »Eingeweihten« haben es immer schon gewußt, so Hegel in seiner »Philosophie der Geschichte«:

»Das Meer begründet überhaupt eine eigene Lebensweise. Das unbestimmte Element gibt uns die Vorstellung des Unbeschränkten und Unendlichen, und indem der Mensch sich in diesem Unendlichen fühlt, so ermutigt ihn dies zum Hinaus über das Beschränkte ... Das Meer erweckt den Mut; die es befahren, um Leben und Reichtum zu gewinnen, müssen durch das Mittel der Gefahr ihren Erwerb suchen, tapfer sein, Leben und Reichtum aufs Spiel setzen und verachten ... Das Schiff, dieser Schwan der See, der in behenden und runden Bewegungen die Wellenebene durchschneidet oder Kreise in ihr zieht, ist ein Werkzeug, dessen Erfindung ebenso der Kühnheit des Menschen als seinem Verstande die größte Ehre macht ... Die Tätigkeit, zu welcher das Meer einlädt, ist eine ganz eigentümliche; das Meer bedingt seinen ganz eigenen Charakter.«[5]

Die am 21.September 1957 im Orkan »Carrie« gesunkene Viermastbark PAMIR *in schwerem Wetter*   *(Slg. Verlag E.S. Mittler & Sohn)*

Seefahrt ist Charaktersache. Heute werden straffällig gewordene Jugendliche auf Segelschiffe verfrachtet, um dort resozialisiert zu werden; es war Kapitän zur See Hans Engel, ehemaliger Kommandant der GORCH FOCK, der dieses löbliche Unterfangen einst auf den Weg gebracht hat.

Seefahrt hat aber auch mit der Welt zu tun, sie ist das Gegenteil engen Eingesperrtseins in irgendwelche ländlichen Räume. Schon der Große Kurfürst dachte so und ließ Schiffe nach Afrika fahren; Friedrich der Große war viel zu sehr Realist, um Preußen eine maritime Zukunft zuzutrauen – was er durchaus bedauerte. Friedrich Wilhelm III. ließ wenigstens die schönen Schiffe der »Seehandlung« in die weite Welt fahren, unter Friedrich Wilhelm IV. nahm die Preußische Marine ihren ersten Aufschwung im Gefolge der Revolution von 1848 und deren Folgen, aber das Schulschiff AMAZONE ging am 14. November 1861 unter und riß einen ganzen Kadettenjahrgang mit in die Tiefe, was Tirpitz, nicht zu Unrecht, als Lebens- und Karrierechance begriff. Inzwischen hatten die beiden größten deutschen Staaten in Nachahmung des amerikanischen Beispiels Flotten-Expeditionen nach Siam, Japan, China geschickt, und am liebsten hätten die Preußen gleich einen Stützpunkt dort gehabt, wo es am schönsten schien: auf Hawaii.[6]

Spätestens seitdem, also seit Mitte des 19. Jahrhunderts, war die See für die Deutschen Verheißung und Herausforderung, mehr: notwendig zur Formierung der nationalen Identität, und deswegen war es nur logisch, daß das Paulskirchenparlament als erste Entscheidung den vom Bundesrat beschlossenen Bau einer Reichsflotte bestätigte. Nur so ließ sich beweisen, daß die Deutschen »dazu« gehörten. Ob es im garstigen Kriegsalltag gegen Dänemark ging, war demgegenüber nebensächlich.

Worum es in Wahrheit ging, hatte Prinz Adalbert ebenso präzise wie logisch in ein Dokument gegossen, das zur ersten deutschen maritimen Genesis werden sollte. Anfänglich mochte es so scheinen, als wollten die zur politischen Einheit drängenden Deutschen es nur den anderen großen »seagoing nations« nachtun, England war Vorbild.

Das änderte sich binnen eines halben Jahrhunderts, und die Tirpitzschen Flottengesetze als zweite Genesis nahmen die dritte Option des preußischen Prinzen ernst: Deutschland sollte eine weltbewe-

Kiel, Scheerhafen, Frühjahr 1959:
Einheiten des 1. Geleitgeschwaders (rechts von der Pier)
und des 2. Minensuchgeschwaders beim Dampfaufmachen.
Rechts außen: Geleitboot WESPE   *(Slg. DMI)*

gende Seemacht werden. Wie England. Besser: wie es England gewesen war. Gibbons »Decline and Fall of the Roman Empire« schien Menetekel: Wie den Römern, so würde es auch den Briten ergehen. Das Deutsche Reich war jünger, mächtiger als die Britischen Inseln, seine Zukunft lag auf dem Wasser.

Schon der Anblick eines Globus konnte die Faszination See auslösen, demonstrierte er doch ad oculos, daß die Welt eine war und nur der in ihr, ja sie beherrschen konnte, der dem Meer gebot, Seeherrschaft ausübte. Die große Zeit des globalen Denkens brach herein, Namen wie Ratzel und Mahan, Spykmann und Mackinder brachten alles in ein System,[7] an dem Hegel seine Freude gehabt hätte: Die buchstäblichen Weltmächte der Zukunft würden Seemächte sein – freilich solche, die über ein gewaltiges kontinentales »Herzland«[8] geboten. Nach Lage der Dinge waren das Amerika – und Deutschland. Englands Mutterinseln erschienen als zu klein, Frankreich als eine absterbende Nation, dem kontinentalen Koloß Rußland (auf tönernen Füßen!) fehlte alles »Meeresbewußtsein«, den Rest der politischen Welt glaubte man maritim vergessen zu können. Deutschland und Amerika: die Weltmächte der Zukunft, und es gab genügend Kathederprofessoren, die genau erklären konnten, warum das die Zukunft war, Max Weber war nur einer unter ihnen.

All dies gehörte zum historischen und geistesgeschichtlichen Hintergrund, vor dem 1956 die neue deutsche Marine – in mancher Zählung schon die sechste – gleichsam aus der Ostsee gehoben wurde und keineswegs bloß die drückende und niederziehende Erinnerung an den verlorenen Zweiten Weltkrieg. Man mag ermessen, wie scharf das Spannungsverhältnis zwischen Tradition und Gegenwart, Anspruch und Wirklichkeit, Phantasie und Realität war – schließlich waren jene Männer, denen das Geschäft der Marineneugründung auf-

getragen war, in der Welt von Tirpitz, Raeder und Hitler groß geworden. Admiral Ruge, der erste Inspekteur der Marine,[9] hatte beide Weltkriege mitgemacht, er war dabeigewesen, als Reuter die Hochseeflotte in Scapa Flow versenkt hatte; mitten im Zweiten Weltkrieg hatte er in führender Position zum Bau einer gigantischen modernen Kleinbootflotte und einer gewaltigen U-Boot-Flotte beigetragen, die nichts weniger anstrebte als den endgültigen Seesieg über England und die USA, Dönitz und Speer waren seine unmittelbaren Vorgesetzten gewesen – zwei Männer, die zu den mächtigsten und »modernsten« des »Dritten Reiches« zählten; Dönitz schließlich machte Hitler zu seinem Nachfolger, was keineswegs Zufall war. Admiral Gerhard Wagner, zusammen mit Ruge ein Mann der ersten bundesmaritimen Stunde, Verfasser der nach Tirpitz dritten »Genesis« einer deutschen Marine, nämlich der »Wagner-Denkschrift«, war der letzte Chef der 1. Seekriegsleitung gewesen – die Reihe der Admiralsnamen, die aus dem Dunstkreis von Tirpitz bis Dönitz kamen, ließe sich fortsetzen.

Die Bundesmarine kam aus dem Nichts und nicht aus dem Nichts. Sie war die neue Variante eines alten Liedes und doch eine völlig neue Melodie. Sie fügte sich in die guten und bösen Traditionen der eigenen Geschichte, sie verleugnete sie zur gleichen Zeit und mußte sich der englischen Sprache, den angelsächsischen Vorbildern und Verfahren anpassen. Etwa der HO 214: Als die Amerikaner 1942 damit begonnen hatten, Schiffe am Fließband zu bauen (Fords »Tin Lizzy« hatte Pate gestanden), frohlockten die deutschen Seeoffiziere: Nie und nimmer könne es gelingen, die »Liberty«-Schiffe mit ausgebildetem seemännischen Personal zu bemannen, allein die astronomische Navigation! Nie waren Schiffe auf diese mehr angewiesen als während des Krieges: alle Leuchtfeuer gelöscht, im Äther tiefes Schweigen. Aber während die vom National-

»Ich sehe auf das Meer hinaus ....« Gefreiter Michael Salewski 1959 am Peilkompaß von Geleitboot WESPE *(Slg. Salewski)*

sozialismus verseuchten Deutschen in den Kategorien von Blut und Boden grübelten, begannen die Amerikaner in Bits und Bytes zu denken, ist die HO 214 doch nichts anderes als ein papierener Vorläufer des Computers, mit dessen Hilfe auch schlichte Seeleute zu passablen Navigatoren werden konnten – und dies in kürzester Zeit, wie jeder Kadett auf der Marineschule 1961 lernen konnte; sogar ich, mathematisch völlig unbegabt, wäre in der Lage gewesen, mit Hilfe der HO 214 ein Schiff passabel über den Ozean zu steuern und ungefähr da anzukommen, wohin man wollte.

Oder die »Task Forces«: Als die Deutschen davon mitten im Zweiten Weltkrieg erstmals hörten, hielten sie das im Kriegstagebuch der Seekriegsleitung fest – ohne Kommentar. All das aufzulösen, woran Nostalgie und Tradition hingen, aus Geschwadern und Flottillen, gar Halb-Flottillen Task Forces – Task Units – Task Elements zu machen: das war typisch amerikanisch, damit gab sich in der Seekriegsleitung niemand ab.

Und nun hatten die Offiziere, welche die »Bundesmarine« aufmachen sollten, genau damit zu tun: der HO 214 und dem System der Task-Gliederung. Man kann nur schwer ermessen, was das für das Selbstbewußtsein jener bedeutete, die vor gut zehn Jahren darüber nur milde gelächelt und gespöttelt hatten. Schlimmer noch: Wie die Schuljungen mußten die deutschen See-, nein, bloß noch Marineoffiziere in englische und amerikanische Schulen; die Flieger schon allemal, hatten die Verantwortlichen in Kriegsmarine wie Luftwaffe die deutsche Seefliegerei doch gleichsam voll ins Meer gesetzt, aber auch die meisten anderen. Beim »Flag Officer Sea Training« mußten sie und ihre schwimmenden Einheiten antreten, Lektionen lernen, sich prüfen lassen, und wenn am Ende ein »Bravo Zulu«[10] signalisiert wurde, durfte man sich stolz fühlen – wie ein Spanier? Es war sicherlich nur ein schwacher Trost, daß die glorreiche Armada 1688 rund um England großteils untergegangen war.

Aber die Geister der Vergangenheit spukten noch lange – was anderes wäre zu erwarten gewesen. Das war keineswegs nur ein Problem der Marine, sondern der Bundeswehr insgesamt. Achtzehnjährige Generale, so Adenauer auf eine vorwurfsvolle Frage, würde ihm die NATO nicht abnehmen, und damit hatte er die Sache präzise auf den Punkt gebracht: Wenn die Deutschen sich an der Verteidigung der freien Welt ernsthaft beteiligen wollten, konnten sie nicht beiläufig zwanzig Jahre warten, bis der letzte »Nazi-Offizier« pensioniert sein würde. Es gehört ja zu den makabersten Phänomenen der Nachkriegszeit, daß vor allem die Amerikaner schon bald nach 1945 auf nichts mehr Wert legten als auf die deutschen militärischen Erfahrungen mit der Sowjetunion. Die Wehrmacht hatte 1944/45 aus 10 Millionen Mann bestanden. Gewiß, die waren älter geworden, aber es gab sie, und sie hätten sich in einer Größenordnung reaktivieren lassen, welche Amerikaner, Briten und Franzosen aller Sorgen ob der eigenen NATO-Truppenstärken in West- und Zentraleuropa hätte entheben können. Das wußte Adenauer, mit diesem Wissen konnte er wuchern.

Er hat es nicht getan, und damit wird eine der größten Leistungen dieses Staatsmannes umschrieben: Die westliche Welt war auf die deutschen militärischen Kräfte angewiesen, sie hatte nur dann eine Chance, wenn die Deutschen mitmachten – also hätten diese ganz anders auftreten können. Aber das geschah nicht, im Gegenteil: Mit dem Verzicht auf alle strategischen Angriffswaffen und -systeme, die atomaren vorweg, signalisierte Adenauer einen fundamentalen Wertewandel in militaribus: Die Deutschen würden mitmachen, aber gewollt, bewußt in der zweiten Reihe. Selbst einen Großen Generalstab, ein deutscher Mythos par excellence, sollte es nicht mehr geben, und sämtliche Streitkräfte waren ausnahmslos der NATO unterstellt und damit der eigenen nationalen Verfügung entzogen. Dergleichen hatte es in der Weltgeschichte noch nicht gegeben, und das machte die Bundeswehr zu einer ganz außergewöhnlichen Wehrmacht.

Natürlich durfte das Wort »Wehrmacht« nicht mehr in den Mund genommen werden. Auch das Wort »Krieg« war perhorresziert. In Bonn gab es bloß noch ein *Verteidigungs*ministerium, der Marine war das Wort »Krieg« im Namen entzogen. Irgendwann wurde darüber debattiert, ob man nicht auch die »Zerstörer« umtaufen sollte; Kapitän zur See der Reserve Prof. Dr. Dr. h. c. Walther Hubatsch meinte sarkastisch, »Appeaser« sei doch ein netter Name für die bösen »Zerstörer«.

Natürlich war das nicht ernst gemeint, wohl aber das, wofür einst der Begriff »Kriegsmarine« gestanden hatte. Alle NATO-Pflicht und -Begeisterung konnte doch nicht darüber hinwegtäuschen, daß die alte Kriegsmarine am Anfang wie ein Steinerner Gast vor den Toren des Verteidigungministeriums, des FOG, des BSN, der MAKdos und so manchen anderen militärischen Stabes stand, die Marineschule Mürwik und die Unteroffiziersschule Plön übrigens nicht zu vergessen. Dafür sorgten schon die »kriegsgedienten« Jahrgänge in der jungen Bundesmarine. Es war eine grandiose Idee des ersten Flottenchefs, Admiral Rolf Johannesson, und des ehemaligen Leutnants zur See (Crew VI/42) Jürgen Rohwer, auf die Idee mit der »Historisch-Taktischen Tagung« der Flotte[11] zu kommen, denn die war an-

fänglich nichts als der Versuch zur Quadratur des Kreises: Wenn moderne englische Kürzel wie ATP oder ASAP für »Taktik« standen, NATO-Taktik notabene, so »historisch« für alles, was je die Deutschen mit der See verbunden hatte, vor allem aber die Erfahrungen aus der ersten Hälfte des 20. Jahrhunderts, also der beiden Weltkriege. Wie konnte das eine mit dem anderen in sinnvolle Relation gebracht werden? Welcher Stellenwert war der eigenen Geschichte, welcher den aktuellen militärischen Bedürfnissen und den freiheitlich-demokratischen Wertvorstellungen einzuräumen?

Nur die Deutsche Marine hat sich dieser an sich unlösbaren Aufgabe Jahr um Jahr aufs neue gestellt, und wenn heute die »HiTaTa« zu einem großen, auch gesellschaftlichen Ereignis von Flotte und Marine geworden ist, so darf man nicht vergessen, wie schwer am Anfang gerade während dieser Tagungen um das neue und alte Selbstverständnis der Marine gerungen wurde.

Das war nicht in wenigen Jahren abzumachen. Höhe- und Endpunkt der Auseinandersetzung mit

FK-Schnellboot S 46 FUCHS der Klasse 148 im Mittelmeer vor Korsika (Slg. Mannhardt)

der eigenen Vergangenheit stellte die 25. HiTaTa im Jahre 1985 unter dem Thema »Die deutsche Flotte im Spannungsfeld der Politik 1848–1985« dar.[12] Im Rückblick erscheint sie als wichtige Zäsur, denn nach dieser Tagung war die maritime Vergangenheit des »Dritten Reiches« tatsächlich »historisiert« – früher übrigens, als dies in der allgemeinen historischen Wissenschaft der Fall war, die sich etwa gleich-

Die Aula der Marineschule Mürwik war der traditionelle Ort für die jährlich stattfindende Historisch-Taktische Tagung der Flotte (Slg. DMI)

zeitig im sogenannten »Historikerstreit« ebenfalls, aber weit unter dem Niveau der HiTaTa, mit diesem Problem auseinandersetzte.

Ich hatte über das »Maritime Dritte Reich« vorgetragen und eine lebhafte Diskussion ausgelöst. Vizeadmiral Paul Hartwig, 1942 in amerikanische Gefangenschaft geratener U-Boot-Kommandant, Befehlshaber der Flotte von 1972 bis 1975, wollte nicht glauben, was aus den Akten nur zu deutlich wurde: die tiefe Verstrickung vor allem von Dönitz, aber auch Teilen des höheren Marineoffizierkorps in die Gedankenwelt des »Dritten Reiches«. Er vertrat demgegenüber seine von den meisten Altersgenossen zweifellos mitgetragene Auffassung:

»Ich meine, daß die Marine durchdrungen war von dem Gedanken, eine nochmalige Revolution wie November 1918 zu verhindern. Von diesem Gedanken war Großadmiral Raeder zutiefst durchdrungen. War dieses Durchhalten auch der Marine eine nationalsozialistische Geisteshaltung, oder war es nicht einfach Pflichterfüllung des deutschen Soldaten in Marineuniform?«[13]

Kapitänleutnant Heinrich Franzen kommentierte:

»Dieser Vortrag hat mich als jüngeren Offizier, der erst nach dem Krieg aufgewachsen ist, fasziniert. Er rückte die Marine in ein neues Licht, und ich meine, damit kann man auch als Marinesoldat ganz gut leben. An keiner Stelle wurde der Respekt vor Tapferkeit oder Pflichtbewußtsein in Frage gestellt. Aber wir müssen uns – gerade wir jetzigen Soldaten – die Frage stellen: Reichen Pflichtbewußtsein und Tapferkeit allein aus? Man muß auch fragen, wofür ... Die deutschen Soldaten sind mißbraucht worden. Das tut mir für die Betroffenen leid.«[14]

»Das hat mich tief betroffen«, sagte Admiral Hartwig nach meinem Vortrag.[15]

Am nächsten Morgen haben sich in dem Hotel, in dem die Referenten und viele Teilnehmer der HiTaTa untergebracht waren, einige »alte Admirale« bewußt nicht an meinen Frühstückstisch gesetzt, einige »junge Kapitäne« aber demonstrativ – deswegen bin ich der Marine treu geblieben.

Ich sehe auf das Meer hinaus: Häuser mit »Meeresblick« kosten ein Vielfaches von Häusern mit »Landblick«. Wohl jeder zieht es vor, in einem Hotel mit »Meeresblick« und nicht bloß »Parkblick« Urlaub zu machen. Sündhaft teuer war das Zimmer in einem Hotel in Istanbul, von dem aus ich auf den Bosporus blicken konnte und auf jene kühn geschwungene Brücke, die Europa mit Asien ver-

bindet. So mag Gottfried Wilhelm Hegel das letzte Wort haben:

»In Europa ... ist gerade das Verhältnis zum Meere wichtig; das ist ein bleibender Unterschied. Der europäische Staat kann wahrhaft europäischer Staat nur sein, wenn er mit dem Meere zusammenhängt. Im Meere liegt das ganz eigentümliche Hinaus, das dem asiatischen Leben fehlt, das Hinaus des Lebens über sich selbst. Das Prinzip der Freiheit der einzelnen Person ist dadurch zu dem europäischen Staatsleben geworden.«[16]

FK-Zerstörer MÖLDERS *passiert bei Eisgang auslaufend Kieler Förde das Marineehrenmal Laboe* (Slg. Mannhardt)

[1] Mertens, Sabine: Seesturm und Schiffbruch. Eine motivgeschichtliche Studie, Hamburg 1987

[2] Krahé, Peter: Literarische Seestücke. Darstellungen von Meer und Seefahrt in der englischen Literatur des 18. bis 20. Jahrhundert, Hamburg 1992

[3] Tirpitz, Alfred v.: Erinnerungen, Leipzig 1919, S. 10

[4] Im Gegensatz zu den literarischen sind die musikalischen Seestücke bisher nicht zusammenhängend untersucht worden; daß sich das lohnen würde, zeigen schon Mendelssohns »Hebriden« und Debussys »La Mer«

[5] Georg Wilhelm Friedrich Hegel: Die Vernunft in der Geschichte (= Vorlesungen über die Philosophie der Weltgeschichte. Erste Hälfte. Band I), hrsg. von Johannes Hoffmeister, Hamburg 1955, S. 197 f.

[6] Salewski, Michael: Die Preußische Expedition nach Japan (1859–1861), in: *Ders.:* Die Deutschen und die See. Studien zur deutschen Marinegeschichte des 19. und 20. Jahrhunderts (= HMRG, Beiheft 25), Stuttgart 1998, S. 54–67

[7] Zur Geschichte der Geopolitik: Diekmann, Irene; Krüger, Peter; Schoeps, Julius H.(Hrsg.): Geopolitik. Grenzgänge im Zeitgeist, 2 Bände, Potsdam 2000

[8] Der Begriff stammt von Mackinder

[9] Aufschlußreich: Ruge, Friedrich: In vier Marinen. Lebenserinnerungen als Beitrag zur Zeitgeschichte, München 1979

[10] Das Signal »BZ« bedeutet »Well Done« und wird im NATO-Deutsch »Bravo Zulu« buchstabiert

[11] Hess, Sigurd: Die Historisch-Taktischen Tagungen der Flotte. Lebendiges Forum freier geistiger Auseinandersetzung, in: MARINEFORUM Jg. 79, 2004

[12] Deutsches Marine Institut; Militärgeschichtliches Forschungsamt (Hrsg.): Die deutsche Flotte im Spannungsfeld der Politik 1948–1985. Vorträge und Diskussionen der 25. Historisch-Taktischen Tagung der Flotte 1985. Redaktion: Werner Rahn (= Schriftenreihe des Deutschen Marine Instituts Band 9), Herford 1985

[13] Ebd. S. 150

[14] Ebd. S. 149

[15] Ebd. S. 150

[16] Hegel, S. 241

Im Bündnis für Frieden und Freiheit

Fünf Jahrzehnte Marine der Bundesrepublik Deutschland

Guntram Schulze-Wegener und Heinrich Walle

Von der Niederlage zum Neubeginn

Zwischen dem Ende der Kriegsmarine 1945 und der Gründung der Bundesmarine 1955 lagen zehn Jahre, welche die Welt veränderten. Ein neues Kapitel begann, das sich schon vor der Zerschlagung des Deutschen Reiches abgezeichnet hatte und mit der Vereinigung der beiden deutschen Staaten 1990 beschlossen werden sollte: der »Kalte Krieg«. Den »preußisch-deutschen Militarismus« als mitverantwortliche Ursache für den Zweiten Weltkrieg endgültig zu tilgen (»Entmilitarisierung«) und das westliche Deutschland zu demokratisieren, bestimmten die Leitlinien alliierter Politik, der die deutsche Katastrophe gleichsam als Voraussetzung diente. Deutschland trat nach Ende des Krieges weder in den Zustand eines politischen Vakuums, noch gab es eigentlich eine »Stunde Null«. Das Leben, stark reduziert zwar und von existentieller Not bestimmt, ging weiter, und die vier Sektoren unter der Aufsicht des Alliierten Kontrollrats ebneten den Weg zur politischen Neuorientierung eines Landes, dessen Bevölkerung aller Politik, hoher Staatskunst und schon gar des Kriegshandwerkes überdrüssig war. Man wollte eigentlich nur leben, so gut es eben ging, sehnte sich nach der Normalität des Daseins, indem man aufzubauen begann, was die letzten zwölf Jahre zerstört hatten. Von Entwurzelung und Verlust aller Werte – wie 1918 – konnte nicht die Rede sein, eher von innerer Leere und lähmender Ungewißheit, die eigene, persönliche Zukunft betreffend.

1918 war Deutschland amputiert und in ein Korsett boshaft zu nennender Regelungen gezwängt worden, 1945 aber beschlossen die Sieger die Teilung und gänzliche politische, militärische und geo-

Vizeadmiral Friedrich Ruge prägte als erster Inspekteur wie kaum ein anderer Flaggoffizier die neue Bundesmarine (Slg. DMI)

graphische Neuordnung des Landes. Die Gebiete östlich von Oder und Neiße wurden polnisch, Millionen Deutsche aus ihrer Heimat unmenschlich und ungeregelt vertrieben. Selbst eine deutsche Flagge durfte nicht mehr geführt werden. Die we-

Hochseeminensuchboote der ehemaligen Kriegsmarine vom Typ M 40 und M 43 bildeten 1957 das 2. Minensuchgeschwader. V.l.n.r: SEESCHLANGE, SEELÖWE und SEESTERN (Slg. DMI)

nigen noch fahrbereiten Handelsschiffe mußten anstelle einer Nationalflagge die Flagge »C« des Internationalen Signalbuches (durch einen dreieckigen Einschnitt zum Doppelstander abgeändert) als »Erkennungsflagge der Alliierten Kontrollbehörde« setzen.

Das wirtschaftliche und industrielle Gefüge wie auch die Verwaltungsstrukturen waren trotz aller Zerstörungen erstaunlich intakt. Viele Stäbe und Dienststellen der Wehrmacht existierten nach wie vor. So bestand auch das Oberkommando der Kriegsmarine noch einige Wochen auf Weisung des Allied Naval Commander in Chief, Admiral Faulkner, bis zum 21. Juli 1945 fort. Die Reste wurden

Kern des deutschen Stabes »German Mine Sweeping Administration« (GMSA), denn deutschen Minensuchbooten mit ihren gut ausgebildeten Besatzungen überließen die Alliierten das mühselige und durchaus gefährliche Aufspüren und Räumen von über 600.000 Minen und Sperrmitteln in den Gewässern Nord-, West- und Osteuropas. Zu diesem Zweck hielten es Amerikaner und Briten für sinnvoll, allen deutschen Marineverbänden eine zentralen Verwaltung zu geben, mit der sie zu arbeiten gewohnt waren. Die Einheiten und auch sämtliche Organisationsstrukturen sollten nach geleisteter Arbeit im allgemeinen Prozeß der Entmilitarisierung aufgelöst werden. Der ehemalige Generaladmiral Walter Warzecha definierte die Aufgaben der unter alliierter Kontrolle stehenden »Marineverwaltung«:

– Reparaturen, Erhaltung und Ausrüstung von Minensucheinheiten
– Weiterversorgung mit Minensuchgerät
– Weiterversorgung mit technischen Nachrichtenmitteln
– Weiterversorgung und Verteilung von Brennstoffen aus deutschen Quellen
– Hafen- und Wasserwegebau, Hafenbetonnung und -befeuerung
– Verwaltung deutscher Marinestützpunkte
– Besoldung, Bekleidung, Verpflegung.

Den früheren Konteradmiral Fritz Krauss betrauten die Engländer mit der Führung dieser Organisation – dem britischen Marinebefehlshaber unterstellt und zum »Navy House« in Hamburg verlegt –, die etwa 40 Prozent des Minensuchpersonals der Kriegsmarine beschäftigte. 300 Einheiten kamen unter der Flagge »C« zum Einsatz, und insgesamt 27.000 Mann leisteten Ende 1945 »Minensuchdienst«, im Frühjahr 1946 immerhin noch 1.100 Offiziere und Beamte und 14.900 Mann. Vorerst blie-

Schulschiff TRAVE *beim Anlegen in Kiel nach der Rück-
kehr von der dritten Auslandsausbildungsreise am
10. August 1957, rechts im Bild Schulschiff* EIDER *(Slg. DMI)*

ben diesen Männern ihre Uniformen, Rangabzeichen und Auszeichnungen der Kriegsmarine, sie entwickelten einen neuen Korpsgeist oder pflegten den alten. Allerdings sahen sie die noch weiterbestehenden Minensuchverbände keineswegs als Nukleus einer späteren neuen Marine, wie das ihre Vorgänger aus den frühen zwanziger Jahren zur Zeit der vorläufigen Reichsmarine noch getan hatten. Für den Anfang bot sich ihnen zunächst noch ein Unterkommen, wie aber weiter, wenn sie ihre Aufgabe erfüllt hatten? Sorgen um die Zukunft und wachsender Unmut über einen Dienst, dem so mancher den Sinn absprach und der das eigene Leben massiv bedrohte, führten zu sichtbaren Nachlässigkeiten und sogar zu Desertionen. Auf diese unerfreulichen Umstände innerhalb der GMSA und die Gefahr einer gewissen militärischen Verselbständigung reagierten die Briten mit Verbot der traditionellen Marineuniform und gewohnten Dienstgrade, um einem unerwünschten deutschen Marineerbe entgegenzuwirken. Konteradmiral Krauss wollte den Männern den Abschied von der alten Uniform in einer kleinen Ansprache erleichtern, die ihm allerdings aus politischen Gründen verwehrt blieb: »Lange Jahrzehnte hindurch hat die deutsche Marine ihre Uniform in Krieg und Frieden in Ehren getragen und sich beim deutschen Volk und bei zahlreichen Fahrten auch im Ausland Liebe, Ach-

tung und Anerkennung erworben. In der Zeit der tiefsten Not unseres Volkes legen wir nunmehr die uns liebgewordene alte Uniform ab. Ich weiß, daß euch dies schwerfällt. Auch in der Zukunft darf sich jedoch an eurer inneren Einstellung und Haltung nichts ändern. Das Bekenntnis zur soldatischen Pflichterfüllung, zur soldatischen Disziplin und Ordnung, zu Kameradschaft, Anstand und innerer Sauberkeit bleibt auch weiterhin die Grundlage unseres Denkens und Handelns.«

Auf massiven Protest der Sowjetunion hin lösten die Alliierten Ende 1947 die »German Mine Sweeping Administration« auf, deren bleibend militärischen Charakter sie offensichtlich unterschätzt hatten, und setzten an ihre Stelle eine neue, mit zwölf Minensuchbooten, 54 »zivilen« Offizieren und 550 Unteroffizieren und Mannschaften eine sehr viel kleinere Organisation mit Sitz in Cuxhaven, deren Arbeit 1951 eingestellt wurde. Teile der GMSA gingen in die amerikanisch kontrollierte »Labour Service Unit« (LSU/B) über, die eine deutsche Einheit in Bremerhaven unterhielt und nicht nur Minenräumarbeiten versah. Die LSU/B ist erst 1957 aufgelöst worden, und Einheiten und ein guter Prozentsatz des Personals, das zunächst im Bundesgrenzschutz See (BGS See) seinen Dienst tat, wechselten 1956 in die Bundesmarine. So ist zu erklären, daß sich die beiden ersten Minensuchgeschwader der Bundesmarine aus den Räumbooten der »Labour Service Unit/B« rekrutierten, deren von der neuen Bundesmarine übernommene Soldaten sich später mit einem gewissen Stolz als »Durchdiener« bezeichneten. »Eine sehr wirksame Hilfe entstand der Marine durch die Übernahme von Fahrzeugen aus den Zeiten der Kriegsmarine. Zunächst waren es die Minensuch- und -räumfahrzeuge des Labour Service ..., die von dem amerikanischen Admiral in Deutschland in weiser Voraussicht mit deutschen Besatzungen so lange in Dienst gehalten wurden, bis sie mit einem Teil ihrer Besatzungen von uns übernommen werden konnten.« (Vizeadmiral a. D. Friedrich Ruge)

Der Einsatz von Fahrzeugen 1945–1956, die Konservierung von Spezialwissen, die Erhaltung und

Tradierung von Verwaltungs- und Organisationsstrukturen, nicht zuletzt auch die Aufrechterhaltung des militärischen Gedankens und maritimen Selbstverständnisses sowie in gewisser Hinsicht, soweit zugelassen, die Pflege traditionellen Brauchtums wurden für den Aufbau der Bundesmarine von kaum abschätzbarem Wert. GMSA und LSU/B transportierten deutsche Marinetraditionen über die Teilung in zwei deutsche Staaten 1949 und die weltweiten Wirren der ersten fünfziger Jahre hinweg.

Von wesentlicher Bedeutung für die Kontinuität der deutschen Marine war jedoch eine dritte Institution: Das »Naval Historical Team« unter vornehmlicher Mitwirkung deutscher Flaggoffiziere in Bremerhaven wurde von den Amerikanern mit der Sammlung und systematischen Auswertung von Kriegserfahrungen beauftragt. Unter Federführung des ehemaligen Generaladmirals Otto Schniewind – zu Kriegszeiten Chef des Stabes der Seekriegsleitung und Flottenchef – arbeiteten sein damaliger Untergebener, Konteradmiral a. D. Gerhard Wagner, beide sozusagen als Vertreter der »klassischen Führung«, und die Vizeadmirale a. D. Friedrich Ruge und Hellmuth Heye als Verfechter der »modernen« Flotte Dönitzscher Prägung. Ferner gehörten dem Team Konteradmiral a. D. Godt, Kapitän zur See a. D. Rösing (für U-Boot-Fragen) und Oberst a.D. Gaul (für Marineflieger-Fragen) an. Man machte sich Gedanken, und diese nicht nur über die erklärten unmittelbaren militärischen Interessen der Alliierten, sondern auch über Chancen einer neuen deutschen Marine, namentlich in der sogenannten Wagner-Denkschrift.

1947 verschärfte sich der Ost-West-Gegensatz, denn der sowjetische Diktator Stalin betrachtete den Plan des amerikanischen Außenministers George C. Marshall zum wirtschaftlichen Wiederaufbau Westeuropas als politische Kriegserklärung, die von den Sowjets mit der These von den beiden einander in unerbittlicher Feindschaft gegenüberstehenden Lagern beantwortet wurde. Doktrin stand gegen Doktrin. Die Ost-West-Konfrontation führte zu ersten Überlegungen, vom eisernen Prinzip der Entmilitarisierung Deutschlands abzurücken, die Stalin für den östlichen Teil bereits erwogen hatte. Die provozierende Blockade Berlins 1948/49, mit der Stalin den Westen vor die Wahl

Werftprobefahrt des Schnellbootes JAGUAR *1957. Das Typ-Schiff der ersten neuen Schnellbootklasse trägt noch Attrappen für Geschütze, Torpedorohre und die Radarantenne*   (Slg. Walle)

zu stellen beabsichtigte, entweder auf einen westdeutschen Staat zu verzichten oder Berlin aufzugeben, brachte einen entscheidenden politisch-

Für den Staatsakt zur Beisetzung von Bundeskanzler Dr. Konrad Adenauer am 25. April 1967 haben die Schnellboote KONDOR *und* HABICHT *in Köln am Rheinufer unweit des Kölner Domes festgemacht* (Slg. Arendt)

psychologischen Schub: Die Luftbrücke zur Versorgung Berlins mit lebenswichtigen Gütern durch die Westmächte (»Rosinenbomber«) ließ diese und Deutsche näher zusammenrücken. Stalin, inzwischen im Besitz der Atombombe, entschärfte die Lage zwar mit der Aufhebung der Blockade, aber die entscheidende Frage blieb, ob Deutschland auf die Dauer eine Art militärisches Vakuum in Europa bleiben könne. Konrad Adenauer, am 15. September 1949 zum ersten Bundeskanzler der Bundesrepublik Deutschland gewählt, erhob das Sicherheitsbedürfnis zum Kernpunkt seiner Politik und brachte bei den Westalliierten, die sich am 4. April zur »North Atlantic Treaty Organization« (NATO) zusammenschlossen, das massive deutsche Interesse an einer Wiederbewaffnung ins Gespräch, die in der am 7. Oktober gegründeten Deutschen Demokratischen Republik bereits angelaufen war. Für Konrad Adenauer war darüber hinaus die Wieder-

bewaffnung auch ein Mittel zur Erlangung der Souveränität der neugegründeten Bundesrepublik Deutschland.

Am 23. Februar 1951 trat das Gesetz über das Flaggenrecht der Seeschiffe und die Flaggenführung der Binnenschiffe in Kraft. Handelsschiffe der Bundesrepublik Deutschland führten jetzt wieder eine Nationalflagge, die Bundesflagge mit den Farben Schwarz-Rot-Gold. Das Gefühl akuter militärischer Bedrohung durch die Sowjetunion verbreitete sich in den westlichen Ländern während des Korea-Krieges (1950–1953), in den die USA und UN-Kontingente eingriffen. Die Furcht vor unmittelbaren, d. h. kriegerischen Folgen für Europa und namentlich für die schutzlose Bundesrepublik Deutschland ließ Amerikaner und Engländer zur Entscheidung für einen westdeutschen Militärbeitrag gelangen, der sich Frankreich damals zunächst aus historischen Gründen widersetzte. Kurz nach der amerikanisch-englischen Übereinkunft kamen im Auftrag Konrad Adenauers 15 ehemalige Offiziere der Wehrmacht vom 3. bis zum 6. Oktober 1950 im Kloster Himmerod in der Eifel zusammen und diskutierten einen möglichen westdeutschen Verteidigungsbeitrag. Unter ihnen Admiral a. D. Gladisch, Flottenchef vor dem Zweiten Weltkrieg, Vizeadmiral a. D. Ruge und Kapitän z. S. a. D. Schulze-Hinrichs. Das »Naval Historical Team« hatte zuvor die Position der Marine in einem möglichen deutschen Verteidigungsbeitrag definiert. Die »Bündnismarine« sollte drei wesentliche Aufgaben erfüllen, die auf dem Prinzip gemäßigter taktischer Offensive bei allgemeiner strategischer Defensive beruhten:
– Verteidigung der Ostseezugänge im Zusammenwirken mit Heer, Luftwaffe und den Verbündeten
– Hineinwirken in die Ostsee, insbesondere gegen die für den gegnerischen Nachschub wichtigen Seelinien

– Schutz der eigenen Seewege für den Nachschub in der Nordsee gegen Flugzeuge, U-Boote und Minen.

Die deutsche Marine nach Himmerod (Auszug)

– Zur Sicherung der Seeflanke des Heeres gegen Landungen: Kleinkampfmittel, 12 Landungsfahrzeuge.
– Zur Wirkung hinter den Flanken des russischen Heeres: Kleinkampfmittel, 12 Infanterie-Landungsfahrzeuge, 12 Panzer-Landungsfahrzeuge, Kommandotrupps.
– Zur Wirkung gegen den russischen Nachschubverkehr: 12 Torpedoboote, 36 Schnellboote, 24 Klein-U-Boote, 30 Aufklärungsflugzeuge, 30 Kampfflugzeuge.
– Zum Verhindern des Durchbruchs von U-Booten: 12 U-Jäger (30 Kampfflugzeuge wie oben).
– Zum Schutz der Ost- und Nordseewege gegen Minen, U-Boote und Luftangriffe: 24 Minensuchboote, 36 Minenräumboote, 12 Geleitboote, 36 Kriegsfischkutter, 84 Jagdflugzeuge.

Die ersten konzeptionellen Überlegungen zum Aufbau von deutschen »Bündnisseestreitkräften« waren für den Entstehungsprozeß der Bundesmarine von herausragender Bedeutung; die veranschlagten Zahlen entsprachen nachher tatsächlich dem Umfang der deutschen Flotte. Die Gedanken in Himmerod, zusammengefaßt in der »Denkschrift über die Aufstellung eines deutschen Kontingents im Rahmen einer übernationalen Streitkraft zur Verteidigung Westeuropas«, wurden von Konteradmiral a. D. Wagner aufgegriffen und weitergeführt. Am 14. März 1951 legte er seine Denkschrift über den »Aufbau eines deutschen Marinekontingents im Rahmen deutscher Mitwirkung an der Verteidi-

gung Europas« vor, bekannt als »Wagner-Denkschrift«.

Die USA und Großbritannien waren die maritimen Kraftzentren, aber die deutsche Marine, heißt es darin, »besitzt als einzige Marine der Welt umfassende Seekriegserfahrungen gegen Rußland. Sie ist mit den Gewässern der Ostsee und ihrer Eigenart aufs engste vertraut. Ihre Heimatverbundenheit zu den deutschen Küsten bis Memel hinauf ist eine weitere Stärke, die sich bei vielen Aufgaben zu einem entscheidenden Vorteil auswirken kann.« In elf Punkten wurde entwickelt, worauf es ankommen würde.

Defensiv:

– Sicherung der westlichen Ostsee gegen Angriffsunternehmungen von Überwasserstreitkräften und U-Booten.
– Abwehr von Landungen hinter der eigenen Front und auf den dänischen Inseln. Da ein Teil der örtlichen Küstenverteidigung wie Torpedobatterien, Küstenminen und Kleinkampfmittel zwangsläufig zur Marine gehört,

---

Der Sarg mit Bundeskanzler Dr. Konrad Adenauer wird am 25. April 1967 an Bord des Schnellbootes KONDOR *gebracht, um stromaufwärts nach Rhöndorf zur Beisetzung im Waldfriedhof gefahren zu werden* (Slg. Arendt)

wird es im Gegensatz zur Himmeroder Denkschrift für zweckmäßig gehalten, auch die Küstenartillerie, die mit diesen Kampfmitteln gemeinsam gegen Seeziele wirken soll, der Marine zu unterstellen.

– Verhindern des Ausbruchs von russischen U-Booten aus den Ostsee-Eingängen.
– Minenfreihalten von eigenen Nachschubwegen und Verkehrswegen in der westlichen Ostsee, in der Nordsee und im Skagerrak/Kattegat.
– Sichern der Schiffahrt in diesen Gewässern gegen Luftangriffe, U-Boote und Minen.
– Sicherung und Unterstützung des eigenen an das Meer angelehnten Heeresflügels gegen Beschießungen und überflügelnde Landungen.

Offensiv:
– Bedrohung des an das Meer angelehnten Flügels des russischen Heeres durch Beschießung und Landungen, wobei die russische Flankenempfindlichkeit besonders auszunutzen ist.
– Angriff auf den russischen Nachschubverkehr in der Ostsee, der voraussichtlich der leistungsfähigste der russischen Nachschubwege sein wird.
– Kommandounternehmungen und Landungen weit im Rücken der russischen Front, um Kräfte zu binden und Unsicherheit zu erzeugen.
– Unterstützung der Widerstandsbewegungen in der Sowjetzone Deutschlands, in Polen, den baltischen Staaten und Finnland durch Absetzen von Agenten, Waffen und Propagandamaterial.
– Fernziel: Durchführung einer Großlandung in der mittleren und östlichen Ostsee bei Übergang des Westens zur allgemeinen Offensive.

Darüber hinaus bezog Wagner zu Organisation, Ausbildung und Landanlagen der Marine Stellung. Dies war gleichsam das Programm für eine zukünftige deutsche Marine, das bei den Gesprächen über ein deutsches Marine-Kontingent im Rahmen der Europäischen Verteidigungsgemeinschaft (EVG) eine wichtige Rolle spielte. An diesen Verhandlungen, die 1951 in Paris begannen, nahm der spätere Inspekteur der Marine, Fregattenkapitän a. D. Zenker, als deutscher Vertreter in Marinefragen teil. Der »Hilfsreferent für den Küstenschutz« im »Amt Blank« (so die Kurzbezeichnung der im Oktober 1950 eingerichteten Dienststelle des »Beauftragten des Bundeskanzlers für die mit der Vermehrung der alliierten Truppen zusammenhängenden Fragen«) konnte sich glücklich schätzen, daß Generalleutnant a. D. Dr. Hans Speidel als deutscher militärischer Chefdelegierter gute Verbindungen zu den Admiralen Wagner und Ruge unterhielt. In allen maritimen Fragen trat er daher konstruktiv und überzeugend auf und gab Zenker die volle Unterstützung bei den zähen Verhandlungen. Als aber Meinungsverschiedenheiten in Fragen der europäischen Integration deutscher Seestreitkräfte das Vorankommen der Gespräche blockierten, baten die Teilnehmer das »Supreme Headquarters of the Allied Powers in Europe« (SHAPE) um eine Stellungnahme, in der die deutsche Position von Captain George Anderson nachhaltige Unterstützung erfuhr. SHAPE unterbreitete einen Vorschlag zum Umfang deutscher leichter Seestreitkräfte.

Die deutsche Delegation war mit diesem Minimalangebot allerdings nicht einverstanden und führte einige Argumente ins Feld, etwa das Fehlen eigentlicher Kampfkraft oder das Mißverhältnis von aktiven Einheiten und Reserve. Wochen ergebnislosen Verhandelns verstrichen, ehe Gerhard Wagner gebeten wurde, die deutschen Positionen am 8. Februar 1952 nochmals in aller Klarheit darzulegen. In einem Gespräch unter vier Augen konzedierte einige Tage später der französische Delegationsleiter, Wagners Ausführungen gerade zur notwendigen Verteidigung der Ostsee seien zwar schlecht zu widerlegen, aber er, der Franzose, befinde sich in einem Zwiespalt, denn der Wunsch des französischen Volkes nach deutscher Beteiligung und zugleich seine historisch gewachsene

Furcht vor dem östlichen Nachbarn stellten eine tragbare Lösung nicht in Aussicht. Es sei denn, Deutschland gebe sich mit der Untergrenze der Seestreitkräfte zufrieden.

Einen vertretbaren Kompromiß handelte Speidel schließlich unter Verzicht auf große Torpedoboote, U-Boote, Kleinkampfmittel und Kampfflugzeuge aus; vertretbar deshalb, weil hier lediglich die erste Etappe des deutschen Marinekontingents festgeschrieben war. Im Pariser Vertrag wurde die EVG am 27. Mai 1952 von Belgien, Luxemburg, den Niederlanden und der Bundesrepublik befürwortet, doch das Projekt mit seinem hehren Anspruch auf Europäisierung nationaler militärischer Hoheiten in einer Verteidigungsgemeinschaft scheiterte 1954 am Widerstand der französischen Nationalversammlung. »Ich sage Ihnen ganz offen: Was die Marine betrifft, waren wir nicht gerade unglücklich darüber. Denn innerhalb der EVG eine Ausweitung unserer Aufgaben und Kräfte zu erreichen wäre trotz Zenkers Verhandlungserfolgen und trotz des dann in Paris im Interimsausschuß Erreichten ein langwieriges, mühsames Geschäft geworden und hätte nie zu einer Marine geführt, wie sie in unserer Lage sicher erforderlich ist.« (Vizeadmiral a. D. Gerlach in einem Vortrag an der Führungsakademie der Bundeswehr im Jahre 1971)

Auf die Absage einer EVG folgten schwere Erschütterungen und Krisen der Europapolitik – schließlich als Lösung die Westeuropäische Union (WEU), ein Bündnis der Paktstaaten des zuvor unterzeichneten Brüsseler Vertrages mit der Bundesrepublik Deutschland und Italien mit dem Ziel kollektiver Selbstverteidigung und Förderung der

Schnellboot DACHS der ZOBEL-Klasse. Die 10 Boote der Klasse 142 waren eine Weiterentwicklung der JAGUAR-Klasse 140. Sie wurden von 1961 bis 1963 in Dienst gestellt

(Slg. DMI)

Streitkräfte der deutschen Marine nach der »Wagner-Denkschrift«

Personalstärke	20.000 Mann
Seestreitkräfte	12 T-Boote, 12 Geleitboote, 24 Minensuchboote, 36 Minenräumboote, 36 Kriegsfischkutter, 12 U-Boot-Jäger, 2 Minenleger, 1 Netzleger, 36 Schnellboote, 24 U-Boote, 36 Landungsfahrzeuge, 2 Kleinkampfmittelflottillen, Begleitschiffe
Marinelandverbände	1 Kommandoabteilung, 2 Küstenartillerieabteilungen, 1 Nachrichtenabteilung
Marineluftstreitkräfte	30 Aufklärungsflugzeuge, 60 Kampfflugzeuge, 84 Jagdflugzeuge, 30 Hubschrauber

Deutsche Seestreitkräfte nach SHAPE (1951)	
Personalstärke	18.000 Mann
Minensuchboote	38, davon
	7 in Reserve
Kleine Geleitboote	12
Kleine U-Boot-Jäger	12
Torpedo-Schnellboote	60
Minenleger (für den Mobilmachungsfall)	3
Hafenschutzboote (Mobilmachung)	50
Landungsfahrzeuge	36
Aufklärungsfahrzeuge	24
Hubschrauber	30

europäischen Integration. Seltsam genug, daß Deutschland nun Mitglied eines Bündnisses wurde, dessen ursprüngliche Absicht die Kontrolle über die Deutschen war. Die WEU übernahm den EVG-Vertragstext zwar überwiegend, entscheidende Teile, wie z. B. das Streitkräftedispositiv, aber nicht.

Aufbau und Entwicklung der Marine bis 1958

Der militärische Auftrag der »Marine der Bundesrepublik Deutschland«, so die offizielle Bezeichnung einer Marine, die fortan im allgemeinen Sprachgebrauch als »Bundesmarine« firmieren sollte, ergab sich von Anfang an einmal aus der geographischen Lage der Bundesrepublik Deutschland wie auch aus ihrer Einbindung in die westliche Allianz. Bereits bei den ersten Überlegungen über die Aufstellung von Seestreitkräften im Rahmen neuer deutscher Streitkräfte, beginnend mit der Tagung vom Oktober 1950 im Kloster Himmerod, erkannte man die Notwendigkeit der Sicherung der offenen Nordflanken Zentraleuropas in der Ostsee und des Schutzes der militärischen und zivilen Zufuhren durch die Nordsee. Ehemalige Seeoffiziere der Kriegsmarine, darunter Vizeadmiral a. D. Friedrich Ruge, der ab März 1956 erster Inspekteur der Marine war, und Fregattenkapitän a. D. Karl-Adolf Zen-

ker, der 1961 Admiral Ruge als Inspekteur der Marine folgte, haben folgende Aufgabenstellung für die Marine formuliert:
– Verteidigung der Ostseezugänge im Zusammenwirken mit Heer, Luftwaffe und verbündeten Streitkräften
– Hineinwirken in die Ostsee, vor allem gegen die für den gegnerischen Nachschub wichtigen Seewege
– Schutz der eigenen Seewege für den Nachschub in der Nordsee gegen Flugzeuge, U-Boote und Minen.

Admiral Ruge hat in seiner 1955 erschienenen Schrift »Seemacht und Sicherheit« auf die Eindeutigkeit dieses Auftrages hingewiesen, der den geographischen Gegebenheiten und den wirtschaftlichen Möglichkeiten der Bundesrepublik Deutschland entsprach und international anerkannt war. Diese Übereinstimmung von Auftrag und Erfüllbarkeit hat es bei deutschen Marinen in der Vergangenheit nicht gegeben. Für die damals geforderte Erfüllung ihres Verteidigungsauftrages benötigte die Marine vornehmlich kleinere Kampfschiffe, deren größte Einheiten »große Torpedoboote« sein sollten. In dem am 5. Mai 1955 in Kraft getretenen WEU-Vertrag hatte die Bundesregierung nicht nur auf Atomwaffen verzichtet, sondern auch einer Begrenzung der Tonnage auf 3.000 ts für Überwasserkriegsschiffe und auf 350 ts für U-Boote zugestimmt. Am 14. Mai 1955 wurde Warschauer Pakt gegründet, dem die DDR 1956 offiziell beitrat, nachdem die Bundesrepublik Deutschland am 9. Mai 1955 der NATO beigetreten war. Aufgrund der damals noch nicht so stark empfundenen Bedrohung durch die Seestreitkräfte des Warschauer Paktes und vor dem Hintergrund der maritimen Überlegenheit der Bündnispartner wurden die Aufgaben der neuen deutschen Marine für den Verteidigungsfall vom Obersten Alliierten Befehlshaber Europa SACEUR (Supreme Allied Commander Europe) am 6. Juli 1955 noch sehr küstennah festgelegt:
– Mitwirkung an der Abwehr eines Durchbruches feindlicher Seestreitkräfte in die Nordsee durch die Ostseezugänge oder den Nord-Ostsee-Kanal

– Höchstmögliche Unterbrechung der sowjetischen Seeverbindungen in der Ostsee
– Mitwirkung an der gemeinsamen Verteidigung der deutschen Ostseeküste und der dänischen Inseln
– Mitwirkung an der Gewährleistung der alliierten Seeverbindungen in den deutschen Küstengewässern und den angrenzenden Seegebieten.

Am 12. November 1955 wurden zusammen mit den Soldaten von Heer und Luftwaffe auch den ersten Marinesoldaten die Ernennungsurkunden in Bonn überreicht. Am 2. Januar 1956 rückten die ersten ungedienten Freiwilligen zur Marine-Lehrkompanie in Wilhelmshaven ein, die am 16. Januar von Kapitän z. S. Karl-Adolf Zenker, dem kommissarischen Leiter der Abteilung Marine im Verteidigungsministerium, begrüßt wurden. Damit begann der Aufbau der Marine.

Die ersten schwimmenden Einheiten konnten am 28. März und 1. April 1956 in Dienst gestellt werden. Es waren Schnellboote, die im Dienst der Royal Navy mit deutschen Besatzungen in der Ostsee Überwachungs-, Geheimdienst- und Aufklärungseinsätze gefahren hatten, sowie die Minensuch- und Räumboote der bereits erwähnten amerikanischen »Labour Service Unit« (LSU). Am 1. Juli 1956 wurde der Bundesgrenzschutz (See) mit seinen Booten und dem größten Teil des Personals von der Marine übernommen. Weitere Fahrzeuge, darunter fünf Hochseeminensuchboote der früheren Kriegsmarine aus französischer Kriegsbeute, wurden in der zweiten Jahreshälfte übernommen.

Küstenminensuchboote der LINDAU-Klasse des 6. Minensuchgeschwaders um 1966 in der Nordsee, im Vordergrund das KM-Boot WEILHEIM. Die 18 KM-Boote der LINDAU-Klasse wurden seit 1957 gebaut. Wegen der Gefahr von Magnetminen war ihr Bootskörper aus Holz gebaut (Slg. DMI)

Der Aufbau einer U-Boot-Waffe begann mit der Hebung zweier bei Kriegsende versenkter Küsten-U-Boote vom Typ XXIII. Gleichzeitig mit der Aufstellung und dem Einfahren der neuen Verbände begann eine gründliche Ausbildungstätigkeit. Schulen für die Ausbildung von Offizieranwärtern und Mannschaften aller Fachrichtungen nahmen ihren Lehrbetrieb auf. Bereits im November 1956 wurde mit den vom Bundesgrenzschutz (See) übernommenen Begleitschiffen EIDER und TRAVE die erste Auslandsausbildungsreise deutscher Kriegsschiffe nach dem Zweiten Weltkrieg durchgeführt. Dabei lief man die Häfen Den Helder und Portsmouth an. Der Aufbau wurde mit aller Energie vorangetrieben, sodaß am 1. April 1957 zwei Minensuchgeschwader als die ersten einsatzbereiten Flotteneinheiten der NATO unterstellt werden konnten. Ein weiteres Minensuchgeschwader wurde am 1. Juli 1957 assigniert. Dem folgte die Aufstellung des 1. Schnellbootgeschwaders am 1. Januar 1958.

Die Spitzengliederung der Bundesmarine beruhte von 1956 bis Ende 1960 auf drei Säulen: dem Kommando der Seestreitkräfte (später Flottenkommando) mit den Seebefehlshabern Nord- und Ostsee (BSN, BSO) in Wilhelmshaven, dem Kommando der Flottenbasis, anfangs mit den Marineabschnittskommandos Ost- und Nordsee in Wilhelmshaven, und dem Kommando der Marineausbildung in Kiel. Der Aufbau der Marine war nur durch Übernahme altgedienter Offiziere, Unteroffizier und Soldaten möglich, die in der Kriegsmarine gelernt und dort ihren Dienst versehen hatten, nach dem Krieg teils bei Polizei, teils beim Bundesgrenzschutz untergekommen waren oder sich in Zivilberufen etabliert hatten. Für den ersten Inspekteur der Marine, Vizeadmiral Friedrich Ruge, galt es, behutsam die politische Weisung von der »Distanzierung zur Kriegsmarine« umzusetzen, vor allem aber ein völlig neues Prinzip zur Grundlage der Marine zu erheben: die »Innere Führung« als ein im ganzen geglückter Versuch, die Prinzipien der im Grundgesetz der Bundesrepublik Deutschland verankerten freiheitlich demokratischen Grundordnung mit einer militärischen Organisation in Einklang zu bringen – und als deren hervorstechendstes Merkmal die »Menschenführung«.

Das wichtigste solle immer der richtige Umgang des Offiziers mit seinen Untergebenen sein, sagte Ruge und sah hierin eine der Hauptaufgaben, zumal die Marine gerade auf diesem Gebiet nachhaltige Erfahrungen gemacht hatte, und entwickelte den Grundgedanken einer umfassenden fachlichen Ausbildung, des »Studium Navale Generale«, das gleichsam fachtechnisches, allgemeines und humanistisches Wissen und Können miteinander verknüpfte. Das Ziel sollte der gut ausgebildete und dazu gebildete Offizier sein, wobei historisch gewachsene Gegensätze wie die zwischen Offizieren und Ingenieuren nicht wieder aufkeimen durften, wollte man ein dauerhaft leistungsfähiges und in sich geschlossenes Offizierkorps. Herz der fachlichen Offiziersausbildung war nach wie vor die Marineschule in Flensburg, und die Offizieranwärter erhielten nach der Ausbildung an Bord des 1958 in Dienst gestellten Segelschulschiffs GORCH FOCK die fachliche Qualifikation in Navigation, Technik, Waffenlehre, Dienstkenntnis und Seekriegsgeschichte in den jeweiligen Lehrgängen an der Marineschule.

Torpedoübernahme auf den Booten des 5. Schnellbootgeschwaders um 1970
(Slg. DMI)

Vizeadmiral Friedrich Ruge, erster Inspekteur der Marine, und die Marine-Ausbildung

Vizeadmiral Ruge hatte als erster Inspekteur der Marine nicht nur entscheidend an der Formulierung des konkreten Verteidigungsauftrages der jungen Bundesmarine mitgewirkt, sondern prägte sie auch wie keiner seiner Vorgänger oder Nachfolger für fast ein halbes Jahrhundert. Er hatte klar erkannt, daß die Bundesrepublik Deutschland kein Binnenland ist und die politische Sicherung der Seeverkehrswege entscheidend für die auf die Teilnahme an der Weltwirtschaft angewiesene Bundesrepublik war. Daher war für ihn die Sicherung der atlantischen Zugänge für Europa eine Lebensfrage für Deutschland. Aus dieser Erkenntnis hatte er den militärischen Auftrag der zukünftigen Marine abgeleitet, der sich zum einen aus der geographischen Lage und zum anderen aus der Einbindung in die atlantische Allianz ergab. Erstmalig in der deutschen Marinegeschichte wurde die Erfüllbarkeit einer maritimen Verteidigung ausschließlich im Rahmen eines Bündnisses als Aufgabenteilung gesehen. Friedrich Ruge war daher ein entschiedener Befürworter des engen Schulterschlusses mit der größten westlichen Seemacht, den Vereinigten Staaten von Amerika.

Konkret sah er als militärischen Auftrag die Notwendigkeit einer Sicherung der offenen Flanken Zentraleuropas in der Ostsee und des Schutzes der militärischen und zivilen Zufuhren aus den USA durch die Nordsee. Weil Vizeadmiral Ruge die neue Marine »mit begrenztem Auftrag, aber unbegrenztem Horizont« wertete, setzte er alles daran, daß sie keine reine Küstenmarine würde. So verstand er es, gegen manche Widerstände von Anfang an die Beschaffung von Zerstörern und Fregatten durchzusetzen, womit die Bundesmarine über Waffensysteme verfügte, die auch außerhalb der Küstengewässer operieren konnten. Unterstützung fand er hierfür vor allem von den USA, wo man ihn als untadeligen Seeoffizier und herausragenden Fachmann besonders schätzte. Seitens der NATO wurde diese Option (die alles andere als ein Rückfall in jegliche Art Tirpitzianischer Flottenutopien war) auch deswegen begrüßt, weil auf diese Weise die über den Atlantik fahrenden Geleitzüge von deutschen Seestreitkräften aufgenommen werden konnten. Der Beitrag von Michael Salewski, der seine Erlebnisse an Bord des früheren Hochseeminensuchbootes WESPE schildert, das nunmehr als Geleitboot fungierte, zeigt, mit welchen seemännischen Problemen eine solche Geleitzugübung in der Anfangsphase der Bundesmarine verbunden war. Mit diesen in der späteren »Zerstörerflottille« organisatorisch und logistisch zusammengefaßten Einheiten war dann die Deutsche

Marine nach dem Zusammenbruch des Ostblocks überhaupt in der Lage, sich an den internationalen Operationen zur »Schaffung einer gerechten Friedensordnung«, d. h. friedensstiftenden Maßnahmen, zu beteiligen. Damit war der Weg von einer »Escort Navy« zu einer sich entwickelnden, heute sogenannten »Expeditionary Navy« vorgezeichnet.

Geprägt vom Ideal einer breiten humanistischen Bildung und den Erfahrungen eines Studiums der Ingenieurswissenschaften in den zwanziger Jahren an der Technischen Universität zu Berlin, hatte Ruge anhand seiner reichen Erfahrungen in der Führung von Kleinbootverbänden im Zweiten

Ein vor Anker liegender Zerstörer der FLETCHER-Klasse hat die Flagge »Romeo« vorgeheißt und erwartet das Längsseits-kommen eines Schiffes, um 1969 (Slg. DMI)

Weltkrieg erkannt, daß sich eine frühe Spezialisierung der Offiziere, vor allem aber eine Unterschätzung der Technik, nachteilig auswirken könnte. Er strebte unter dem Motto »Studium Navale Generale« letztlich nichts anderes an als eine marinebezogene Umsetzung des humanistischen Bildungsideals in Form einer frühen militärischen Allgemeinausbildung, die vor allem junge Offiziere in die Lage versetzen sollte, sich wechselweise in die operativen, technischen und administrativen Aufgaben bei der Führung einer schwimmenden Einheit einzuarbeiten. Als Christ evangelisch-lutherischer Prägung diente Friedrich Ruge als Soldat der legitimen staatlichen Obrigkeit – und damit der Demokratie. Dabei war ihm bewußt, daß in einem demokratischen Staat Entscheidungen durch Überzeugung herbeigeführt werden müssen. Dieser Aufgabe hat er sich dann später als militärischer Führer und nach seiner Pensionierung als akademischer Lehrer und in zahlreichen Diskussionen,

Stapellauf der Fregatte KÖLN am 6. Dezember 1958 bei der Stülcken-Werft in Hamburg. Die als Geleitboote bezeichneten Schiffe wurden später als Fregatten der Klasse 120 umklassifiziert. Sie waren die ersten größeren Kriegsschiffbauten, die nach 1945 auf einer deutschen Werft entstanden (Slg. DMI)

Vorträgen und Veröffentlichungen mit ganzer Kraft gewidmet.

Für General Wolf Graf von Baudissin, den Vater der »Inneren Führung«, war dies eine konsequente Umsetzung unverrückbarer Werte der freiheitlich demokratischen Rechtsordnung, wie sie im Grundgesetz der Bundesrepublik Deutschland verankert ist, was folgerichtig zu einer zeitgemäßen Menschenführung durch fürsorgliche Behandlung der Soldaten führte. Friedrich Ruge hatte sich bereits als junger Offizier ebenfalls für eine solche Behandlung der ihm anvertrauten Soldaten eingesetzt – für ihn wie auch für General Graf Baudissin eine der vornehmlichsten Pflichten eines jeden militärischen Vorgesetzten! Ruge als Pragmatiker leitete die Prinzipien der Inneren Führung in erster Linie von seinem christlichen Ethos ab: Hier war er eher ein Vertreter eines patriarchalischen Führungsstils, weshalb er bereits im Krieg von seinen Untergebenen achtungsvoll »Papa Ruge« genannt worden war. Eine ähnliche Haltung vertraten damals viele der älteren kriegsgedienten Offiziere in der Bundesmarine. Beispielhaft für diese durchaus unterschiedliche Motivation gleichen Handelns ist ein Streitgespräch zwischen Ruge und Graf Baudissin, dem er vorwarf, daß seine Argumentation für die Innere Führung zu theoretisch sei. Als Baudissin dann aber erklärte, er wolle letztlich doch nur das, was vernünftige Menschen anstrebten, stimmte ihm Ruge zu.

Menschenführung allein genügte freilich nicht, ist die Marine doch ein hochtechnisiertes Instrument, das nicht nur fachliches Können voraussetzt, sondern auch wissenschaftliches Denkvermögen. Dieses den Offizieren zu vermitteln sollte Aufgabe der beiden Hochschulen der Bundeswehr sein. Seit 1972 ist für Berufsoffizieranwärter das Hochschulstudium an den Bundeswehrhochschulen in München oder Hamburg im Rahmen des Ausbildungsplanes in Trimestern die Regel. Man konnte sich bei der Marine auf zwei, vier, acht und zwölf Jahre als »Zeitsoldat« verpflichten oder bei entsprechender Eignung Berufssoldat (»BS«) werden. Besonders fähigen Unteroffizieren mit Portepee gab die Bundeswehr seit 1969 die Möglichkeit, sich zum Fachoffizier ausbilden zu lassen. In der Regel endete diese Laufbahn mit der Ernennung zum Kapitänleutnant. Seit einigen Jahren gibt es als Spitzendienstgrad dieser Laufbahngruppe den neu eingeführten Stabskapitänleutnant in der Besoldungsgruppe A 13. Der Ausbildungsbetrieb sowie Dienstzeiten und Urlaubsregelungen richten sich nach den Vorgaben des öffentlichen Dienstes; die Bundeswehr als Wehrpflichtarmee ist ein Teil des öffentlichen Lebens, ihre Angehörigen sind »Staatsbürger in Uniform«.

Die rasante Technisierung des militärischen Gerätes stellte wachsende Ansprüche an die Offiziere und Unteroffiziere, denen auf Sonderlehrgängen spezielle Kenntnisse vermittelt wurden; der Soldat, der einst eindimensional das Kriegshandwerk zu erlernen und auszuüben hatte, entwickelte sich über Jahrhunderte hindurch zum Spezialisten; nun war er ein hochspezialisierter Fachmann und mit allen Rechten und Pflichten Teil des parlamentarisch-demokratischen Staates, der freiheitlichen Gesellschaft. Dabei steht außer Frage, daß die Marineoffiziere in der Anfangszeit eine Gratwanderung vollzogen, wie jene Militärs überhaupt, die als ehemalige Wehrmachtoffiziere den Grundstein für die Entwicklung der Bundeswehr legten und nun hohe Posten in Bonn und den NATO-Stäben bekleideten.

Bevor die politisch-militärischen Zeitläufe wieder ins Zentrum der Betrachtungen rücken: Wie muß man sich die deutsche Marine des Jahres 1956 vorstellen, welches Selbstverständnis hatte sie, welcher war ihr »Standort« in der Geschichte? Zwischen Kriegsende und Gründung der Bundesmarine leiteten GMSA, LSU/B und das »Naval Historical Team« auf militärischer und hoher Ebene zweifellos das maritime deutsche Erbe weiter, das man andernorts in wiedergegründeten oder neugeschaffenen Marine-Vereinigungen pflegte. In der Marine-Offizier-Vereinigung (MOV) zum Beispiel, deren Mitglieder sich karitativ und sozial engagierten, aber auch in zahlreichen »Messen« und privat organisierten »Stammtischen« lebte der spezielle, tief verwurzelte, eben ehrwürdige »Marinegeist« mit allen Leidenschaften, Enttäuschungen, Friktionen und bitteren Erfahrungen der Vergangenheit weiter – und er lebte mit maritimen Zukunftshoffnungen.

Die deutsche maritime Tradition wurde beibehalten, und dies ohne navalistischen Übereifer und solche Ambitionen, wie sie im ersten Jahrzehnt des 20. Jahrhunderts so verhängnisvoll auf Politik und Gesellschaft eingewirkt hatten. Den »Navalismus von unten«, wie ihn die Wilhelminische Ära kannte, gab es genausowenig wie die unrealistischen Gedankenexperimente im »Dritten Reich«, und von einem zerschmetterten Selbstverständnis wie in der Reichsmarine konnte auch nicht die Rede sein. Es war eine neue Marine, welche die schwarz-rot-goldenen Farben der Bundesrepublik Deutschland mit dem Bundesadler in der Mitte als Doppelstander-Flagge führte, fest auf den Prinzipien des parlamentarischen Rechtsstaates stand und den Primat der Politik nie anzweifelte. Eingebettet in das westliche Bündnis, avancierte die Marine zum Partner einer Weltmacht; die Geschichte der Bundesmarine ist darum immer auch eine Geschichte des »Kalten Krieges«. Über den Zeitraum eines Jahrhunderts kämpften deutsche Marinen unter verschiedenen politischen Vorzeichen um kontinentale, dann europäisch-atlantische Macht, schließlich um Weltseeherrschaft. Doch erst nach der totalen Niederlage bekam die deutsche Marine in friedlichem Zusammenwirken und ohne jede Konkurrenz Teilhabe an ihr. Unser Land war nun Seemacht, ohne Seemacht zu besitzen.

Was die faktische Teilhabe an der Seemacht des Westens anbelangte, war sich die deutsche Öffentlichkeit dieser Tatsache eigentlich nie recht bewußt, wie sie generell den maritimen Ereignissen und Herausforderungen nur einen relativ geringen Stellenwert beimaß. Diesem offensichtlichen maritimen Desinteresse der Deutschen etwas entgegenzuwirken, hatte sich das Deutsche Marine Institut (DMI) zur Aufgabe gemacht. Es wurde 1973 auf Initiative der MOV gegründet und zählt mittlerweile viele Mitglieder aus der maritimen Wirtschaft, aus den einschlägig befaßten Behörden und aus dem Kreis der aktiven und ehemaligen Marineoffiziere.

Seine Aufklärung der Öffentlichkeit, vor allem in den Bereich der Politik hinein, betreibt das DMI mit Hilfe von Vortragsveranstaltungen und nicht zuletzt durch die von ihm herausgegebene Zeitschrift »MARINEFORUM«, die sich aller Fragen auf dem Feld maritimer Politik, national wie international, annimmt.

Die Entwicklung der NATO-Militärstrategie

Die militärische Aufgabenstellung der Bundesmarine leitete sich unmittelbar aus der Militärstrategie der NATO ab. Daher soll diese hier kurz skizziert werden. Die NATO ist eine Wertegemeinschaft, ein politisches und schließlich ein militärisches Bündnis. Ihre Politik und Streitkräftestruktur sind ausschließlich auf Verteidigung ausgerichtet. Zweck der militärstrategischen Konzeption war es bis zur Auflösung des Warschauer Paktes am 30. März 1991 und dem Zerfall der UdSSR Ende 1991, durch glaubhafte Abschreckung bei gleichzeitiger Abrüstungs- und Entspannungsbereitschaft den Frieden zu erhalten. Unverändert bleibt die Zielsetzung, die Sicherheit des NATO-Bereichs zu gewährleisten. Der Sinn der Abschreckung lag und liegt in der Kriegsverhinderung. Dabei beruht die Abschreckung auf der erkennbaren Entschlossenheit der NATO, gemeinsam und solidarisch zu handeln und den territorialen Bereich des NATO-Vertrages gegen alle Forderungen einer Aggression zu verteidigen (Verteidigungswille), und der erkennbaren Fähigkeit des Bündnisses, ungeachtet der Stufe der Aggression wirksam zu reagieren (Verteidigungsfähigkeit).

Die NATO-Strategie wurde weitgehend von der weltpolitischen Lage (Bedrohungsanalyse), den internationalen Erfahrungen der USA, der waffentechnischen Entwicklung und den zur Verfügung stehenden Ressourcen bestimmt. Am 9. Dezember 1952 – die USA besaßen damals gerade noch das Nuklearwaffen-Monopol – beschloß die NATO erstmals ein gemeinsames militärstrategisches Konzept – das Grundsatzdokument MC 14/1 mit seiner Doktrin der »Massive Retaliation« (»Massive Erwiderung«). Neben der Androhung einer unverzüglichen strategisch-nuklearen Reaktion auf einen Angriff sah diese Strategie auch die Verzögerung durch eigene starke konventionelle Kräfte möglichst weit östlich des Rheins vor. Da aber die benötigten Kräfte, Mittel und Kosten zum Ausgleich der sowjetischen Überlegenheit im konventionellen Bereich auch mit der Bewaffnung Westdeutschlands nicht aufgebracht werden konnten und die USA ihr Nuklearmonopol verloren, mußten neue Wege beschritten werden. Die Folge war eine noch stärkere Betonung der atomaren Komponenten im Rahmen des am 21. Dezember 1957 gebilligten »Overall Strategic Concept for the NATO Area« (MC 14/2), das den frühzeitigen Einsatz von taktischen Atomwaffen, unabhängig von der Form der gegnerischen Aggression, vorsah. Der Bundesmarine kam dabei eine Schlüsselrolle zu, sollte sie doch als Kernauftrag nach MC 14/2 die Ostseezugänge mit konventionellen Mitteln offenhalten und gegebenenfalls Unternehmungen gegen Angreifer der Warschauer-Pakt-Staaten durchführen. Der Aufbau der Bundeswehr vollzog sich also in einer militärstrategisch außerordentlich unruhigen und ungünstigen Zeit.

Das sich immer stärker abzeichnende atomare Patt zwischen den beiden Weltmächten, die beginnende unmittelbare Verwundbarkeit des Territoriums der USA sowie die Möglichkeit begrenzter Kampfhandlungen in Zentraleuropa, etwa zur Sicherung der Zufahrtswege nach Berlin und das damit verbundene Eskalationsrisiko, führten zu einer inneramerikanischen Revision der gültigen NATO-Doktrin. Das neue Konzept wurde als Strategie der »Flexiblen Erwiderung« durch einen lückenlosen Eskalationsverbund im Dezember 1967 nach Maßgabe des NATO-Dokuments MC 14/3 für die »Atlantische Allianz« übernommen. Der anhaltende Widerstand in Europa gegen die Strategie der »flexible response«, der u. a. auch 1966 zum Rückzug Frankreichs aus der militärischen Integration des Bündnisses führte, weil sich de Gaulle mit seiner Idee eines Direktoriums der drei Nuklearmächte nicht durchsetzen konnte, verdeutlichte den Interessengegensatz zwischen Westeuropa und den

USA. Während die USA daran interessiert waren, im Fall eines Versagens der Abschreckung in Europa nicht eskalieren zu müssen und den Konflikt unter Ausklammerung des eigenen Territoriums bewältigen zu können, lag es im Interesse der Westeuropäer, das Eskalationsrisiko für einen Angreifer zu erhöhen, um dem Konflikt qualitativ, quantitativ und geographisch eine neue Dimension zu geben.

Die NATO versuchte dieses Problem durch eine stärkere Betonung der Abschreckung im konventionellen Bereich, die Institutionalisierung der nuklearen Mitbestimmung im Rahmen der nuklearen Planungsgruppe der NATO, den Ausschuß für nukleare Verteidigungsangelegenheiten der NATO sowie Maßnahmen, die eine internationale technologische Zusammenarbeit in die Wege leiten sollten, zu lösen. Politisch ergänzt wurde die Strategie der »Flexiblen Erwiderung« später durch den sogenannten Harmel-Bericht, der eine Doppelstrategie gesicherter Verteidigungsfähigkeit bei gleichzeitiger Entspannungsbereitschaft auf der Grundlage militärischen Gleichgewichts forderte. Für die Bundesrepublik Deutschland war seit den 50er Jahren die Vorneverteidigung die Basis einer Mitgliedschaft im Bündnis gewesen. Vorneverteidigung bedeutete die grenznahe, zusammenhängende Abwehr eines Angriffs, damit nicht zerstört werden konnte, was verteidigt werden sollte. Es mußte deshalb im deutschen Interesse liegen, alle NATO-Staaten an der Vorneverteidigung zu beteiligen, um bei einer Aggression mit einer geschlossenen Reaktion der Allianz rechnen zu können.

Die Ausbauphase der Marine bis 1964

Die Aufgaben der Marine im Rahmen der NATO-Strategie reichten weit über die engeren norddeutschen Küstengewässer hinaus. Die Marine benötigte dazu Schiffstypen, die Torpedos, Artillerie bzw. Flugkörper als Hauptwaffe führten. Der Schwerpunkt lag zunächst bei der Planung des Baus von kleineren Fahrzeugen: Schnellbooten, U-Booten, Minensuchern, Landungsbooten und Küstenwachbooten. Zur Sicherung der Zufuhren wurden Geleitfahrzeuge konzipiert. Als unentbehrliches Mittel der Seekriegführung zur Aufklärung, Bekämpfung von Seezielen, Jagdschutz, U-Boot-Abwehr und Seenotrettungsdienst sollten Marinefliegerverbände die Seestreitkräfte ergänzen. Der Führungsstab der Marine hielt Zerstörer für notwendig, da sie als vielseitig verwendbare Seekriegsmittel bei jedem Wetter und mit großer Seeausdauer operieren konnten. Als gefährlichste Gegner für Kleinkampffahrzeuge waren sie zudem infolge ihrer Größe geeignet, zu einem späteren Zeitpunkt mit Flugkörpern ausgerüstet zu werden, deren Einsatzreife sich damals abzuzeichnen begann.

Das Neubauprogramm sah in seiner endgültigen Fassung von 1960 den Bau folgender Einheiten vor: zwölf Zerstörer, sechs Geleitboote (später: Fregatten), 40 Schnellboote, zwölf U-Boote, 54 Minensucher (24 Küstenminensuch- und 30 schnelle Minensuchboote), zwölf Landungsboote, zehn Hafenschutzboote, zwei Ausbildungsschiffe, 120 Troß- und Spezialschiffe. Ferner war die Beschaf-

Indienststellung des Zerstörers HESSEN *am 8. Oktober 1968 bei der Stülcken-Werft in Hamburg als letzte von vier Einheiten der seit 1959 vom Stapel gelaufenen Zerstörer der* HAMBURG-*Klasse*   (Slg. DMI)

fung von 58 Marineflugzeugen geplant. Alle Einheiten sollten im Rahmen der WEU-Bestimmungen konzipiert werden. Eine neuartige Bedrohung bedeutete für die Marine die Anfang der sechziger Jahre beginnende Ausrüstung der sowjetischen Seestreitkräfte mit Flugkörpern. Sie erforderte eine angemessene Reaktion.

Alle Neubauten sollten weitgehend von deutschen Werften erstellt werden. Für die deutsche Industrie war es zunächst schwer, nach zehnjähriger Zwangspause wieder Anschluß an den internationalen Standard im Kriegsschiffbau zu finden. Das gelang lediglich im Schnellbootbau durch Rückgriff auf Kriegserfahrungen und Aufträge für den Bundesgrenzschutz (See). Am 16. November 1957 wurde mit dem Schnellboot JAGUAR das erste nach dem Krieg neukonstruierte Kampfboot einer Serie von 30 Einheiten in Dienst gestellt. Der Zulauf der 18 Küstenminensuchboote der LINDAU-Klasse begann mit der Indienststellung der ersten Einheit am 24. April 1958. Ein Jahr später traten mit dem schnellen Minensuchboot SCHÜTZE die ersten Einheiten dieser neuen Klasse zur Flotte. Der erste größere Neubau, die Fregatte KÖLN, damals noch »Geleitboot« genannt, kam am 15. April 1961 in Dienst. Schwieriger gestaltete sich der Bau der neuen Zerstörer. Von den ursprünglich geplanten zwölf Einheiten wurden nur die vier Schiffe der HAMBURG-Klasse fertiggestellt. Die HAMBURG lief 1960 vom Stapel und konnte erst 1964 in Dienst gestellt werden. Das letzte Schiff, der Zerstörer HESSEN, trat im Oktober 1968 zur Flotte.

Auch im U-Boot-Bau kam es zu Verzögerungen, vornehmlich durch Mängel an dem neuartigen amagnetischen Stahl. Die ersten einsatzfähigen U-Boote ab »U 9« standen erst 1967 bereit. Für den Aufbau der Marine war es deshalb von großer Bedeutung, daß schon seit 1956 sechs Hochseeminensuchboote der Kriegsmarine und seit 1958 sieben von Großbritannien angekaufte Fregatten, sechs amerikanische Zerstörer der FLETCHER-Klasse und sechs amerikanische Landungsboote bereitstanden. Sie waren zwar veraltet, zu Ausbildungszwecken aber gut geeignet. Zusammen mit den Mi-

nensuch- und Schnellbootgeschwadern konnte die Marine bereits seit 1958 größere Übungen mit Verbänden in Geschwadergröße durchführen.

Der Aufbau der Seeluftstreitkräfte begann am 1. April 1957 mit der Aufstellung der 1. Marinefliegergruppe, die 1963 in Marinefliegergeschwader 1 umbenannt wurde. Ende 1958 verfügte die Marine über die 1. und 2. Marinefliegergruppe als erste Kampfverbände sowie über die Marine-Seenotstaffel, seit 1963 Marinefliegergeschwader 5. Der Flugzeugpark bestand aus dem Marinejagdbomber »Sea Hawk«, dem U-Jagdflugzeug »Gannet« (beide Maschinen waren aus britischer Fertigung) und dem englischen Hubschrauber »Sykamore« sowie dem amerikanischen Amphibienflugzeug »Albatros«, das von der Seenotstaffel geflogen wurde. Anfang 1963 begann die Umrüstung der Marinefliegergeschwader 1 und 2 auf den Überschalljagdbomber F 104 »Starfighter«. 1964 wurde das Marinefliegergeschwader 3 »Graf Zeppelin« aufgestellt und ein Jahr später mit dem U-Jagd- und Aufklärungsflugzeug »Breguet Atlantic« ausgerüstet.

Die Einsatzfähigkeit der schwimmenden Verbände war und ist abhängig von einer leistungsfähigen Versorgungs- und Stützpunktorganisation. Bereits seit 1956 wurde deshalb an den deutschen Küsten ein Netz von Marinestützpunkten aufgebaut. Kiel und Wilhelmshaven bildeten damals die wichtigsten Marinebasen. Seit dem 1. September 1961 fungierte der Befehlshaber Flotte auch als »Flag Officer Germany« (FOG). Die Spitzengliederung der Marine bestand jetzt aus dem Flottenkommando, dem Kommando der Flottenbasis in Wilhelmshaven und dem ebenfalls dort stationierten Zentralen Marine Kommando, dem u. a. auch die Ausbildung unterstellt war. Um die Geschwader im Einsatz von der Versorgung in Häfen unabhängig zu machen, entstanden Tender als Begleitschiffe für die Schnellboot-, Minensuch- und U-Boot-Geschwader. Die schwimmende Versorgung baute man durch die Indienststellung von Versorgungsschiffen und Tankern aus. Im Rahmen der ersten Konzeption der Marine (»Konzeption und Aufbau der Marine«) von 1962, in der als Hauptaufgaben der Schutz der Ostseezugänge, das Einwirken auf gegnerische Seeverbindungen und die Sicherung des Seeverkehrs definiert waren, kam es auch zu strukturellen Verbesserungen: Am 1. April 1962 wurde das dem COMBALTAP (NATO-Befehlshaber Ostseezugänge) in Karup/Dänemark nachgeordnete Marinekommando COMNAVBALTAP in Kiel-Holtenau eingerichtet. Des weiteren wurde der BSO (Befehlshaber der Seestreitkräfte Ostsee) abgeschafft, und der BSN (Befehlshaber der Seestreitkräfte Nordssee) führte nur noch auf Anweisung des Befehlshabers der Flotte. Dadurch wurden die Zuständigkeiten und Unterstellungsverhältnisse klarer bestimmt.

Zur Aufbauphase der Bundesmarine ist kritisch anzumerken, daß sie noch sehr stark von der unmittelbaren Kriegserfahrung der aus der Kriegsmarine übernommenen Offiziere und Unteroffiziere geprägt war, die mit großer Mühe die fachliche Lücke von einem Jahrzehnt maritimer Weiterentwicklung nachholen mußten. Der folgende Beitrag von Konteradmiral a. D. Sigurd Hess zeigt am Beispiel des Übergangs zum Zeitalter der Computer und Flugkörper, welches technische und taktische Neuland hier gegen mancherlei erbitterte Widerstände zu beschreiten war. So waren die ersten neuen Waffensysteme, wie beispielsweise die Zerstörer der HAMBURG-Klasse, die neuen Fregatten der KÖLN-Klasse oder die Schnellboote der JAGUAR-Klasse in ihrer Konzeption noch sehr stark von den bis 1945 gemachten Erfahrungen geprägt und entsprachen keineswegs in vollem Umfang den neuen Bedrohungsszenarien. Alle diese Schiffe erhielten daher noch offene Brücken, weil die für die Planung Verantwortlichen beispielsweise der Auffassung waren, dadurch schneller und besser auf Luftangriffe reagieren zu können. Daß inzwischen in der Opersationszentrale die wichtigsten Ortungsergebnisse für eine taktisch angemessene Gefechtsführung eingingen, war noch nicht zum Allgemeingut der Kommandanten geworden. Die kriegsgedienten Kommandanten dieser Einheiten waren in vielen Fällen herausragende Seeleute, waren aber nur bedingt fähig, das operative Potential der neuen Waffensysteme auszunutzen. Das änder-

te sich erst, als gut ein Jahrzehnt nach der Neugründung der Marine die ersten Kommandanten und Abschnittsleiter eingesetzt werden konnten, die inzwischen eine vollständige und zeitgemäße Ausbildung durchlaufen hatten.

Die Marine bis Ende der siebziger Jahre

1970 begann die sowjetische Marine mit den sogenannten Okeanos-Manövern Flottenübungen im weltweiten Maßstab mit der operativen Verbindung von Ostsee- und Nordmeerflotte. Es wurde deutlich, daß die Sowjetunion ihre traditionelle Rolle einer Landmacht um die einer Seemacht erweiterte. Diese Erkenntnisse erforderten ein Überdenken der Konzeption der Marine im Rahmen der neuen NATO-Strategie der »Flexiblen Reaktion«. Die ursprünglich eher küstennah konzipierte Verteidigung der Nord- und Ostseezugänge mußte jetzt so verändert werden, daß die Marine zur Entlastung der atlantischen Partner die Sicherung der überseeischen Zufuhren in der Nordsee gewährleisten konnte. Die neue NATO-Strategie sah gleichzeitig vor, daß die Marine dem Gegner so weit ostwärts wie möglich begegnen und als Reaktion auf mögliche Angriffe den Kampf an den Ostseezugängen aufnehmen sollte. In dieser zweiten »Konzeption der Marine« von 1972 hieß es als oberstes Ziel, die Integrität des eigenen Territoriums zu erhalten und ggf. wiederherzustellen. Sie wurde, nur unwesentlich in einigen Punkten modifiziert, am 27. Januar 1975 als dritte »Konzeption der Marine« erlassen.

Bereits im Frieden, vor allem aber in Krisen, mußte die Marine versuchen, mit ihren Aufklärungsmitteln die Absichten des Gegners frühzeitig zu erkennen, damit politische und militärische Entscheidungen rechtzeitig getroffen werden konnten. Hohe Präsenz der See- und Seeluftstreitkräfte und hohe Einsatzbereitschaft erlaubten schnelle Reaktionen. Kampfeinheiten der Flotte standen dauernd in See. Vor allem Zerstörer und Fregatten wurden deshalb seit 1967 zu dem multinationalen Verband der Standing Naval Force Atlantic (STANAVFORLANT) beordert und Minensuchboote seit 1968 zur

Standing Naval Force Channel (STANAVFOR-CHAN). Beide Verbände demonstrierten die Geschlossenheit der atlantischen Allianz und bekräftigten die Abschreckung. Seit 1971 wurde zusätzlich aus Schiffen und Booten der Bundesmarine die nationale Ständige Einsatzgruppe der Flotte (SEF) gebildet, die hauptsächlich im Nord- und Ostseebereich operiert.

Am 1. Oktober 1965 wurde das Kommando der Flottenbasis aufgelöst. Das zentrale Marinekommando wurde zum Marineamt umgegliedert. 1974 trat die zwei Jahre zuvor beschlossene neue Spitzengliederung in Kraft: Dem Führungsstab der Marine im Bundesministerium der Verteidigung waren nunmehr das Flottenkommando in Glücksburg, das Marineamt in Wilhelmshaven und das Marineunterstützungskommando, ebenfalls in Wilhelmshaven, nachgeordnet. Von 1967 bis 1971 waren Vizeadmiral Gert Jeschonnek und von 1971 bis 1975 Vizeadmiral Heinz Kühnle Inspekteure der Marine. Diese erweiterte Aufgabenstellung erforderte eine begrenzte Vergrößerung der Personalstärke. Sie wuchs von 28.000 Mann im Jahre 1962 auf rund 36.000 im Jahre 1966 und erreichte mit ca. 38.000 Soldaten in den achtziger Jahren ihre vorläufige Endstärke. Die entscheidende Leistungssteigerung mußte aber durch die Modernisierung von Schiffen, Flugzeugen, Waffensystemen und Führungsmitteln erreicht werden. Ein wesentlicher Schritt auf diesem Wege war der Kauf von drei modernen Lenkwaffenzerstörern in den USA. Die Flugkörperzerstörer LÜTJENS, MÖLDERS und ROMMEL wurden in den Jahren 1969 bis 1970 in Dienst gestellt. Diese kampfkräftigen Einheiten verfügten über integrierte Führungs- und Waffeneinsatzsysteme, die eine verzugslose Reaktion gegen See- und Luftziele sowie gegen U-Boote ermöglichten.

Um mit der internationalen Entwicklung auf dem Rüstungssektor Schritt halten und der zunehmenden Einführung von Flugkörpern bei sowjetischen Überwasserstreitkräften begegnen zu können, wurden 1974 bis 1977 die vier Zerstörer der HAMBURG-Klasse auf Flugkörpersysteme umgerüstet. Nach der

Beseitigung der Schwierigkeiten mit dem amagnetischen Stahl wurden in den Jahren von 1966 bis 1968 sechs U-Boote der Klasse 205, »U 1«, »U 2« und »U 9« bis »U 12«, in Dienst gestellt. Durch weitere 18 U-Boote der verbesserten Klasse 206, »U 13« bis »U 30«, die 1971 bis 1975 zur Flotte kamen, erfuhr die U-Boot-Waffe eine Modernisierung und Leistungssteigerung. Seit 1975 verfügte die Marine über 24 kampfkräftige U-Boote. Am 14. September 1966 verlor die Marine bei einem Manöver auf der Doggerbank im Sturmwetter das U-Boot HAI. Das U-Boot vom Typ XXIII aus dem Zweiten Weltkrieg nahm

Das Marinearsenal Wilhelmshaven, im Hintergrund Zerstörer SCHLESWIG-HOLSTEIN, um 1972. Zum Aufbau der Bundesmarine gehörte auch die Schaffung einer modernen Infrastruktur mit leistungsfähigen Stützpunkten (Slg. DMI)

19 seiner 20 Besatzungsmitglieder mit in die Tiefe. Von 1972 bis 1975 wurden als Ersatz für die infolge der vorangeschrittenen Waffenentwicklung veralteten Schnellboote der JAGUAR-Klasse 20 Flugkörper-Schnellboote der Klasse 148 in Frankreich gekauft. Mit den zehn Einheiten eines in Deutschland entwickelten Typs, den Booten der Klasse 143, erhielt die Marine in den Jahren 1976 bis 1977 Flugkörper-Schnellboote mit einer verstärkten Rohrwaffenkomponente, Torpedobewaffnung und dem »Automatisierten Gefechts- und Informationssystem für Schnellboote« (AGIS).

Um auf die Bedrohung durch elektronisch gesteuerte Waffensysteme verzugslos reagieren zu können, wurde seit den siebziger Jahren mit dem Aufbau eines Führungs- und Informationssystems begonnen. Die Führung der Flotte erhielt damit direkten Zugriff zu allen für eine Entscheidung wichtigen Informationen, konnte sie ohne Verzug verarbeiten und die Führungsentscheidungen unmittelbar an die unterstellten Einheiten übermitteln.

Die Marine bis 1985

Die atlantischen Seewege und die an den europäischen Küsten wurden hauptsächlich durch die ständig wachsenden, an der Nordflanke Europas in Ostsee und Nordmeer stationierten Kräfte der sowjetischen Marine und der anderen Seestreitkräfte des Warschauer Paktes bedroht. Besonders auffallend waren die Verstärkung der sowjetischen Nordflotte und der Ausbau ihrer Basen auf der Kola-Halbinsel zum größten Militärkomplex der Welt. Dies ließ den Schluß zu, daß der Warschauer Pakt das Ziel verfolgte, im Kriegsfall die Ostseezugänge, Nordnorwegen und andere Schlüsselpositionen an der Nordflanke der NATO in Besitz zu nehmen, um die Vorherrschaft in den Nordflankengewässern zu erringen. Wegen dieser Bedrohung der gesamten Nordflanke der NATO begannen in der zweiten Hälfte der siebziger Jahre intensive Arbeiten an der Weiterentwicklung des seestrategischen Konzepts der NATO und an den operativen maritimen Grundsätzen. Dies führte u. a. im Juni 1980 zur Aufhebung der nationalen Einsatzbeschränkungen für die Marine (60° Nord, Linie Dover–Calais) und zur Billigung des »Concept of Maritime Operations« (CONMAROPS) Anfang 1982 durch den NATO-Rat und Anfang 1984 zur Verabschiedung eines Operationsplans für den Krisenfall.

Die deutsche Marine hatte den Auftrag zur maritimen Vorneverteidigung im Nordflankenraum der NATO. Schwerpunkte waren die Operationsgebiete Ostsee, Ostseezugänge, Nordsee und angrenzende Gewässer. Gemeinsam mit den verbündeten Marinen und in engem Zusammenwirken mit Luft- und Landstreitkräften trug die Marine dazu bei, daß die Schlüsselpositionen der NATO im Nordflankenraum behauptet werden konnten. Zum anderen gewährleistete sie mit den Bündnispartnern den Schutz der Seeverbindungen in diesem Gebiet für die Heranführung von Verstärkungskräften und Versorgungsgütern. Vorneverteidigung auf See ist nicht an enge Gebietsgrenzen gebunden. Sie erfordert den Einsatz der See- und Seeluftstreitkräfte dort, wo der Gegner seine Angriffe durchführt oder entwickelt. Die zahlenmäßige Überlegenheit der sowjetischen Marine im Nordflankenraum zwang zur Nutzung der Tiefe des Raumes, um den Gegner frühzeitig und wiederholt zu bekämpfen und schrittweise abzunutzen und abzuriegeln.

Die Verteidigung in der Ostsee war Aufgabe der deutschen und der dänischen Marine. Östlich von Bornholm sollte das Angriffspotential des Gegners gemindert und ihm die Nutzung der See als Aufmarschgebiet und Rollbahn erschwert werden. Dafür konnten nur solche Seekriegsmittel zum Einsatz kommen, welche die Fähigkeit hatten, entweder unentdeckt zu operieren oder sich gegen starke Abwehr durchzusetzen, also U-Boote und Marinejagdbomber. Im Bereich der Ostseezugänge war die Nutzung der Verbindungswege von und zum Atlantik zu sichern und zu verteidigen. Die eigenen Kräfte hatten dabei unter ständiger Gefährdung aus der Luft feindliche Landungs- und Kampfverbände sowie Minen abzuwehren. Kleine, bewegliche Kampfeinheiten wie Schnellboote, leichte Minenleger und Minensucher sowie Kampfhubschrauber waren dafür am besten geeignet.

In der Nord- und Norwegensee waren zum Schutz der Küsten, der Verstärkungs- und Versorgungstransporte gegnerische U-Boote, Flugzeuge und Überwasserkampfverbände abzuwehren und Minen zu bekämpfen. Die hierzu notwendigen Operationen erforderten von den Seestreitkräften hohe Seeausdauer, große Reichweite, Beweglichkeit und Allwetterfähigkeit. Der Beitrag der Marine im Rahmen der Allianz bestand hier aus Zerstörern, mit Hubschraubern ausgerüsteten Mehrzweckfregatten, Hilfsschiffen, U-Booten, U-Jagd- und Seefernaufklärungs-Flugzeugen, Marinejagdbombern und Minenabwehrfahrzeugen. Mit ihrer Beteiligung an der Verteidigung im Nordflankenraum leistete die Marine gemeinsam mit den Partnern der Allianz einen wesentlichen Beitrag zur Wahrung der Integrität der Bundesrepublik Deutschland. Sie trug zur Sicherheit in Nord- und Mitteleuropa bei und schaffte mit die Voraussetzung dafür, daß bei den größeren NATO-Marinen Kräfte für die Abwehr der Bedrohung im Atlantik und auch außerhalb des NATO-Gebietes verfügbar blieben.

Als Ersatz für die inzwischen veralteten Zerstörer der FLETCHER-Klasse und für die Fregatten der KÖLN-Klasse wurde die Mehrzweckfregatte der Klasse 122 konzipiert. In den Jahren 1981 bis 1984 traten sechs von später acht Einheiten – BREMEN, EMDEN, NIEDERSACHSEN, RHEINLAND-PFALZ, KARLSRUHE und KÖLN – zur Flotte. Mit diesen auf deutschen Werften gebauten Schiffen bewies die Bundesrepublik Deutschland ihre Leistungsfähigkeit in der Produktion komplexer Kampfeinheiten von Zerstörergröße. Mit der bereits erwähnten Einführung von sechs U-Booten der Klasse 205 (1966 bis 1968) und 18 U-Booten der Klasse 206 (1971 bis 1975) erfuhr die U-Boot-Waffe ebenfalls eine entscheidende Kampfwertsteigerung. Ab 1987 wurden zwölf U-Boote 206 zum Typ 206 A umgerüstet, um so der Weiterentwicklung der Technik und den gestiegenen Anforderungen gerecht zu werden. Die Schnellbootflottille erhielt seit 1982 weitere zehn Flugkörper-Schnellboote der Klasse 143 A. Diese modifizierten Boote der Klasse 143 ersetzten die veralteten zehn Einheiten der ZOBEL-Klasse aus den Jahren 1961/63, deren Waffensysteme veraltet waren.

Zwölf Küstenminensuchboote der LINDAU-Klasse wurden von 1978 bis 1981 zu Minenjagdbooten umgerüstet, sechs Boote der gleichen Klasse ab 1981 zu Hohlstablenkbooten des Minenräumsystems »Troika« umgebaut. Dadurch erreichte die Marine eine erhebliche Steigerung ihrer Fähigkeit, gegnerische Minen mit geringem Risiko für die Besatzungen der Minenräumboote zu bekämpfen, und trug somit der technischen Weiterentwicklung

auf dem Sektor der Minenkriegführung Rechnung. Das Marinefliegergeschwader 1 erhielt im Juli 1982 mit dem Kampf- und Aufklärungsflugzeug MRCA (Multi Role Combat Aircraft) »Tornado«, einer europäischen Gemeinschaftsentwicklung, ein neues leistungsfähiges Waffensystem, das als Marine-Jagdbomber der dritten Generation den »Starfighter« F 104 G ablöste.

Geführt wurde die Marine vom Inspekteur der Marine mit seinem Führungsstab im Verteidigungsministerium in Bonn. Von 1975 bis 1980 durch Vizeadmiral Günter Luther, von 1980 bis 1985 durch Vizeadmiral Ansgar Bethge, von 1985 bis 1986 von Vizeadmiral Dieter Wellershoff und von 1986 bis 1991 durch Vizeadmiral Hans-Joachim Mann. Unterhalb dieser Ebene war die Marine organisatorisch in drei höhere Kommandobehörden: Flottenkommando, Marineamt und Marineunterstützungskommando – die sogenannten drei Säulen – aufgeteilt. Ein besonderes Gewicht lag natürlich auf dem Flottenkommando mit seinem 1980/82 in Dienst genommenen modernen Marinehauptquartier (MHQ), das seine ihm unterstellten schwimmenden und fliegenden Verbände im Rahmen einer Typorganisation mit Flottillen und Geschwadern führte: Zerstörerflottille, Schnellbootflottille, Flottille der Minenstreitkräfte, U-Boot-Flottille, Amphibische Gruppe, Marinefliegerdivision, Seetaktische Lehrgruppe und Marineführungsdienstkommando.

Die Marine 1985 bis zur Auflösung des Warschauer Paktes

»German Task Groups« wurden im Bündnis gebildet, und daß jeweils 1984/85 und 1989/90 die Bundesmarine den Befehlshaber von STANAVFORLANT stellte, war mehr als ein Zeichen: Die Marine hatte sich und anderen mit militärisch-fachlichem Können, politischer Weitsicht und partnerschaftlicher Einfühlsamkeit in drei Jahrzehnten bewiesen, daß sie auch höchste Aufgaben nicht zu scheuen brauchte. Nicht von ungefähr wurde der im vierten Quartal 1985 amtierende Inspekteur der

Marine, Vizeadmiral Dieter Wellershoff, 1985 Admiral und Generalinspekteur der Bundeswehr. Das aus dem übergeordneten »Conceptual Military Framework« entwickelte »Maritime Conceptual Military Framework« gab die Rahmenbedingungen für die vierte »Konzeption der Marine« vor, die am 1. September 1986 erlassen wurde. Sie bestätigte die strategischen Richtlinien, kam aber hinsichtlich neuer Entwicklungen und kostspieliger Bauprogramme zu der Überzeugung, die vorhandenen Einheiten infolge stetig knapper Finanzmittel »nachzurüsten« und zu verbessern. Als im Spätherbst 1987 (16. Oktober bis 19. November 1987) deutsche Einheiten im NATO-Verband »Naval On Call Force Mediterranean« (NAVOCFORMED) in das Mittelmeer verlegt wurden, um am Ende des ersten Golfkrieges Solidarität mit den Bündnispartnern zu signalisieren, war die Marine nicht nur über die Nordflanke hinaus engagiert, sondern demonstrierte zugleich durch ihre Präsenz in Krisenregionen vor allem politische Wirksamkeit.

In diese Phase der verstärkten Wahrnehmung politisch-diplomatischer Aufgaben der Bundesmarine für die Nordatlantische Allianz fielen jene weltpolitisch bedeutenden Veränderungsprozesse, die schließlich in den Zusammenbruch von Sowjetunion und östlichem Europa mündeten. Es waren weltgeschichtliche Umbrüche, an deren Ausgangspunkt Michail Gorbatschow und sein Außenminister Eduard Schewardnadse erkannten, daß die Modernisierung des Kommunismus unumgänglich und der Wille der Völker nach Freiheit stärker ist als die verkrusteten, überlebten Strukturen gewaltsamer Unterdrückung. Die zumeist friedlich verlaufenen Revolutionen Ende der achtziger und Anfang der neunziger Jahre offenbaren die ganze Schwäche und Handlungsunfähigkeit der sozialistischen Staaten, die in sich zusammenfallen mußten, weil ihr System auf tönernen Füßen stand. Den Zusammenbruch seines Landes und der Satelliten wollte Gorbatschow freilich nicht, sondern Modernisierung und Erneuerung, Umstrukturierung und Transparenz dessen, was bestand – er nannte es Perestroika und Glasnost –, doch er hinterließ ein

in Stücke gesprungenes Weltreich mit zutiefst verunsicherten Menschen. Gorbatschow genoß wohl hohes Ansehen in den westlichen Demokratien, sein eigenes Volk aber machte ihn für das Desaster allein verantwortlich. Mit seinen ehrgeizigen Plänen erlitt Gorbatschow Schiffbruch, aber sein Verdienst, den Freiheitswillen der ehemaligen Warschauer-

Der Navigations- und Presseoffizier des Zerstörers SCHLESWIG-HOLSTEIN, der damalige Kapitänleutnant Dr. Heinrich Walle, informiert amerikanische Schüler über die Aufgaben des NATO-Verbandes STANAVFOR-LANT in Charleston/USA im Februar 1980 (Slg. Walle)

Pakt-Staaten nicht mit der Waffe niedergehalten zu haben, ist und bleibt von historischer Größe.

Im August 1990 überfiel Iraks Diktator Saddam Hussein den kleineren Nachbarn Kuweit. Die USA, Frankreich und England reagierten, und am 10. August beschloß die Bundesregierung, einen Minenabwehrverband erst in das östliche Mittelmeer und dann in den Golf zu entsenden, um gegebenenfalls Minen zu räumen und die Wege für den internationalen Schiffsverkehr wieder frei zu machen. Einige Tage später wurden fünf Minenabwehreinheiten und zwei Unterstützungsschiffe verlegt, und einen Monat darauf bat die NATO abermals, wie 1987, um Beteiligung an der »Naval On Call Force Mediterranean«, zu der die Bundesmarine Zerstörer, Fregatten und einen Tanker abstellte. Die Marine hatte damit den entscheidenden Schritt Deutschlands auf dem Weg zur Übernahme internationaler Aufgaben im Rahmen von Friedenssicherung und Konfliktbewältigung vollzogen.

Stapellauf des Flugkörperschnellbootes S 41 Tiger *der Klasse 148 am 27. September 1972 in Cherbourg*
(PIZ-Marine)

nige Tage später wurden fünf Minenabwehreinheiten und zwei Unterstützungsschiffe verlegt, und einen Monat darauf bat die NATO abermals, wie 1987, um Beteiligung an der »Naval On Call Force Mediterranean«, zu der die Bundesmarine Zerstörer, Fregatten und einen Tanker abstellte. Die Marine hatte damit den entscheidenden Schritt Deutschlands auf dem Weg zur Übernahme internationaler Aufgaben im Rahmen von Friedenssicherung und Konfliktbewältigung vollzogen.

Während die Bundesmarine ihre Unverzichtbarkeit im Bündnis unter Beweis stellte, war die Marine des anderen deutschen Staates im Zerfall begriffen. Die Volksmarine hat den Kalten Krieg gegen die Bundesmarine verloren, wenn die Parameter von Sieg und Niederlage überhaupt Geltung haben können in einem Krieg, der nie stattfand. Während die Bundesmarine im vereinten Deutschland unter geänderten Vorzeichen und mit neuen Aufgaben

im Dienste der Völkergemeinschaft bestehen blieb, ging am 3. Oktober 1990 die andere unter; sie lebt nur in der Erinnerung weiter, die von einigen musealen Sachzeugen und persönlichen Andenken gestützt wird. Dabei ist die Volksmarine unbestreitbar ein Stück deutscher Marinegeschichte, schnell zum Ende gekommen zwar, aber nicht ohne Bedeutung und mit Menschen, die von einer Partei mißbraucht wurden. Im Bund mit der Sowjetunion wuchs sie zu einem unentbehrlichen Bestandteil des Warschauer Paktes heran, war verläßlich und qualifiziert, geachtet und respektiert, wenn auch Moskau stets signalisierte, wer das Kommando hatte.

Die Volksmarine der DDR

Die Deutsche Demokratische Republik war ein Unrechtsregime, weil sie Gewalt und Mißbrauch von Menschenrechten nicht scheute, ihre Bürger aller Selbstbestimmung beraubte, ja sogar auf sie schießen ließ, wenn sie begehrten, was in den westlichen Demokratien selbstverständlich war und ist: Freiheit und Rechtssicherheit. Es besteht kein Zweifel, daß die Nationale Volksarmee ein entscheidendes Machtmittel eines zahlreicher Verbrechen schuldigen Regimes war, dem es Programm und welthistorische Aufgabe gewesen ist, als sozialistischer Musterschüler im Kampf gegen den »kapitalistisch-imperialistischen Klassenfeind« in vorderster Linie zu marschieren. Die Orden waren bereits zigfach gefertigt – es gab einen »Blücher-Orden«, gleichsam das Eiserne Kreuz der DDR.

Am 18. Januar 1956 wurde das Gesetz zum Aufbau der DDR-Streitkräfte erlassen: »Es wird eine ›Nationale Volksarmee‹ geschaffen. Die ›Nationale Volksarmee‹ besteht aus Land-, Luft- und Seestreitkräften, die für die Verteidigung der Deutschen Demokratischen Republik notwendig sind. Die zahlenmäßige Stärke der Streitkräfte wird begrenzt entsprechend den Aufgaben zum Schutze des Territoriums der Deutschen Demokratischen Republik, der Verteidigung ihrer Grenzen und der Luftverteidigung.«

Die international kritische Lage mit ihren einzelnen Facetten, die einen Dritten Weltkrieg nicht ausschlossen, waren die übergeordneten Motive, denen die politische Führung der DDR propagandistische hinzufügte: Die Aufstellung von Streitkräften sei eine notwendige Reaktion auf die »Wiedereinrichtung des aggressiven Militarismus in Westdeutschland« und die Integration der »westdeutschen Söldnerarmee« in die »aggressive NATO«. Mit diesem Gesetz wurde die NVA jedoch nicht gleichsam über Nacht aus dem Boden gestampft,

galt nicht für die sogenannte Hauptverwaltung Seepolizei (HVS), die am 15. Juni 1950 ins Leben gerufen und von Generalinspekteur Waldemar Verner, einem zwischen 1935 und 1938 in Moskau geschulten Kommunisten, geleitet wurde. Hier fanden auch Marineoffiziere aus westalliierter Gefangenschaft Platz, sodaß mit den fachlich hervorragend ausgebildeten Männern der Kriegsmarine schnell eine funktionstüchtige Struktur aufgebaut werden konnte. Motivationsprobleme gab es offenbar nicht, wie sich Konteradmiral a. D. Friedrich Elchlepp erinnert: »Was bewog viele zum Eintritt in die Seepolizei? Es war in erster Linie die Liebe zur Seefahrt, aber auch ihre Verbundenheit mit dem Handwerk auf See, dem sie in den zurückliegenden fünf Friedensjahren innerlich nur ›auf Wiedersehen‹ gesagt hatten. Viele ehemalige Berufssoldaten kamen ›mit fliegenden Fahnen‹, weil sich hier der belastende Makel, ehemalige Unteroffiziere oder Offiziere der faschistischen Kriegsmarine gewesen zu sein, zur Voraussetzung, ja geradezu zum Qualitätsmerkmal für ein schnelles berufliches Fortkommen gewandelt hatte. Der Staat

Auszeichnung von Offizierschülern der Offizierhochschule Karl Liebknecht. Den besten Absolventen wird ein Ehrendolch mit einer Widmung des Ministers für Nationale Verteidigung der DDR überreicht (WGAZ-MSM)

sondern im nachhinein nur legalisiert, was längst schon existierte. Der Prozeß der Wiederbewaffnung verlief seit 1950 kontinuierlich, denn ein Jahr zuvor nahm der Stab einer kasernierten Polizeitruppe unter der Tarnbezeichnung »Hauptverwaltung für Ausbildung« (HVA) seine Arbeit auf, in der ehemalige Wehrmachtangehörige aus sowjetischer Gefangenschaft Dienst taten. Diese Einschränkung

brauchte sie so, wie sie waren. Natürlich wollten sie wissen, ob sie mit dem alten Dienstgrad übernommen würden. Würde die Dienstzeit bei der Kriegsmarine anerkannt, spielten Kriegsauszeichnungen eine Rolle? Nichts von alledem wurde berücksichtigt … Tröstend wurde vielen Neueingestellten gesagt, daß sie zu den ersten Angehörigen der künftigen Marine gehören und durch den schnellen Aus-

und Aufbau der Seepolizei gute Entwicklungs- und Beförderungschancen hätten.« (Was sich dann auch bewahrheitete!)

Die Geburtsstunde der DDR-Seestreitkräfte war der 1. April 1950, als sowjetische Offiziere die »Marschroute« festlegten: 100 Offiziere, 200 Boots- und Maschinenmaate und 50 Mannschaften sollten danach als Besatzungen für Minenräumboote teils an der Seepolizeischule in Parow, teils unter strengster Geheimhaltung an einer Offizierschule in Kaliningrad ausgebildet werden. Die anstehenden Aufgaben wurden konkretisiert:

– Übernahme des von der Sowjetischen Militäradministration (SMAD) zugesagten Struktur- und Stellenplanes
– Erarbeitung eines Finanzplanes
– Vorbereitungen für den Aufbau eines Marinestützpunktes in Wolgast
– Übernahme des ehemaligen Seefliegerhorstes in Parow und Vorbereitung für Ausbildung
– Übernahme von sechs Minenräumbooten (Kriegsmarine) und der sechs in Bau befindlichen Seekutter (KSBoote).

Die Sowjetunion übergab im Juni 1950 die ehemaligen dänischen Minenleger LOSSEN, SIXTUS und QUINTUS sowie das Fischereischutzboot HVIDBJÖRNEN der Seepolizei. Ende 1950 verfügte sie über einen Personalbestand von 2.280 Mann (320 Offiziere), die seit dem 7. Oktober Marineuniformen trugen. Was Seepolizei genannt wurde, war de facto die erste Stufe auf dem Weg zu regelrechten Seestreitkräften, zu denen Stalin im Frühjahr 1952 drängte: »Pieck (Ministerpräsident der DDR 1949–1960) trug Stalin am 1. April 1952 in Moskau Vorschläge des Politbüros der SED … vor. Dabei besprach er auch vorsichtig ›Schritte zur Bildung der Volksarmee statt Polizei‹. Stalin ordnete gleich eine umfassende Bewaffnung an: ›Nicht Schritte, sondern sofort.‹ Sodann entwickelte er auch schon Einzelheiten.« Die Seepolizei wurde in diesem Jahr offiziell in »Volkspolizei See« (VP-See) umbenannt. Fast 6.000 Mann erhielten als Auftrag: »Sicherung der demokratischen Errungenschaften und des wirtschaftlichen Aufbaus im Interesse der werktäti-

gen Bevölkerung sowie des Handels vor Schädigung durch Schmuggel, der Fischereiflotte der DDR sowie aller anderen in Häfen der Republik ein- und auslaufenden Schiffe durch Kontrolle der Instandhaltung und Markierung der Wasserwege und Hilfeleistung bei Havarien in den Küstengewässern.« Im einzelnen:

– Freiräumen der minenverseuchten Gebiete in größerem Maßstab
– Ausbau des bewaffneten Schutzes der Küste der DDR, sodaß jegliche »seeseitige Provokation« erfolgreich zurückgeschlagen werden kann
– Verstärkte spezialfachliche Ausbildung des Personals
– Durchführung von wirksamer politischer Arbeit mit dem Ziel der »Anerziehung eines festen Klassenstandpunktes und der Erziehung der Treue zur SED«.

Die Einführung militärischer Dienstgrade und Rangabzeichen sowie die ersten taktischen Übungen verliehen der »Volkspolizei See« immer deutlicher den Charakter regulärer Seestreitkräfte. Der Marineschiffbau wurde forciert, und im sogenannten Zeuthener Protokoll legte eine Kommission die erforderlichen Maßnahmen für die »Durchführung des Marine-Bauprogramms 1954–1956« fest. Danach sollten der VP-See 1955 über 254 Schiffe und Boote zur Verfügung stehen, davon 203 operative Einheiten. Die 1952 von Stalin geforderte und einsetzende rasante Aufrüstung belastete die wirtschaftliche Kraft des Landes in einem Maß, das die politische Führung monatelang verkannte. Der Volksaufstand vom 17. Juni 1953, dem sich unter anderem Werftarbeiter in großer Zahl anschlossen, ging auf die Überbelastung der Bevölkerung zurück und scheiterte nur am rigorosen Eingreifen sowjetischer Panzer. Auch die VP-See erhielt in der Woche nach dem Volksaufstand Ordnungs- und Sicherungsaufgaben in den Küstenstädten des Nordbezirks: 25 Prozent aller Marineangehörigen wurden in Alarmbereitschaft versetzt, um im Zweifelsfall die Küsten vor den eigenen Leuten zu schützen! Streifen der VP-See übernahmen gemäß den Bestimmungen der Sowjets Kontrollaufgaben in den Städten, in denen es zu erheblichen Ausschreitungen gekommen war.

Nach dem 17. Juni, der die seit 1952 bezeichnete »Kasernierte Volkspolizei« und die paramilitärischen Einheiten wie die Grenzpolizei gegen die eigene Bevölkerung aufbrachte und die politische und ökonomische Ohnmacht der DDR-Führung offenbarte, wurde die im Verhältnis zum begrenzten Seeraum enorme Anzahl an geforderten Einheiten reduziert und der avisierte U-Boot-Bau aufgegeben. Die Auf- und Ausrüstung der DDR-Marine geriet in eine ernsthafte Krise, die Vizeadmiral Verner zu der Einschätzung veranlaßte, daß durch die »völlig ungenügende Erfüllung des Schiffbauprogramms die gesamte Entwicklung der VP-See auf eine äußerst gefährliche Weise gehemmt (wird), da weder ausreichend Schiffe und Boote für die Ausbildung an den Schulen noch für die Gefechtsausbildung der Flotte und den operativen Einsatz vorhanden sind. ... Durch die Nichterfüllung des bestätigten Schiffbauprogramms ... wird die Gefahr einer Desorganisation innerhalb der VP-See hervorgerufen.« Die düstere Prognose hatte einen tieferen Grund: Verner war sich völlig im klaren darüber, daß die Volkspolizei See im Kriegsfall innerhalb kürzester Zeit »verheizt« würde, denn Berechnungen zufolge würde die Marine etwa 40 Prozent ihres Schiffsbestandes schon in den ersten Kriegstagen einbüßen, ehe polnische und sowjetische Einheiten zu Hilfe kämen. Am 1. Januar 1956 unterhielt die Volkspolizei See 122 Fahrzeuge, darunter 97 Kampf-, Hilfs- und Schulboote.

Struktur und Organisation der Volkspolizei See waren auf die Führung von Minensuch- und Küstensicherungskräften ausgerichtet, über welche die sowjetische Besatzungsmacht zwar Kontroll-, nicht aber direktes Weisungsrecht besaß. Die Aufgabe der VP-See – Minenräumen und Küstenverteidigung – barg dabei zum Teil erhebliche personelle und materielle Schwierigkeiten in sich, denn die Ausrüstung war spärlich und der Ausbildungsstand auf niedrigem Niveau; als problematisch erwies sich die Gewohnheit, am Ende eines jeden Ausbildungsjahres die Besatzungen voneinander zu

trennen und auf neu in Dienst zu stellende Schiffe aufzuteilen. An den Schulen lehrte allgemein mangelhaft qualifiziertes Personal, das zwar die Erfahrungen des Krieges mitbrachte, ansonsten aber auf das Selbststudium angewiesen war, um mit der technischen und fachlichen Weiterentwicklung Schritt zu halten. Dies war mit ein Grund für die Ausbildung von Offiziersschülern in der Sowjetunion. Wer als »Kursant« an die dortige Akademie kommandiert wurde, verfügte weder über seemännische noch über militärische praktische oder theoretische Vorbildung; er kam sozusagen als Ungelernter und durchlief die Ausbildung von Grund auf für den Dienst in einer Streitkraft, die sich nach

Fregatte BERLIN HAUPTSTADT DER DDR *um 1980. Das Schiff gehörte zu den Fregatten der* KONI-*Klasse, wurde 1976–1978 in der UdSSR gebaut und war 1980 von der Volksmarine übernommen worden* (WGAZ-MSM)

der DDR-Verfassung nicht Armee nennen durfte. Der Bedarf an Offizieren war jedoch mit dem Ausbildungsgang in Leningrad nicht zu decken, sodaß die Volksmarine die akademische Ausbildung ihres Führernachwuchses erst spät, im Januar 1963, mit der Gründung der »Fakultät Seestreitkräfte« (Dänholm) begann, die 1969 in die Militärakademie nach Dresden verlegt wurde. Die Offiziere studierten drei Jahre und schlossen ihre Ausbildung, eine Art Studium Generale, mit dem Staatsexamen (Dipl. rer. mil.) ab.

Anfang 1956 unterzeichneten die Sowjetunion und die DDR einen Vertrag, der unter anderem die Souveränität der DDR festsetzte. Der Führung oblag es nun, selbst jene juristischen Grundlagen für eine reguläre Armee zu schaffen, die prinzipiell bereits bestand und nur noch so genannt werden mußte. Die Verfassung wurde durch einen Zusatzparagraphen ergänzt, im Februar 1956 das Gesetz zur Bildung der Nationalen Volksarmee mit einer beachtlichen Gesamtstärke von 120.000 Mann erlassen, und einen Monat darauf, am 1. März, nahm die »Verwaltung Seestreitkräfte« unter der Führung von Konteradmiral Felix Scheffler ihre Dienstgeschäfte auf. Entscheidend war, daß nun die Aufgaben der Seestreitkräfte über den bisher engen, küstennahen Wirkungsbereich weit hinausreichten: Die DDR-Marine, die national und international gültiges maritimes Brauchtum übernahm, erhielt als Teil der »Vereinten Ostseeflotte« Gefechtsauftrag, entfaltete sich aber erst im Laufe der sechziger Jahre.

Die Volkspolizei See ging mit ihren Fahrzeugen nahtlos in die Seestreitkräfte der DDR über, die sich beinahe unverändert die Kriegsmarine-Uniformen zu eigen machten, denen man in Anlehnung an das sowjetische Vorbild Ärmelhalbstreifen und als originäre DDR-Schöpfung Schulterstücke hinzufügte. Noch mußte sich die neue DDR-Marine mit veraltetem Gerät aus VP-See-Zeiten zufriedengeben, denn erst Ende 1956 lieferte die Sowjetunion Schiffe und Boote aus eigener Herstellung, darunter Torpedoboote und auch zwei Fregatten der RIGA-Klasse, die in der DDR – wohl aus Verschleierungsgründen – als Küstenschutzschiffe fuhren. Minenräumboote der KRAKE-Klasse baute die Peenewerft in Wolgast, und mitsamt der im Jahr 1960 erfolgten Übergabe von einem Dutzend sowjetischen U-Jägern und der Ausstattung mit modernster sowjetischer Technik war der Grundstock für die sogenannten Stoßkräfte gelegt.

Schon seit 1957 nahm die DDR-Marine regelmäßig an taktischen Manövern gemeinsam mit der polnischen und der baltischen Flotte teil, in denen die deutschen Kräfte, ab 1959 von Konteradmiral Wilhelm Ehm geführt, in erster Linie Sicherungsaufgaben übernahmen. Man schaffte sich allmählich seinen Platz im Bündnis, gewöhnte sich an Sprache und Wesensart der Sowjets. »Der Prüfstein für den Stand der Entwicklung unserer Flottenkräfte waren von jeher die gemeinsamen Übungen. Durch diese Übungen«, resümierte Admiral Ehm rückblickend, »wurden wertvolle militärwissenschaftliche Erkenntnisse und praktische Erfahrungen für die Planung und Organisation gemeinsamer Kampfhandlungen gewonnen, wobei wir, wie stets in unserer Arbeit, von dem Leitmotiv ausgingen: Von der Sowjetunion lernen heißt siegen lernen!« Man lernte schnell – eben auch das Propaganda-Vokabular, das in seiner schieren Unerschöpflichkeit und seinem Erfindungsreichtum nicht zu übertreffen war. So erreichte das Flottenkommando am 11. November, anläßlich der

Personal der Seepolizei bzw. Volkspolizei See 1950–1955						
Dienstgrad	1950	1951	1952	1953	1954	1955
Chefinspekteure/ Admirale	3	6	5	4	4	4
Offiziere	317	330	633	921	1.322	1.852
Unteroffiziere	302	247	722	1.022	1.227	1.713
Kursanten	1.039	770	3.180	2.204	2.708	1.227
Mannschaften	410	1.211	1.369	2.285	2.845	4.108
Zivilangestellte	209	364	870	1.060	1.185	1.086
insgesamt	2.280	2.928	6.779	7.496	9.291	9.990

Seit 1957 wirkte der »alte Chef«, Vizeadmiral Waldemar Verner, wieder an der Spitze der Marineführung, die insgesamt übrigens ausschließlich aus Funktionären der SED bestand. Es war nicht so sehr die militärische Qualifikation, sondern das politische Engagement, das für hochrangige Funktionen empfahl. Wer die kommunistische Schule, vorzugsweise in der Sowjetunion, durchlaufen und sich auch sonst um den »friedliebenden und demokratischen Staat« verdient gemacht hatte, dem brauchte nicht bange zu sein. Es war alles eine Frage der politischen Linientreue.

50. Wiederkehr des Kieler Matrosenaufstandes 1918, per Bundespost ein Telegramm von der Volksmarine: »Matrosen von Kiel! Oft treffen wir uns auf hoher See, doch trotz gleicher Sprache trennen uns Blaujacken zwei Welten. Ihr und eure Kameraden dient keiner guten Sache! Bedenkt, daß heute in der Bundesrepublik die gleichen Kräfte an der Macht sind, die den Ersten und Zweiten Weltkrieg verschuldet, die Köbis und Reichpietsch, Liebknecht und Luxemburg, Thälmann und Breitscheidt ermordet und millionenfach Blut vergossen haben.«

Die Suche nach Identität in der Gesellschaft und Platz im Pakt war seit Beginn der sechziger Jahre weitgehend abgeschlossen. Dem Identifikationsprozeß folgte nun die Phase der Konsolidierung zu einem kampfkräftigen und verläßlichen Bestandteil des sozialistischen Bundes. Sinnfälligster Start in die neue Ära der DDR-Marine war der 10. Oktober 1960, als der Nationale Verteidigungsrat den Seestreitkräften offiziell die Bezeichnung Volksmarine verlieh, um die enge Bindung ans Volk – gegen das sie im Bedarfsfall mit der Waffe vorgehen würde – zu demonstrieren. Das Traditionsbild der Marine war von der autoritären Staats- und Parteiführung verordnet und sollte symbolisieren, daß die Volksmarine in der Tradition der deutschen Arbeiterklasse stand und den Kampf gegen Militarismus, Kapitalismus, Imperialismus und Krieg im Geist der revolutionären Matrosen von 1917/1918 fortführte. Hierhin setzte die politische Führung die historische Standortbestimmung ihrer Marine. Die Revolution von 1918 war dabei eine entscheidende Marke, ihre Wegbereiter, unter ihnen Albin Köbis und Max Reichpietsch, wurden zu Volkshelden erklärt. So minimierte sich das Traditionsverständnis der Volksmarine in einseitiger Ausrichtung auf die Meuterer von 1918 und die revolutionäre Volksmarinedivision, die erst nach den Unruhen im März 1919 aufgelöst wurde.

Es liegt auf der Hand, daß die Angehörigen der neuen Volksmarine nur mit erheblichen inneren Widerständen die von oben verfügte ideologische Geburtsstunde ihrer Marine akzeptierten, denn die Jüngeren vermochten kaum Beziehungen zu diesen fernen Ereignissen zu knüpfen und den Älteren war

der von den Nationalsozialisten eingeimpfte Haß gegen den Bolschewismus noch in bester Erinnerung. Wie konnten bei diesem konstruierten Traditionsbild, das größtenteils auf stille Ablehnung stieß, nationale oder gar patriotische Gefühle entwickelt werden? Da hatte es das Heer der Nationalen Volksarmee leichter, dessen Herkunftspflege zwar auch nicht ohne die Errungenschaften des Klassenkampfes auskam, aber immerhin die Freiheitskriege gegen die napoleonischen Besatzer und die Leistungen der preußischen Reformer Stein, Scharnhorst und Gneisenau im weitesten Sinne mit einbezog.

Vereinzelt wurden zwar Vorschläge unterbreitet, eventuell die Revolutionsflotte von 1848 als weiteren Sinngeber der Volksmarine zu nutzen, aber die politische und militärische Führung lehnte den Rückgriff auf längst vergangene Tage rundheraus ab: Die Volksmarine sei eine moderne Marine aus dem Schoß des 20. Jahrhunderts und darüber hinaus könnte jede intellektuelle Auseinandersetzung mit dem deutschen maritimen Springquell des Jahres 1848 ungebetenes »bürgerliches Gedankengut« produzieren. Daß die DDR als sogenannter demokratischer Staat Schwarz-Rot-Gold als Landesfarben führte, war dabei kein Widerspruch, denn bewußt bezog sich die Staatsspitze auf die Freiheitskriege und interpretierte ihre Flagge als Trikolore gegen Feudalismus, Großbürgertum und Ausbeutung.

Ein Jahr nach der Verleihung ihres Namens hatte sich die Volksmarine mit solch markigen Parolen wie »Blaublusen – dem Feind keine Lücke«, »Das Vaterland rief – wir kamen! Das Vaterland ruft – wir bleiben, schützen und verteidigen die Grenzen der Deutschen Demokratischen Republik« wenigstens ihrem Anspruch nach zu bewähren. Gegen wen, das war spätestens nach dem Bau der Mauer klar: Sie schützten ihre Landesgrenze vor den eigenen Bürgern, von denen sich viele nicht mehr einsperren lassen wollten und ihren Freiheitsdrang mit dem Leben bezahlten. Erhöhte Gefechtsbereitschaft der Volksmarine sollte verhindern, daß die Seegrenzen, sei es von innen oder von außen, verletzt würden. Bis zur Wende 1989 versuchten mutige Draufgänger, der Republik überdrüssig, mit abenteuerlich zusammengebastelten Schwimmgeräten immer wieder über die See zu entkommen. Im Kieler Schiffahrtsmuseum ist ein solches Gefährt ausgestellt, das in seiner Form an die Kleinst-U-Boote des Zweiten Weltkrieges erinnert und mit dem kurz vor der »Wende« der Fluchtversuch zweier DDR-Bürger scheiterte. Diese beiden blieben am Leben, anderen, zahlenmäßig nicht erfaßbaren, aber mit Sicherheit nicht wenigen wurde die Ostsee zum Grab. Es heißt, daß Stürme, Gezeiten und die niedrige Wassertemperatur für den Tod dieser Menschen verantwortlich seien und nicht Gewaltakte von Armeeangehörigen. Die ignorierten in einigen Fällen unter Inkaufnahme von Schikanen und Strafen ihren Auftrag, auf die eigenen Landsleute zu schießen, und versuchten bisweilen selbst zu flüchten – vornehmlich mit den Mitteln, die ihnen als Marinesoldaten zur Verfügung standen. So planten Anfang 1967 zehn Besatzungsmitglieder die Flucht mit ihrem Raketenschnellboot, doch die Absicht sickerte zur allgegenwärtigen Staatssicherheit durch. Von einem anderen Fall ist bekannt, daß ein Obermaat es fertiggebracht hatte, die Besatzung seines Bootes festzusetzen und in Richtung Westen zu fahren; nur eine Seemeile vor der rettenden Westgrenze wurde er überwältigt. Den Männern, die der DDR ihre Treue bewiesen, indem sie Kameraden an die Staatssicherheit verrieten, waren hohe Auszeichnungen sicher. Was die DDR an zahlreichen Druckmitteln und schikanösen Maßnahmen auf dem Festland zur Verfügung hielt, um die Lebenslust ihrer Bürger zu reduzieren, das übertrug sie mit Eifer auch auf das Wasser: Sperrzonen und schärfste Kontrollen von Sportbooten, unverhältnismäßiger bürokratischer Aufwand als Voraussetzung für Segeltörns, die ohnehin nur in den Binnengewässern erlaubt waren, und ständige Überwachungen.

In der Verteidigung der Seegrenze zur Bundesrepublik Deutschland entdeckte die DDR ihre eigentliche maritime Aufgabe im Frieden (»Grenzdienst ist Frontdienst im Frieden«), weswegen die Grenzbrigade in die Volksmarine übernommen wurde. Zur Erfüllung dieser Aufgabe, »die Seegrenze der DDR, auch unter der konsequenten Anwendung

der Schußwaffe, gegen die Feinde unseres Staates zu sichern«, wurde ein immenser personeller, materieller und technischer Aufwand betrieben. Nachwuchs stand in ausreichendem Maß zur Verfügung, denn wer in der Republik etwas werden wollte, mußte ohne Fehl und Tadel gedient haben. Die »Freiwilligen« mußten sich auf mindestens drei Jahre in der Marine verpflichten. Die Einführung der Wehrpflicht im Jahre 1962 änderte die personellen Strukturen nicht, denn die begehrte Bordlaufbahn war nach wie vor an eine dreijährige Dienstzeit geknüpft. Der Ausbau der Volksmarine erfolgte in den sechziger Jahren dank sowjetischer Hilfe sehr zügig. Zwar war die Idee von landeseigenen U-Booten vom Tisch, aber Konteradmiral Wilhelm Ehm, der nach zweijähriger Unterbrechung das Amt des Inspekteurs der Volksmarine 1963 wieder übernahm, stellte quasi als Ausgleich Überlegungen zum Aufbau amphibischer Einheiten an: »Die durch die Landungseinheiten erweiterten Gefechtsmöglichkeiten der Volksmarine verbessern die Voraussetzungen für das Zusammenwirken mit den Landstreitkräften und die wirksame Unterstützung ihrer in Küstenrichtung handelnden Verbände.« Die Volksmarine richtete sich Schritt für Schritt – und vor der Öffentlichkeit verborgen – offensiver aus, auch Landungsboote der »Robbe«-Klasse, neue U-Jagdschiffe und die Ausrüstung mit Raketenschnellbooten vom Typ »Osa«, Marschflugkörper (»Kennel«) und sowjetische Hubschrauber modernsten Typs (MI4-M) trugen dazu bei, daß aus der Küstenmarine vergangener Tage eine respektable Randmeermarine wurde.

Seit Mitte der sechziger Jahre zeichneten sich aufgrund nationaler Eigenentwicklungen Spaltungstendenzen innerhalb des sozialistischen Blocks ab, die 1968 zur ersten ernsthaften Zerreißprobe des Warschauer Paktes führten. In der Tschechoslowakei wurde der Ruf nach inneren Reformen laut, der als »Prager Frühling« in die Geschichte einging. Der Konflikt zwischen der reformbereiten CSSR-Regierung und den fünf »harten« Staaten UdSSR, Polen, DDR, Ungarn und Bulgarien spitzte sich zu, und als eine Kompromißlösung außer Reichweite geriet, reagierten die Hardliner mit militärischer Intervention. Die DDR brandmarkte den Reformwillen der Tschechen als »Konterrevolution im Auftrag des Imperialismus« und schickte Soldaten zur Grenzsicherung. Die Volksmarine, die noch wenige Wochen zuvor an Stabsübungen der Vereinten Ostseeflotten teilgenommen hatte und sich daher in bester Verfassung befand, wurde in erhöhte Gefechtsbereitschaft versetzt. Die Organisation verlief reibungslos. Admiral Ehm sorgte für die propagandistische Untermalung, weil in einigen Kritikern die ungewünschte Ahnung heraufstieg, es könne sich bei dem Einmarsch um einen völkerrechtswidrigen Akt handeln. Die »Erziehung der Angehörigen der Volksmarine zum unbändigen Haß auf den imperialistischen Klassenfeind und seine Handlanger«, wie es Admiral Ehm formulierte, war sorgfältig,

Von klein auf wurde der Nachwuchs mit ideologischen Parolen gefüttert und in paramilitärischen Wettkämpfen gestählt; der DDR-Machtapparat ließ massenhaft Propagandablättchen drucken, um das Interesse der Jugend für Heer, Luftwaffe oder Marine zu wecken. Spiel- und Bastelbögen waren geschickt mit Informationen über den jeweiligen Armeeteil gespickt: Dienstgradtabellen, Planspiele oder Kriegsschiffe zum Zusammenbasteln klärten über die Volksmarine auf. Das Spiel »Schiffe versenken«, – wobei vorzugsweise der »imperialistische Klassenfeind« stets das Nachsehen hatte – sollte Kampfeslust und Aggressivität steigern. In der Schule lag ein besonderes Augenmerk auf der vormilitärischen Ausbildung, die FDJ-Organisationen führten monatliche Pflichtveranstaltungen wie den »Zirkel der Jungen Sozialisten« durch. Die Soldaten der Volksmarine standen unter ständiger Kontrolle und Indoktrination von rund 5.000 speziell geschulten Politoffizieren. Der planmäßige Politunterricht, hinter vorgehaltener Hand »Rotlichtbestrahlung« genannt und wegen seiner Eintönigkeit bei den Männern ausgesprochen unbeliebt, war nur eine Facette der umfangreichen politischen Einflußnahme. Jeder Vorgesetzte war dazu angehalten, mit den Untergebenen »Kampfberatungen«, später etwas moderner »Kampfmeetings« genannt, durchzuführen, um das Feindbild zu formen und die Soldaten auf ihre Ge-

sinnung hin zu überprüfen. So heißt es in einem Handbuch für den Unterricht der Politoffiziere: »Die Gefechtsausbildung in See führt häufig zur unmittelbaren Konfrontation mit Schiffen und Flugzeugen der NATO-Staaten. Deshalb ist es eine vordringliche Aufgabe der politischen Arbeit, diese Begegnungen zur weiteren klassenmäßigen Ausprägung eines sozialistischen Feindbildes und von Gefühlen des Hasses auf den Klassenfeind zu nutzen.«

Auf allen größeren Einheiten wachten Stellvertreter der Kommandanten über die einwandfreie Gesinnung der Besatzungen, höheren Ebenen waren Politabteilungen angegliedert, und jeder Kommandeur hatte einen Politoffizier als laufenden Schatten. Das Überwachungssystem der DDR funktionierte perfekt – nie ist ein Unfall bekanntgeworden, nie ein Unglück, nie eine Havarie zur See, und wie die Staatsgewalt mit denen verfuhr, die sich der verordneten Geisteshaltung widersetzten, ist mittlerweile bekannt. Die meisten aber fügten sich, denn was blieb ihnen, die dem Manipulationsmechanismus des DDR-Machtapparates schutzlos ausgeliefert waren, auch anderes übrig?

Die Volksmarine durchlief während ihres kurzen Daseins seit 1960 keine Entwicklungsphasen im eigentlichen Sinne. Sie blieb bis zum Ende das, als was sie gegründet wurde: eine Wehr gegen die eigenen Bürger und die »räuberischen Traditionen des deutschen Imperialismus«, der es nicht wagen sollte, seine »Schweineschnauze in unseren blühenden sozialistischen Garten zu stecken«. Dieser »blühende Garten« war ein einziges gigantisches System von Betrug und Lüge, Machtmißbrauch und Unterdrückung und die Volksmarine ein Produkt dieses Systems gewesen. Sie ist aber auch ein Teil deutscher Marinegeschichte. Ende der achtziger Jahre zeichnete sich der innere Verfall der NVA ab, der unter anderem auf die schlechte wirtschaftliche Lage des Landes zurückzuführen war. Soldaten wurden in verschiedenen Produktionszweigen der Wirtschaft eingesetzt, ohne daß die DDR-Regierung die hohen Bereitschaftsforderungen zurücknahm. Die aus diesem »Doppeleinsatz« resultierende ständige Überforderung der Streitkräfte und die in der Krise sichtbar werdenden Schwächen des Regimes verunsicherten Vorgesetzte wie Untergebene, und der Ruf nach Verbesserung der inneren Verhältnisse, vor allem nach einem tiefgreifenden Bewußtseinswandel, wurde immer lauter.

Es gärte im Volk. In der zweiten Hälfte des Jahres 1989 erkannte die DDR-Regierung unter dem Eindruck von Massenflucht und Demonstrationen ihre aussichtslose Lage. Hunderttausende riefen nach demokratischer Erneuerung und grundlegenden Reformen. »Derweil sahen die saturierten, satten, von der NATO gesicherten Westdeutschen dem Geschichtsdrama von ›drüben‹ mit wachsender Ungläubigkeit via Fernsehschirm zu. Auch im Herbst

---

Die Volksmarine 1986

Kommando der Volksmarine	Rostock
1. Flottille	Peenemünde
4. Flottille	Warnemünde
6. Flottille	Dranske
Kampfschwimmerkommando	
Marinehubschrauber-Geschwader	
Küstenraketen- und Artillerie-Regiment	
Offizierhochschule »Karl Liebknecht«	
Flottenschule »Walter Steffens«	
Schiffstammabteilung »Paul Blechschmidt«	
bis 1990 hinzugekommen:	
Küstenschutzkommando	
Küstenraketen-Regiment	
Marinehubschrauber-Geschwader	
Marineflieger-Geschwader	

1989, in den kritischen ersten Oktobertagen, als alles auf des Messers Schneide zu stehen schien, rührte sich hier keine Hand, der Intellektuellenszene verschlug es buchstäblich die Sprache, als in Leipzig und Ostberlin hunderttausendfach der Ruf erscholl: ›Wir sind das Volk‹, und noch unfaßbarer reagierten sie, als daraus ›Wir sind ein Volk‹ wurde. Die ›Brüder und Schwestern‹ im Osten waren und blieben auf sich selbst gestellt, deswegen war das, was 1989 geschah, zwar eine veritable deutsche Revolution –

aber eine gleichsam ›halbe‹ deutsche ›Revolution.‹« (Michael Salewski)

Auseinandersetzungen über ein neues Reisegesetz führten zum Rücktritt des Staatsratsvorsitzenden Erich Honecker und seiner Regierung. Das neugebildete Politbüro unter der Führung von Egon Krenz gab dem Druck der Öffentlichkeit nach und ließ die Grenzen am 9. November öffnen. Die DDR-Regierung reagierte unmittelbar nach dem Fall der Mauer mit der Ankündigung demokratischer Legitimierung der Nationalen Volksarmee, die endlich das Odium einer Armee der Partei verlieren sollte. Es war keine Frage, daß sich die Herrschenden um den letzten Staatsratsvorsitzenden Egon Krenz redlich um frischen Wind in der NVA mühten: Der obersten Volksvertretung unterstellt, erhielten alle demokratischen Parteien gleichberechtigt Zugang zur politischen Arbeit bei den Soldaten; dies war ebenso neu wie die Anweisung, das Leben in der von Auflösungserscheinungen geprägten und teilweise disziplinlosen Truppe auf ein neues Fundament zu stellen und den Soldaten den Dienst zu erleichtern. Bemerkenswert der Auftritt von Verteidigungsminister Theodor Hoffmann im Januar 1990: Der Admiral gab den Forderungen der Soldaten nach und erließ ein Gesetz, nach dem der Wehrdienst auf zwölf Monate reduziert wurde. Ein Soldatenstreik, vielleicht ein Aufruhr, war gerade noch verhindert worden. Die Bemühungen um einen neuen Kurs der Armee wurden durch die welthistorischen Ereignisse des Einigungsprozesses überholt. Davon abgesehen bleibt es zweifelhaft, ob eine Demokratisierung der NVA überhaupt möglich gewesen wäre.

Mit dem Tag der Vereinigung beider deutscher Staaten war klar: Es kann nur eine Armee und eine Marine in Deutschland geben. Die Marine des anderen deutschen Staates, der plötzlich nicht mehr existierte, stellte am 2. Oktober 1990 alle Einheiten außer Dienst, von denen die Bundesmarine nur wenige in ihren Bestand übernahm. Der Übergang von der Bundesmarine zur Deutschen Marine unter Einschluß der Volksmarine war fließend, man spürte ihn kaum. Die Stimmung in der Truppe war verhalten und abwartend, manchmal mißtrauisch-ablehnend, vielfach aber auch erwartungsvoll gespannt, denn immerhin galt es, sich mit einem ehemaligen Gegner zu arrangieren.

Die Deutsche Marine 1990 bis Ende der neunziger Jahre

Parallel zu den Verhandlungen über den Beitritt der DDR zur Bundesrepublik Deutschland gemäß Artikel 23 des Grundgesetzes im Einigungsvertrag erarbeiteten die beiden deutschen Regierungschefs Helmut Kohl und Lothar de Maizière mit den ehemaligen Besatzungsmächten USA, Großbritannien, Frankreich und UdSSR im »Zwei-plus-Vier-Vertrag« die notwendigen Regelungen. Darunter das Zugeständnis der vollen staatlichen Souveränität Deutschlands sowie das Ende aller Rechte und Verantwortlichkeiten der Sieger. Von besonderer Qualität waren hierbei die Beziehungen zur Sowjetunion, vor allem die sowjetische Haltung zur Frage deutscher Bündniszugehörigkeit. Lösungen erzielten Kohl und Gorbatschow in Moskau und im Kaukasus: »Der Vertrag muß ohne große Begleitmusik, aber konzentriert, ohne Zeit zu verlieren, ausgearbeitet werden. Nach den gesamtdeutschen Wahlen wird die Frage der Einheit gelöst sein. Uns lenkt dann nichts mehr ab, und wir können sehr rasch zu einem beiderseitigen Erfolg kommen.« (Helmut Kohl)

Zweifelsfrei sind die Gespräche in Moskau und im Kaukasus von historischem Gewicht gewesen, und der ehemalige Bundeskanzler, von dem die Rede ging, er sei weniger Staatsmann als vielmehr glückhafter Überlebensstratege, strafte seine Kritiker mit Ergebnissen: Die drei Hürden – Freiheit der Bündniswahl, Abzug der sowjetischen Truppen aus Deutschland und die Reduzierung der deutschen Streitkräfte auf 370.000 Mann – wurden auf Deutschlands Weg in die Zukunft ausgeräumt. Daß dieser Weg steinig und mit vielfältigen Problemen

Erster Vorlaufslehrgang für Schlüsselpersonal der Volksmarine im September 1990 in Plön kurz vor Auflösung der DDR. Die Lehrgangsteilnehmer tragen noch die Uniformen der Volksmarine. Der Lehrgangsleiter ist der damalige Kapitänleutnant Werner Hupfeld (unterste Reihe 2.v.l.) *(Slg. Hupfeld)*

behaftet sein würde, darüber mochte Kohl im Rausch der deutschen Vereinigung nicht sprechen, obgleich er sich der immensen Schwierigkeiten durchaus bewußt war, wie er Michail Gorbatschow anvertraute: »Für uns selbst besteht die Hauptaufgabe in den nächsten Monaten darin, die Probleme in Deutschland zu bewältigen.« Aber es sind keine Probleme für Monate, sondern für Jahre, und wie sich jetzt herausstellt, für Jahrzehnte. Michail Gorbatschow, der durchaus ein Gespür für Krisen und gesellschaftliche Gefahrenherde hatte, ahnte wohl, was auf die deutsche Regierung zukommen wird: »Man kann sagen, Sie stehen vor Ihrer Perestroika. Die Aufgaben sind schwierig und groß.«

Zu diesen schwierigen Aufgaben zählte die Integration von Offizieren, Unteroffizieren und Mann-

Personalbestand der Volksmarine am 2. Oktober 1990	
Offiziere	2.246
Portepee-Unteroffiziere	1.438
Unteroffiziere	805
Mannschaften	1.093
Wehrpflichtige	2.741
insgesamt	**8.323**

schaften der NVA in eine Armee der Einheit. Es galt, das Paradoxon zu überwinden, daß bisherige Gegner nun gemeinsam die große Verantwortung für ein und dieselbe Sache übernehmen sollten: den Schutz des vereinten demokratischen Deutschland und seiner Bündnispartner. Die Herkulesarbeit, eine sozialistische Armee innerhalb kürzester Zeit von den Werten der freiheitlich-demokratischen Grundordnung zu überzeugen, forderte beiden Teilen größtes Einfühlungsvermögen und höchste Sensibilität ab.

In einer zweiwöchigen »Vorlaufausbildung« an der Marineschule Mürwik und der Marineunteroffizierschule wurden – verteilt auf neun Lehrgänge – 170 Marineoffizieren und Unteroffizieren die demokratischen Grundlagen vermittelt, ohne eine Garantie für die Übernahme als Soldaten auf Zeit (SaZ)

geben zu können. Von den am 3. Oktober 1990 zunächst übernommenen 8.500 Soldaten der Volksmarine blieben bis 1991 nur 1.385. Daran änderten neue Planstellen und Ergänzungsausbildungen nur wenig.

Der Übergang war für beide Seiten schwer, aber die ehemaligen NVA-Angehörigen hatten es ungleich schwerer, wurden sie doch von der Furcht vor einer unsicheren Zukunft gequält. Einen Bewußtseinswandel durchliefen nicht nur die Soldaten aus den »neuen Ländern«, sondern gleichermaßen die Bundeswehrangehörigen, denn nach dem historischen Umbruch in Mittel- und Osteuropa gehörte der kalte Krieg, der mit seinem Schwarz-Weiß-Raster für Eindeutigkeit gesorgt hatte, der Vergangenheit an. Eine Ost-West-Konfrontation gab es seit der Wiedervereinigung Deutschlands und dem Zerfall des Ostblocks zunächst nicht mehr als militärische Bedrohung. Deutschland war nicht mehr Frontstaat am »Eisernen Vorhang«, es war erstmals in seiner Geschichte mit den Anrainerstaaten entweder verbündet oder befreundet.

Die Bundesrepublik lag nun nicht mehr in Reichweite eines zur strategischen Offensive und zur Landnahme militärisch befähigten Staates. Es war ein enormer sicherheitspolitischer Umbruch zum einen, und zum anderen hatte sich damit die strategische Lage Deutschlands grundlegend verbessert. Deutschland mußte aber deshalb auch zugleich eine neue und internationale Verantwortung übernehmen. Die Bundesrepublik Deutschland stand als moderner, leistungsfähiger Industriestaat mit weltweiten Verflechtungen unter dem Einfluß vielfältiger politischer, sozioökonomischer und militärischer Trends. Deutschland war gerade durch seine geostrategische Mittellage in Europa als Mitglied der Vereinten Nationen, der Organisation für Sicherheit und Zusammenarbeit in Europa, der Nordatlantischen Allianz, der Europäischen Union und der Westeuropäischen Union immer von strategischen Entwicklungen berührt und konnte sich deshalb gegen Krisen und Instabilitäten nicht hermetisch abschotten. Daraus ergab sich die Pflicht zur Mitgestaltung einer neuen und gerechten

Friedensordnung für Europa, verbunden mit Nordamerika und in Kooperation mit Rußland.

Dies war der Rahmen einer neuen sicherheitspolitischen Zielsetzung im Jahre 1990. Die Bundeswehr, und damit auch die Marine, hatte nun zwei Hauptfunktionen zu erfüllen: Sie mußte zum einen fähig bleiben, Deutschland und seine Verbündeten im Falle eines Angriffes zu verteidigen, und zum anderen in der Lage sein, kurzfristig zusammen mit Verbündeten und Partnern zur Bewältigung internationaler Krisen und Konflikte beizutragen. In den »Zielvorstellungen der Marine« (ZVM) von 1991, welche die letzte »Konzeption der Marine« gewissermaßen beerbten, war die Landes- bzw. Bündnisverteidigung nach wie vor als Hauptauftrag festgeschrieben. Ein Jahr später, am 26. November 1992, formulierte der damalige Bundesminister für Verteidigung, Volker Rühe, den erweiterten Auftrag der Bundeswehr vor dem Hintergrund der sich ändernden politischen Rahmenbedingungen: »Die Bundeswehr schützt Deutschland und seine Staatsbürger gegen politische Erpressung und äußere Gefahr, fördert die militärische Stabilität und die Integration Europas, verteidigt Deutschland und seine Verbündeten, dient dem Weltfrieden und der internationalen Sicherheit im Einklang mit der Charta der Vereinten Nationen und hilft bei Katastrophen, rettet aus Notlagen und unterstützt humanitäre Aktionen.«

Etwa seit Mitte der neunziger Jahre ersetzten zunehmend »Krisenreaktionskräfte« und mobile Eingreiftruppen die bisherigen Armeestrukturen. Reaktion, Dynamik, Flexibilität, Mobilität und Innovation waren längst nicht mehr allein von der Wirtschaft besetzte Begriffe, sondern hielten als neue militärische Tugenden mit atemberaubender Geschwindigkeit Einzug in die Armeen Europas, der USA und Rußlands. Der neue Terminus hieß Instabilität. So bitter es auch klingen mag, aber vor dem Fall des »Eisernen Vorhangs« war die sicherheitspolitische Lage in das bipolare System der Weltmächte hineingezwungen und so zwar stets bis zum Zerreißen gespannt, aber stabil. Jetzt war die Welt unkontrollierbarer geworden. In dem Maße, in dem Europa zusammenwuchs, Einigkeit, Integration und Freundschaft bei allseits fallenden Grenzen demonstrierte, entwickelten sich im Osten und Südosten Tendenzen zur Desintegration und Zersplitterung staatlicher Einheiten, die zu grenzüberschreitenden gewaltsamen Auseinandersetzungen führen konnten und in jedem Fall ein Gefahrenpotential darstellten, das in seiner Komplexität nicht überschaubar war. Die Gefahr des Mißbrauchs atomarer Hinterlassenschaften, gerade in den problemträchtigen Nachfolgestaaten der Sowjetunion, und Migrationsströme von Wirtschafts- und Kriegsflüchtlingen kamen hinzu und sind auch heute keineswegs als Gefahr ganz auszuschließen.

Die Bundesrepublik Deutschland war von den neuen Risiken unmittelbar betroffen und nahm im Schulterschluß mit ihren Partnern internationale Aufgaben wahr. Die Bestimmung der Bundeswehr lag seit 1990 in der Teilnahme an internationalen Einsätzen zur Friedenssicherung und Konfliktbewältigung. In Kambodscha, im Irak, in Somalia, im Roten Meer und Persischen Golf sowie im Kosovo hat sie bis 1998 gezeigt, daß sie zur Übernahme neuer Aufgaben fähig ist. Sie hat aber auch Diskussionen über den Sinn dieser Einsätze losgetreten. »In der ersten Phase nach der Vereinigung Deutschlands kam es für die Bundeswehr darauf an, die Nationale Volksarmee aufzulösen, die Bundeswehr im Osten Deutschlands aufzubauen, die gesamtdeutschen Streitkräfte um etwa ein Drittel zu reduzieren, sie teilweise neu zu stationieren und gleichzeitig auf neue Aufgaben auszurichten … In der zweiten Phase kommt es darauf an, unter Berücksichtigung der sicherheitspolitischen Lage, unserer gewachsenen internationalen Verantwortung und des sich daraus ergebenden Auftrags die Bundeswehr auf die Herausforderungen der Zukunft auszurichten … Die Bundeswehr muß trotz begrenzter Ressourcen ihren künftigen Aufgaben gerecht werden.« (Volker Rühe)

Es ist eine gewaltige Herausforderung für die Vereinten Nationen (UN) und die NATO gewesen, die zahlreichen Konfliktregionen und Krisenherde in den Griff zu bekommen, Auseinandersetzungen durch gezielte Prävention auf Dauer zu vermeiden und die Stabilität zu fördern. Die »Multinationale Konfliktverhütung« war und ist mitnichten in den betroffenen Gebieten uneingeschränkt willkommen; von Einmischung in innere Angelegenheiten und Manipulation ist häufig die Rede gewesen, und die Fälle, in denen es zu Auseinandersetzungen mit den Friedenstruppen kam, waren nicht selten. Die entscheidende Frage war, ob die Staatengemeinschaft langfristig überhaupt in der Lage sein kann,

Von der Bundesmarine bis 1991 übernommene Angehörige der Volksmarine	
Offiziere	171
Portepee-Unteroffiziere	240
Unteroffiziere	288
Wehrpflichtige	420
Andere	266
insgesamt	1.385

durch ihre Aktivitäten die innerstaatlichen Entwicklungsprozesse in den Krisengebieten erfolgreich voranzutreiben und den Frieden dauerhaft zu sichern. Schließlich werden sich auch ihre Soldaten nur ungern an den Gedanken gewöhnen, in einem Land ihr Leben aufs Spiel zu setzen, an das sie weder emotional noch patriotisch gebunden sind. Die Fähigkeit zur Teilnahme an kooperativer multinationaler Konfliktverhütung und Krisenbewältigung schließt keineswegs deren Notwendigkeit mit ein. Doch die Einbindung in die internationale Staatengemeinschaft gebietet nach Maßgabe der Politik die Teilhabe an »friedenssichernden Maßnahmen«.

»Globale Herausforderungen«, »supranationale Verantwortung«, »multinationale Verpflichtungen« waren die Stichworte, welche den bis 1990 allein gültigen Auftrag der Bundeswehr, die Verteidigung der Bundesrepublik Deutschland, ergänzt haben. Die Säkularwende 1989/90 brachte somit eine Verschiebung im Selbstverständnis der Soldaten überhaupt und konfrontierte diese teilweise mit Gewissens-

konflikten neuer Prägung. Das eigentliche verteidigungspolitische Interesse galt der aktiven Gestaltung von Stabilität und Frieden in der Welt – ob humanitärer Einsatz oder Kampfeinsatz. Freilich mühte sich die Politik, den Zusammenhang beider Funktionen – national und international – deutlich zu machen; doch nicht immer gelang ihr das, wie die vornehmlich historisch motivierten Diskussionen um die Einsätze der Bundeswehr im ehemaligen Jugoslawien gezeigt haben. Erst 1994 beschloß der Bundestag mit überwältigender Mehrheit – auch mit den Stimmen von Bündnis 90/Die Grünen – den Einsatz deutscher Soldaten auf dem Territorium des früheren Jugoslawien, nachdem durch richterliche Entscheidung »Out-of-Area-Einsätze« für verfassungskonform erklärt worden waren.

Zu diesem Zeitpunkt war die Deutsche Marine, so ihre offizielle Bezeichnung seit 1990, längst schon fester Bestandteil des NATO-Krisenmanagements im Mittelmeer, wohin im Januar 1991 ein Kampfverband, bestehend aus zwei Fregatten, einem Zerstörer, einem Tanker und einem Versorgungsschiff, verlegt wurde. Die Marine mit ihrem Inspekteur Vizeadmiral Hein-Peter Weyher, von 1991 bis 1995 im Amt, trug mit insgesamt elf Kampfeinheiten, sechs Unterstützungseinheiten und drei »Maritime Patrol Aircrafts« (MPA) zum Gelingen der Operation »Desert Storm« bei; Minenräumer zerstörten darüber hinaus innerhalb von vier Monaten 101 Minen und Sprengkörper im Persischen Golf. In der Adria überwachten deutsche Einheiten die Einhaltung des verhängten Embargos zur See. Von neuer Qualität waren die 1991 auf dem Rom-Gipfel beschlossenen gemeinsamen Übungen mit den Staaten der ehemaligen Sowjetunion, Süd- und Mitteleuropas, an denen auch deutsche Seestreitkräfte teilnahmen.

Das Ende der Ost-West-Konfrontation und in deren Folge die Wiedervereinigung Deutschlands hatten für Auftrag und Struktur der Marine so große Auswirkungen, daß man beinahe von einem Neubeginn seit 1990 sprechen kann. Schon vor dem Beschluß der NATO zu ihrer neuen Strategie von 1991, mit der dem Gegner von einst die Hand zur Partnerschaft gereicht wurde, hatte die Marine auf der Basis der vorgelegten Untersuchungsergebnisse der von Vizeadmiral Mann eingesetzten Arbeitsgruppe (AG 2005) ihre grundlegende Reformierung eingeleitet. Es galt, damit sowohl den neuen sicherheitspolitischen Gegebenheiten in Europa zu entsprechen als auch den sich abzeichnenden Engpässen beim Personal und den Haushaltsmitteln zu begegnen. Nach einem als Folge der Wiedervereinigung bedingten kurzzeitigen Personalanstieg – vor allem durch die Übernahme von Teilen der ehemaligen Volksmarine – wurde zielstrebig eine Verkleinerung der Marine in Gang gesetzt, die keinen Bereich ausließ und bis zum Jahr 2000 beendet war.

In der Zielstruktur wurde die Marine mit 27.000 Mann veranschlagt. Der Führungsstab der Marine in Bonn hatte sich von zuvor sechs auf drei Stabsabteilungen verschlankt. In der Flotte gab es nur noch die Zerstörerflottille, die U-Boot-Flottille, die Schnellbootflottille, die Flottille der Minenstreitkräfte, die Flottille der Marineflieger und die der Marineführungsdienste. Die Zahl der Marinestützpunkte wurde von neun auf fünf verringert, indem die Marine auf das Prinzip der Typstützpunkte überging, das heißt, daß u. a. alle typgleichen Einheiten in einer Flottille in einem Stützpunkt zusammengefaßt wurden. Durch die Zusammenlegung von Aufgaben in der Ausbildung reduzierte die Marine ihre früheren 14 Schulen auf vier. Diese Umorganisation spiegelte sich in den drei Stationierungsellipsen wider, die drei regionale Schwerpunkte in den Küstenländern Niedersachsen, Schleswig-Holstein und Mecklenburg-Vorpommern bildeten. So wurde z. B. die Schnellbootflottille seit 1994 in Warnemünde stationiert und die Marinetechnikschule in Parow aufgebaut. Das Marineamt zog 1997 nach Rostock um.

Mit der 1990 begonnenen Reorganisation der Marine ging zielgerichtet und planmäßig eine Modernisierung der Flotte einher, um die Marine in einem geänderten sicherheitspolitischen Umfeld zukunftsfähig zu machen. 1992 wurde mit dem Zulauf des ersten Minenjägers der Klasse 332 die Modernisierung der Minenstreitkräfte der Marine fortgesetzt, jener Seekriegsmittel also, die sich 1991 in der Folge des Golfkrieges bei Minenräumaktionen im Persischen Golf international auszeichnen konnten. 1994 wurde die erste Fregatte der Klasse 123 in Dienst gestellt. Die vier Neubauten diesen Typs waren gleichsam neue Plattformen für erweiterte Fähigkeiten gegenüber den bis 1994 außer Dienst gestellten Zerstörern der HAMBURG-Klasse. Mittel- und langfristig wurden mit den Neubauprojekten Fregatte 124 (Ersatz für die Zerstörer der LÜTJENS-Klasse), U-Boot 212 (Ersatz für die U-Boote 206/206A) und den erstmals einzuführenden Korvetten (Ablösung für die Schnellboote) auch materiell die Weichen für die Zukunft der Marine gestellt. Mit dem Zulauf dieser Seekriegsmittel sollte die Marine auch für die Zukunft ihre Komponenten und Fähigkeiten in allen Seekriegsarten über Wasser, unter Wasser und gegen Luftbedrohung behalten. Gleichzeitig drückte die Zusammensetzung dieser Flotte auch die veränderte Schwerpunktsetzung der Marine aus: von der früher dominanten Ostseekriegführung zu entregionalisierten Einsätzen im Rahmen des Bündnisses und anderer internationaler Sicherheitsstrukturen.

Die Marine setzte den Schwerpunkt ihrer Planung zum Erhalt und Ausbau der Krisenreaktionsfähigkeit auf die Modernisierung ihrer Überwassereinheiten und der schwimmenden logistischen Unterstützung. Planungsziel blieb eine ausgewogene Flotte mit folgenden Komponenten: Fregatten mit Bordhubschraubern, Schnellbooten bzw. Korvetten, U-Booten, Minenabwehrfahrzeugen, Seefernaufklärern/U-Jagdflugzeugen, Marinejagdbombern sowie schwimmender Einsatzunterstützung. Daneben sollte die Einsatzfähigkeit der für die Krisenreaktion vorrangig in Frage kommenden Einheiten durch gezielte Einzelmaßnahmen verbessert werden. Die Kommandostruktur der Marine wurde in ihrer Grobgliederung beibehalten. Dem Flottenkommando in Glücksburg unterstanden sechs Flottillen:
– Flottille der Marineflieger in Kiel
– Zerstörerflottille in Wilhelmshaven
– Schnellbootflottille in Warnemünde
– Flottille der Minenstreitkräfte in Olpenitz
– U-Boot-Flottille in Eckernförde
– Marineführungsdienstflottille in Kiel.

In der Endplanung war für die präsente Flotte folgender Mindestumfang vorgesehen: 15 Fregatten, 15 Korvetten, sechs U-Boote, 20 Minenabwehrfahrzeuge, zehn Seefernaufklärer (MPA), ein verstärktes Marinejagdbombergeschwader mit 46 »Tornados«, 38 Hubschrauber und zehn größere Unterstützungseinheiten. Unter Berücksichtigung des Ausbildungs- und Instandsetzungszyklus konnten rund 40 Prozent der Einheiten in zwei Einsatzgruppen je nach Auftrag und Lage zusammengestellt und für Krisenreaktion verfügbar gemacht werden. Der Status von Krisenreaktionskräften und Hauptverteidigungskräften rotierte bei den Schiffen und Booten entsprechend dem Ausbildungsstand der Besatzungen. Die Marine unterstützte ihre schwimmenden Einheiten durch typgebundene Stützpunkte in Wilhelmshaven, Eckernförde, Olpenitz, Rostock-Warnemünde sowie in Kiel bis zum Ausphasen der Zerstörer und Zulauf der neuen Fregatten in Wilhelmshaven. Der internationale Austausch von militärischem Know-how ist mittlerweile zur Norm geworden: »Wir haben heute ein praktisches Sofortprogramm auf den Weg gebracht, das die Beziehung zwischen NATO und Teilnehmerstaaten verändern wird. Dieses Programm geht über Dialog und Kooperation hinaus und begründet eine wirkliche Partnerschaft – eine Partnerschaft für den Frieden«, hieß es in der Erklärung der

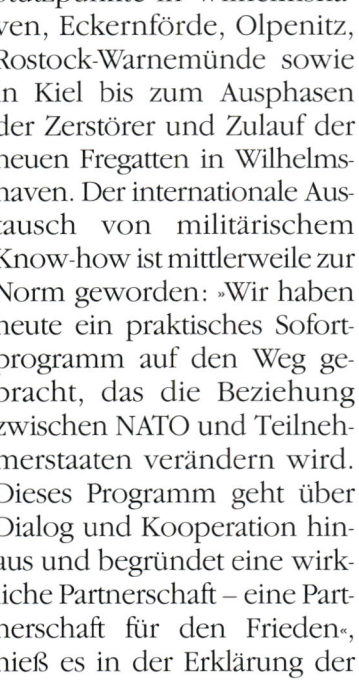

U 17 beim Auslaufen aus dem Kieler Scheer-Hafen um 1990. Die 12 Boote der Klasse 206 A wurden zwischen 1973 und 1975 in Dienst gestellt

(PIZ-Marine)

Staats- und Regierungschefs des Nordatlantikrates 1994 in Brüssel. Im September trafen sich bereits unter Führung des deutschen Flottenkommandos polnische, dänische und deutsche Einheiten zu einer gemeinsamen Übung in der Ostsee. »Partnership for Peace«-Übungen finden seither regelmäßig im Nordatlantik und im Mittelmeer statt.

Herausragend war 1994 der Somalia-Einsatz der Marine, die das deutsche Heereskontingent mit einem Schiffsverband unter schwierigsten Umständen aus dem Hafen von Mogadischu nach Kenia transportierte. »Da solche Maßnahmen in der Regel entweder auf dem Luftwege oder über See abgewickelt werden, muß jede Operation, auch wenn sie anfänglich nur eine Teilstreitkraft umfaßt, als Joint Operation geplant werden. Der Transport der

Soldaten des deutschen Unterstützungsverbandes über See von Mogadischu nach Mombasa hat sowohl die Notwendigkeit vorsorglicher Planungen als auch die den Seestreitkräften innewohnende Flexibilität deutlich gemacht.« (Konteradmiral Hans Frank). Die Zusammenarbeit zwischen den Teilstreitkräften war hervorragend. Als Konsequenzen aus den Somalia-Erfahrungen stellte die Führung die Forderung nach einem Mehrzweckschiff, das als Führungsplattform im Einsatzgebiet dienen konnte, und nach neuen Führungsstrukturen, die diese Joint-Einsätze erheblich erleichtern sollten. Die Bundeswehr war nach wie vor eine in die NATO-Kommandostruktur eingebundene Bündnisarmee, so, wie sie von ihren Gründungsvätern geschaffen wurde. Ihr Aufgabenspektrum hatte sich indes nach der »Wende« schrittweise erweitert und umfaßt seit 1994 drei Kernpunkte:

– die Fähigkeit zur Landes- und Bündnisverteidigung im Rahmen der NATO
– die Fähigkeit zur Mitwirkung im Rahmen der multinationalen Krisenbewältigung von NATO und WEU
– die Fähigkeit zur angemessenen Beteiligung an Einsätzen im Rahmen der Vereinten Nationen und der KSZE auf der Grundlage der UN-Charta und des Grundgesetzes.

Der Deutschen Marine kam bei der Erfüllung dieser neuen Aufgaben eine herausragende Bedeutung zu, denn es liegt auf der Hand, daß die Krisenherde dieser Welt am leichtesten über See erreichbar sind; die neuen Herausforderungen haben daher vor allem eine maritime Dimension. Davon abgesehen hat die Bundesrepublik als rohstoffarme und in hohem Maße exportabhängige Industrienation ein vitales Interesse an dem freien Zugang zu sicheren Seeverbindungen. »Alle Flottillen«, so hob der von 1995–1998

amtierende Inspekteur der Marine, Vizeadmiral Hans-Rudolf Boehmer, heraus, »gehören prinzipiell zu den Krisenreaktionskräften, aber immer nur ein kleinerer Teil, maximal 40 Prozent, ist aus höchster Einsatzbereitschaft abrufbar.« Die schnelle Eingreiffähigkeit der Flotte war jederzeit gewährleistet, und genau das machte sie für internationale Einsätze so wertvoll.

Der Auftrag war festgeschrieben, doch mit der Vereinigung der beiden deutschen Staaten sind gesamtgesellschaftliche Probleme entstanden, die freilich auch die Streitkräfte betrafen. Das ging in

Tender Main *der Klasse 404 (*Elbe*-Klasse). Von 1993 bis 1994 wurden sechs Einheiten zur Versorgung von Schnellbooten, Minensuchbooten und U-Booten gebaut*
(PIZ-Marine)

besonderer Weise den Etat an, denn die spärlichen Finanzmittel, um die der damalige Verteidigungsminister Volker Rühe ein ums andere Mal ringen mußte, ließen kaum mehr Freiraum in der Rüstungsplanung und im Personalbereich, der von den Diskussionen um die Abschaffung der bewährten Wehrpflicht in jener Zeit unangenehm berührt wurde. Die Marine als kleinste Teilstreitkraft war besonders von Personalabbau, Auflösungen und Umgliederungen betroffen. Die Zielstruktur

»Marine 2005« sah den umfangreichsten Umbau in ihrer 40jährigen Geschichte vor, doch angesichts der sinkenden Haushaltsmittel kam es vermehrt darauf an, die bestehenden Komponenten der Flot-

Bei der Operation »Südflanke« kamen während des Golfkrieges 1990/91 der Munitionstransporter WESTERWALD und als Führungsschiff eines deutschen Minensuchverbandes der Tender WERRA im Mittelmeer zum Einsatz. Von der Back der WERRA ist die WESTERWALD in einem Mittelmeerhafen zu sehen

(PIZ-Marine)

te zu erhalten. Um die Aufgaben in Zukunft meistern zu können, mithin die Operationsfähigkeit der Marine zu wahren und zu steigern, war eine kalkulierbare Finanzpolitik der Bundesregierung unabdingbar. Die aber wurde seit Mitte der 90er Jahre immer unübersichtlicher.

Die großen Vorhaben der maritimen Rüstung – die neuen U-Boote 212, die Fregatten 124, »Sea Lynx«-Bordhubschrauber sowie einzelne Verbesserungen im Bereich der Sensortechnik – waren zwar planerisch gesichert und teilweise schon realisiert. Die Umsetzung des Programms in schwimmendes Potential war hingegen mehr als zweifelhaft. So betonte der damalige Inspekteur der Marine, Vizeadmiral Hans-Rudolf Boehmer: »Das Thema wird in vielen Variationen immer wieder auf die Tagesordnung kommen, bis hinauf auf die strategische und politische Ebene, auf der wir – Abbild unserer Geschichte – hin- und hergerissen zu sein scheinen, ob wir nun eine starke Landmacht im Zentrum Europas trotz veränderter Bedingungen bleiben wollen oder ob wir als zentrale Wirtschaftsmacht Europas uns eher der maritimen, globalen Dimension europäischer Sicherheits- und Bündnispolitik zuzuwenden haben.« Das war in der Tat die entscheidende Frage. Auf der Grundlage des Gesamtkonzeptes »Marine 2005« wurde die Teilstreitkraft bis 2003 zwar entsprechend umstrukturiert – aber ohne die dafür notwendigen finanziellen Mittel. Das heißt, daß die Umsetzung immer nur Stückwerk bleiben konnte, da sich die Schere zwischen materiellem Anspruch und finanzieller Wirklichkeit laufend weiter öffnete. Vizeadmiral a. D. Hans-Joachim Mann spricht daher für die Jahre von 1992 bis 2003 von einem »Zeitraum der Stagnation« (siehe sein Beitrag in diesem Band), und nicht ohne eine gewisse Bitterkeit geht er sogar noch einen Schritt weiter: »Die Kriseneinsätze der Bundeswehr, auf die der damalige Verteidigungsminister Volker Rühe Parlament und Gesellschaft mit Geschick und Erfolg vorbereitet hatte, basierten im wesentlichen auf politischen Einzelfallentscheidungen. Eine verbindliche, zukunftsweisende verteidigungspolitische Weichenstellung fehlte jedoch!« Der Auftrag war zwar mit Landes- und Bündnisverteidigung, Beitrag zur Krisenbewältigung und Konfliktverhinderung sowie zur Stabilität und weiteren Integration Europas umrissen, eine verbindliche Rolle der Marine im Zusammenspiel mit den anderen beiden Teilstreitkräften und den Bündnispartnern ergab sich daraus indessen nicht. Eine schriftliche Fixierung sollte ursprünglich mit dem Konzept »Marine 21« Ende der neunziger Jahre erfolgen.

Neue Parameter nach dem 11. September 2001

Die Anschläge auf das World Trade Center und das Pentagon am 11. September 2001 schufen ein weltpolitisch völlig neuartiges Bedrohungsszenario, das eine geographische Eingrenzung nicht mehr zuläßt. Am 2. Oktober 2001 hatte die NATO den Bündnisfall verkündet und sich auf ihrem Gipfel, zehn Jahre nach dem Ende des »Kalten Krieges«, ein neues strategisches Konzept für das 21. Jahrhundert gegeben: der Übergang vom Defensivbündnis zu einer Ordnungs- und Stabilisierungsmacht – und dies über die Vertragsgrenzen hinaus. Für die USA begann mit den Terroranschlägen die asymmetrische Kriegführung, während sich die Europäer dieser Deutung nicht vorbehaltlos anschließen wollten. Einigkeit bestand indes in der Überzeugung, mit allen nachrichtendienstlichen und wenn nötig auch militärischen Mitteln gegen den internationalen Terrorismus vorzugehen.

Als unmittelbare Folgen wurden die Anforderungen an die Deutsche Marine mit schneller Verlegefähigkeit, optimierter Interoperabilität mit den Verbündeten und längerer Seeausdauer festgeschrieben. Der Kernauftrag für die Deutsche Marine umfaßte drei Punkte:

– Aufklärung durch Flottendienstboote und U-Boote
– Beteiligung am strategischen Seetransport und seiner Sicherung
– Sicherung des Aufmarschgebietes durch Minenabwehrverbände, Luftverteidigungskräfte und Kampfschiffe/-boote.

Um diesem Auftrag gerecht zu werden, erhielt die Marine Zulauf neuer Einheiten: drei Fregatten 124 der SACHSEN-Klasse, zwei Einsatzgruppenversorger 702 der BERLIN-Klasse, die zu einer erhöhten Seeausdauer und gesteigerten Selbständigkeit der Einheiten in See beitragen, vier neue U-Boote 212 A, die erstmalig über einen außenluftunabhängigen Antrieb verfügen, sowie Korvetten der Klasse 130 als Ersatz für die veralteten Schnellboote. Nach wie vor fehlen jedoch Raketen vom Typ »Cruise Missile«, um von See her in das Land einwirken zu können, sowie trägergestützte Flugzeuge.

Die erweiterte Konzeption der NATO führte am 21. Mai 2003 zu den »Verteidigungspolitischen Richtlinien« (VPR) der Bundeswehr, in denen die politi-

Mit den vier Einheiten der U 31-Klasse wird die Marine über die modernsten und leistungsfähigsten konventionellen U-Boote verfügen. Im Bild U 31, die im März 2004 zur Flotte kam, bis 2006 sollen U 32, U 33 und U 34 folgen. Mit dem neuentwickelten Hybridantrieb können die Boote unabhängig von der Außenluftversorgung über mehrere Wochen in getauchtem Zustand operieren

(PIZ-Marine)

schen Rahmenbedingungen für die Ausrichtung der Bundeswehr auf Krisenbewältigung, Konfliktverhütung und Kampf gegen den Terrorismus gegeben worden sind. Als Basis für diese Neuorientierung ließ der Bundesminister der Verteidigung Peter Struck in den VPR die Landesverteidigung neu definieren: Sie bedeutete nicht mehr Verteidigung der eigenen Landesgrenzen, sondern Landesverteidigung konnte jetzt an jedem geographischen Punkt des Erdballs erfolgen. »Die Bundesrepublik wird am Hindukusch verteidigt«, ist seither ein geflügeltes Wort. In der »Konzeption der Bundeswehr« (KdB) wurden die Vorgaben konsequent weiterentwickelt.

Die VPR gaben der Marineführung eine klare Richtungsanweisung und beendeten den von Vizeadmiral a. D. Mann beklagten zehnjährigen Zustand der militärischen Orientierungslosigkeit, die von den damals verantwortlichen Politikern gern mit der Worthülse »fehlende Planungssicherheit« verklausuliert worden war. Sprachliche Irreführungen sind auch die politisch motivierten Begriffsschöpfungen »Operation mit hoher Intensität« und »robuster Einsatz« als bewußt verharmlosende Umschreibungen für kriegerische Auseinandersetzungen, in denen definitiv mit verwundeten und toten deutschen Soldaten zu rechnen ist. Daß die künftigen Einsätze erhebliche Risiken in sich bergen, daran ließ Peter Struck keinen Zweifel.

In Kapitel V.2 der VPR heißt es: »Künftige Einsätze lassen sich wegen des umfassenden Ansatzes zeitgemäßer Sicherheits- und Verteidigungspolitik weder hinsichtlich ihrer Intensität noch geographisch eingrenzen. Der politische Zweck bestimmt Ziel, Ort, Dauer und Art des Einsatzes. Die Notwendigkeit für eine Teilnahme der Bundeswehr an multinationalen

»Botschafter in Blau«: Die Fregatte NIEDERSACHSEN auf dem Hudson River beim Flottenbesuch in New York, im Hintergrund die Freiheitsstatue. Nur im engen Schulterschluß mit den NATO-Partnern wird die Marine auch in Zukunft ihre Aufgaben erfüllen können (PIZ-Marine)

Operationen kann sich weltweit und mit geringem zeitlichen Vorlauf ergeben und das gesamte Einsatzspektrum bis hin zu Operationen mit hoher Intensität umfassen.«

Zu den »asymmetrisch« genannten Bedrohungspotentialen zählen der religiös begründete Fundamentalismus und Extremismus, Terrorismus, unkontrollierte Weiterverbreitung von Massenvernichtungswaffen, organisierte Kriminalität, Drogenhandel und Piraterie. Um diesen erheblichen Kräften entgegentreten zu können, gegebenenfalls friedenserzwingende Maßnahmen zu ergrei-

Seestreitkräfte (Stand 31. Dezember 2002): 96	Schiffe/Boote (Vorjahr 114)
Zerstörer	2
Fregatten	12
Schnellboote	20
Minenstreitkräfte	23
U-Boote	14
Unterstützungsfahrzeuge	25

fen, also Operationen mit »hoher Intensität« (Gefechte) zu führen, sollen nach Bekanntgabe durch den Verteidigungsminister und den Generalinspekteur der Bundeswehr vom 13. Januar 2004 35.000 Soldatinnen und Soldaten aus den drei Teilstreitkräften und in Zusammenarbeit mit den Bündnispartnern eingesetzt werden. Zu friedenserhaltenden Maßnahmen (Operationen mittlerer und geringer Intensität) sind 70.000 Soldatinnen und Soldaten vorgesehen. Dazu zählen auch Kräfte der Marine, die zur Unterbrechung der logistischen Verbindungen am Horn von Afrika eingesetzt werden. Daß von der asymmetrischen Bedrohung unmittelbare Gefahren für die Schiffsbesatzungen ausgehen, beweist ein Vorfall im Jahre 2002: »Anfang April 2002 wurde Fregatte EMDEN bei der Annäherung an zwei verdächtig wirkende Küstenfrachter, die längsseits liegend knapp außerhalb der somalischen Hoheitsgewässer trieben, plötzlich und ohne erkennbaren Anlaß auf große Entfernung mit Handfeuerwaffen beschossen. Durch umsichtiges Verhalten der Schiffsführung konnte sowohl eine Gefährdung der Besatzung als auch eine Eskalation im Grenzbereich der somalischen Hoheitsgewässer vermieden werden.« (Konteradmiral Gottfried Hoch)

Die VPR mit ihren durchaus präzisen Vorgaben auch für die Marine dürfen dabei aber keineswegs darüber hinwegtäuschen, daß Anspruch und Wirklichkeit weit auseinanderklaffen. Denn die finanziellen Mittel, die nötig sind, um die Aufträge langfristig mit entsprechender Professionalität erfüllen zu können, sind nicht vorhanden und werden eher noch weiter gekürzt als aufgestockt werden. Die Gliederung der Bundeswehr in Eingreif-, Stabilisierungs- und Unterstützungskräfte und die ihr zugewiesenen anspruchsvollen Aufgaben kollidieren mit einer gleichzeitigen, permanenten und fast schon gefährlichen Unterfinanzierung. »Aufgaben, Ausrüstung und Fähigkeiten mit den verfügbaren Finanzmitteln zu synchronisieren«, so das KdB, heißt im Klartext, daß auch künftig nicht mit mehr Geld für die Bundeswehr gerechnet werden kann.

Diese fortlaufende Unterfinanzierung wird die kleinste Teilstreitkraft, die Marine, deren Umfang bis 2010 mit 18.000 Soldaten ein existenzgefährdendes Minimum erreicht haben wird, besonders hart treffen. Mit einer geringeren Truppenstärke, insgesamt zwar moderneren, aber wenigeren Einheiten Einsätze auf allen Weltmeeren in Aussicht zu stellen gleicht der Quadratur des Kreises. Schließlich muß keine neue Marine aufgebaut, sondern die bestehende lediglich erhalten und modernisiert werden, um im Rahmen der Europäischen Union und des transatlantischen Bündnisses deutsche Seeinteressen zu wahren und zu schützen.

Die Betrachtung von fünf Jahrzehnten Marine der Bundesrepublik Deutschland lässt den Blick zurück, vor das Jahr 1955, schweifen. Keine der vorhergehenden Marinen hatte Kontinuität aufzuweisen, nicht diejenige des Deutschen Bundes von 1848 noch diejenige der preußischen Marine, der Marine des Norddeutschen Bundes, der Kaiserlichen Marine, der Reichsmarine während der Weimarer Republik, der Kriegsmarine des so genannten Dritten Reiches, oder der Volksmarine der DDR. Die Kontinuität der Deutschen Marine resultiert aus den Grundkonstanten ihres Auftrages, der der freiheitlichen, demokratischen Verfassung des Staates, den wirtschaftlichen Möglichkeiten, den geographischen Gegebenheiten und der internationalen Anerkennung in den Bündnissen von EU und NATO entspricht. Seit fünf Jahrzehnten erfüllt die Marine ihre Pflicht im Einsatz, sei es während der Kuba-Krise 1962 in der Ostsee, durch Aufklärungsoperationen »Streckentest« der See- und Seeluftstreitkräfte im Kalten Krieg, als verlässlicher Partner in den Einsatzgruppen der NATO im Atlantik, im Mittelmeer und in Nord- und Ostsee und seit dem Wendedatum vom 9. November 1989 in der Adria, im Persischen Golf, vor der Küste Somalias, in der Straße von Gibraltar, am Horn von Afrika und vor der Küste Sumatras. Die Seeleute der deutschen See- und Seeluftstreitkräfte stehen »entschieden für Frieden«, aber mehr noch getreu ihrem Diensteid »entschieden für Recht und Freiheit«. Mit dieser anspruchsvollen Aufgabe geht unsere Marine in das 21. Jahrhundert.

Phase der Innovation 1963–1976

Der Übergang der Marine ins Zeitalter von Computern und Flugkörpern

Sigurd Hess

Die Marine begann 1956 mit völlig veralteten Schiffen und Booten, die entweder von den Alliierten oder von Vorläuferorganisationen der Marine stammten und vorher unter deutscher, britischer oder US-amerikanischer Flagge (Bundesgrenzschutz-See, Minenräumverband Cuxhaven, Schnellboot-Gruppe Klose, Labour Service Unit) gefahren waren. Die ersten Neubauten mit den Hauptwaffen Artillerie und Torpedo, wie die Schnellboote der JAGUAR-Klasse oder die Zerstörer der HAMBURG-Klasse waren nichts anderes als weiterentwickelte und modifizierte Entwürfe von Kriegsschiffen des Zweiten Weltkriegs.

Die Planer der Marine suchten nach schnellen Möglichkeiten, die Flotte drastisch zu modernisieren, ganz besonders um der sowjetischen Bedrohung durch Jagdbomber und Flugkörper zu begegnen. Die Planung sah daher vor, die konventionell ausgerüsteten deutschen Schiffsneubauten durch drei in USA zu bauende Flugkörper-Zerstörer, die Fla-Korvetten und die Schnellboote mit Tartar-Flugkörper-Bewaffnung zu ergänzen. Der Inspekteur der Marine, VAdm Zenker brachte vor dem Verteidigungsausschuß am 18. April 1966 die Begründung für die modernen Einheiten mit Flugkörpern (FK) und computergestützten Führungs- und Waffeneinsatzsystemen (FüWES) auf den Punkt: »Eine wirkungsvolle Bekämpfung von überschallschnellen Flugzeugen und Flugkörpern ist nur mit gelenkten Flugkörpern möglich. Ein rechtzeitiger und ökonomischer Einsatz dieser Waffen ist nur gesichert, wenn auch plötzlich auftretende Ziele in kürzester Zeit erfaßt werden und automatisch eine verzugs- und lückenlose Lagedarstellung erfolgt. Diese Aufgabe kann nur von vollautomatischen ›datenverarbeitenden‹ Anlagen erfüllt werden. Ferner müssen die in einem Verband oder im gleichen Seegebiet einzeln operierenden Einheiten in kürzester Zeit Zielinformationen untereinander austauschen, um ein Gesamtlagebild zu erhalten und die Bekämpfung zu koordinieren. Das erfordert ein automatisches ›datenübertragendes‹ System.«[1]

Die Aufbau der Arbeitsgruppe Intermatik

Bei der Entwicklung dieser Flugkörper und Führungssysteme war die amerikanische Marine führend. In der US Navy wurde 1955 mit der Entwicklung des Naval Tactical Data Systems (NTDS) begonnen. Im pazifischen Seekrieg während des Zweiten Weltkriegs hatte man die Erfahrung gemacht, daß die Massenangriffe der Kamikazeflieger das manuelle System der Führung und Waffenkoordination der amerikanischen Flugzeugträgerverbände überforderte. Die vielen Radardaten konnten nicht schnell genug verarbeitet werden. Die Übermittlung der Radar- und Zielzuweisungsdaten mit Sprechfunk war zu langsam. Daher suchte die US Navy nach einer automatisierten Lösung dieser Probleme. In den fünfziger Jahren war die Computerentwicklung so weit fortgeschritten, daß mit der automatischen Datenverarbeitung NTDS und Datenübertragung Link 11[2] die sachgerechten Lösungen bereitgestellt werden konnten. Allerdings waren die Computer noch so groß und schwer, daß man sie nur auf Flugzeugträgern und Kreuzern einbauen konnte. 1961/62 fanden die erfolgreichen Truppenversuche auf CVA-34 »Oriskany«, DLG-10 »King« und DLG-11 »Mahan« statt.[3] Die Amerikaner stellten ihre Lösungen in der NATO-Arbeitsgruppe AC 182 »Data Handling for Naval Units« vor, die sich seit etwa 1957 mit Führungssystemen befaßte.

Die deutsche Marine wollte sich 1963 der Entwicklung des NATO-B 2-Systems[4] anschließen, mußte aber die personellen und technischen Voraussetzungen dafür erst schaffen. Es gelang, den Leiter des Digitalrechnerlabors der Technischen Hochschule Aachen, Dr. Ing. Max Möskes, mit dem auch damals seltenen Dienstgrad Stabsingenieur (StIng) anzuwerben. Im Sommer 1963 bereitete Dr. Möskes zwei Leutnante zur See in einer Mischung von Lehrgang und Prüfung auf die geplante Ausbildung in USA vor.[5] Vom 12. November 1963 bis 04. Februar 1964 wurden sie zur Programmierausbildung an das Fleet Anti-Air Warfare Training Centre, San Diego, Calif. kommandiert. Aus dem umfangreichen Lehrgangsbericht ist die »Kurzfassung für eilige Leser« lesenswert; der Schlußabsatz lautet: »Die Wichtigkeit der elektronischen Datenverarbeitung und die ungeheure Arbeit, die vor der Marine liegt, um das Problem einer Lösung entgegenzuführen, lassen nur einen Entschluß zu: Anfangen, um Erfahrungen zu sammeln, die weder aus dem Boden gestampft noch von fremden Marinen übernommen werden können; anfangen und keine weitere Zeit verlieren, ganz gleich, wie eng der finanzielle Rahmen gesteckt ist.«[6]

Im Frühjahr 1964 wurde die AG Intermatik[7] bei der Studiengruppe Marine an der Führungsakademie der Bundeswehr in Hamburg gebildet. Sie nahm an den Studienarbeiten der Studiengruppe Marine teil[8], begann erste Untersuchungen über das B 2-System für den Einbau auf den FK-Zerstörern, schlug den Aufbau eines Systemzentrums für Ausbildung und Erprobung auf der Insel Sylt vor, unterrichtete an der Führungsakademie über das Thema Datenverarbeitung,[9] begann ein MHQ mit einem FüInfoSys zu spezifizieren und entwickelte und unterrichtete einen Computer-Kurs, der 1965/66 mehrmals stattfand, um geeignete Seeoffiziere für die spätere Mitarbeit in der Arbeitsgruppe zu finden. Dr. Möskes hatte den Standort Hamburg für die AG Intermatik gewählt, da er sich von der Distanz zum FüM und dem Flottenkommando mehr Ruhe bei der Arbeit versprach. Dies war jedoch eine Fehleinschätzung, denn die Zusammenarbeit mit den etwa 20–30 Jahre älteren Stabsoffizieren der Studiengruppe war alles andere als produktiv. Dr. Möskes war mit den zögerlichen Fortschritten und dem Arbeitsstil nicht zufrieden und verließ die Gruppe im Herbst 1964. Erst als der energische, einsatzerfahrene und unermüdliche FKpt Bernd Wülfing im Führungsstab der Marine bei FüM II 3 das Heft in die Hand nahm, begannen sich die Dinge in die richtige Richtung zu bewegen.

Die Aufstellung des Arbeitsgebietes »Command and Control«

Im Oktober 1964 fand beim FüM in Bonn eine Tagung statt, bei der jeder Referent zehn Minuten aus seinem Arbeitsgebiet vorzutragen hatte. Der Neuankömmling FKpt Wülfing sprach in Vertretung seines Referatsleiters über die Luftbedrohung in der Ostsee, das B 2-System und das Zeitfenster, das nur bis April 1965 offen sei, um das B 2-System auf den in USA bestellten FK-Zerstörern installieren zu lassen. Seine Empfehlung lautete, sich für den Einbau des B 2-Systems zu entscheiden und sofort eine Arbeitsgruppe für die Planungsarbeiten, plus später eine Gruppe von Programmierern für die Realisierung des Vorhabens einzusetzen. Während Wülfing von seinen Vorgesetzten gerügt wurde, weil er unauthorisiert und unabgestimmt die genannten Vorschläge gemacht hatte, kam ein Telefonanruf, daß er sofort zum Inspekteur der Marine, VAdm Zenker, kommen solle. Beim Inspekteur fand er KAdm Gerlach vor, der ihn fragte, wie man die genannten Vorschläge in die Tat umsetzen könne. FKpt Wülfing bekam Handlungsvollmacht, und nun überstürzten sich die Ereignisse. Am 4. Dezember 1964 wurde im FüM der Arbeitsausschuß »Command and Control« unter der Leitung von FKpt Wülfing gegründet.[10] Im nachgeordneten Bereich wurde am 5. Januar 1964 eine neue Arbeitsgruppe, genannt »Arbeitsgebiet Command and Control« (AG C/C), aufgestellt. In ihr ging die nur noch aus zwei Offizieren bestehende AG Intermatik auf; der Dienstantritt erfolgte ab 15. Februar 1965 in Wilhelmshaven. Die AG C/C wurde truppendienstlich dem Marineamt – Inspektion Marineführungsdienste – unterstellt, im besonderen Aufgabenbereich jedoch direkt dem FüM.[11] Dies war fürwahr eine ungewöhnliche Organisationsform, aber durchaus angemessen für die umfangreichen und zeitkritischen Aufgaben, die nun auf die wenigen Mitglieder der AG C/C zukamen.

Der Gruppenleiter wurde KKpt Carl Hoffmann, die Leiter der Unterarbeitsgruppen (UAG) waren Kptlt Kündiger[12] für die UAG Waffen, Kptlt Lindner für die UAG Führungsdienste, Kptlt Ehrensberger für die UAG Operation sowie die Mitarbeiter der »ersten Generation« Kptlt Hardt, OLzS Gloth, OLzS Hess, OLzS Schoeffel, OLzS Lederer, OLzS Merzhäuser, OLzS Rolfs, LzS Zimmermann.[13] Die Zusammenarbeit im Marineamt war sehr problembehaftet, da die jungen Offiziere mißtrauisch vom Marine-Establishment beobachtet wurden. Bei den Planungsarbeiten im Marineamt dominierten die Waffenoffiziere, die auf ihre Erfahrungen im Zweiten Weltkrieg pochten. Ein Denken in Systemzusammenhängen unter Berücksichtigung der elektronischen Wirkungskette vom Sensor (z. B. Radar) über das Führungssystem zum Waffensystem (hier insbesondere den neuartigen Flugkörpern) war diesen Offizieren weitgehend fremd. Die psychologisch schwierige

FK-Zerstörer MÖLDERS *im Skagerrak, Sommer 1977.*
Das Schiff gehörte zu den drei Einheiten der LÜTJENS-
Klasse (Z 103 B), die 1969/70 in den USA für
die Bundesmarine beschafft wurden   *(Slg. DMI)*

Situation, daß die Jungen etwas besser wußten und konnten als die Alten, begleitete die Gruppe während der gesamten Zeit.

Der Kauf der FK-Zerstörer in USA

Das erste, wichtigste und zeitkritischste Projekt war die Planung, Entwicklung und Beschaffung des B 2-Systems für den Einbau auf den drei FK-Zerstörern der Klasse Z 103. Deutschland zahlte Besatzungskosten an die Alliierten, diese konnten gegen Beschaffungen in den betreffenden Ländern verrechnet werden. Im Falle der USA war ein beachtliches Guthaben aufgelaufen, und die Marine ergriff die Chance, um aus diesem Haushaltsposten drei FK-Zerstörer der Adams-Klasse zu kaufen. Hierfür wurde am 11. April 1964 ein deutsch-amerikanisches Memorandum of Understanding (MOU) abgeschlossen. Die FK-Zerstörer wurden fast baugleich wie die ADAMS-Klasse bestellt. Die wesentliche Ausnahme sollte die Operationszentrale werden, die mit einem B 2-System modernisiert und automatisiert werden sollte. Mit dem Kauf der FK-Zerstörer wurden die zwei wesentlichen Ziele der Marine erreicht, nämlich das Tartar- (später Standard Missile SM-1)-Flugkörpersystem zur Flugabwehr und ein modernes Führungs- und Waffeneinsatzsystem kostengünstig und schnell zu beschaffen, oder wie FKpt Wülfing es drastisch ausdrückte, »man wollte Flugkörper und kaufte gleich die Plattform mit«. Die Kiellegung des Zerstörers LÜTJENS erfolgte am 1. März 1966; das Schiff wurde am 22. März 1969 in Dienst gestellt. Danach folgte die MÖLDERS, dann die ROMMEL.

Das deutsche NTDS, genannt SATIR

Im Frühjahr 1965 wurden die Systemspezifikationen für das deutsche NTDS geschrieben, welches mit dem Acronym SATIR (System zur Auswertung taktischer Informationen auf Raketenzerstörern)[14] bezeichnet wurde. Die entscheidenden Besprechungen fanden vom 22.–25. Juni

1965 beim DDG Verbindungsstab, beim Bureau of Ships und bei den Firmen Univac und Collins in Washington, DC statt. Der Leiter der Delegation, FKpt Wülfing, sowie FKpt Scheibe, Kptlt Ehrensberger und OLzS Hess überzeugten sich von der Machbarkeit im Zeit- und Finanzrahmen. Der bereits unterzeichnete Letter of Offer mußte angehalten werden, um ein neues Konzept für die

Der Kommandant der MÖLDERS, der damalige Fregattenkapitän Dr. Sigurd Hess, weist den Ersten Offizier, den damaligen Fregattenkapitän Dieter Czerny, ein, 2. Februar 1975　　　　　　(Slg. Hess)

Operationszentrale der FK-Zerstörer zu entwerfen, das Link 11-Untersystem neu zu beschaffen und die Auswahlentscheidung für das neuartige phasengesteuerte 3D-Luftraumüberwachungsradar SPS 52 zu treffen.[15]

Die Systemspezifikationen für das SATIR wurden im Laufe des Jahres 1965 im Eiltempo mit der US Navy und den US-Firmen verhandelt. Die erste revolutionäre Entwicklung war die Installation des FüWES SATIR mit zwei Rechnern Univac USQ 20 B auf einem »kleinen« Zerstörer (»klein« bedeutet hier im Vergleich zu Flugzeugträgern und Kreuzern der US Navy). Die zweite revolutionäre Entwicklung war die Nutzung der automatischen Datenübertragung für die Koordination der Luftabwehr einer maritimen Einsatzgruppe mit dem Link 11-Untersystem der Firma Collins. Die

Die MÖLDERS von achtern nach vorn gesehen: ein Test-FK auf der Abschußrampe, der achtere Schornstein mit der Antenne des Luftraumüberwachungsradars, dann der Hauptmast, 2. Februar 1975   *(Slg. Hess)*

Software-Entwicklung, d. h. das Planen, Produzieren und Testen der Einsatzprogramme, wurde durch deutsche Arbeitsgruppen in enger Zusammenarbeit mit der Firma Univac und der US Navy vorangetrieben. Eine handverlesene Gruppe von Marineoffizieren begann die Arbeit in St. Paul, Minnesota bei der Firma Univac; die Hauptgruppe begann ihre Arbeit unter der Führung von KKpt Kahl

im November 1966 in San Diego, Calif. Während die Amerikaner daran zweifelten, daß die Deutschen es schaffen würden, auf einem Zerstörer ein NTDS zu installieren,[16] sagten wir, daß man die Geräte liefern solle, dann würden wir die Software entwickeln und die Systemintegration machen. Am Ende war es ein großartiger Erfolg gegen alle Widerstände: Das System funktionierte und wurde im Zeit- und Kostenplan und gemäß der Leistungsbeschreibung abgeliefert.

Der deutsch-französische Vertrag zur Beschaffung des B 2-Systems

Parallel zu der deutsch-amerikanischen Zusammenarbeit bei der Beschaffung der drei FK-Zerstörer lief eine deutsch-französische Zusammenarbeit mit dem Ziel eines Nachbaus des B 2-Systems durch französische und deutsche Firmen. Nach den Staatsbesuchen von Bundeskanzler Konrad Adenauer und Präsident Charles de Gaulle im Sommer 1962 wurde im Januar 1963 der Elysée-Vertrag über die deutsch-französische Freundschaft und Kooperation unterzeichnet. Überall, auch im Geschäftsbereich des Bundesministeriums der Verteidigung, wurde nach Projekten gesucht, um die deutsch-französische Kooperation in Gang zu bekommen. Frankreich bot Mitte 1964 an, sich dem US-deutschen MOU über das B 2-System anzuschließen. Nach langwierigen und schwierigen Verhandlungen wurde der deutsch-französische Vertrag über die Beschaffung von B 2-Systemen von den Verteidigungsministern Kai Uwe von Hassel und Pierre Messmer am 11. Juni 1965 unterzeichnet.[17] Frankreich beabsichtigte ein B2-System zu beschaffen, um es auf einer Fregatte der Klasse T 47 zu installieren; danach sollten acht weitere Systeme folgen. Deutschland beabsichtigte, die Beschaffung eines B2-Systems zur Installation in dem zukünftigen Erprobungs- und Ausbildungszentrum (aus dem später das Kommando Marineführungssysteme wurde). Für weitere Beschaffungen konnten keine konkreten Zahlen genannt werden, da der Bau der Fla-Korvette noch nicht entschieden war. Das »Centre de Programmation« der französischen Marine in Paris wurde von beiden Nationen für die Softwareentwicklung bei entsprechender Kostenaufteilung benutzt. Andere europäische Nationen wurden in dieses Projekt eingeladen; daraus wurde jedoch nichts, da insbesondere die Engländer eine eigene Entwicklung verfolgten. Am Ende scheiterte die deutsch-französische Zusammenarbeit an zwei wesentlichen Konfliktpunkten, da weder der französische Lizenznachbau der Sichtgeräte noch der deutsche Lizenznachbau der Rechner angemessen geregelt werden konnte. FKpt Wülfing stellte als deutscher Delegierter des Exekutivausschusses fest, daß der Vertrag »in wirtschaftlicher und technischer Hinsicht vor Abschluß nicht genügend durchdacht worden« sei, und bat für die Direktionssitzung am 23./24. Mai 1966 um Weisung, wie weiter zu verfahren sei, die er jedoch nicht bekam.[18] Tatsächlich wurde der deutsche Anteil am Programmierzentrum in Paris am 31. Januar 1968 aufgelöst und die deutsch-französische Zusammenarbeit damit beendet. Wie sich aus diesem Ablauf ergab, war die Zusammenarbeit mit den Franzosen bei Entwicklungsprojekten problembehaftet, was aber auch an der Unentschlossenheit der deutschen Partner gelegen haben mag. Dagegen war die Zusammenarbeit mit den Amerikanern immer gut und aufgeschlossen, selbst wenn es manchmal schwierig war, die Hindernisse der US-Bürokratie zu überwinden.

Das erste vollständig integrierte Führungs- und Waffeneinsatzsystem AGIS

Die nächste Priorität der AG C/C war die Entwicklung eines Systems für Schnellboote, um diese mit Seeziel-Flugkörpern und einem Rundsuch- und Feuerleit-Radar zu modernisieren. Nachdem die Fla-Korvette nicht realisiert wurde, waren diese Schnellboote (die spätere Klasse 143) das einzige effektive Überwasserwaffensystem für den Einsatz in den nordeuropäischen Randmeerbereichen. Die System-Spezifikationen legten fest, daß »AGIS (Automatisiertes Gefechts- und Informationssystem auf Schnellbooten) den koordinierten Waffeneinsatz von Raketen und Torpedos bei weit auseinandergezogener Angriffsdisposition ermöglichen muß«. »Die Vielzahl der Informationen sowie die Kürze der verfügbaren Zeit einerseits, die Notwendigkeit guter Waffenkoordination innerhalb des Verbandes wegen der großen Waffenreichweite und der beschränkten Anzahl vorhandener Projektile andererseits erfordern ein automatisiertes Informationsverarbeitungs- und -übertragungssystem.«[19] Mit dem AGIS der S-Boote 143 wurde erstmals ein vollautomatisierter Datenaustausch vom Sensor bis zur Waffe (»sensor to shooter«) nicht nur auf den einzelnen Schnellbooten (die ja von ihrer Größe her eher Korvetten entsprachen), sondern auch im Verband realisiert; oder anders gesprochen, das AGIS war ein Vorläufer der Jahrzehnte später eingeführten netzwerkbasierten Operationsführung (»network centric warfare«). Das FüWES AGIS wurde mit einem Computer realisiert, der zur damaligen Zeit der einzige war, der für den Einbau auf Schnellbooten klein und leicht genug war; in der US Navy war dieser Rechner für Flugzeuge entwickelt worden. Damit gelang es, eine dritte revolutionäre Entwicklung voranzutreiben, den vollautomatisierten HF- und UHF-Datenfunk, um eine weit auseinandergezogene Gruppe von bis zu zehn Angriffsplattformen, bewaffnet mit je vier Seezielflugkörpern, koordiniert einsetzen zu können. Hierfür wurde das Link 11-Untersystem beschafft. Zusammenfassend urteilte das Flottenkommando: »So muß ein neuer Schiffstyp entwickelt werden! Besondere Anerkennung verdient wiederum die AG C/C.«[20]

Die Flugkörper-Tests wurden mit dem Schnellboot NERZ ab August 1966 durchgeführt. Das Schießen der Tartar-Flugkörper in der Schiff-Schiff-Version stellte sich jedoch als ein Mißerfolg heraus. Daher entschied man sich später für die in Frankreich entwickelten Seeziel-Flugkörper MM 38. Die vierte revolutionäre Entwicklung war die erstmalige Realisierung eines voll integrierten Führungs- und Waffeneinsatzsystems, mit dem die Sensorendaten (Radar für See- und Luftraumüberwachung und Feuerleitung, ESM[21]) und die Effektorendaten (Kanone, drahtgelenkter Torpedo, Flugkörper) zusammengeführt wurden. Das erste Boot dieser Klasse wurde 1976 beim 2. Schnellbootgeschwader in Dienst gestellt. Dem ersten Kommandeur, FKpt Christian Giermann, gelang es, die Systemphilosophie des AGIS in eine effiziente Angriffstaktik dieser Schnellboote umzusetzen.

Andere Systemstudien durch die AG C/C

Von der AG C/C wurde eine Vielzahl anderer Studien und Projekte vorangetrieben. Die U-Boot-Systemstudie wurde 1965/66 erarbeitet, sie sollte im Mai 1966 im Marineamt vorgetragen, diskutiert und entschieden werden. Beim Versuch der Abstimmung der Studie mit der Inspektion Marinewaffen wurde vom dortigen Chef des Stabes ein Ukas mit einem Redeverbot mit Mitarbeitern der AG C/C herausgegeben. Bei der entscheidenden Besprechung im Marineamt wurden die OLzS Ullmann und Hess vom Amtschef kraft seines Flaggoffiziers-Dienstgrades »niedergemacht«. Als FKpt Wülfing ihnen argumentativ zu Hilfe kommen wollte, wurde auch er mundtot gemacht. Der Amtschef war der Auffassung, daß die Fronterfahrung aus dem Zweiten Weltkrieg beweise, daß die U-Boote kein computergestütztes FüWES benötigten. Das Ergebnis dieser Fehlentscheidung von 1966 war eine jahrelange Verzögerung der Entwicklung eines modernen FüWES für die deutschen U-Boote.

Das Computersystem für das Marinehauptquartier (MHQ) des Flottenkommandos wurde seit den Anfangszeiten der AG Intermatik bearbeitet. Aufgrund der gesetzten Prioritäten wurde das Projekt jedoch immer in den Hintergrund gedrängt.

Die Arbeit an dem FüInfoSys MHQ[22], ursprünglich mit dem Kodewort »Tenne« bezeichnet, ist eine aufregende Geschichte einer Serie von Fehlern, unglücklichen Umständen, zäher Arbeit und letztendlichem Erfolg. Den Industriewettbewerb um den Auftrag für die Hardwarelieferung und Softwareentwicklung der Stufe 1 gewann die Firma IBM. Nach einer erneuten Ausschreibung lieferte die Firma CSC die Software der Stufe 2. Bis 1977 war das Projekt extrem verzögert, weil die Infrastruktur wegen eines Baustopps im Eiswinter und des Einsturzes des Tiefbrunnens nicht planmäßig vorankam. Das Projekt sprengte jeden Kostenrahmen, und die zu erwartenden Leistungen waren fragwürdig. Erst mit dem neuen Systembeauftragten KzS Dr. Sluyterman und seinem Team bei FüM VII 6 ging es ab 1977 wieder voran. Nach vielen Rückschlägen wurde das MHQ 1980 eingeschränkt und 1982 voll einsatzbereit.

Die Systemstudie SM-Boot 65 wurde am 29. Juli 1966 von der AG C/C beim Flottenkommando abschließend vorgetragen. Das Urteil des Flottenkommandos: »Wiederum eine ausgezeichnete Arbeit.«[23] Realisiert wurde dann das PALIS (Passives Link System), das eine konventionelle Operationszentrale ergänzte, um Link 11-Daten empfangen und anzeigen zu können. PALIS wurde auf den 20 Schnellbooten der Klasse 148, den 4 Zerstörern Klasse 101, den Minensuchern Klasse SM 343 und bei der Küstenradarorganisation installiert.

Am 8. September 1966 trug die AG C/C beim Flottenkommando den System-Entwurf »Marine-Fernmelde-Organisation/Land« vor. Da das MHQ und die modernen Boote und Schiffe in Zukunft mit Führungssystemen ausgerüstet waren, mußte die Landorganisation ebenfalls modernisiert und den neuen Bedingungen angepaßt werden. Der Befehlshaber, VAdm Gerlach, faßte seinen Eindruck zusammen: »Diese heutige Tagung bildete nicht nur wegen des behandelten Gegenstands, sondern insbesondere auch wegen ihres Ablaufs, der sich durch Konzentration und hohes Niveau der Vorträge und der Diskussion auszeichnete, den Höhepunkt und zugleich den Abschluß ... eine letzte Kursanweisung«.[24] Diese letzten Worte bezogen sich auch auf die bevorstehende Pensionierung des Befehlshabers.

Der Aufbau des Kommandos Marineführungssysteme

1967 wurde aus der provisorischen AG C/C das Kommando Marineführungssysteme (KdoMFüSys) als Erprobungs- und Ausbildungszentrum aufgebaut. Aus systemtechnischen Gründen hatte die Marine ursprünglich ein integriertes Kommando vorgeschlagen, wegen des Grundgesetz-Artikels 87 b mußte jedoch parallel zum militärischen Kommando die Außenstelle der Erprobungsstelle 81 des BWB aufgebaut werden. Das Kommando wurde am 3. Juli 1967 in Sengwarden aufgestellt und dem Marineamt unterstellt.[25] Am 1. Februar 1968 erfolgte der Umzug in die Neubauten am Heppenser Groden. Dank des Sondereinsatzes von Kptlt Merzhäuser war dies eines der schnellsten Infrastrukturvorhaben, die je für die Marine realisiert worden sind. Die später erfolgten ständigen Unterstellungswechsel, bis hin zu dem Versuch in den achtziger Jah-

ren, das KdoMFüSys ganz aufzulösen, deuteten auf die Unsicherheit der Marine, zu verstehen, wozu dieses querschnittlich angelegte Kommando überhaupt benötigt wurde.[26]

NATO-Kooperation im Nordflankenraum

Mit den einsatzbereiten Systemen SATIR, AGIS, PALIS und MHQ hatte die deutsche Marine in den achtziger Jahren die größte mit Führungssystemen und automatischem Datenfunk Link 11 ausgerüstete Flotte, einzig übertroffen von der US Navy. Die deutsche Marine war mit ihren bahnbrechenden Systementwicklungen den anderen NATO-Marinen im »Nordflankenraum« von Ostsee, Nordsee und angrenzenden Gewässern weit vorausgeeilt. Nur mit Zerstörern der französischen und der amerikanischen Marine konnten die deutschen mit Link 11 ausgerüsteten Einheiten taktisch kooperieren. Mit Einheiten der Royal Navy, der dänischen und norwegischen

FK-Übergabe vom Minentransporter STEIGERWALD *zur* MÖLDERS *in See. Der Flugkörper SM-1 ist im Transportgestell eingeklinkt, August 1975*   (Slg. Hess)

Der I. WO eines Schnellbootes im Gefechtsanzug bei der Arbeit am Kartentisch in der Operationszentrale um 1990　(PIZ-Marine)

Marine war ein Datenaustausch nur über eine primitive Fernschreibverbindung, genannt Link 14, möglich. Die Briten und Dänen verfolgten billigere Sonderentwicklungen, die mit Link 11 nicht zusammenarbeiten konnten. Die Zusammenarbeit der MHQs war ebenfalls nur mit konventionellen Fernmeldemitteln möglich. Die Einführung von standardisierten Datenformaten ermöglichte erst sehr viel später eine automatisierte Auswertung der Dateninhalte.

Zwar erkannte die Marine das Potential, das in der Link 11-Übermittlung der Lagebilder der AWACS[27]-Aufklärungsflugzeuge der NATO lag, sie hat es aber versäumt, eine erfolgreiche und andauernde Zusammenarbeit mit diesen NATO-Flugzeugen zu organisieren. Die Chance der »joint operations« mit der Weiterentwicklung zu netzwerkbasierter Operationsführung wurde damals verpaßt. Dies gilt bis zur Jahrtausendwende gleichermaßen für das taktische Zusammenwirken bei der Luftverteidigung mit der Luftwaffe und beim Luftangriff und der Luftaufklärung mit den eigenen Marinefliegern. Weder die einen noch die anderen waren mit Datenübertragungssystemen Link 11 ausgerüstet. Interoperabilität oder deren Nichtvorhandensein war das alles überschattende Problem bei der Zusammenarbeit, sowohl national mit der Luftwaffe wie auch international mit den NATO-Marinen und -Luftwaffen.

Zusammenfassung

Die Einführung von SATIR und AGIS gegen die vielen zum Teil schweren Widerstände in der Verteidigungsbürokratie war ein großartiger Erfolg. Es war die deutsche Marine, die erstmalig die taktischen Probleme der automatisierten Lagedarstellung und des Datenaustausches über Funk

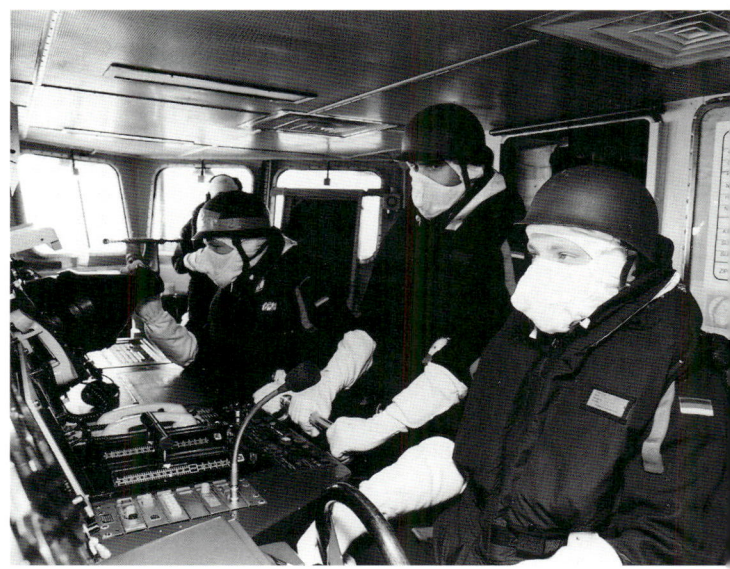

Auf der Brücke einer der Fregatten um 1995. Die Männer tragen den neuen Gefechtsanzug mit Feuerschutzmasken und -handschuhen　(PIZ-Marine)

in quasi Echtzeit für Zerstörer und Schnellboote gelöst hatte. Allerdings hatte die US Navy dem deutschen Juniorpartner großzügige Entwicklungshilfe geleistet. In den achtziger Jahren besaß die deutsche Marine die größte europäische Flotte, die, mit Link 11 ausgerüstet, vollautomatisch taktische Daten im Verband und mit der Führungsstelle an Land austauschen konnte. Für den Einsatz der Flugkörper zur Flugabwehr SM 1 und Seasparrow und der Flugkörper gegen Seeziele MM 38 und Harpoon waren die notwendigen taktischen und operativen Führungsvoraussetzungen in der »Phase der Innovation 1963–1976« geschaffen worden.

1 Vortrag des InspM bei der Sitzung des VertdgMinisters mit Mitgliedern des Verteidigungsausschusses am 18. April 1966, BA-MA BM 1/2972 c
2 Link 11 bezeichnet ein Funkverfahren zur automatischen Datenübertragung in den Frequenzbereichen Kurzwelle und UHF
3 Graf, R.W., Case Study of the Development of the Naval Tactical Data System, United Research Inc., Cambridge, Mass., 29.01.1964
4 Das B 2-System war von der NATO als FüWES für Schiffe in Zerstörergröße definiert worden
5 Zum ersten Mal arbeiteten Seeoffiziere an einem Digitalrechner, der Zuse Z 23 der Erprobungsstelle 72 in Rendsburg, und wurden so die ersten Programmieroffiziere der Bundeswehr
6 Hess, Sigurd, Bericht über Aufenthalt in den USA zu 3 Programmierlehrgängen, 26.02.1964 auf dem Dienstweg an den FüM weitergeleitet (Archiv des Autors)
7 Die Bezeichnung »Intermatik« ist ein von Dr. Möskes erfundenes Kunstwort
8 Übersicht über die von der AG Intermatik durchgeführten Arbeiten, Anlage 3 von FüAkBw Abt Marine-Studiengruppe Az 31-05-14, TgbNr 75/65, BA-MA BW 8 I/453/326–369
9 Die »Schüler« waren Stabsoffiziere, die später in hohe Ränge aufstiegen, einer als InspM
10 BMVg FüM II 3 Az 41-63-40-00/23 v. 14.12.1964, BA-MA BW 8 I/529/Band 3/66-67
11 Entwurf der InspM-Weisung (neu), Protokoll der Besprechung am 21./22.01.1965 und BMVg-FüM III 1 Az 10-73-16, TgbNr 310/65 v. 16. Feb. 1965, BA-MA BW 8 I/527/Band 2
12 KKpt Kündiger stellte sich später als ein Verräter heraus, der die Fronten wechselte und in die DDR desertierte
13 MTB der AG C/C, 6.1.1965–27.2.1970, S. 1 (Archiv des Autors)
14 Hess, Sigurd, Marineführungssysteme, in »Die Deutsche Marine – Historisches Selbstverständnis und Standortbestimmung«, E. S. Mittler & Sohn, Herford 1983, S. 322 ff.
15 Hess, Sigurd, Dienstreisebericht USA über die Einrichtung der OPZ auf den DDGs, KdoMFü – AG C&C, C/C 10 Az 41-63-05, TgbNr 291/65 v. 06.07.1965, BA-MA BM 1/1940/d/8 – 22
16 Tatsächlich gelang es den Amerikanern erst mehrere Jahre nach der Indienststellung des Zerstörers LÜTJENS, ein vergleichbares FüWES auf ihren Zerstörern zu installieren
17 Abkommen zwischen der BRD/BMVg und der Französischen Republik/MinStreitkräfte betreffend Anlagen zur automatischen Informationsverarbeitung für Zerstörer und Geleitboote, deutscher Text vom 11.06.1965, BA-MA BM 1/1289
18 FüM II 3 vom 16.05.1966, Sachstandsbericht FK Wülfing über den Stand des D/F Vertrags, BA-MA BM 1/1289, u. a. S. 12 und S. 18
19 Systemplanung S 41 – S 50, MarA InMFü Ltr AG C/C, Az 10-71-10-05, TgbNr 18/66 vom 25.01.1966, BA-MA BM 1/934
20 MTB BefHdFlotte 01.01.1966–30.06.1970, AG C/C und FüM II abschließende Besprechung über Systemplanung S-Boote Typ 41–50 am 21.01.1966, BM10/87–104
21 ESM bedeutet »Electronic Support Measure«, hier ein Peilgerät zum Feststellen gegnerischer Funk- und elektronischer Ausstrahlungen
22 MHQ bedeutet »Maritime Headquarters« (Hauptquartier eines Marinebefehlshabers); der Ausdruck wird aber auch gleichbedeutend für das Führungsinformationssystem (FüInfoSys) des Befehlshabers benutzt
23 BA-MA BM 10/89
24 BA-MA BM 10/89
25 FüM III 4, Aufstellungsbefehl Nr. 156 vom 03.04.1967
26 Informationsschrift des KdoMFüSys, April 2002
27 AWACS bedeutet »Airborne Warning and Control System«, die damit ausgerüsteten Flugzeuge sind Fernaufklärer für die Luftverteidigung

Blue Chip

Sie kennen unsere Produkte: Marineschiffe und U-Boote. Sie kennen unsere Werften Blohm + Voss, HDW, Nobiskrug und Nordseewerke in Deutschland sowie Kockums in Schweden und Hellenic Shipyards in Griechenland. Seit mehr als 100 Jahren bauen wir zukunftsweisende Schiffe.

Diese Werften bilden eine weltweit anerkannte Werftengruppe mit rund 9.300 Mitarbeitern. ThyssenKrupp Marine Systems. Der „Blue Chip" im Marineschiffbau.

ThyssenKrupp Marine Systems hat ihr Know-how in der „Surface Vessel Division" und der „Submarine Division" konzentriert. Innovative technische Konzepte und beeindruckende Gesamtlösungen für das System „Schiff" – über und unter Wasser – bilden das Kerngeschäft. Mit mehr Kraft. Mit mehr Flexibilität. Mit mehr Substanz.

Die „Surface Vessel Division" ist für das Design und den Bau von Marineschiffen verantwortlich, die in küstennahen Gewässern sowie auf hoher See eingesetzt werden können. Von Kunden in der ganzen Welt.

Alle Aktivitäten im Bereich U-Boote sind in der „Submarine Division" gebündelt. Im Segment nichtnuklearer U-Boote ist ThyssenKrupp Marine Systems Weltmarktführer. Durch revolutionäre Technologie und jahrzehntelange Erfahrung.

ThyssenKrupp Marine Systems
Surface Vessel Division
Hermann-Blohm-Strasse 3 · D-20457 Hamburg
Tel.: +49 40 1800-0

ThyssenKrupp Marine Systems
Submarine Division
Werftstrasse 112 - 114 · D-24143 Kiel
Tel.: +49 431 700-0

ThyssenKrupp Marine Systems

Ein Unternehmen von ThyssenKrupp Technologies

www.thyssenkrupp-marinesystems.com

ThyssenKrupp

Blohm + Voss GmbH

Blohm + Voss Repair GmbH

Howaldtswerke-Deutsche Werft GmbH

Nobiskrug GmbH

Nordseewerke GmbH

Kockums AB

Hellenic Shipyards S. A.

ThyssenKrupp Marine Systems
Mit vereinten Kräften die Zukunft gestalten

Der Zusammenschluß der ThyssenKrupp Werften mit der HDW-Gruppe hat einen starken, europäischen Schiffbauverbund geschaffen – ThyssenKrupp Marine Systems. Der Schwerpunkt der Gruppe liegt auf Deutschland. Nach Europa aber weisen die Werften in Griechenland und Schweden. Hauptkompetenz des neuen Werftenverbundes im deutschen Marineschiffbau sind der Bau nicht-nuklearer U-Boote und bei Überwasser-

schiffen vor allem der Bau von Fregatten und Korvetten. ThyssenKrupp Marine Systems wird ihre weltweite Technologieführerschaft in diesen Bereichen weiter ausbauen. Im Handelsschiffbau bündeln sich Kompetenz und Know-how bei Mega-Yachten und ausgewählten Handelsschiffen. Sie repräsentieren einen bedeutsamen Faktor im industriellen Konzept von ThyssenKrupp Marine Systems. Die After-sales-

Aktivitäten der Gruppe sorgen für eine ideale Koordination der Kapazitäten. Insgesamt vereinigen sich in der neuen Gruppe die Stärken, die fortgeschrittenen Technologien und die Fähigkeiten zur Innovation der HDW-Gruppe und der ThyssenKrupp-Werften. Dies ist die Basis, um das Know-how der Marinetechnik in Deutschland zu erhalten und Deutschland als Schiffbauplatz zu sichern.

Partner der Deutschen Marine

Seit 50 Jahren sind die deutschen Werften der ThyssenKrupp Marine Systems mit ihren einzigartigen Spitzen-Technologien Partner der Deutschen Marine. In enger und vertrauensvoller Zusammenarbeit mit ihr haben sie erfolgreiche U-Boot-Klassen und ebenso erfolgreiche Fregatten, Korvetten und Spezialschiffe geschaffen.

Mit den U-Boot-Klassen 205, 206, 206A und jetzt den revolutionären Booten der Klasse 212A haben sie einzigartige Boote gebaut, die mit ihrer Leistungsfähigkeit international Aufsehen erregt haben. Eine neue Ära in der nicht-nuklearen Antriebstechnik hat der außenluftunabhängige Brennstoffzellen-Antrieb eröffnet, den serienreif und weltweit allein ThyssenKrupp Marine Systems entwickelt hat und anbietet. Die Deutsche Marine ist die erste der Welt, die diese Boote der Klasse 212A in Dienst gestellt hat.

Im Überwasser-Bereich hat das modulare MEKO®-Konzept für Fregatten und Korvetten den Marineschiffbau revolutioniert.

Auch auf den modernen deutschen Fregatten der Klassen 123 und 124 sind die wesentlichen Merkmale der MEKO®-Technologie verwirklicht.

Die Zusammenarbeit mit der Deutschen Marine als „Parent Navy" ist einer der Grundlagen für den Erfolg auf den internationalen Märkten. U-Boote und Marine-Überwasserschiffe der ThyssenKrupp Marine Systems-Werften haben heute auf fünf Kontinenten ihre Heimathäfen: 165 U-Boote und 60 MEKO®-Fregatten und -Korvetten.

Die Zusammenführung der ThyssenKrupp-Werften und der HDW-Gruppe folgt in ihrer Logik der bisher erfolgreich praktizierten konsortialen Zusammenarbeit auf dem Gebiet des Marineschiffbaus. Der Werftenverbund bietet Vorteile: Er ist die Grundlage, das marinetechnische Know-how in Deutschland zu halten

und weiterzuentwickeln sowie die Position Deutschlands als Schiffbaustandort für fortschrittlichste Marineschiffe zu sichern.

So werden die Kompetenzzentren in den Kerngeschäften U-Boote und Marineschiffe gestärkt und ausgebaut: ThyssenKrupp Marine Systems arbeitet mit jetzt vereinten Kräften in diesem Wachstumssegment und stellt sich gestärkt dem internationalen Wettbewerb.

U-31 - U-Boot-Klasse 212A

Kontinuität am Markt

ThyssenKrupp Marine Systems demonstriert gegenüber ihren Kunden Kontinuität durch ausgewogene Berücksichtigung der Standortkompetenz. Der Verbund knüpft an die bestehenden Strukturen an und baut diese weiter aus. Kiel und Emden stehen für Spitzentechnologie bei konventionellen U-Booten. Seit Jahren ist HDW als Konsortialführer mit einer erstklassigen Reputation am Markt etabliert.

Blohm + Voss ist eng mit der Entwicklung des am Markt hochgeschätzten MEKO®-Designs verbunden. Mit der Festigung des Marineschiffbaus in Hamburg profitiert der Verbund auch weiterhin von der guten Reputation, die durch die MEKO®-Technologie aufgebaut wurde. Auch in den Bereichen Yachten und Repair werden bereits bestehende Strukturen genutzt und eine möglichst hohe Kontinuität am Markt sichergestellt.

Globale Wettbewerbsfähigkeit

Die bisher breit aufgestellten Standorte können sich unter ThyssenKrupp Marine Systems stärker auf ihr Kern-Know-how fokussieren. Bisherige Redundanzen werden kostenwirksam abgebaut, wodurch der Verbund mehr Schlagkraft gewinnt und global wettbewerbsfähig ist.

Mit dem Closing am 05. Januar 2005 wurde der Zusammenschluss von ThyssenKrupp Werften und der HDW-Gruppe vollzogen.

Die neue Unternehmensgruppe umfasst als wesentliche Beteiligungen
- Blohm + Voss GmbH und Blohm + Voss Repair GmbH, Hamburg,
- Howaldtswerke-Deutsche Werft GmbH, Kiel,
- HDW-Gaarden GmbH, Kiel
- Nobiskrug GmbH, Rendsburg,
- Nordseewerke GmbH, Emden sowie
- Kockums AB, Schweden, und
- Hellenic Shipyards S.A., Griechenland.

ThyssenKrupp hält 75% der Anteile an dem Werftenverbund und übernimmt die industrielle Führung. One Equity Partners (OEP) ist mit 25% beteiligt. Der neue Werftenverbund beschäftigt rund 9.000 Mitarbeiter in Europa und versteht sich als Systemhaus mit starken Positionen im Marineschiffbau.

Die Organisation von ThyssenKrupp Marine Systems

Die ThyssenKrupp Marine Systems AG mit Sitz in Hamburg gehört zum ThyssenKrupp Konzern. Sie ist die Führungsgesellschaft des neuen Werftenverbunds und bündelt zentrale Funktionen, wie zum Beispiel den Einkauf, die Kommunikation, Controlling und Rechnungswesen, Technik und IT sowie das Personalwesen. Diese zentralen Funktionen und Dienstleistungen werden den Divisi-onen, der Repair Group und den zugehörigen Unternehmen zur Verfügung gestellt.

Eine wesentliche Aufgabe von ThyssenKrupp Marine Systems ist die Führung der Submarine Division, der Surface Vessel Division sowie der Repair Group. Die Divisionen und die Repair Group bündeln jeweils des operative Geschäft ihrer Bereiche.

Fregatten der Klasse 124

Das industrielle Konzept

SACHSEN, HAMBURG und HESSEN: Fregatten der Klasse 124

Die neue Struktur sieht den Erhalt aller vorhandenen Standorte vor. Sie orientiert sich an den bestehenden Schwerpunkten der einzelnen Werften und wird sich auf vier Produktbereiche konzentrieren: U-Boote, Marineschiffe, zivile Schiffe und Aftersales.

Die Standorte Hamburg, Emden und Kiel werden jeweils zu Kompetenzzentren entwickelt mit klar definierter Produktverantwortung. Dies ist die Voraussetzung für eine nachhaltige Standortsicherung sowie eine ausgewogene Entwicklungsperspektive. Ziel der produkt- und kundenfokussierten Organisation ist es, schnell und schlagkräftig auf Marktbedürfnisse reagieren zu können.

Dieses Konzept birgt ein nennenswertes Synergiepotenzial.

So werden Schnittstellen bereinigt und Doppelentwicklungen an mehreren Standorten vermieden. Vorteile sollen insbesondere durch die Bündelung der Einkaufsaktivitäten in der Zentrale erzielt werden. Die produktorientierte Struktur ermöglicht darüber hinaus Verbesserungen bei Fertigung und Materiallogistik.

Das industrielle Konzept kennt keine Sieger oder Verlierer, denn bei der Erarbeitung standen die Schwerpunkte und Kompetenzen der einzelnen Standorte im Mittelpunkt. Die neue Struktur ist für jeden Standort vorteilhaft.

Das Kompetenzzentrum für den U-Bootbau ist Kiel. Der Standort ist bei Nutzung der in Emden vorhandenen Kapazität verantwortlich für Vertrieb, Entwicklung

und Konstruktion sowie Fertigung und Integration. Kiel ist auch Sitz der Submarine Division. Darüber hinaus bleiben in Kiel Konstruktions- und Fertigungskapazitäten für den Handelsschiffbau erhalten, die in der HDW-Gaarden GmbH rechtlich verselbstständigt worden sind. Für den Mega-Yachtbau in Hamburg übernimmt Kiel eine Zulieferfunktion.

Der Standort Emden wird sich schwerpunktmäßig auf Überwasser-Marine- und Handelsschiffe, dazu gehören OPVs sowie Marine-Hilfsschiffe, konzentrieren. Emden behält weiterhin einen nennenswerten Anteil der Wertschöpfung im U-Bootbau und übernimmt für Kiel mit Konstruktion und Fertigung die Rolle eines Zulieferers. In Summe bedeutet dies einen erheblichen Ausbau des Marineschiffbaus,

mit einer gestärkten Marineschiffs-Konstruktion.

Der Standort Hamburg ist Sitz der Zentrale von Thyssen-Krupp Marine Systems und zugleich Standort der Surface Vessel Division. Hamburg wird sich auf Überwasser-Marineschiffe, das sind Fregatten und Korvetten sowie auf das Reparatur-Geschäft konzentrieren. Der chancenreiche Produktbereich Mega-Yachten wird in Hamburg konzentriert und ausgebaut.

Nobiskrug in Rendsburg deckt das mittlere Yachtsegment ab.

Die Zukunftsperspektive von ThyssenKrupp Marine Systems

Der neue Werftenverbund wird in Europa zu den Marktführern im Marineschiffbau gehören. Im internationalen Wettbewerb ist der Verbund hervorragend positioniert. In der neuen Werftengruppe wird sich die Kernkompetenz des deutschen Marineschiffbaus in den Bereichen konventionelle U-Boote und Überwasserschiffe mit Schwerpunkt Fregatten und Korvetten vereinen. ThyssenKrupp Marine Systems strebt einen Ausbau der Rolle des weltweiten Technologieführers auf diesen Gebieten an.

Die Zusammenführung kann einen ersten Schritt auf dem Weg zu einer weitergehenden Konsolidierung des europäischen Marineschiffbaus darstellen. Die europäische Konsolidierung wird voranschreiten und neue Optionen eröffnen. ThyssenKrupp ist bereit, sich an einer solchen Lösung zum gegebenen Zeitpunkt und bei geeigneten Konditionen als Partner zu beteiligen. Dabei ist nicht ausgeschlossen, dass ThyssenKrupp künftig in einem europäischen Verbund die Führung übernimmt.

U-32 – U-Boot-Klasse 212A

Wehrforschungsschiff PLANET

U33 - U-Boot-Klasse 212A

Danke für
50 Jahre Sicherheit

Nach einem halben Jahrhundert in Frieden und Freiheit ist es uns ein Bedürfnis, Dankeschön zu sagen. Hat doch die Bundeswehr seit ihrer Gründung einen wichtigen Beitrag zur Erhaltung des Friedens geleistet. Nach der Zeit des Kalten Krieges und der Abschreckung stehen heute weltweit Friedenssicherung und Friedenserhaltung in Krisengebieten im Mittelpunkt ihrer Missionen. Wir von der EADS werden auch in Zukunft alles tun, für diese schwierigen und verantwortungsvollen Aufgaben die optimale Ausrüstung zur Verfügung zu stellen.

www.eads.com

AIRBUS

EUROCOPTER

EUROFIGHTER

A400M

METEOR

GALILEO

ARIANE

EADS
The step beyond

EADS – Partner der Marine

Die Deutsche Marine hat einen außerordentlichen Beitrag zu einem halben Jahrhundert Frieden und Freiheit geleistet. Die EADS gratuliert der Marine zu ihrem 50-jährigen Bestehen und ist stolz darauf, ein über fundierte Fachkenntnisse verfügender Partner und Berater der Deutschen Marine zu sein.

Mit einem Umsatz von € 31,8 Milliarden im Jahr 2004, ist die EADS ein weltweit führendes Unternehmen der Luft- und Raumfahrt, im Verteidigungsgeschäft und den dazugehörigen Dienstleistungen. Zur EADS gehören der Flugzeughersteller Airbus, das weltweit größte Hubschrauber-Unternehmen Eurocopter und das Joint-Venture MBDA, der führende internationale Lenkflugkörperproduzent der Welt. Die EADS ist der größte Partner im Eurofighter-Konsortium, Hauptauftragnehmer für die Trägerrakete Ariane, entwickelt das militärische Transportflugzeug A400M und ist größter industrieller Partner für das europäische Satellitennavigationssystem Galileo. Das Unternehmen ist in fünf Geschäftsbereiche gegliedert: Airbus, Militärische Transportflugzeuge, Eurocopter, Verteidigungs- und Sicherheitssysteme und Raumfahrt.

Gegenwärtig ist Deutschland der wichtigste Heimmarkt der EADS im Verteidigungsbereich und die EADS der größte Systemlieferant der Bundeswehr, der alle Teilstreitkräfte – Marine, Luftwaffe und Heer – auch übergreifend bedient. Und weil für die Zukunft die Herausforderungen nicht kleiner geworden sind, freuen wir uns auf die nächsten Jahrzehnte erfolgreichen Zusammenwirkens mit der Deutschen Marine.

Im Laufe der vergangenen Jahre erlebte die Deutsche Marine eine Veränderung der Schwerpunkte ihrer Rolle weg von der traditionellen Seekriegsführung auf hoher See und Sicherung nationaler Küstenstriche (Escort Navy) hin zu Überwachungs-/Sicherungsaufgaben in weit entfernten Gebieten (Expeditionary Navy), einschließlich der Bekämpfung von Piraterie, illegaler Einwanderung, sowie Drogen- und Waffenschmuggel. Diese neue Rolle ist Spiegel des sich wandelnden Sicherheitsumfelds der heutigen Zeit.

Um diesem breiteren Verantwortungsrahmen gerecht zu werden, passt die Deutsche Marine ihre Einsatzgrundsätze an und richtet sie auf die Vernetzte Operationsführung (NEC) aus.

Die Rolle der Industrie beim Transformationsprozesses ist dabei entscheidend; als Anbieter integrierter Systemlösungen hat sich EADS zum zentralen „Macher" im Bereich der maritimen Überlegenheit entwickelt:

Das ANCS (Advanced Naval Combat System) für die Marine wurde optimal für das Konzept der „Vernetzten Operationsführung" ausgelegt. ANCS zeichnet sich durch eine offene Systemarchitektur und COTS („Commercial-off-the-shelf")-basierte Infrastruktur aus. Es wurde auf der Basis weitreichender Erfahrungen auf dem Gebiet der Systemintegration – der Integration modularer Software und der Integration von Sensoren und Waffensystemen – entwickelt. Eine genaue und schnelle Analyse, das Verbinden und Übermitteln von großen Datenmengen garantieren größte Sicherheit – auch während der komplexen Szenarien von Konflikten in Küstengebieten. Das ANCS ist derzeit das einzige System seiner Art auf dem Markt. Damit hat sich EADS als Systemlieferant für drei unterschiedliche Schiffsklassen etabliert; sie liefert dabei die vollständige Funktionskette vom Sensor zum Effektor und zeigt damit, dass sie die zukünftigen Anforderungen der Deutschen Marine sowie auch der Seestreitkräfte anderer Länder rund um den Globus erfüllen kann.

Ein aktuelles Beispiel effizienten und kreativen Systemdesigns ist auch die Entwicklung eines neuen Bedienkonzeptes für die Gestaltung von Operationszentralen (Combat Information Centres – CIC) für Kampfschiffe mit dem Produktnamen „OMADA" (griechisch: das Team). Durch die neuartige Konzeption von OMADA werden die CICs zum Zentrum der gesamten Einsatzführung und decken mit optimiertem Personalbedarf das gesamte Spektrum an Aufgaben und Verantwortlichkeiten innerhalb einer CIC-Organisation ab.

Das TRS-3D-Radar ist auf den deutschen Fregatten des Typs F122 im Einsatz und wird für die neuen K130-Korvetten geliefert. TRS-3D ist ein dreidimensionales Multimode-Schiffsradar zur Luft- und Seeraumüberwachung und Feuerleitung. Es kann in verschiedenen Ausführungen sowohl als eigenständiges Radar für die spezifischen Anforderungen beim Einsatz von kleineren Schiffen in Küstengewässern als auch an Bord von Fregatten und größeren Schiffen als Hauptradar für die Selbstverteidigung eingesetzt werden. Ausgerüstet mit den modernsten Signalverarbeitungstechnologien ist es insbesondere für die Früherkennung tief fliegender oder sich schnell bewegender Objekte wie Lenkflugkörper, Drohnen oder Schnellboote unter schwierigsten Umgebungsbedingungen geeignet.

COLDS (Common Opto-electronic Laser Detection System) wurde speziell für den Einsatz auf Schiffen konzipiert. COLDS kann Bedrohungen wie Laserentfernungsmesser und Laserzielbeleuchter praktisch ohne zeitlichen Verzug erkennen, klassifizieren und zum Beispiel an das ANCS melden. Auch von einem Laserzielbeleuchter gelenkte Munition kann mit COLDS abgewehrt werden. Hierzu wird mittels Echosignalen ein Scheinziel generiert, um die auf das Schiff zufliegende Munition abzulenken.

Das aus mobilen Containern bestehende Marine-Einsatz-Rettungszentrum (MERZ) ist an Bord der beiden Einsatzgruppenversorgerschiffe im Einsatz und bewährte sich bei der Versorgung von Tsunami-Opfern in Indonesien.

EADS ist im Marinemarkt kein Neuling, sondern bringt umfangreiche und vielseitige Kompetenzen ein. EADS verfügt als Anbieter komplexer Systemlösungen über das Know-how zur Integration verschiedenster Komponenten vom Sensor bis zum Effektor. Damit ermöglichen die Lösungen des Konzerns die Erstellung eines umfassenden Lagebildes für Verteidigung nationaler Interessen in den entsprechenden Seegebieten sowie für die Innere Sicherheit der Küstengebiete.

www.eads.com

Zwei Konsolen des ANCS – mit der offenen Systemarchitektur optimal gerüstet für zukünftige neue Aufgaben.

Das TRS-3D überwacht auf der deutschen F122 den Luft- und Seeraum.

Computeranimation der Korvette K130 – zukünftig ausgerüstet mit dem TRS-3D.

AIRBUS

EUROCOPTER

EUROFIGHTER

A400M

METEOR

GALILEO

ARIANE

EADS

The step beyond

Powerful partnership

Since many years, the German and Netherlands governments have been working together in their frigate programs. Joint shipbuilding co-operations, closely involving local industries, have resulted in the respective navies belonging to the most advanced in the world. Thales is proud to have played an important part as system supplier and integrator in these programs. We are looking forward to continue this powerful partnership.

THALES

The powerful German/Netherlands partnership in the F124/LCF program recently resulted in the world's first live firings with ESSM and SM2 Block III missiles. Thales congratulates the German and Netherlands navies with the outstanding results.

Die Seeinteressen der Bundesrepublik Deutschland

Uwe Jenisch

Deutschland als seeabhängiger Kontinentalstaat

An der schicksalhaften Bedeutung der Meere, die 71 % dieses Planeten bedecken, kann kein Zweifel bestehen. Im Zeitalter der Globalisierung, des Internets, des Klimawandels und der Terrorismusgefahren sind die Meere der Welt gleichzeitig Transportweg, Rohstoffquelle, Forschungsschwerpunkt und Krisenszenario. Im Jahre 2020 werden 75 % der Weltbevölkerung innerhalb eines 60–100 km breiten Küstenstreifens leben. Rund 70 % des Sauerstoffs der Erdatmosphäre werden im Meer erzeugt. Die Meere enthalten 97 % der globalen Wassermassen als Salzwasser, während die restlichen 3 % Süßwasser eine knappe Ressource sind, wegen der in Zukunft Kriege zu befürchten sind. Über 90 % aller Güter im internationalen Warenverkehr werden über See transportiert. Das Schiff als Träger des Welthandels ermöglicht überhaupt erst den Wohlstand an Land. Nicht ohne Grund sind die großen Ha-

fenstädte der Welt die reichsten Plätze. Das Meer ist ein gewaltiger Wirtschaftsraum mit Wachstumschancen in unterschiedlichsten Bereichen, wobei Schiffahrt und Schiffbau sowie die Offshore-Öl- und -Gasindustrie derzeit den Löwenanteil repräsentieren, während andere Nutzungsarten hinzukommen. Der weltweite Gesamtumsatz der maritimen Wirtschaft wird auf 1.200 Mrd. € pro Jahr geschätzt. Er steigt kontinuierlich.

Allein diese Angaben zeigen, daß ein *ozeanisches Jahrhundert* begonnen hat, in dem die Erforschung, die Nutzung und der Schutz der Meere bewältigt und Ordnung und Frieden auf See erhalten werden müssen. Die Antinomie zwischen Land und Meer ist aufgehoben. Land und Meer sind gemeinsam zu begreifen, denn die Erde ist ein einheitliches geschlossenes System.

Man mag sich fragen, ob diese Zusammenhänge und die sich daraus ergebenden Chancen und Gefahren in Deutschland im erforderlichen Umfange erkannt werden. Die Antwort darauf ist vielschichtig, aber durchaus positiv, denn in den vergangenen fünf Jahrzehnten hat sich das Land auf vielen Gebieten dem Meer

»Ocean Giants« – so nannte ein britischer Autor die großen APL-Containerriesen. Das Bild zeigt den bei den Howaldtswerken-Deutsche Werft gebauten Containerriesen »APL Thailand« im Pazifik　　*(Slg. HDW)*

zugewandt. Schiffahrt, Meeresforschung und Marine erfreuen sich in Deutschland eines durchgängigen, wenn auch oberflächlichen Wohlwollens, ohne daß sich daraus ein besonderes Meeresbewußtsein entwickelt hat. Andere Staaten wie England, Norwegen oder die Niederlande haben es als echte Seestaaten leichter, die seit Generationen von und mit dem Meer leben.

Mit Thomas Mann lieben die Deutschen das Meer – freilich in der Regel nur vom Strande aus. Zur Ehrenrettung der Dichterfamilie Mann ist an dieser Stelle an die Mann-Kinder Golo und Elisabeth zu erinnern, die beide auf ihre Art Meeresbewußtsein eingefordert haben. So hat der Historiker Golo Mann[1] 1975 in einem berühmten Vortrag im Bremer Tabakskollegium über »Die Deutschen und das Meer« das kontinentale Denken in einem »Land der Mitte« kritisiert und zugleich festgestellt: »Man kann das Meer nicht mehr sich selbst überlassen.« Seine Schwester Elisabeth Mann-Borgese hat ab Anfang der 1970er Jahre die Neuordnung des Internationalen Seerechts unermüdlich mit eigenen Konferenzen, Vorträgen und Büchern sowie als Beraterin der österreichischen Seerechtsdelegation mitgestaltet[2]. Sie gehört zu den Architekten des neuen UN-Seerechtsübereinkommens von 1982 und wird zu Recht als »ocean lady« verehrt. Mit der 28. Pacem in Maribus Konferenz vom Dezember 2000 in Hamburg gelang Elisabeth Mann-Borgese kurz vor ihrem Tod eine eindrucksvolle Bilanz des neuen Seerechts[3].

Ein Blick in die deutsche Geschichte zeigt, daß das Meer in der ferneren Vergangenheit selten schicksalsbestimmend und damit bewußtseinsbildend wirkte, in den letzten hundert Jahren freilich immer stärker, wobei sich positive Erfahrungen wie Seehandel, Meeresforschung und Meerestechnik und negative Erfahrungen wie zwei zur See verlorene Weltkriege, Meeresverschmutzung und Schiffsuntergänge im Bewußtsein der Menschen gegenüberstehen. Völker haben Lebensgeschichten wie Menschen. Für Deutschland gilt im Ergebnis eine überwiegend kontinentale Überlieferung und Atmosphäre im politischen und gesellschaftlichen Handeln, die als nationaler Charakterzug seit Jahr-

hunderten in einem Volk fortwirkt, das in der Mitte Europas mit vielen angrenzenden Nachbarstaaten gefangen ist. In erster Linie diktiert die geographische Lage die Seeinteressen eines Staates. Wer im Zentrum eines Kontinents sitzt, ist kontinental. Die relativ kurzen Küsten Deutschlands mit rund 1.000 km (begradigter) Küstenlänge in Nordsee und Ostsee, zwei Randmeeren des Atlantiks, bieten nur eine »Rücksitzposition«, die die norddeutschen Hansestädte als einzige Vermittler zur See nach Kräften genutzt haben. Obwohl der Bund der Hanse nur von der Mitte des 12. bis zum Ende des 16. Jahr-

hunderts prägend wirkte, verkörpern die Hansestädte bis heute das vorhandene maritime Erbe Deutschlands und leiten daraus ein erhebliches und berechtigtes Selbstbewußtsein ab.

Beim maritimen Denken und Handeln geht es um eine geistige Kategorie, die langfristig angelegt ist. Maritimes Bewußtsein läßt sich nicht künstlich schaffen, improvisieren oder von der Politik herbeireden. Es muß als Wesenseigenschaft über Generationen wachsen, um tragendes Element zu werden. Das deutsche Defizit an Meeresbewußtsein hat auch mit zu schwachen freiheitlichen Traditionen zu tun.

Demokratie und Meeresbewußtsein gehören zusammen. Es ist kein Zufall, daß die Hansestädte ihren Weg als Kaufmannsrepubliken begannen. Zentralistisch-autoritäre Staaten sind auf ihren territorialen Gebietsstand – und auf ihre Armee – fixiert, repressiv im Inneren und aggressiv nach außen, während Republiken bzw. Demokratien in aller Regel auf internationalen Seehandel, Marine und Kooperation setzen. In der liberalen Tradition der westlichen Demokratien hat dieses Rezept schon lange gewirkt, in Deutschland konsequent erst nach Gründung der Bundesrepublik 1949.

Bei Gründung der Bundesrepublik befindet sich der freie Teil Deutschlands wieder ungefähr dort, wo die Nation um das Jahr 936 unter Kaiser Otto dem Großen begann, nämlich am Rande Westeuropas zwischen Elbe und Rhein. Der politisch-geographische Stellungswechsel der jungen Bundesrepublik ins Lager der westliche Demokratien ist radikal und hat eine maritime Dimension, denn das Atlantische Bündnis der NATO, der Beginn der Europäischen Integration und die Wiedereinbindung in den Weltseehandel als Industrienation und Rohstoffverbraucher zwingen zum Blick seewärts.

Das Atlantische Bündnis umspannt einen ganzen Ozean von Küste zu Gegenküste. Die Europäische Union verfügt über eine Küstenlänge von 37.000 km und besteht geographisch aus einer Gruppe von Halbinseln am westlichen Rand der eurasischen Landmasse vom Polarkreis bis nach Zypern. Die EU ist der größte Block im System des Welthandels und kontrolliert ca. 30 % der Welthandelsflotte. Deutschland ist in der EU der größte Industriestaat mit nahezu 100 % Importabhängigkeit bei Rohstoffen. Selbst beim Fischverbrauch liegt die Importquote bei 75 %. Deutschland ist wie kein zweites Industrieland in die Weltwirtschaft eingebunden und damit von Meeresnutzungen direkt oder indirekt abhän-

Luftaufnahme der HDW in Kiel 1995: Im Schwimmdock 2 liegt das Containerschiff APL CHINA, im Großdock 8a befindet sich die APL THAILAND im Bau, am Ausrüstungskai ganz links liegt die Fregatte SCHLESWIG-HOLSTEIN

(Slg. HDW)

gig. Die Wiedervereinigung brachte das maritime Potential der DDR mit Häfen, Schiffen und Werften hinzu und verstärkte zugleich die Ausrichtung auf die Ostsee. So ist das wiedervereinigte Deutschland mit der Verankerung in EU und NATO ein seeabhängiger Kontinentalstaat zwischen maritimer Abhängigkeit und überkommenem kontinentalem Selbstverständnis, wobei die maritime Ausrichtung ständig an Bedeutung zulegt. Zugleich gewinnt Deutschland erhebliches internationales Gewicht und damit neue Verantwortung in Europa, im Bündnis und im Verhältnis zur dritten Welt.

Die Seeinteressen Deutschlands lassen sich am besten an großen Kernbereichen der maritimen Wirtschaft verdeutlichen: Schiffahrt, Häfen und Schiffbau, Meeresforschung und Meerestechnik sowie Fischerei, wobei Umweltschutz, neue Technologien und Arbeitsplätze in allen genannten Sektoren eine wichtige Rolle spielen. Hinzukommen müssen jedoch eine *maritime Politik* und ein *maritimes Bewußtsein*.

In Anlage 1 findet sich eine Aufstellung der wichtigsten maritimen Sektoren, Akteure und Aufgaben, während Anlage 2 Kernzahlen zu Beschäftigung und Umsatz enthält. Dabei zeigt sich, daß die maritimen Interessen einen starken Verbund (»cluster«) darstellen, dessen Volumen mit über 400.000 Arbeitsplätzen und einem jährlichen Umsatzvolumen von 34 Mrd. Euro schon heute beachtlich und dessen Zukunftspotential enorm ist.

Maritime Wirtschaft als Querschnittsaufgabe

Maritime Wirtschaft (Meereswirtschaft) wird üblicherweise als Gesamtschau von Schiffbau und Zulieferindustrie, Schiffahrt und Häfen, Fischerei und Aquakultur, Offshore-Öl- und Gasgewinnung, neuen Technologien und Dienstleistungen gesehen. Zu dem großen Kreis der Interessen gehören auch die Forschungseinrichtungen, Schulen, Consultingfirmen, technische Überwachungseinrichtungen, Banken und Versicherungen. Der Wassersport wird flächendeckend von der Küste bis in die Berge betrieben und ernährt inzwischen eine respektable Wassersportindustrie mit hohem Exportanteil. Das Spektrum der maritimen Wirtschaft reicht also von der Großwerft bis zum Kanubauer, vom Hersteller integrierter Kommandobrücken bis zum Lieferanten von Unterwasserthermometern und vom Fischer bis zum Segelmacher.

Der weitverbreitete Glaube, es handele sich um eine regionale Thematik der Küste, ist falsch, denn die Zulieferindustrie, die neuen Technologien, die Fischerei, die meisten Dienstleistungen und der Wassersport haben ihren Platz, ihre Kunden oder ihre Hersteller häufig im Binnenland. Dies trifft in besonderer Weise auf die Schiffbauzulieferer (Motoren, Elektronik, Ausrüstungen) zu, die zu 49 % in den Flächenländern Bayern, Baden-Württemberg und Nordrhein-Westfalen beheimatet sind. Deutschlands ältestes Emissionshaus für Schiffsbeteiligungen und zugleich große Reederei mit derzeit 64 Containerschiffen und 2.000 Arbeitsplätzen ist die Conti-Reederei mit Sitz in München. Von existenzieller gesamtwirtschaftlicher Bedeutung ist außerdem, daß der größte Teil des deutschen Exports von Fertigprodukten und der Import von Öl und anderen Rohstoffen über das Meer laufen.

Maritime Wirtschaft ist also ein Thema für das gesamte Land!

Schiffahrt und Schiffbau

Deutschland ist für die Abwicklung seines Außenhandels und für seine Sicherheit auf zuverlässige, umweltfreundliche und wirtschaftliche Transportmittel angewiesen. Der wassergebundene Verkehr steht dabei für eine gelungene Kombination zwischen Ökonomie und Ökologie, denn Transportleistung, Brennstoffverbrauch und Emissionen sind bei der Schiffahrt im Vergleich zu Straßen-, Schienen- und Luftverkehr mit großem Abstand am günstigsten. Damit rücken *Schiffahrt, Häfen und Schiffbau* mit ihrem bedeutenden Umfeld in den Mittelpunkt. Hierbei handelt es sich um internationale Märkte, die bereits völlig globalisiert sind. Für Deutschland als zweitgrößte Handelsnation geht es darum, auf diesen Transportmärkten präsent zu bleiben, mitzubestimmen und an der Wertschöpfung der modernen Transportsysteme teilzuhaben. Es bleibt die Daueraufgabe, die Rahmenbedingungen für die maritime Wirtschaft so zu gestalten, daß im Hochlohnland Deutschland Seetransport und Hafenumschlag wettbewerbsfähig bleiben.

Die Schiffahrt, d. h. die See-, Küsten- und Binnenschiffahrt, ist mengenmäßig und ökologisch gesehen der wichtigste Verkehrsträger, und der Container ist das wichtigste Transportgefäß – weltweit und in Europa. Rd. 390 deutsche Reeder betreiben (oder kontrollieren) vom inländischen Standort aus inzwischen ca. 2.500 Seeschiffe mit 37,5 Mio. BRZ (Bruttoraumzahl), darunter 903 Containerschiffe mit rd. 30 % der weltweiten Containertransportkapazität. Neben Hamburg und Bremen ist

Modernste Technik für Off-Shore-Anlagen: Die Halbtaucher-Bohrinsel POLYCASTLE wird bei der Werft Blohm + Voss in Hamburg für die nächsten Einsätze vorbereitet
(Witthöft: 125 Jahre Blohm + Voss, Koehlers Verlagsgesellschaft mbH)

auch München Sitz vieler Reedereien. Allerdings fahren nur 480 Schiffe mit 6,2 Mio. BRZ unter deutscher Flagge, während die übrigen eine ausländische Flagge führen, aber von Deutschland aus eingesetzt werden.

Das hat Folgen für die Beschäftigung deutscher Seeleute. Unter deutscher Flagge gibt es nur noch rund 11.000 Seeleute, davon rund 30 % Ausländer. Hinzu kommen noch ca. 2.500 Deutsche als Schlüsselpersonal auf ausgeflaggten Schiffen. Es gibt Hoffnungen auf eine Trendwende, denn die neue Tonnagesteuer und eine neue Schiffsbesetzungsordnung senken die Betriebskosten unter deutscher Flagge. Deutsche Reeder haben 2003 die Rückflaggung von bis zu 200 Schiffen angekündigt, aber noch nicht vollzogen. Zugleich läuft eine Neubauwelle. Wegen dieses Flottenwachstums und wegen der Überalterung deutscher Kapitäne und Schiffsoffiziere haben die seemännischen Berufe wieder Zukunftsaussichten, zumal alleine die Landbetriebe der Reedereien rund 18.500 Arbeitsplätze bieten und nautische Berufserfahrung auch in vielen Landpositionen in Wirtschaft und Verwaltung benötigt wird. Über das Management der Flotte entsteht erhebliche Wertschöpfung am Schiffahrtsstandort Deutschland, der zugleich eine Hochburg der internationalen Schiffsfinanzierung ist. Nach Schätzungen werden bis zu 30 % der Welthandelsflotte über hiesige Banken finanziert.

Schiffssicherheit und maritimer Umweltschutz verdienen große Aufmerksamkeit. Die Schiffahrt ist nach Energieverbrauch die sparsamste und auch sauberste Transportart. Insgesamt sind ihr nur rd. 15 % der Meeresverschmutzung zuzurechnen, während der große Rest vom Land und von anderen Verursachern stammt. Dennoch finden Seeunfälle mit Umweltverschmutzungen große Aufmerksamkeit. In der Tat ist es notwendig, die Schiffssicherheit zu verbessern. Vorschriften zur präventiven Sicherheit wie Doppelhülle, Verkehrslenkung auf See, gute Aus- und Fortbildung, Haftungs- und Versicherungspflichten sowie Inspektionsrechte im Hafen müssen über die zuständige IMO (International Maritime Organisazion) mit Sitz in London eingeführt werden, damit sie für Schiffe unter allen Flaggen in allen Fahrtgebieten einheitlich kontrolliert und durchgesetzt werden können. In den Kreis der nationalen Aufgaben gehören die Organisation des Unfallmanagements und der Schadstoffbekämpfung sowie die Gründung einer leistungsfähigen Küstenwache mit ständiger Präsenz auf See, die auch Terrorangriffe abwehren kann.

Die *Häfen* bilden die Schnittstelle zu Wirtschaft und Verkehr an Land. Jährlich laufen etwa 150.000 Schiffe die rund 40 deutschen Häfen an und transportieren 255 Mio. t Ladung und 14,6 Mio. Passagiere. Hamburg als größter Hafen zählt zu den Gewinnern der Globalisierung und der Öffnung Osteuropas. In Konkurrenz zu anderen Nordseehäfen (Rotterdam, Antwerpen, Bremerhaven) gewinnt Hamburg ständig Marktanteile und kann den Containerumschlag und den Umsatz steigern. Rund 140.000 Arbeitsplätze sind direkt oder indirekt vom Hamburger Hafen abhängig. Für alle deutschen Häfen beläuft sich diese Zahl auf über 200.000 Arbeitsplätze. Bremen/Bremerhaven liegt an zweiter Stelle der Universalhäfen, während Wilhelmshaven als Ölhafen und Lübeck und Rostock als Fährhäfen im zusammenwachsenden Europa große Logistikleistungen erbringen. Nicht zu vergessen sind die Binnenhäfen wie z. B. Duisburg, die im Mix der Verkehrsträger unverzichtbar sind. Deshalb ist der bedarfsgerechte Ausbau der Häfen und ihrer Hinterlandverbindungen auf Schiene, Straße und Wasserstraße ebenso unverzichtbar wie der freie seeseitige Zugang für immer größere Schiffe. Die Hafensicherheit gegen Terror und internationale Kriminalität wird ab Sommer 2004 durch den neuen IMO Schiffs- und Hafensicherheits-Code mit erhöhtem Personal- und Technikaufwand verbessert.

Die nächsten Entwicklungsschritte für die maritime Transportwirtschaft sind klar erkennbar:

– Die Containerschiffahrt, an der deutsche Reeder stark beteiligt sind, bietet gute Wachstumschancen
– Die Fähr- und Küstenschiffahrt in Europa profitiert vom Trend »from road to sea«
– Die Binnenschiffahrt muß und kann einen höheren Anteil am Verkehrsvolumen innerhalb der EU übernehmen
– Der internationale Kreuzfahrtmarkt boomt
– Die seemännischen Berufe und damit die Ausbildungs- und Fortbildungseinrichtungen haben wieder Zukunft
– Die Schiffe werden größer, schneller, sicherer und noch umweltfreundlicher (»green shipping«)
– Die Häfen werden zu intermodalen Knotenpunkten für den kombinierten Ladungsverkehr von Schiene, Straße, Binnenschiff, Seeschiff
– Schiffe und Häfen vernetzen sich mit der gesamten Ladungskette vom Ursprungsort der Produkte bis zum Endverbraucher und leisten einen entscheidenden Beitrag zur Bewältigung der kommenden Verkehrsprobleme.
– Die Einführung der Autobahnmaut in Deutschland und später flächendeckend in Europa wird den wassergebundenen Verkehr noch attraktiver machen.

Die deutsche *Schiffbau- und Zulieferindustrie* mit 25.000 direkt Beschäftigten bei rd. 100 Werften (einschl. Binnenschiffbau) und weiteren 70.000 in der Zulieferindustrie sind starke dynamische Be-

Der am 13. Juni 1964 bei den Howaldtswerken in Kiel vom Stapel gelaufene Frachter Otto Hahn *war das einzige in Deutschland gebaute Schiff mit einem Nuklearantrieb; sie diente der Erprobung der friedlichen Nutzung von Kernenergie* (Slg. HDW)

triebe, die sich durch technische Kompetenz und hohe Flexibilität auszeichnen. Die hohe Zahl der rd. 400 Zulieferbetriebe und ihrer vielen Mitarbeiter erklärt sich daraus, daß 70 % der Wertschöpfung im Schiffbau auf Zulieferungen von z. B. Motoren, Navigationseinrichtungen, Ausrüstungen und Elektronik entfallen. Außerdem beliefern deutsche Zulieferer ausländische Werften und unterhalten Niederlassungen in vielen Ländern. Die größte internationale Fachmesse ihrer Art ist die »Schiff, Maschine, Meerestechnik – SMM«. Sie findet alle zwei Jahre in Hamburg statt und ist Leitmesse des Weltschiffbaus und Plattform für Innovationen und Wissenstransfer in allen Bereichen der maritimen Industrie.

Schiffbauliche Pionierleistungen der letzten Jahrzehnte waren z. B. die ersten Großtanker für Onassis, das Atomschiff OTTO HAHN, das lukendeckellose Containerschiff, der Doppelhüllentanker und die Brennstoffzelle. Zum Lieferspektrum gehören nicht nur klassische Handelsschiffe für Container, Massengut, Doppelhüllentanker für Öl, Chemikalien und Gas, sondern insbesondere Spezialschiffe wie Kreuzfahrer, Fähren, Forschungsschiffe, Fischereifahrzeuge, Offshoreschiffe und Kriegsschiffe. Reparatur und Umbau von Schiffen sind eine weitere Stärke deutscher Werften. Der Exportanteil des Schiffbaus liegt zwischen 60 und 80 %. Diese Leistungen müssen im Wettbewerb mit den deutlich billigeren ausländischen Anbietern erbracht werden. Hieraus ergeben sich Forderungen an die Politik nach gleichen Wettbewerbsbedingungen, d. h. Senkung der eigenen Arbeitskosten, befristete Neubauhilfen für bestimmte Schiffstypen und Bekämpfung von Dumpingangeboten der Konkurrenten z. B. in Ostasien.

Der deutsche Anteil am Weltschiffbau im Jahre 2003 von 3,7 % (zum Vergleich Korea 38,8 %) liegt weit unter den eigenen Möglichkeiten. Schiffbaupolitische Anstrengungen könnten sich durchaus lohnen, weil der Bedarf riesig ist. Es gibt weltweit ca. 46.000 Seeschiffe, von denen über die Hälfte älter als 20 Jahre sind und ersetzt werden müssen, teils weil sie ans Ende ihrer Lebensdauer kommen, teils weil die Einführung der Doppelhülle bei Tankern ab spätestens 2010 international vorgeschrieben ist. Neben diesem Ersatzbedarf geht der Trend zu größeren, schnelleren Schiffen, die zugleich noch umweltfreundlicher und sicherer sind. Der deutsche Schiffbau als Spitzentechnologie hat Chancen, sich am Weltmarkt zu behaupten, da es um immer kompliziertere hochwertige Systeme geht.

Meeresforschung

Deutschland gehört traditionell zu den führenden Nationen der Meeresforschung. Das Kieler »Leibniz-Institut für Meereswissenschaften IfM/GEOMAR« entstand 2004 aus der Zusammenlegung des Instituts für Meereskunde und des Instituts für Marine Geowissenschaften GEOMAR. Es beschäftigt knapp 400 Mitarbeiter und bearbeitet themenübergreifend und weltweit alle wissenschaftlichen Disziplinen des Meeres und seines Untergrundes. In dieser Kompaktheit zählt das Leibniz-Institut zu dem kleinen Kreis der weltweit führenden Institute. Die Zusammenarbeit mit Rußland, USA, Frankreich und Japan, aber auch mit vielen kleineren Staaten ist eng. Im Jahre 2004 kam es beispielsweise erstmalig zu einer großen russisch-deutschen Expedition im Ochotskischen Meer, das bisher der Forschung völlig verschlossen war.

Das Alfred-Wegener-Institut für Meeres- und Polarforschung in Bremerhaven ist auf die Erforschung der Polargebiete konzentriert. In Warnemünde arbeitet das Institut für Ostseeforschung, während die Einrichtungen der Hamburger Universität auf Meeres- und Klimaforschung spezialisiert sind. Küstenforschung gibt es in Wilhelmshaven, Oldenburg, Büsum und Geesthacht, wo der marine Umweltschutz und das Integrierte Küsten-Zonen Management (IKZM) in Forschung und Lehre gepflegt werden. Über die Zusammenarbeit mit der Weltraum- und Klimaforschung, der Geologie und der Ingenieurwissenschaften sind viele andere Forschungseinrichtungen in Deutschland mit der Meeresforschung verbunden. Fachhochschulen bearbeiten anwendungsorientierte Themen und stellen die Verbindung zur Praxis dar. Auch die Bundeswehr ist mit der Forschungsanstalt für Wasserschall und Geophysik (FWG) am Standort Kiel Teil der maritimen Forschungsszene und betreibt ein eigenes hochmodernes Forschungsschiff.

Insgesamt dürften rund 3.000 Menschen in der deutschen Meeresforschung arbeiten. Sie nehmen in hohem Maße teil an internationalen Programmen der UN, der EU und der Fachorganisationen, sind weltweit tätig und damit der Beweis dafür, daß die Erde ein lebendiger Wasserplanet ist, der von *einem* lebenserhaltenden System gesteuert wird. Die Meeresforschung verfügt über eine eigene Flotte von Forschungsschiffen für globalen und regionalen Einsatz. Ein neues Schiff für die Forschung im Eis ist im Bau. Die anspruchsvolle Forschungstechnik von Schiffen, Ausrüstungen, Labortechnik, Meßtechnik, Unterwassertechnik entwickelt sich zu einem lukrativen Markt, der für Mittelstand und Industrie interessant wird.

Große Themen der Grundlagenforschung, der angewandten Forschung und der Lehre sind u. a.

– Nachhaltige Fischerei (Bestandsschutz, schonende Fischerei, Aquakultur)
– Marine Biotechnologie (Algen, Wirkstoffe der Tiefsee, Pharmazeutik)
– Neue Rohstoffe aus dem Meere (Öl, Gas, Gashydrate, Metalle)
– Ozeane und Klima (Wechselwirkungen Ozean/ Atmosphäre, Anstieg des Meeresspiegels)
– Dynamik der Erdkruste (Plattentektonik, Tsunamis, Erdbeben, Vulkanismus)
– Erdsystemforschung von der Tiefsee bis zur Atmosphäre, vom Meeresuntergrund bis in den Weltraum.

Die Finanzierung der Meeresforschung teilen sich die für die Hochschulen zuständigen Länder, der Bund mit eigenen Mehrjahresprogrammen, die großen nationalen Forschungsgemeinschaften und die Europäische Union. Drittmittel und Aufträge aus der Wirtschaft kommen hinzu, sodaß die Meeresforschung sich durchaus mit anderen Bereichen der Großforschung wie Weltraum- und Luftfahrtforschung messen kann.

Meerestechnik – Neue Technologien

Als Meerestechnik bezeichnet man üblicherweise alles, was zur Erforschung, zur Nutzung und zum Schutz der Meere technisch erforderlich ist. Meerestechnik ist der Schlüssel zur umweltverträglichen Nutzung mariner Rohstoffe und Energien. Die *Offshore-Öl- und -Gasgewinnung* mit Plattformen und Pipelines ist ein weltweiter Industriesektor im jährlichen Umfang von 800 Mrd. Euro, an dem Deutschland nur minimalen Anteil hat, obwohl ein Drittel der Öl- und Gaseinfuhren aus Offshore-Quellen stammen. Der Markt für Zulieferungen in die Offshoreindustrie bietet große Wachstumschancen, da die Nachfrage nach Energierohstoffen im Zeichen der Ölpreissteigerungen wächst. Die Zukunft dieser Energien verlangt nach neuen leichteren Systemen der Unterwasserproduktions- und Transporttechnik und dringt in immer größere Wassertiefen vor.

Wichtig ist der Einstieg in umweltneutrale *erneuerbare Energien* aus Wind, Wellen, Strömungen und durch Wärmetauscher. Auch die Wasserstoffgewinnung auf See gehört in diese Linie. Offshore-Windparks sind mit massiver politischer Unterstützung in Deutschland derzeit im Umfang von über 30 Anträgen in Vorbereitung. Auch wenn viele Blütenträume an der rauhen Wirklichkeit auf See (oder an den Bau- und Betriebskosten) scheitern dürften, ist es richtig, die Entwicklung von erneuerbaren Energien aus dem Meer voranzutreiben. In jedem Falle wird man im Küstenvorfeld in geringer Wassertiefe mit Plattformen arbeiten und Erfahrungen sammeln müssen, die sich auch auf die Kombination von Wind-, Solar- und Wasserstoffgewinnung sowie auf Gezeitenkraftwerke erstrecken.

Zukunftsmusik bleibt vorläufig der *Tiefseebergbau* nach Manganknollen und anderen Metallen, da die Zeit noch nicht reif ist. Die Erforschung der Tiefsee und ihres geologischen Untergrundes ist jedoch in vollem Gange und nutzt Unterwassertechnik in Form von tieftauchenden U-Booten, unbemannten Unterwasserstationen, Robotern und Meßgeräten. Ein Erfolg dieser Arbeiten ist die Entdeckung der Methanlagerstätten an den Kontinentalrändern. Gashydrate aus gefrorenem Methan lagern in großen Mengen im Sediment der Festlandsockel und könnten gefördert werden, wenn die Umweltsicherheit gegeben wäre.

Biologische und chemische *Wirkstoffe* aus dem Meer stehen im Mittelpunkt der Entwicklung. Von 12.000 erkannten Meeressubstanzen sind erst wenige erforscht. Sie können als marine Biotechnologien neue Produkte für die Pharmazie (z. B. Penicillin-Ersatz, antitumorale Wirkstoffe, Enzyme), die Kosmetik (zur Hautpflege und gegen Neurodermitis), den Wellnessbereich, die Ernährung, die Futter- und Düngemittel usw. eröffnen. Algenprodukte und neue Medikamente sind bereits am Markt. Die Produkteinführung von Chitosan, gewonnen aus dem Panzer von Krabben und Krebstieren, steht bevor.

Die *Süßwassergewinnung* aus Seewasser, die nur mit preiswerter Energieversorgung wirtschaftlich arbeitet, ist bereits ein eingeführtes meerestechnisches Verfahren, das in Regionen knappen Trinkwassers unverzichtbar ist.

Die *Fischerei* ist weltweit in der Krise. Die Erschöpfung der Fischbestände, der andauernde Raubbau und die Mißachtung der wissenschaftlichen Empfehlungen zum Schutz der Fischbestände sind ein ebenso deprimierendes wie ungelöstes Problem. Deshalb sind Fischereiforschung und Fischereitechnik unverändert wichtig, u.a. um Fischbestände zu erhalten und nötigenfalls wieder aufzubauen. Neue Methoden des »selective fishing« erlauben gezielte Befischung der freien Bestände und vermeiden unerwünschten Beifang. Wegen der Erschöpfung der Fischbestände ist mit einem Umstieg in Hege und Pflege zu rechnen, die mit moderner Technik zu bewältigen ist. Die industrielle *Aquakultur*, d. h. die gezielte Fischzucht in Kreislaufanlagen mit Abwasserreinigung wie z. B. in Büsum und Kiel, steht an der Schwelle der Markteinführung und wird das »fish farming« mit stationären Netzen und Käfigen ergänzen. Steinbutt, Wolfsbarsch und Garnelen bieten derzeit das größte wirtschaftliche Potential.

Allen stationären und ambulanten Nutzungen im Meer ist gemeinsam, daß man Spezialschiffe, Plattformen, Energieversorgung, Geräte, Ausrüstungen und Serviceleistungen braucht. So erfordert z. B. allein der Bau einer Offshore-Windanlage hochspezialisierte Arbeiten für die Fundamente, für das ei-

gentliche Bauwerk über und unter Wasser und für die Installation der Windräder, der Generatoren und der Regeltechnik, die alle weitestgehend wartungsfrei sein müssen. Für den Transport sind spezielle Hafenumschlagsanlagen, Kräne und Pontons erforderlich, während der Dauerbetrieb, die Wartung, Überwachung und Reparatur Spezialfirmen

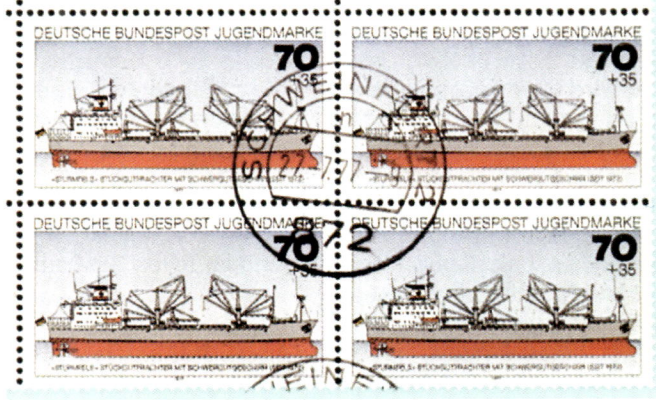

Moderner Schiffbau auf Sondermarken der Bundespost: Das Motorschiff Sturmfels *gehörte zu einer Serie von acht 1970/72 in Lübeck gebauten Frachtern, die alle mit jeweils zwei »Stülcken-Masten« mit einer Hebekraft von 75-t ausgerüstet waren*

(Witthöft: 125 Jahre Blohm + Voss, Koehlers Verlagsgesellschaft mbH)

Arbeit geben werden. Die meerestechnische Industrie in Deutschland, die sich überwiegend aus kleineren Firmen zusammensetzt, hat auf Teilgebieten der Meerestechnik gute Vorarbeiten geleistet und kann an der Entwicklung und dem Export in größerem Umfang partizipieren.

Eine Schwäche aller maritimen Branchen ist die Zersplitterung der unterschiedlichen Verbände und Fachorganisationen der Schiffahrt, der Häfen, der Nautik, der Meerestechnik, des Schiffbaus, der verschiedenen Berufsgruppen, der Gewerkschaften und der Forschung. Aber der Dialog und die Vernetzung des Wissens auch branchenübergreifend sind als Herausforderung erkannt und beschäftigen inzwischen Politik, Wirtschaft und Wissenschaft gleichermaßen, wie im letzten Abschnitt über Meerespolitik zu zeigen ist.

Meerespolitik

Das maritime Thema verdient, Gegenstand der Politik zu sein. Natürlich gehört zu einer Meerespolitik mehr als die Zusammenstellung von Daten und Forschungsthemen. Auch das Internationale Seerecht, der Meeresumweltschutz sowie die allgemeine Verankerung der maritimen Interessen im öffentlichen Bewußtsein, im kulturellen Leben und in der Politik gehören dazu. Ein erfreulicher Trend der letzten Jahre in Deutschland ist die Tatsache, daß die geschichts- und lagebedingte maritime Abstinenz der Vergangenheit langsam einer neuen maritimen Politik weicht[4].

Die *3. UN Seerechtskonferenz (1973–1982)* brachte einen maritimen Bewußtseinsschub in Deutschland. Diese bisher bedeutendste Konferenz der Vereinten Nationen endete 1982 mit der Unterzeichnung des *Internationalen Seerechtsübereinkommens (SRÜ)* der Vereinten Nationen, das erstmals in einem Rechtsinstrument alle Rechts- und Nutzungsverhältnisse für alle Seegebiete der Erde einheitlich kodifizierte und als »Verfassung der Meere« bezeichnet wird. Wichtige Regelungen sind die Begrenzung des Küstenmeeres auf 12 sm, die freien Verkehrsrechte der Meerengen, die 200 sm breiten Wirtschaftszonen und die Festlandsockelrechte, die Regelung des Tiefseebergbaus durch die Meeresbodenbehörde, die Rechte der Meeresforschung und des Umweltschutzes sowie der Internationale Seegerichtshof in Hamburg als oberstes Streitregelungsorgan. Im Jahre 1982 wurde das SRÜ unterzeichnet, aber es bedurfte noch zwölfjähriger Nachverhandlungen, um die planwirtschaftlichen und bürokratischen Elemente des Tiefseeregimes, den Technologiezwangstransfer und die Stimmrechtsdominanz der Entwicklungsländer zugunsten marktwirtschaftlicher Bedingungen zu liberalisieren. Mit diesen Änderungen trat das Übereinkommen 1994 völkerrechtlich in Kraft und entfaltet seitdem seine Wirkungen.

Die bundesdeutsche Seerechtsdelegation unter Leitung des Auswärtigen Amtes – und eine entsprechende Delegation der DDR – haben während der langjährigen Verhandlungen, an denen auch der Verfasser dieses Beitrages mitwirken durfte, deutsche Meeresinteressen und juristischen Sachverstand eingebracht. So gelang es in der Seerechtskonferenz, einzelne Funktionsposten mit eigenen Fachleuten zu besetzen sowie in den Arbeitsgruppen aktiv mit schriftlichen und mündlichen Beiträgen mit der Hilfe von wechselnden Interessenallianzen Einfluß auf die Inhalte zu nehmen. Überragende Verhandlungsziele wie Sicherung der Schiffahrtsfreiheiten, praktikable Forschungsrechte, marktwirtschaftliche Rahmenbedingungen des Tiefseebergbaus konnten mit deutscher Hilfe gegen den Trend zur Nationalisierung der Meereszonen durchgesetzt werden. Die Abstimmung am 21. August 1981 in New York über den Sitz des

Als erstes 1968 bei Blohm + Voss gebautes Containerschiff kommt die ELBE EXPRESS in Fahrt　　　(Witthöft: 125 Jahre Blohm + Voss, Koehlers Verlagsgesellschaft mbH)

Seegerichtshofes brachte im zweiten Wahlgang die Entscheidung für Hamburg[5] und damit einen großen Prestigeerfolg.

In Bundestag und Bundesrat, in den Ministerien von Bund und Ländern sowie in den Medien gab es spätestens ab Ende der Seerechtskonferenz 1982 lebhafte Auseinandersetzungen zur Abwägung der Vor- und Nachteile des neuen Seerechts vor einer deutschen Entscheidung über den Beitritt zum SRÜ. Damit drangen maritime Themen ins Bewußtsein der politischen Parteien, der Medien und der interessierten Öffentlichkeit. Man stritt über die »Plünderung der Meere«[6], die planwirtschaftliche Ausgestaltung der Meeresbodenbehörde, den Sinn und die Kosten des Seegerichtshofes und die Vorteile eines verbesserten Meeresschutzes. Man erkannte auch die Chancen, die sich für eine neu bestimmte Entwicklungshilfe in Meereswirtschaft, Ausbildung und Training ergeben können. Der damalige schleswig-holsteinische Wirtschaftsminister, Dr. Jürgen Westphal, forderte in der »ZEIT«[7] eine aktive deutsche Meereswirtschaftspolitik. Das Ergebnis aller Diskussionen war der einvernehmliche Beitritt des wiedervereinigten Deutschlands 1994 zum nachgebesserten SRÜ zeitgleich mit dessen internationalem Inkrafttreten.

Damit war der Weg frei für die Errichtung des *Internationalen Seegerichtshofs* an der Elbchaussee in Hamburg, der ersten UN-Einrichtung auf deutschem Boden, auf die die Bundesregierung und das Land Hamburg zu Recht stolz sind, denn diese Einrichtung wird mit bisher zwölf abgeschlossenen Streitfällen Recht und Ordnung auf den Meeren schützen. Außerdem hat der Seegerichtshof Zuständigkeiten und Aufgaben in der Auslegung und Interpretation des SRÜ und in der Pflege der Seerechtswissenschaft. Der neue Bundespräsident Köhler hat zu Beginn seiner Amtszeit den Seegerichtshof am 1. September 2004 besucht und gewürdigt.

Im Zusammenhang mit dem Inkrafttreten des neuen Seerechts wurden die deutschen Seegrenzen in Nordsee und Ostsee für das eigene Küstenmeer

Ein Propeller wird 1996 bei Blohm + Voss zum Einbau in ein Containerschiff vorgeheißt. Trotz seiner außergewöhnlichen Größe ist auch dieses Bauteil ein Produkt von höchster Präzision und dient der Umsetzung von Maschinenleistungen von mehr als 100.000 PS

(Witthöft: 125 Jahre Blohm + Voss, Koehlers Verlagsgesellschaft mbH)

*Hochqualifiziertes Personal ist die Seele des Schiffbaus.
Takler bei HDW schlagen eine überkopfliegende Achter-
schiffssektion der DOLE CHILE am Portalkran an*

(Slg. HDW)

und die Wirtschaftszone im Zusammenspiel mit den Nachbarstaaten endgültig fixiert, was besonders im Verhältnis zu Polen friedensstiftende Bedeutung hatte. Es gibt seitdem deutsche Gesetze und Verordnungen zur Regelung der (zukünftigen) Bergbaurechte in der Tiefsee, der Genehmigungsverfahren für die Meeresforschung und der Anlage von Offshore-Windparks. Wirtschaft und Forschung erhalten Rechtssicherheit auf See. Auch im Meeresumweltschutz entfaltet das SRÜ seine Wirkungen, indem eine Vielzahl von Vereinbarungen für Ostsee und Nordsee, für weltweite Regelungen und für die Sicherheit des Schiffsverkehrs in den dafür zuständigen Gremien abgeschlossen wurden.

Das SRÜ gilt heute für rund 150 Staaten und ist damit prägend für alle Meeresnutzungen. Die Phase der Umsetzung des Seerechtsübereinkommens hat viele Küstenstaaten der Welt veranlaßt, ihre eigenen Aquatorien zu erforschen, zu nutzen und zu schützen und in den internationalen maritimen Organisationen mitzuarbeiten. Hieraus ergeben sich wissenschaftliche und wirtschaftliche Kooperations-

möglichkeiten nicht zuletzt für Deutschland. Von der hydrographischen Vermessung, über die Lieferung von Offshore-Anlagen bis zum Küstenwachschiff gibt es neue wissenschaftliche und wirtschaftliche Chancen.

Neuerdings gibt es Stimmen für eine Weiterentwicklung des Seerechtsübereinkommens bzw. des internationalen Seerechts. Angesichts der Häufung von Schiffsunfällen fordert z. B. die EU-Kommission stärkere Kontroll- und Eingriffsrechte gegenüber fremdflaggigen Schiffen, die die Küstengewässer oder die 200-sm-Wirtschaftszonen der EU-Staaten durchfahren. Das hört sich auf den ersten Blick gut an, aber vor politischen Schnellschüssen ist zu warnen, denn das SRÜ bietet schon heute ausgewogene Rechte und Pflichten für alle Staaten mit weltweit einheitlicher Geltung, die erst ausgeschöpft werden müssen, ehe man nach Neuregelungen ruft. Eine Regionalisierung des Seerechts, d. h. regionale Sonderregeln, widerspricht dem SRÜ, schafft Präzedenzfälle für andere Staaten und würde im übrigen den Interessen der weltweiten deutschen Schiffahrt schaden. Trotzdem bleibt der EU genügend Spielraum, dafür zu sorgen, daß die 25 EU-Staaten durch Verordnungen und Richtlinien zur einheitlichen und schnellen Durchführung des Seerechts im Detail veranlaßt werden, z. B. bei technischen Vorschriften der Schiffssicherheit (Doppelhülle), der Hafenstaatkontrolle, beim Flaggenrecht, bei den Rechten der Küstenwache und bei der seemännischen Aus- und Fortbildung.

Die Europäische Union, die wie ihre Mitglieder ebenfalls dem SRÜ beitraten, »entdeckte« die 200 sm breite Wirtschaftszone und den Festlandsockel der Mitgliedstaaten ebenso wie die Rolle des maritimen Umweltschutzes und entwickelte einen eigenen Rechtsrahmen von Verordnungen und Richtlinien zur Harmonisierung der Seerechte der Mitgliedstaaten, der jetzt auf die erweiterte Gemeinschaft von 25 Staaten ausgedehnt wird. In Brüssel arbeitet seit 1992 das *Maritime Industrie Forum MIF* mit dem Ziel, die internationale Wettbewerbsfähigkeit der maritimen Wirtschaft und Forschung in Europa zu stärken und attraktive Rahmenbedingungen zu schaffen. Die EU rechnet mit insgesamt 2 Mio. Beschäftigten in den maritimen Industrien. Die Vollversammlung des MIF findet 2005 in Bremen statt, wo sich die inzwischen organisierten Europäischen Verbände für Schiffbau, Schiffahrt, Forschung und Energieversorgung mit der EU-Kommission, dem Europäischen Parlament und den Regierungen abstimmen. Die Kommission der EU hat 2004 sogar einen Kommissar als maritimen Beauftragten eingesetzt und ein »Grünbuch« zur maritimen Abhängigkeit der Gemeinschaft in Auftrag gegeben.

Die Gründung des MIF hatte u. a. zur Folge, daß verschiedene Mitgliedstaaten wie Großbritannien, Italien und insbesondere die Niederlande[8] mit nationalen Bestandsaufnahmen ihrer maritimen Interessen hervortraten und Frankreich (vorübergehend) ein Ministerium für Meeresfragen einrichtete. Auch in Deutschland setzte auf Drängen der maritimen Industrien[9], federführend damals u. a. der Bremer Vulkan Verbund, eine maritime Grundsatzdebatte im Bundestag ein, an der alle Parteien mit Anträgen und Anfragen teilnahmen. Arbeitsplätze, neue Technologien und Meeresumweltschutz und die bis dahin nicht sehr erfolgreichen Anläufe[10] zum Zusammenschluß der Interessen und zur Überwindung der *zersplitterten Zuständigkeiten auf Regierungsebene* kamen zur Sprache.

So ressortieren bis heute auf Bundesebene
– das Internationale Seerecht beim Auswärtigen Amt
– der Bergbau, die Öl- und Gasgewinnung und der Außenhandel beim Wirtschaftsminister
– die zivile Sicherheit und der Bundesgrenzschutz-See beim Innenminister
– viele der see- und schiffahrtsrechtlichen Konventionen beim Justizminister
– die Schiffahrt mit ihren Verkehrs- und Umweltfragen beim Verkehrsminister
– die regionalen Konventionen und die praktische Arbeit zum Meeresschutz beim Umweltminister
– die Fischerei und Aquakultur beim Verbraucher- und Ernährungsminister und
– die Marine und die Bündnisfragen beim Verteidigungsminister.

Auf der Ebene der Landesregierungen gibt es entsprechende Zuständigkeiten, wobei die Verantwortung für die Häfen, die Wasserschutzpolizeien, die regionale Wirtschaft und die Hochschulen nahezu ausschließlich bei den Ländern liegt.

Als Ergebnis schuf der Bundeskanzler am 5. Juli 2000 die Institution des »Koordinators der Maritimen Wirtschaft«. Koordinator in Person ist einer der Staatssekretäre beim Bundeswirtschaftsminister. Er wird von einer Lenkungsgruppe von Staatssekretären aus anderen Bundes- und Landesministerien und Spitzenvertretern aller maritimen Verbände und Einrichtungen, darunter auch der Marine, unterstützt. Arbeitsgruppen vertiefen Einzelfragen wie Forschungs- und Entwicklungsziele, Schiffbaufinanzierung, Steuerfragen der Schiffahrt und Senkung der Lohnnebenkosten. Der Koordinator soll die nationalen Anstrengungen bündeln, Konflikte ausräumen und das Profil stärken. Regelmäßige Nationale Maritime Konferenzen, beginnend 1999 in Emden und zuletzt 2003 in Lübeck und 2005 in

Die 1987 bei HDW fertiggestellte Norasia Al-Mansoorah *zählte zu den ersten Containerschiffen, die Neuerungen nach dem richtungweisenden Konzept »Schiff der Zukunft« aufwiesen* (Slg. HDW)

Bremen, brachten Regierungsentscheidungen zu Schiffahrtsgesetzen, die die Rückflaggung erleichtern sollen, sowie fortgesetzte Schiffbauhilfen und den Einstieg in neue Technologien. Projekte wie die erneute Elbvertiefung, eine bessere Verkehrsanbindung der Seehäfen sowie Attraktivitätssteigerung der seemännischen Berufe werden vorangetrieben. Die maritimen Interessen haben es damit geschafft, dem Vorbild der Luft- und Raumfahrt folgend, sich permanent auf der Tagesordnung der Bundesregierung zu etablieren.

Daneben gibt es regionale und lokale Initiativen. Seit über 20 Jahren wirkt in Wilhelmshaven die von Kapitän zur See Felmberg begründete Maritime Informationsgruppe MIG, die Marine, Schiffahrt und Hafenwirtschaft im Interesse der Regionalentwicklung aktiviert und mit mehreren »Deutschen Meeressymposien« und der »EXPO am Meer« im Jahre 2000 erfolgreich war. In Kiel hat sich das »Maritime Forum Kiel e.V.« aus 16 Unternehmen gegründet, das im Schulterschluß mit der Stadtverwaltung die »Maritime Stadt Kiel« mit sicheren Arbeitsplätzen zu einer maritimen Modellregion auf der Grundlage von Meeresforschung, Meerestechnik, Aquakultur, Werften und Zulieferern weiterentwickeln will. Lebensqualität des Wohnens und Arbeitens am Meer, des Tourismus, des Wassersports und der Aus- und Fortbildung in modernen Berufen gehört für diese Initiativen mit dazu, ebenso wie der unbestritten hohe Stellenwert der Marine.

Die Länder Schleswig-Holstein und Mecklenburg-Vorpommern sind nicht nur als ständige maritime Mahner und Ideengeber hervorgetreten, sondern haben im eigenen Interesse politische regionale Anläufe zur maritimen Politik und Wirtschaft unternommen. Mit einer 400-seitigen Studie »Zukunft Meer« vom April 2004[11] hat Schleswig-Holstein seine Leistungsfähigkeit mit dem Angebot verbunden, eine maritime Musterregion für Deutschland und die EU zu schaffen. Mecklenburg-Vorpommern hatte bereits ab 1999 eine »Maritime Allianz Ostseeregion« im Sinne eines maritimen Kompetenznetzes mit rund 126 Firmen, Instituten und maritimen Einrichtungen im Lande zusammengefaßt und Systemkompetenz und Technologieführerschaft dokumentiert.

Die als Kreuzfahrtschiff luxuriös ausgestattete DEUTSCH-LAND *wurde 1998 von HDW in Kiel ausgeliefert. Im Bild das »Traumschiff«* DEUTSCHLAND *auf der Jungfernfahrt in der Kieler Förde vor Laboe im Sommer 1998*

(Slg. HDW)

Wichtige praktische Beiträge zur maritimen Politik kommen aus der Deutschen Marine und ihrem Umfeld. So gibt das Flottenkommando die Jahresberichte »Fakten und Zahlen zur maritimen Abhängigkeit der Bundesrepublik Deutschland«[12], die einzige zusammenfassende maritime Datensammlung in Deutschland, heraus. Ebenso gibt es zur elektronischen Vernetzung der maritimen Branchen und ihrer gesellschaftlichen Bedeutung das Deutsche Maritime Kompetenz Netz (DMKN)[13], das gemeinsam von Unternehmen, dem DMI und der MOV/MOH betrieben wird.

Zusammenfassend überrascht die ungeheure Breite der zivilen Meeresinteressen, zu denen noch die an anderer Stelle in diesem Buch behandelten Sicherheits- und Marinethemen hinzukommen. Es dominieren konkrete wirtschaftliche Interessen. Untrennbar damit verbunden sind Wissenschaft, Kultur und Politik. Auch Entwicklungshilfe und internationale Zusammenarbeit bedürfen dieser industriellen Grundlage. Eine erfolgreiche Volkswirtschaft ist nur in einer Industrienation möglich, die innovative Produkte von der Grundlagenforschung über die angewandte Forschung bis zur industriellen Produktion entwickelt, produziert und weltweit verkauft[14]. Die maritimen Interessen sind ein wesentliches »Scharnier« für die internationale Einbindung Deutschlands in die Welt. Das Meer und seine Möglichkeiten sind unverzichtbarer Teil des Industriestandortes Deutschland und zugleich Kernbereich der Wirtschaft der fünf norddeutschen Küstenländer. Aber es geht auch um größere gesellschaftspolitische Zusammenhänge unserer gemeinsamen Verantwortung für neue Arbeitsplätze, Klima, Ressourcen und Umweltschutz.

Als Ergebnis weht nun ein wenig mehr Seewind durch die neue Hauptstadt Berlin, als es in Bonn möglich war. Schließlich liegt Berlin beinahe an der Ostsee[15], und die Ostseezusammenarbeit ist ein aktueller Schwerpunkt der deutschen Politik. Alle maritimen Themen stellen hohe Anforderungen an politische Weitsicht, an maritime Disziplin und Verantwortungsgefühl der handelnden Personen. Alle Themen verdienen breite Unterstützung bei der nachhaltigen Weiterentwicklung und bieten zugleich ein positives Image. Die Voraussetzungen dafür waren in Deutschland nie günstiger als jetzt.

[1] Golo Mann, Die Deutschen und das Meer. In: Wolfgang Graf Vitzthum (Hrsg.), Die Plünderung der Meere – Ein gemeinsames Erbe wird zerstückelt. Frankfurt a. M. 1981, S. 35 – 48; Uwe Jenisch, Deutschland und das Meer – Über »Seetiere« und »Landtiere«, MARINEFORUM 1987, S. 246–251

[2] Elisabeth Mann-Borgese, Mit den Meeren leben. Dreiviertel Verlag Hamburg, 1999, 320 S.

[3] Peter Ehlers, Elisabeth Mann Borgese, Rüdiger Wolfrum (Hrsg.), Marine Issues – From a Scientific, Political and Legal Perspective. Kluwer Law International, The Hague/London/New York, 2002, 334 S.

[4] Vgl. Uwe Jenisch, Zur deutschen Meerespolitik. HANSA 1999, Nr. 11, S. 12 – 14

[5] Angela Daven/Uwe Jenisch, Hamburg als Sitz des Internationalen Seegerichtshofs. Europa Archiv, Folge 13, 1982, S. 415–420

[6] Wolfgang Graf Vitzthum (Hrsg.), Die Plünderung der Meere – Ein gemeinsames Erbe wird zerstückelt. Fischer Taschenbuch, 1981, S. 328

[7] Die ZEIT Nr. 47 vom 18.11.1989

[8] Dutch Maritime Network, A Network of Excellence, June 1999

[9] Z. B. Initiative des Verbandes für Schiffbau und Meerestechnik VSM »Sea the Future« vom Mai 1995

[10] So gab es von 1986–1990 eine Meereswirtschaftskommission beim BMWi und später ein Deutsches Maritimes Industrie Forum unter Vorsitz des schleswig-holsteinischen Wirtschaftsministers

[11] Zukunft Meer. Studie für die Staatskanzlei des Landes Schleswig-Holstein, April 2004, 394 S. und Anhänge

[12] Jahresbericht 2004. Fakten und Zahlen zur maritimen Abhängigkeit der Bundesrepublik Deutschland. 17. Auflage, August 2004. Kann im Internet heruntergeladen werden unter www.deutschemarine.de (Schnellsuche: Fakten und Daten 2004)

[13] www.dmkn.de

[14] So die zutreffende Formulierung von Dirk Lindenau anläßlich der Präsentation des »Maritimen Forums Kiel« 2004

[15] So stellte schon Tucholsky zu Berlin treffend fest: »Vorne Ku'damm, hinten Ostsee«

Der maritime Verbund
– Sektoren, Akteure, Aufgaben –

Staat	Ministerien, Institutionen und Behörden, Lotswesen, Kontrolldienste, Schutz vor Terrorismus und Piraterie, Seeämter, Seegerichtshof, Seerecht, Steuerrecht, Umweltschutzbestimmungen, Umweltmonitoring
Verkehrswege	Hoheitsgewässer, Wasserstraßen, Kanäle, Verkehrslenkung, hoheitliche Dienste, Sicherheit, Umweltschutz
Wasserbau	Küstenschutz und Deichbau, Hafenbau, Wasserstraßenbau
Schiffahrt	See-, Küsten- und Binnenschiffahrt, Reedereien, Makler, Schiffsausrüster, Seefahrtsschulen, Simulatoren, Klassifikationsgesellschaften, Dienstleister
Häfen	Hafengesellschaften, Umschlagsfirmen, hafenaffines Gewerbe, Dienstleister, Hafenbehörden
Schiffbau	See- und Binnenschiffswerften, Zulieferbetriebe, Boots- und Yachtbau, Reparatur, Schiffbauforschung
Meeresforschung	Universitäten, Fachhochschulen, Fachinstitute, Datennetze, internationale Zusammenarbeit
Meerestechnik	Offshore-Technik, Unterwassertechnik, Forschungstechnik, Umweltschutz- und Umweltmeßtechnik, Plattformen und Pipelines, erneuerbare Energien, Windkraftanlagen auf See, marine Biotechnologien, Polartechnik
Fischerei	See- und Binnenfischerei, Verarbeitung und Handel, Gastronomie, Aquakultur und Fischzucht, Freizeitfischerei, Angeln, Fischereiforschung
Wassersport	Segel- und Motorboote, Surfen, andere Boote, Tauchen, maritime Großveranstaltungen (Kieler Woche, Hanse Sail Rostock, Bootsmessen)
Tourismus	Urlaub am Meer, Wellness, Thalassotherapie, Wassersport, Erlebnistourismus, Ausflugsschiffahrt, Kreuzfahrten
Dienstleistungen	Banken, Versicherungen, Journalismus, Gewerkschaften, NGOs
Marine	Schiffe, Stützpunkte, Schulen, Technik, Search and Rescue, Amtshilfe bei Gefahren, Katastrophen und Terrorbedrohung
Kultur	Museen, Science Center, maritime Kunst, maritime Kulturangebote, Großveranstaltungen, maritime Mode, Städtebau am Wasser

Segelausbildung bei der Marine fördert Teamgeist und schärft die Sinne für Seemannschaft und Navigation. Mit den 12 KR Yachten der Marineschule, hier die Ostwind, *wurde auch die Faszination See vermittelt*

(WGAZ-MSM)

Kernzahlen zur deutschen Meereswirtschaft 2003[1]

Bereich	Anzahl der Betriebe	Anzahl Beschäftigte	Umsatz in Mrd. €
Seeschiffahrt	390		10,0[3]
– Bordpersonal		13.500[2]	
– Landpersonal		18.500	
Binnenschiffahrt	1.200	7.700	1,26
Schiffbau	70	24.000	5,3
Schiffbauzulieferer	400	70.000	8,3
Bootsbau	550	12.000	1,8
Wassersport[4]			1,67
Hafenwirtschaft		200.000[5]	
Fischwirtschaft insg.			
– Fischfang	1.574	2.500	6,2
– Fischverarbeitung	95	11.000	
– Fischhandel	?	29.500	
Meeresforschung	11[6]	2.200	–
Behörden[7]	–	3.000[8]	–
Deutsche Marine	–	29.000[9]	–
gesamt		422.900	34,43

[1] Quellen: Kennzahlen zur maritimen Abhängigkeit der Bundesrepublik Deutschland – Jahresbericht 2004, Flottenkommando, Glücksburg; aktuelle Presse, eigene Schätzungen des Verfassers; teilweise keine Angaben verfügbar

[2] Davon 3.000 ausländische Seeleute

[3] Bruttoeinnahmen 2003

[4] vgl. Studie »Grundlagenuntersuchung Wassertourismus in Deutschland« im Auftrag des BMWA, Mai 2003

[5] grobe Schätzung der Gesamtzahl der hafenabhängig Beschäftigten (Hafenarbeiter sowie Mitarbeiter bei Umschlagsfirmen, hafenaffinem Gewerbe und Dienstleistern, Spediteuren usw.); Hamburg gibt die Zahl der hafenabhängigen Arbeitsplätze mit 140.000 an

[6] Anzahl der wissenschaftlichen oder technischen Institute

[7] Wasser- und Schiffahrtsverwaltung des Bundes und der Länder, Sicherheitsorgane, Wasserschutzpolizeien, Lotsen usw.

[8] grobe Schätzung; darunter allein BSH mit 882 Mitarbeitern; Anzahl der Lotsen: 832

[9] darunter 25.000 Soldaten und ca. 4.000 Zivilbedienstete

Die Bundeswehr im konzeptionellen Umbruch (1990–2003)

Dargestellt am Beispiel Marine

Hans-Joachim Mann

Wenn die Konzeptionen für Streitkräfte einem fortlaufenden Aktualisierungsprozeß unterzogen bleiben, bieten diese Konzeptionen einerseits eine unverzichtbare Orientierung nach innen, aber auch eine Transparenz nach außen. Für die Streitkräfte selbst bedeuten sie sowohl eine Standortbestimmung als auch eine verbindliche Kurs- und Zielvorgabe. Andererseits sind solche Konzeptionen für die politisch Verantwortlichen eine wesentliche Entscheidungshilfe und gleichzeitig ein Mittel der Kontrolle. Der Verzicht auf eine konzeptionelle Einbettung der Streitkräfte – und sei er nur temporärer Natur – lässt eine Situation entstehen, die der frühere Stuttgarter Oberbürgermeister Manfred Rommel wie folgt beschrieb: »Orientierungslos ist, wer das Ziel nicht kennt, wer den Weg nicht kennt und wer nicht weiß, wo er gerade steht. Die Franzosen nennen einen solchen Zustand ›déboussolé‹, was ›ohne Kompaß‹ bedeutet.« Damit wird dann aber ein Zustand beschrieben, der insbesondere für eine Marine inakzeptabel sein muß.

So ist es nicht verwunderlich, daß die Marine der Bundesrepublik Deutschland von 1962 bis Mitte der 80er Jahre des letzten Jahrhunderts durchgehend in der Lage war, sich an offiziell erlassenen »Konzeptionen der Marine« orientieren zu können, die überdies ein Höchstmaß an Kontinuität aufwiesen. Die geringe Gesamtzahl von lediglich vier und im Grunde nur drei Konzep-

Vizeadmiral Hans-Joachim Mann war von 1986 bis 1991 Inspekteur der Marine (Slg. DMI)

tionen (bei der Konzeption von 1975 handelte es sich lediglich um eine formale Überarbeitung der Konzeption von 1972), wie auch die augenfällige inhaltliche Übereinstimmung hatten natürlich ihre Ursachen: Sie waren durch die sicherheitspolitischen Rahmenbedingungen begründet, die sich in diesem Zeitraum allenfalls marginal verändert hatten. Andererseits hatten sich die strategischen Vorgaben nur einmal, nämlich beim Übergang von der NATO-Strategie der »massive retaliation« zur »flexible response«, fundamental geändert. Es gab somit in diesem Zeitraum auch nie eine Veranlassung, eine erlassene Konzeption sehr kurzfristig durch eine neue ersetzen zu müssen.

Umbruch

Das alles änderte sich aus den bekannten Gründen schlagartig in der zweiten Hälfte der 80er Jahre: So hätte im September 1986 wohl niemand geglaubt, daß die gerade fertiggestellte (und seitdem letzte) Konzeption der Marine schon sehr bald nach ihrer Inkraftsetzung zu »veralten« beginnen würde.

Jedoch, die Anzeichen für eine sich grundsätzlich verändernde sicherheitspolitische Lage mehrten sich bereits ab 1987/88 zusehends. Militärisch Verantwortliche sind in solchen Zeiten gut beraten, besonders intensiv dort hineinzuhorchen, wo »die Weichen gestellt« werden, also in den sogenannten politischen Raum. Wer sich in jenen Tagen und Monaten darum bemühte, konnte registrieren, daß dort, bereits zu einem sehr frühen Zeitpunkt, mögliche »entlastende« Auswirkungen des angelaufe-

Die Flaggen der Teilnehmerstaaten der Übung EUROPEAN CHALLENGE, einer Übung zur Bekämpfung von Terroristen, an der im April 2005 Partnerstaaten der NATO und andere europäische Nationen teilnahmen   (PIZ-Marine)

nen sicherheitspolitischen Prozesses auf den Verteidigungsetat diskutiert wurden. Das geschah somit, also lange bevor bei der Anmeldung von Rüstungsprojekten in den zuständigen Parlamentsausschüssen die Frage: »Ist das heutzutage noch notwendig?« zur Regelfrage und die nach wie vor auf Bedrohungen »aus dem Osten« verweisenden Analysen der Hardthöhe als »Zumutung« bezeichnet wurden.

Die Marine darf hier für sich in Anspruch nehmen, auch in dieser durch den Vereinigungsprozeß phasenweise noch etwas unübersichtlicher gewordenen Lage sowohl um Orientierung nach innen als auch um Transparenz nach außen bemüht geblieben zu sein. Dazu war es notwendig, zügig einen Ersatz für die unaufhaltsam obsoleter werdende »Konzeption der Marine« von 1986 zu erarbeiten. Der dafür gewählte Ersatz, die sogen. Zielvorstellungen der Marine (ZVM), bedeutete zwar keineswegs schon das Ende konzeptioneller Kontinuität, sie enthielten jedoch bereits Elemente, die den Beginn des konzeptionellen Umbruchs markierten, der bis heute noch keineswegs abgeschlossen ist.

Kontinuität war daher schon allein deswegen eine Notwendigkeit, weil zum Zeitpunkt des Erlasses der ZVM im Jahr 1991 die Landes- bezie-

hungsweise Bündnisverteidigung im herkömmlichen Sinne unverändert Hauptauftrag der Bundeswehr waren und es immerhin noch drei weiterer Jahre bedurfte, ehe höchstrichterliche Entscheidung sogenannte Out-of-Area-Einsätze der Bundeswehr für verfassungskonform erklärte. Bereits Ende 1988 herrschte, jedenfalls in der damaligen Marineführung, mehrheitlich die Auffassung vor, die man in drei Punkten artikulieren kann:

Die einseitige Ausrichtung der Bundeswehr auf einen möglichen Angriff des Warschauer Paktes geht dem Ende entgegen. Statt dessen würden künftig wie auch immer geartete Kriseneinsätze die wahrscheinlichere Aufgabe der Bundeswehr sein. Im Gefolge dieser Entwicklung sei dann mit erheblichen Kürzungen des Verteidigungsetats zu rechnen.

Dieses bis 1990/1991 anhaltende Spannungsverhältnis zwischen Noch-Status-quo einerseits und einer immer deutlicher zutage tretenden dynamischen Entwicklung andererseits, bereitete zwar keine Probleme bei der Außenvermittlung des organisatorischen Teiles des Gesamtkonzeptes »Marine 2005« (z. B. bei der Neuordnung der Schullandschaft). Es bedeutete andererseits jedoch eine erhebliche Herausforderung hinsichtlich der Begründung für den Ersatz der in dieser Konzeption noch vorgesehenen Flotte von knapp zweihundert Einheiten. Statt dessen sah die damalige Planung im wesentlichen vor, bis 2005 eine neue Flotte in Dienst zu stellen. Diese sollte aus knapp einhundert modernen, ausnahmslos hochseefähigen Einheiten bei parallel dazu vorgesehener Erneuerung der Marinefliegerkomponente (Hubschrauber; Seeraumüberwachungs- und U-Jagdflugzeuge) bestehen.

Die Marine entschloß sich hier schließlich zu folgender Argumentation: Da der Ermittlung des Streitkräftebedarfs damals ja noch keinesfalls eine außerhalb des NATO-Vertragsgebietes liegende Krisengeographie zugrunde liegen durfte, besann man sich bei der Suche nach einem »Muster«-Szenario sehr schnell auf die geographische und ozeanographische Vielfalt des bisherigen

Operationsgebietes, das sich von der östlichen Ostsee bis zur Norwegensee erstreckt. Man legte deshalb zur Ermittlung des Bedarfes sowohl die bisherige V-Fall-Annahme als auch eine in diesem Gebiet stattfindende größere Krisenoperation zugrunde. Zur Präzisierung der notwendigen Anzahl von Einheiten wurde ein primär an der Durchhaltefähigkeit orientierter Multiplikator eingeführt.

Zur Begründung der Hochseefähigkeit ausnahmslos aller künftigen Neubauten verwies die Marine auf die zunehmende Wahrscheinlichkeit von »Einsätzen an den Rändern des Bündnisgebietes«. Diese Maßnahme erhielt die Bezeichnung »Entregionalisierung«; sie bedeutete das Ende der bisherigen Ostseeoptimierung von Flotteneinheiten. Das Ergebnis dieser Ermittlung wies für die Planung der künftigen Flotte folgenden Weg: Neubauten mit deutlich erhöhter relativer Kampfkraft ließen zwar eine Stückzahlreduzierung gegenüber der bisherigen Flotte zu, jedoch ver-

Sechs Schiffe aus sechs Nationen im NATO-Verband der STANAVFORLANT (Standing Naval Force Atlantic) im April 1980 vor den Bermudas. Die zweite Einheit von unten ist der Zerstörer SCHLESWIG-HOLSTEIN *(Slg. Walle)*

langte speziell das neue Aufgabenfeld »Krise« ein unbedingtes Festhalten an den bisherigen Komponenten: Diese bestehen aus dem lageabhängig flexibel und selektiv einsetzbaren »Mix« sich wechselseitig ergänzender Schiffs- bzw. Bootstypen und Flugzeuge/Hubschrauber.

Mit Ausnahme der Jagdbomberkomponente wurde dieser 1990/1991 ermittelte Bedarf an Seekriegsmitteln im Jahre 2000 von der Weizsäcker-Kommission bestätigt. Bemerkenswerterweise ergänzte die Kommission in ihrem Abschlußbericht vom 23. Mai 2000 die Auflistung der Seekriegsmittel um folgende Empfehlung: »Die neuen Aufgaben, vor allem die Unterstützung anderer Teilstreitkräfte, und die Entwicklung bei den Verbündeten verlangen eine weiter reichende Neuorientierung als bisher beabsichtigt. Vordringlich erscheint, die Führungsfähigkeit zu verbessern und militärische Seetransportschiffe zu beschaffen, mit denen Streitkräfte auch unter Bedrohung ins Einsatzland gebracht, dort unterstützt und gegebenenfalls zurückverlegt werden können.«

Da das Gesamtkonzept »Marine 2005« vom damaligen Verteidigungsminister Gerhard Stoltenberg ausdrücklich gebilligt und von den zuständigen Parlamentsausschüssen nachhaltig unterstützt wurde, argumentierte, plante, beschaffte, dislozierte und reorganisierte sich die Marine bis zum Jahr 2003 im wesentlichen auf der Grundlage dieses Konzeptes. Allerdings konnten der Marine die bis zum Jahr 2008 für den Flottenneubau und für Beschaffungen im Marinefliegerbereich erforderlichen investiven Mittel von damals ca. 35 Mrd. DM nicht verbindlich zugesagt werden.

Im Folgenden ist daher auch der Frage nachzugehen, warum die ZVM nicht schon in den Jahren nach 1994, etwa im Sinne der Erweiterungsvorschläge der Weizsäcker-Kommission, von der Marine initiativ überarbeitet und aktualisiert wurden.

Stagnation

An dieser Stelle ist festzuhalten, daß der Zeitraum von 1992 bis 2003 zu einem Zeitraum der Stag-

Entladung eines »Sea King«-Hubschraubers der Marine aus einem Großraumtransporter vom Typ »Beluga« auf dem Flughafen von Djibouti während der seit Januar 2002 laufenden Operation ENDURING FREEDOM

(PIZ-Marine, Claret)

nation geworden ist. Obwohl eine höchstrichterliche Entscheidung im Jahre 1994 gefällt wurde und es zu einer ständig zunehmenden Zahl von Auslandseinsätzen der Bundeswehr bei sich gleichzeitig dramatisch verschlechternder Finanzsituation kam, die Reduzierungen des Bundeswehrumfanges ausschließlich zur Einsparung von Personalkosten vorgenommen wurden und obwohl eine ganze Reihe von Entwicklungen konzeptionelle Konsequenzen geradezu herausforderten, wurde hierauf nicht in entsprechender Weise reagiert. Die Kriseneinsätze der Bundeswehr, auf die der damalige Verteidigungsminister Volker Rühe Parlament und Gesellschaft mit Geschick und Erfolg vorbereitet hatte, basierten im wesentlichen auf politischen Einzelfallentscheidungen. Eine verbindliche, zukunftsweisende verteidigungspolitische Weichenstellung fehlte jedoch. Hingegen sah sich die Bundeswehr einer Situation ausgesetzt, in der die sich ständig weiter öffnende Schere zwischen Auftrag und Mitteln von einer nicht mehr abreißenden öffentlichen Diskussion über Umfangsstärken, Wehrpflicht und die Bedeutung von Landesverteidigung begleitet wurde.

Der damalige Verteidigungsminister Rudolf Scharping war ohne nennenswerten Erfolg bemüht, durch Umfangsreduzierung, durch Privatisierungen, schließlich sogar durch Eingriffe in Betriebsmittel längst verlorengegangene finanzielle Freiräume für Investitionen wiederzugewinnen. »Fehlende Planungssicherheit« wurde selbst innerhalb der Bundeswehr zu einer Dauerklage. Dabei wäre hierfür die Bezeichnung »Orientierungslosigkeit« zutreffender gewesen. Die Bundeswehr war mangels Konzeption und mangels Geld »déboussolé« geworden, was bekanntlich »ohne Kompaß« bedeutet.

Die Marine bemühte sich zunächst durchaus mit gewissem Erfolg, für ihren Beitrag zum Fähigkeitenkatalog der Bundeswehr den Vorteil zu nutzen, den ihr die parlamentarische Unterstützung des Neubauprogrammes »Flotte 2005« bot. Dessenungeachtet mußte sie sehr bald zur Kenntnis nehmen, daß der in diesem desaströsen Ausmaß noch 1991 für unmöglich gehaltene Einbruch der investiven Mittel mehr und mehr das in Frage stellte, was das Ziel »Flotte 2005« ausmachte. Dies galt vor allem für die Zieljahre 2005 bis 2008. Bald wurde der Marine, sowohl aufgrund der Erfahrungen aus multinationalen Kriseneinsätzen als auch durch die Mitverfolgung des konzeptionellen Geschehens bei ihren Bündnispartnern, immer klarer,

daß sie sich einem doppelten Dilemma gegenübersah: Es fehlte ihr nicht nur das Geld, um ihren gegenwärtigen Komponenten rechtzeitig die für eine sinnvolle Durchhaltefähigkeit notwendige Anzahl von Neubauten zuzuführen, sondern ihr fehlten damit auch die Mittel, die Bundeswehr mit den nun zusätzlich erforderlichen Fähigkeiten ausstatten zu können, wie mit der von der Weizsäcker-Kommission empfohlenen Fähigkeit zum strategischen Seetransport.

Da überdies für die militärische Führung in den Jahren 1994 bis 2003 weder in verteidigungspolitischer noch in konzeptioneller Hinsicht eine wirkliche Perspektive erkennbar war, ergab sich daraus die Konsequenz, daß auf der Ebene der Teilstreitkräfte entwickelte konzeptionelle Initiativen zwangsläufig ins Leere laufen mussten. Damit beantwortet sich die Frage nach einer unterbliebenen Überarbeitung oder Neufassung der konzeptionellen Zielvorstellungen der Marine sozusagen von selbst: Die Marine hatte in dieser Zeit nie eine wirkliche Chance, konzeptionell zu so neuen Ufern aufzubrechen, daß daraus von der politischen Leitung gebilligte planerische Konsequenzen hätten gezogen werden können.

Bestes Beispiel dafür sind die Ende der neunziger Jahre im Führungsstab der Marine unter der Bezeichnung »Marine 21« entworfenen konzeptionellen Vorstellungen zur künftigen Rolle dieser Teilstreitkraft im Rahmen des Aufgabenkatalogs der Bundeswehr. Dieses schlüssige und zukunftsweisende Konzept hätte zur ersten gelungenen Aktualisierung und Weiterführung der ZVM und gleichzeitig zu einem wertvollen Beitrag für eine neue Konzeption der Bundeswehr werden können; aus den o. a. Gründen endete seine Wirkung, bedauerlicherweise, an der Außentür des Führungsstabes der Marine.

Bundeswehr von morgen: Ende der Stagnation

Einen ersten konzeptionellen Befreiungsschlag erfuhr die Bundeswehr dann im Jahr 2003, als

Verteidigungsminister Peter Struck mit der Herausgabe seiner Verteidigungspolitischen Richtlinien (VPR) die immer mehr ausufernde öffentliche Debatte um die künftige Bedeutung von Landesverteidigung schlagartig beendete. Die VPR präzisierten Art und Geographie der Risiken und Bedrohungen, denen künftig gegebenenfalls auch mit militärischen Mitteln zu begegnen sein wird. Sie erklärten damit auch das über Jahrhunderte für Deutsche gebotene Verständnis der Landesverteidigung als Verteidigung an den Landesgrenzen aufgrund veränderter sicherheits- und verteidigungspolitischer Rahmenbedingungen für obsolet.

Landesverteidigung kann nunmehr überall auf der Welt notwendig werden; jedoch – so der Verteidigungsminister – sei selbstverständlich auch die Fähigkeit zur Verteidigung deutschen Terri-

Das Minenjagdboot ÜBERHERRN *der Klasse 333 geht während der Operation* SÜDFLANKE *bei einem Versorger längsseits*   (PIZ-Marine)

toriums weiterhin zu erhalten. Der Erlass der VPR beendete insofern den Zustand des »déboussolé«, als jetzt die Bundeswehr mit diesem Dokument

wenigstens eine Richtung für die (Wieder-) Aufnahme konzeptioneller Arbeit vorgegeben bekam. Erstaunlicherweise veröffentlichte die Hardthöhe nun zunächst keine neue Konzeption der Bundeswehr (KdB), d. h. eine auf der Grundlage der VPR entwickelte strategisch-operative Vorgehensweise, sondern trat zuerst mit einer neuen Bundeswehrstruktur an die Öffentlichkeit. Gleichzeitig wurden eine weitere Umfangsreduzierung sowie die beabsichtigte Schließung von einhundert Standorten bekanntgegeben und die Bundeswehr offiziell auf ein – künftig unverzichtbares – teilstreitkraftgemeinsames Denken und Handeln eingeschworen.

Die Marineführung, die bereits im Frühsommer 2003 mit der Vorbereitung der nach Erlaß der VPR zu leistenden konzeptionellen Arbeiten begonnen und nach Analyse des bisherigen Krisengeschehens ihrer Teilstreitkraft die Unverzichtbarkeit von »jointness« – in Stäben und »an der Front« – längst verdeutlicht hatte, sah sich somit schon kurz nach Erlaß der VPR in der Lage, der politischen Leitung ihren konzeptionellen und organisatorischen Beitrag im Sinne der neuen Weichenstellung vorzulegen.

Daraus erwächst der gegenwärtigen Marineführung die Aufgabe, diesen neuen konzeptionellen und organisatorischen Beitrag zu erklären und zu vertreten.

Vorschläge für ein zeitgemäßes strategisch-operatives Konzept

Im Abschnitt V. 2 der VPR beschreibt der Verteidigungsminister die künftigen Einsatzarten beziehungsweise die verschiedenen militärischen und nichtmilitärischen Aufgaben der Bundeswehr und resümiert unter Ziffer 58: »Die Grenzen zwischen den unterschiedlichen Einsatzarten sind fließend. Eine rasche Eskalation von Konflikten, wodurch ein friedenserhaltender Einsatz in eine Operation mit hoher Intensität übergeht, ist nie auszuschließen.«

Spätestens an dieser Stelle erteilen die VPR indirekt den Auftrag, in der Folge eine Entscheidung über die künftige strategisch-operative Ausrichtung und Aufstellung der Bundeswehr zu treffen. Einer solchen Entscheidung muß jedoch zwingend die präzise, unvoreingenommene und zukunftsweisende Beantwortung folgender Fragen vorausgehen: Welcher Art von Risiken, welcher Bedrohung wird künftig gegebenenfalls auch mit militärischen Mitteln zu begegnen sein?

U-Boot-Tender MAIN *der* ELBE-*Klasse 404 wird von einem »Sea-Lynx« Bordhubschrauber in der Eckernförder Bucht angeflogen* (PIZ-Marine)

Die Bundeswehr ist eine Bündnisarmee! Daher ist unbedingt vorher klarzustellen, welche Art eines militärischen Beitrages der Bundeswehr geeignet ist, sowohl das Bündnis als auch die Position Deutschlands im Bündnis am überzeugendsten und nachhaltigsten zu stärken?

Von welchen Grundsätzen lässt sich deutsche Politik beim Rückgriff auf militärische Mittel typischerweise leiten?

Nur die Beantwortung dieser Fragen liefert die wichtigsten Kriterien für die dann zu treffende stategisch-operative Entscheidung.

Die Kriterien: Bedrohung, Risiken

Die wohl treffendste Zusammenfassung der im Abschnitt III. a) der VPR im einzelnen aufgeführten Risiken ist in Ziffer 57. (Kapitel V.2) dieses Dokumentes nachzulesen: »Künftige Einsätze lassen sich wegen des umfassenden Ansatzes zeitgemäßer Sicherheits- und Verteidigungspolitik weder hinsichtlich ihrer Intensität noch geographisch eingrenzen. Der politische Zweck bestimmt Ziel, Ort, Dauer und Art des Einsatzes. Die Notwendigkeit für eine Teilnahme der Bundeswehr an multinationalen Operationen kann sich weltweit und mit geringem zeitlichem Vorlauf ergeben und das gesamte Einsatzspektrum bis hin zu Operationen mit hoher Intensität umfassen.«

Der Bundesminister der Verteidigung teilt damit die Risikoeinschätzung der Weizsäcker-Kommission und folgt nun gleichzeitig der von den westlichen Bündnispartnern ihrer Streitkräfteplanung schon vor längerer Zeit unterlegten Analyse aktueller Krisenpotentiale: Neben durchaus noch vorhandenen Risiken in Südosteuropa sind solche vor allem in Afrika, dem Nahen und Mittleren Osten, im asiatisch-pazifischen und kaukasischen Raum ausgemacht; es handelt sich dabei überwiegend um asymmetrische Drohpotentiale, die sich, wie die VPR unter Ziffer 18 ausführen, »jederzeit ... gegen jeden richten können«.

Konkret verweisen die VPR unter den Ziffern 19 und 20 auf einen religiös motivierten Extremismus und Fanatismus im Verbund mit der weltweiten Reichweite des internationalen Terrorismus sowie auf die Weiterentwicklung von Massenvernichtungswaffen in Verbindung mit weitreichenden Trägermitteln.

Für die Erarbeitung eines strategisch-operativen Ansatzes geben die VPR somit neben der geographischen Dimension und der Präzisierung der neuen Bedrohung eine besonders zu berücksichtigende Prognose vor: Es wird für eine militärische Reaktion u. U. sehr wenig Zeit zur Verfügung stehen; die Bundeswehr muß daher in die Lage versetzt werden, sozusagen »aus dem Stand« reagieren zu können. Und: Diese Prognose eines »geringen zeitlichen Vorlaufs« gilt im Hinblick auf das gesamte Einsatzspektrum, also auch für den »worst case« oder – wie die VPR dies ausdrücken – für »Operationen mit hoher Intensität«.

Bündnisbeitrag

Es sind vor allem zwei Entwicklungen, die den Fortbestand des Atlantischen Bündnisses – jedenfalls in seiner bisherigen Bedeutung als Sicherheitsgarant für alle Mitgliedstaaten – immer mehr in Frage stellen: Zum einen ist das eine Distanzierung der USA vom Bündnis, und zum anderen ist es in diesem Zusammenhang die in Europa und insbesondere in Deutschland zu einer Art Dauerzustand gewordene Unterfinanzierung der Streitkräfte. Diese technologische Lücke zwischen den USA und einem großen Teil ihrer europäischen Partner wird angesichts weiter steigender Investitionen der USA in Ausbau und Modernisierung ihrer Streitkräfte bei gleichzeitig anhaltendem Schrumpfungsprozeß der entsprechenden Etats in einigen europäischen Bündnisländern ständig größer. Damit bleibt die für einen erfolgversprechenden multinationalen Einsatz unverzichtbare Interoperabilität oder Kompatibilität immer mehr auf der Strecke.

Es kann daher niemand verwundern, wenn sich die USA in Krisensituationen, insbesondere solcher von »hoher Intensität«, in denen sie militärischer Unterstützung bedürfen, immer weniger an »das Bündnis«, dafür hingegen zunehmend an einzelne, nicht nur willige, sondern auch interoperable, kompatible Partner wenden.

Vor diesem Hintergrund erhält der Aspekt unterschiedlicher sicherheitspolitischer und strategischer Vorstellungen eine zusätzliche Brisanz:

Denn sollten die USA endgültig zu dem Schluß kommen, daß die Mitwirkung bestimmter europäischer Bündnispartner an militärischen Operationen »höchster Intensität« allenfalls noch als Solidaritätsbekundung ohne wirkliche militärische Unterstützung zu bewerten sei, dann dürfte sich ihre Distanz zum Bündnis immer weiter vergrößern.

Die USA haben ihre Einschätzung des Bündnisses gerade in jüngster Zeit durch zwei Alleingänge sehr deutlich gemacht. Sowohl ihre neue »National Security Strategy« als auch deren strategisch-operativer Kern, das Konzept »Seapower 21«, stellten das Bündnis vor vollendete Tatsachen. Das geschah zum einen in einem entscheidenden Punkt völkerrechtlicher Relevanz. Andererseits war dies auch ein Zeichen beabsichtigter militärischer Vorgehensweise gegen feindliche Staaten.

Letztendlich sanktioniert die »National Security Strategy« unter bestimmten Voraussetzungen eine Präventivintervention, und das Konzept »Seapower 21« manifestiert außerdem die Entscheidung der USA, militärische Operationen gegen des Terrorismus verdächtige oder des Terrorismus überführte Staaten künftig ausschließlich von See her zu führen.

Das bedeutet: Wer von der Führungsmacht des Bündnisses u. a. im weltweiten Kampf gegen den Terrorismus ernst genommen, wer Mitsprache (und damit wenigstens die Chance eines Einflusses auf amerikanische Sicherheits- und Außenpolitik) behalten bzw. wiedergewinnen und damit zu einer »Reanimierung« des Bündnisses beitragen will, dem hat die Supermacht mit diesen Alleingängen einen letztlich alternativlosen Weg aufgezeigt: Unabhängig davon, welche Position man in der Präventivfrage bezieht, unabhängig vom anhaltendem oder schwindenden Einfluß neokonservativer Politiker in den USA und unabhängig davon, ob Republikaner oder Demokraten den Präsidenten stellen, von der Supermacht wird letztlich als ein zu sicherheitspolitischer und/oder strategischer Mitsprache berechtigter Partner nur der Staat akzeptiert, dessen für Bündnisoperationen bereitgestellte militärische Mittel eine überzeugende Unterstützung und Ergänzung der US-Steitkräfte im »worst case«, also bei der in »Seapower 21« festgelegten Vorgehensweise, darstellen.

Zwar ist regelmäßig zu hören, man unterstütze die auf militärischem Gebiet ja ohnehin autarken USA auf so vielen anderen Feldern der Terrorismusbekämpfung (Nachrichtendienste, Interpol, Entwicklungshilfe, Seeraumüberwachung, Stabilisierung von Krisengebieten usw.), daß allein dadurch Einfluß und Mitsprache gesichert seien. Dieses Argument greift jedoch aus zwei Gründen zu kurz: Zum einen kann es wohl nicht amerikanisches Interesse sein, für den massivsten und opferreichsten Anti-Terroreinsatz, d. h. den Krieg gegen ein terroristisches Land, als einziger Staat wirklich gerüstet zu sein und sich damit auch als einzige Gesellschaft zur Hinnahme der damit verbundenen Opfer zu verpflichten. Oder sollte es tatsächlich Europäer geben, die glauben, sich nach der Devise »Americans to the front« auf Dauer aus der jeweils »heißesten« Affäre ziehen zu können?

Zum anderen geht es doch hier vor allem auch um die Frage nach dem originären europäischen Sicherheitsinteresse. Wie die VPR verdeutlichen, gibt es z. Zt. kein vorstellbares Krisenszenario, das Europa grundsätzlich nicht bedrohte. Tatsache ist vielmehr, daß jedes dieser Szenarien europäischen Streitkräften zu jeder Zeit die Aufgaben sowohl der Landes- als auch der Bündnisverteidigung abverlangen kann, entweder innerhalb der Bündnisländer, an Europas Grenzen oder weit entfernt gegen ein terroristisches Land.

Ein Bündnispartner, der versuchte, sich diesem allein durch finanzielle Vernachlässigung seiner Streitkräfte oder durch schleichende Schwerpunktverlagerung auf eine Stabilisierung »post bellum« zu entziehen, stellte nicht nur die NATO, sondern auch die EU als Solidargemeinschaft in Frage. Er erhöhte einerseits das Sicherheitsrisiko

für die anderen Europäer und verzichtete andererseits auf die Rolle des Mitspielers, indem er sich auf die internationale Zuschauertribüne zurückziehen würde.

Deutsche Politik

Mit Nachdruck ist hier auf eine spezifisch deutsche, parteienübergreifende Befindlichkeit im Zusammenhang mit militärischen Einsätzen der Bundeswehr hinzuweisen: Der frühere Außenminister Klaus Kinkel definierte diese einmal treffend als »einvernehmliche Kultur der Zurückhaltung«. Dieses geradezu leidenschaftliche Bemühen, alle, aber auch alle Präventiv- und Alternativmöglichkeiten auszuschöpfen, bevor die Entscheidung zur »ultima ratio« fallen kann, wurde längst zu einer – auch von den Partnern einkalkulierten – Konstante deutscher Sicherheitspolitik, deren Wurzeln selbstverständlich in der deutschen Geschichte zu suchen sind.

Die VPR beschreiben in Ziffer 36 folgerichtig deutsche Sicherheitspolitik als »umfassend angelegt« und als eine Vorgehensweise, die »politische, ökonomische, ökologische, gesellschaftliche und kulturelle Entwicklungen« berücksichtige.

Sicherheit, so die VPR weiter, könne weder vorrangig noch allein durch militärische Maßnahmen gewährleistet werden. Und erst der Feststellung, daß »präventive Sicherheitspolitik, politische und diplomatische Initiative sowie den Einsatz wirtschaftlicher, entwicklungspolitischer, rechtsstaatlicher, humanitärer und sozialer Maßnahmen« umfasse, folgt die Aussage, daß »Freiheit und Menschenrechte, Stabilität und Sicherheit notfalls auch mit militärischen Mitteln« durchzusetzen seien.

Die militärischen Einsätze der Bundeswehr in aller Regel fast beschwörend begleitenden Medienprognosen einer zu erwartenden deutschen Reaktion auf »zurücktransportierte Särge« sind ein weiterer Ausdruck dieser politischen und gleichzeitig gesellschaftlichen Grundeinstellung zur »ultima ratio«. Es muß daher auch von der Bundeswehr erwartet werden, daß sie ihren strategisch-operativen Ansatz in einer Weise konzipiert, die nicht nur multinationalen Einsatzerfordernissen, sondern auch den spezifischen Anforderungen deutscher Politik der Zurückhaltung entspricht.

Folgerungen: Bündnisbeitrag

Jedes in den VPR aufgeführte Risiko und somit auch jedes sich daraus unter Umständen sehr schnell entwickelnde Krisenszenario verlangt von jedem Bündnispartner die Bereitschaft und Fähigkeit zur sofortigen Fortsetzung von Politik unter Einsatz militärischer Mittel.

Um den massivsten, risiko- und verlustreichsten Einsatz handelt es sich dann, wenn der politische Auftrag lautet, terroristische Aktivitäten eines oder mehrerer Staaten mit militärischen Mitteln zu unterbinden.

Dies bedeutet im Umkehrschluß, daß nur derjenige Staat zu solchem Einsatz einen überzeugenden Beitrag zu leisten in der Lage ist, der sich selbst in jeder Situation verläßlich schützen und ein effizienter Partner bei allen denkbaren Einsatzarten sein kann. Nur auf dieser Höhe liegt daher auch die Meßlatte für eine objektive Bewertung des europäischen Beitrages zum weltweiten Kampf gegen den Terrorismus.

Bereits bei der Untersuchung der Kriterien wurde auf das strategisch-operative Konzept der USA, »Seapower 21«, hingewiesen. Und das ist Tatsache: Bündnispolitische Erwägungen sowie das gemeinsame Interesse an einem militärischen Erfolg von Krisenoperationen »hoher Intensität« lassen nun einmal nichts anderes zu, als dieses Konzept zur Vorlage eigener strategisch-operativer Planungen zu machen. Denn die Antwort auf die Frage nach der Verbindlichkeit dieses Konzeptes für die europäischen Partner ergibt sich aus der Gegenfrage: Welchen Sinn, welche Folgen hätte ein von den USA grundsätzlich abweichender Ansatz? Jede Abweichung stieße operativ quasi ins Leere, gefährdete das Bündnis ebenso wie den militärischen Erfolg und erhöhte das Sicherheitsrisiko für Europa. Ergo: Kriege der Allianz

Junge Somalis beobachten die Fregatte MECKLENBURG-VORPOMMERN *während des Einsatzes am Horn von Afrika im Hafen von Djibouti* (PIZ-Marine)

gegen terroristische Staaten werden von See her geführt werden. Und dafür gibt es, abgesehen von der US-»Vorgabe«, auch noch zwei ganz entscheidende Gründe:

Inzwischen leben 70 % der Weltbevölkerung in Küstennähe, davon 80 % in einer Entfernung von weniger als 100 km von der See. Gleichzeitig wird mit Sorge eine zunehmende Urbanisierung und Metropolisierung vorzugsweise an Küsten beobachtet. Diese Metropolen haben sich, bekanntermaßen, in besonderer Weise als Keimzellen fundamentalistischen und terroristischen Gedankengutes »einen Namen gemacht«.

Nach Einschätzung des Bündnisses wird in Zukunft immer seltener die Möglichkeit bestehen, bei militärischem Vorgehen gegen ein Land dessen Anrainerstaaten für eigene Zwecke zu nutzen. Handelt es sich bei dem in Schranken zu weisenden Krisenverursacher um einen Nicht-Küstenstaat, bleibt bei einem Ansatz von See her jedenfalls noch der Versuch, den Gegner ohne massiven Einsatz von Bodentruppen, also allenfalls mit Luftlandeoperationen in Verbindung mit massiven Schlägen aus der Luft (seegestützte Marschflugkörper, Trägerflugzeuge etc.) zum Einlenken zu bringen. Andernfalls wird es in dieser Lage möglicherweise zu der politisch brisanten Entscheidung kommen müssen, eine Nutzung des Anrainerterritoriums zu erzwingen.

In allen anderen Situationen aber gibt es grundsätzlich keine sinnvolle Alternative zu dem mit »Seapower 21« eingeschlagenen Weg. Bei dem Ansatz von der See her spielt in jedem Fall die geographische Lage, d.h. die Entfernung des gegnerischen Staates zum Aufmarsch- und zum Einsatzgebiet See, vor allem für den Einsatz von Bodentruppen und für die logistische Unterstützung der Kampfverbände, eine besondere Rolle. Für die Luftwaffe(n), die – anders als trägergestützte Seeluftstreitkräfte – auf Flugplätze angewiesen bleiben, ist die Entfernung zum Einsatzgebiet einer der entscheidendsten Planungsfaktoren.

Folgende Situationen sind bei einem Einsatz aus der Tiefe der See zu unterscheiden und zu berücksichtigen: Der gegnerische Staat ist Küstenstaat und/oder ein daran angrenzender Staat ist Küstenstaat, und kann vom Bündnis militärisch genutzt werden. Der gegnerische Staat ist kein Küstenstaat; der für eigene Nutzung verfügbare Anrainerstaat ist ebenfalls kein Küstenstaat, jedoch für das Bündnis auf dem Land- und/oder Luftweg erreichbar. Schließlich die bereits oben geschilderte Situation: Der gegnerische Staat ist kein Küstenstaat, und es steht auch kein Anrainerstaat für die Nutzung durch das Bündnis zur Verfügung.

Weil es bereits auch an der amerikanisch-britischen Vorgehensweise im Irak-Krieg abgreifbar war, lassen sich für den militärischen Planer aus

Ausgucks bei der Seeraumüberwachung am Horn von Afrika   *(PIZ-Marine)*

dem Konzept »Seapower 21« relativ einfach die wesentlichen Aufgaben und die Fähigkeiten ermitteln, die seinen drei Teilstreitkräften bei einem gemeinsamen Einsatz aus der Tiefe der See abverlangt werden. Dabei wird offenkundig, welche Bedeutung den See-/Seeluftstreitkräften speziell in der (auch für deutsche Politik so wichtigen) Anfangsphase zukommt: Im Zeitraum vom 31. Dezember 2002 bis 1. Mai 2003 standen insgesamt sechs Flugzeugträger, zwölf Unterwasserschiffe und mehr als zweihundert Kampf-/amphibische-/Transport-/Versorgungs- und sonstige Unterstützungsschiffe zur Verfügung. Über See transportiert wurden allein in den ersten 32 Tagen: 232.342 Bodentruppen, 35.000 Fahrzeuge, 1.807.000 t Nachschub- und Versorgungsgüter, 130.000 Gallonen Kraftstoff und 1.000 t Munition.

Rund 1.800 Flugzeuge flogen mehr als 38.000 unterschiedlichste Einsätze, 13.900 davon waren Einsätze der Seeluftstreitkräfte. Es wurden insgesamt 955 Cruise Missiles verschossen, davon 84 % durch Über- und Unterwasserschiffe, 16 % durch die Luftwaffen.

Aus diesem (fast) als standardisiert zu bezeichnenden Ablauf lassen sich nun sehr einfach die grundsätzlichen Aufgaben der im Verbund operierenden Teilstreitkräfte ableiten. Diese sind übrigens dann, wenn der Gegner als Küstenstaat oder ein Anrainerstaat verfüg- und erreichbar ist, nahezu identisch:

– See- und Lufttransport von Bodentruppen und deren Ausrüstung; Verlegung von Luftwaffeneinheiten in die Nähe der Krisenregion
– Nachrichtengewinnung und Aufklärung
– Transport von Jagdbombern und sonstigen Flugzeugen/Hubschraubern auf Flugzeug- und Hubschrauberträgern
– Sicherung der Erst- und aller Folgetransporte (Nachschub, Verstärkung)
– Herstellen der Seekontrolle über das Küstenvorfeld und Verhinderung seeseitiger Unterstützung des Gegners
– »Last-minute«-Rettungsmaßnahmen für Zivilpersonen

– Erste Einsätze von Kampfflugzeugen und erster Beschuß mit Cruise Missiles und Schiffsartillerie
– Massierung dieser Einsätze (auch zur Bekräftigung politischer Entschlossenheit)
– Dann bei endgültigem Scheitern politischer Lösungsversuche: Ausschiffung/Einsatz von Bodentruppen, unterstützt aus der Luft und von See
– Koordination/Führung des »joint«-Einsatzes und Mitwirkung an multinationaler Einsatzführung
– Durchführung von Rettungs-/Bergungsmaßnahmen für die eigenen Streitkräfte.

Ist jedoch weder der Gegnerstaat noch der für eigene Nutzung verfügbare Anrainerstaat ein Küstenstaat, so unterschieden sich die Aufgaben nur dadurch, daß die Ausschiffung von Bodentruppen und sonstige Anlandungen in einem dem Transitland nächstgelegenen Hafen bzw. einem geeigneten Küstenstreifen zu erfolgen hätten und der Marsch ins Einsatzgebiet abzusichern wäre.

Deutsche Politik

Wie die deutschen Streitkräfte nicht nur in eine moderne Bündnisarmee, sondern gleichzeitig auch in ein besonders geeignetes Mittel der genannten deutschen Politik transformiert werden können, läßt sich am sichersten durch Ermittlung des »Bedarfs« der deutschen Politik im Zusammenhang mit militärischen Einsätzen klären.

Daraus ergibt sich nun die folgende Frage: Welche Art militärischer Drohkulisse zu Beginn einer »heißen« Krisenoperation ist somit nun tatsächlich am besten geeignet, deutschen Politikern die gewünschte Möglichkeit zur Prävention buchstäblich bis zum letzten Augenblick zu bieten? Und es erhebt sich jetzt die weitere Frage: Welche Art von Eskalation des militärischen Vorgehens erhält einer deutschen Politik darüber hinaus noch möglichst lange die Chance, vor der »allerletzten Ratio, der ›ultima ratio‹«, d. h. vor dem Eingreifen von Bodentruppen in die laufende

Operation, eine Beendigung des Konfliktes zu erreichen?

Dies legt nun folgende Antworten nahe: Deutschen Politikern muß dafür eine militärische Drohkulisse zur Verfügung stehen, die dem Gegner zum einen zweifelsfrei klarmacht, daß ein Angriff auf sein Territorium unmittelbar bevorsteht, die ihm jedoch andererseits die Chance beläßt, noch ohne fremde Truppen, noch ohne Gefechtshandlungen auf seinem Territorium und noch ohne dadurch ausgelöste Panikreaktionen seiner Bevölkerung die Krise durch Einlenken auf dem Verhandlungsweg zu beenden.

Deutsche Politiker müssen außerdem die Möglichkeit haben, durch Befehle zum selektiven, in der Intensität schrittweise steigerbaren Waffeneinsatz zunächst von außerhalb des gegnerischen Territoriums, sodann aus dem gegnerischen Luftraum den Druck auf den Gegner immer mehr zu steigern, um sich hierdurch einer allerletzten Möglichkeit zu versichern, den für beide Seiten opferreichen Bodenkrieg durch Nachgeben des Gegners zu vermeiden.

Es bedarf gewiß keines langen Nachdenkens, um zu dem Schluß zu kommen, daß es auch hier nur eine einzige strategisch-operative Vorgehensweise gibt, die solchen Anforderungen in vollem Umfange und in jeder der oben genannten geographischen Situationen entspricht: Dies ist der Aufmarsch bzw. Angriff von der See, welcher im übrigen aufgrund seiner inhärenten Mobilität dann auch noch als Ganzes hochflexibel zu gestalten ist.

Seemacht

Diesen im vorliegendem Beitrag nunmehr dargelegten Gründen für die dringende Empfehlung, die Bundeswehr für den »worst case«-Fall gezielt mit der Fähigkeit zu TSK-gemeinsamem und multinationalem An- und Einsatz aus der See auszustatten, wird vermutlich eine »Folgerung« ganz eigener Art entgegengehalten werden, wie sie in ähnlichem Zusammenhang immer wieder gehört wird. Nach wie vor ist allenthalben zu hören oder zu lesen, Deutschland sei schließlich Land- und nicht Seemacht, weshalb Bündnisverpflichtungen maritimer Natur vorrangig eine Angelegenheit der »Seemächte« seien.

Abgesehen von der Tatsache, daß die Bundeswehr mit einem – wie auch immer gearteten – kontinentalen Sonderweg aus den eingangs erwähnten Gründen von vornherein auf eine sinnvolle Mitwirkung an Bündnisoperationen »hoher Intensität« ebenso wie auf die Rolle der Bundeswehr als geeignetes Mittel zur Fortsetzung deutscher Politik verzichten würde, handelt es sich bei der »Seemacht/Landmacht«-Argumentation um ein geradezu klassisches Relikt aus der Vergangenheit. Anders ausgedrückt: Bliebe diese These weiterhin eine Art Meinungskonstante, würden sogar strategisch-operative Folgerungen für die Bundeswehr von morgen auf dieser Grundlage entwickelt. Das wäre dann vergleichbar rückwärtsgewandt wie etwa eine »Neu«-Ausrichtung der Bundeswehr auf Vorneverteidigung.

Schließlich erfuhr gerade die Bezeichnung »Seemacht« (soweit dieser Begriff heute überhaupt noch zutreffende Bezeichnung irgendeines Staates ist) – von manchen unbemerkt, von manchen gezielt nicht zur Kenntnis genommen – einen geradezu radikalen Bedeutungswandel:

Bis in den Zweiten Weltkrieg hinein mag diese Bezeichnung in ihrer früheren Bedeutung den einen oder anderen Staat mit einer gewissen Berechtigung beschrieben haben; schließlich existierten zu dieser Zeit noch klassische »Kolonialländer« mit ganz bestimmten überseeischen Verpflichtungen. Diese weitreichenden Verpflichtungen und entsprechende nationale Interessen verlangten große, starke Flotten, die in der Lage waren, über Jahre und große Räume hinweg Seeherrschaft als wirksames Mittel ihrer Außen-, Außenwirtschafts- und Sicherheitspolitik auszuüben und einzusetzen. Dies alles gehört jedoch nun unabweisbar und endgültig der Vergangenheit an, und auch das gelegentliche militärische Engagement französischer Legionäre auf dem afrikanischen Kontinent holt diese Zeiten nicht mehr zurück.

Die selbst den USA bei gleichzeitig und an verschiedenen Orten stattfindenden Krisen nicht mehr mögliche Ausübung von Seeherrschaft war durch die Fähigkeit zu ersetzen, einem Gegner und seinen Verbündeten über einen bestimmten Zeitraum hinweg die militärische und/oder wirtschaftliche Nutzung eines bestimmten Seegebietes unmöglich zu machen. Dies bezeichnet man, richtigerweise, als Fähigkeit zur Ausübung von Seekontrolle; sie allein ist heute noch nötig und möglich.

Die Unternehmer moderner, export- und importabhängiger, rohstoffarmer Industrieländer, wie beispielsweise Deutschland, wurden längst und völlig unabhängig davon, ob ihr Land früher als Land- oder als Seemacht bezeichnet wurde, zu »global players«. Sie haben und vertreten weltweite wirtschaftliche Interessen, und sicherer See-

Zwei Fregatten laufen zum Einsatzgruppenversorger BERLIN *der Klasse 702 zur Brennstoffübernahme in See. Die beiden EGV* BERLIN *und* FRANKFURT AM MAIN *versorgen die deutschen und alliierten Kampfgruppen am Horn von Afrika* (PIZ-Marine, Dörendahl)

transport ist für sie und damit auch für die Wettbewerbsfähigkeit und Wirtschaftskraft ihrer Länder »conditio sine qua non«.

Die zeitliche und örtliche Unberechenbarkeit asymmetrischer Bedrohungen, die Konzentrati-

on der Weltbevölkerung und ihrer Metropolen in Küstennähe, die Zunahme moderner Piraterie und nicht zuletzt die immer stärkere Abhängigkeit global operierender Wirtschaft von ungehinderter, weltweiter Nutzung der See und ihrer Ressourcen machten somit nicht nur klassische Seeherrschaft als Mittel der Politik obsolet. Sie verlangten außerdem – wenn es dieses nicht schon gäbe – ein Bündnis von Staaten gleicher Interessen, gleicher Werteordnung und aufeinander abgestimmter militärischer Fähigkeiten. Dabei ist dann auch eindeutig darauf hinzuweisen, daß auch Terroristen »global players« sind.

Wenn daher der Begriff »Seemacht« heute überhaupt noch die sinnvolle Bezeichnung eines Staates sein sollte, wäre er allenfalls auf die Mitglieder dieses Bündnisses anwendbar. Was den überkommenen Begriff »Landmacht« anbelangt, dürfte er für Deutschland, abgesehen von dessen bereits erwähnten globalen maritimen Interessen, spätestens seit der Entscheidung für »Landesverteidigung auch am Hindukusch« wohl ohnehin passé sein.

Denn schon zu längst vergangenen Kolonialzeiten pflegte man Streitkräfte, beauftragt mit dem Schutz nationaler Interessen in der ganzen Welt, als Expeditionsarmeen und die sie entsendenden Staaten wohl kaum als »Landmächte«, sondern als sogenannte »Mutterländer« zu bezeichnen.

Aufgabenteilung?

Eine andere »Folgerung«, die überwiegend von deutschen Politikern als Lösung (vor allem zukünftiger finanzieller Probleme) in die Debatte eingebracht wird, ist die sogenannte Aufgabenteilung, d. h. der Vorschlag, die Aufgaben der Teilstreitkräfte Heer, Luftwaffe und Marine zwischen den Bündnispartnern aufzuteilen. Von jenen, die sich, ungeachtet aller Entwicklungen und Veränderungen, außerstande sehen, ihre feste Umarmung von »Landmacht« (wenigstens) zu lockern, wird dabei mit Vorliebe empfohlen, die Aufgabe der Landstreitkräfte unter mehr oder weniger weitgehendem Verzicht auf Seestreitkräfte der Bundesrepublik Deutschland zu übertragen.

Eine solche »Lösung« wäre nun allerdings in mehrfacher Hinsicht fatal: Zum einen handelt es sich beim Einsatz von Bodentruppen, um die »allerletzte Ratio, die ›ultima ratio‹«, d. h. ein solcher Einsatz findet nur, oder erst statt, wenn auch die allerletzten politischen Bemühungen um Entspannung ohne Erfolg geblieben sind.

Welche Chance hätte die deutsche Politik bei einer solchen Aufgabenteilung denn noch, ihren militärischen Beitrag so dosiert und so flexibel zu gestalten, wie es ihre um Auslotung auch noch der letzten Deeskalationschance bemühte Vorgehensweise verlangte?

Welche Möglichkeiten zur Mitsprache und Mitwirkung blieben ihr dann noch bei der Planung des Aufmarsches, beim Aufbau der Drohkulisse durch die Bündnisstreitkräfte? Wie könnte sie überhaupt noch in einer möglicherweise längeren Phase seeseitiger Vorbereitungen (siehe Irak-Krieg) für Partner und Gegner sichtbar Mitwirkung signalisieren und Mitsprache einfordern? Nein, ein weitgehender Verzicht auf die für dieses »Signal« von allen Partnern vorzugsweise genutzten Seestreitkräfte bedeutete unvermeidbar den Zwang zu einer, vor allem aus deutscher Sicht, unerwünscht frühen Entscheidung entweder für das »Alles« (Einschiffung von Heeressoldaten auf Transportschiffen der Partner und/oder, falls möglich, Verlegung von Luftfahrzeugen in die Nähe des Krisengebietes) oder für das »Nichts«.

Außerdem: Im Vergleich mit den heutzutage fast ausschließlich Abstandswaffen einsetzenden See-, Seeluft- und Luftstreitkräften ist der Einsatz von Bodentruppen bei weitem der risiko- und verlustreichste. Sollte den »Landmacht«-Anhängern« wirklich nicht klar sein, was es in der Realität eines bevorstehenden langen Krieges gegen den Terrorismus bedeutete, bestimmten Bündnispartnern auf Dauer den Löwenanteil an dieser gefährlichsten Aufgabe zuzumuten? Wie lange, glauben sie, würden die Bevölkerungen der dafür »ausgewählten« Länder solches akzeptieren?

Und schließlich: Was würde geschehen, wenn bei solcher Aufgabenteilung dieses oder jenes Land seine militärische Mitwirkung verweigerte? Sollte es daher eines Tages tatsächlich eine andere als die bisher im Bündnis praktizierte Lösung geben, dann wäre die Aufteilung von Teilstreitkraftaufgaben auf verschiedene Nationen die mit Abstand unverantwortlichste. Die gleichzeitige Nutzung bestimmter Waffensysteme von mehreren Nationen wäre gewiß nachdenkenswert. Die zur Zeit wohl eher utopische Schaffung einer EU-Marine, einer EU-Luftwaffe und eines EU-Heeres mit genau festgelegten Anteilen aller Nationen an allen drei Teilstreitkräften wäre hier nur eine theoretisch vorstellbare Lösung. Hier steckt der Teufel im Detail.

Strukturelle Konsequenzen

Als weiterer Befreiungsschlag, in diesem Fall organisatorischer Art, sind die Dreiteilung der Bun-

Verwundetentransport zur Übung! Auf dem Landedeck eines Tenders wird ein Patient zur Überführung in ein Lazarett an Bord eines »Sea-King«-Hubschraubers gebracht (PIZ-Marine)

deswehr in Eingreif-, Stabilisierungs- und Unterstützungskräfte und die damit verbundene Festlegung auf »jointness« zu werten. Das alles sind zweifellos zielorientierte und zukunftsweisende Konsequenzen aus den veränderten Rahmenbedingungen, wie sie in den VPR definiert und damit der Bundeswehr als verbindliche Orientierung vorgegeben wurden.

Hier erhebt sich nun allerdings die Frage, ob angesichts einer in nahezu jeder Hinsicht völlig neuen Situation nicht notwendigerweise auch ein bisher offenbar ungeprüfter Strukturbereich, nämlich der Teilstreitkräfteproporz, auf den Prüfstand zu stellen sei.

Für eine solche Prüfung dürfte ein kurzer Blick zurück hilfreich sein. Über Jahrhunderte hinweg bis zum Ende des Kalten Krieges bestand in verteidigungspolitischer Hinsicht die Hauptgefahr für Deutschland in einer möglichen Okkupation seines Territoriums durch »fremde Heere«. In klarer Folgerung daraus hatten deshalb die Landstreitkräfte auch die Hauptlast der Verteidigung zu tragen; diese Tatsache fand konsequenterweise ihren Niederschlag sowohl in Strategien und Aufgabenkatalogen als auch in den personellen Umfängen der Teilstreitkräfte und selbstverständlich ebenso bei der Besetzung integrierter Stäbe und der Aufteilung von Haushaltsmitteln.

Entsprechend waren Auftrag und Mittel der Marine während des Kalten Krieges primär an der Unterstützung eines Krieges an Land bzw. der Vorneverteidigung an der Zentralfront orientiert.

Diese Konzeption bestimmte bereits das EVG-Vertragswerk im Jahr 1952, worin die Aufgaben der Marine strikt auf den Küstenschutz in der westlichen Ostsee, die Sicherung von Flußmündungen, Hafeneinfahrten und der Deutschen Bucht beschränkt wurden.

Zwar erfuhr dieses Aufgabenpaket im Lauf der Jahre eine Erweiterung, dennoch blieb es bis zum Ende des Kalten Krieges eine von den Westalliierten übrigens zunehmend mit Erstaunen registrierte Selbstverständlichkeit, daß die Marine den Löwenanteil ihrer investiven Mittel für einen möglichen Ostseeeinsatz vorsah. Noch 1987 äußerte ein Heeresinspekteur angesichts knapper Haushaltsmittel seine Kritik an der beabsichtigten Beschaffung der Fregatten Klasse 123 mit folgenden Worten: »Ich brauche keine Schiffe, die im Atlantik herumfahren, ich brauche zur Unterstützung meiner Truppen Seestreitkräfte in der Ostsee!«

Die Aussagen der VPR zur heutigen Bedrohungssituation, die Neudefinition von der Landesverteidigung, die Tatsache, daß die Beitrittsländer aus Osteuropa dem Bündnis überwiegend Landstreitkräfte zuführen werden, und nicht zuletzt die o. a. künftige strategisch-operative Vorgehensweise unserer Bündnispartner im »worst case«, müßten nun aber allmählich jedem klargemacht haben, daß es sich bei dem derzeitigen TSK-Proporz um ein bisher offenbar noch nicht an der Realität gemessenes Relikt aus ferner Vergangenheit handelt.

Insbesondere verlangt in dieser ganz neuen Lage »jointness«, wenn sie kein Selbstzweck, sondern ein wirklich geeignetes Mittel zum Zweck sein soll, vordringlich eine fachlich ausgewogene, d. h. paritätische Besetzung aller mit zentralen, also mit teilstreitkraftübergreifenden Planungs- und Führungsaufgaben betrauten Stäbe und Kommandos. Die unveränderte Anwendung des Proporzes aus dem Kalten Krieg bedeutete gerade hier, wo jede fachliche Expertise gleiches Gewicht und jeder an gemeinsamer Planung oder Operation mitwirkende Vertreter seiner Teilstreitkraft unbedingt eine gleiche Mitwirkungsmöglichkeit haben sollte, die Gefahr der Dominanz einer Expertise, einer Sichtweise und damit eine latente Fehlerquelle für Planungs- und Führungsentscheidungen.

Nach dem Prinzip von »jointness« hingegen sollte aber doch gerade vor allem in solchen Stäben und Kommandozentralen geradezu eine Garantie für uneingeschränkte »land-, luft- und seeseitige« Ausgewogenheit gewährleistet sein. Der überkommene Proporz garantiert diese Ausgewogenheit absolut nicht.

Daß die Marine angesichts ihres inzwischen fast existenzgefährdend verringerten Umfanges dieser überfälligen Proporzkorrektur bei der Planstellenzuweisung nur nach einer Aufstockung ihres Personalbestandes entsprechen könnte, versteht sich von selbst. Hier besteht also ein doppelter Handlungsbedarf.

Im übrigen sollten bei Überlegungen zur grundsätzlichen Beseitigung dieses Reliktes, in gleicher Weise, wie es zur Zeit des kalten Krieges richtigerweise geschehen ist, grundsätzlich die aktuelle Bedrohung, die strategisch-operative Antwort auf diese Bedrohung und die für diese Antwort erforderlichen neuen Fähigkeiten der Bundeswehr die allein entscheidenden Kriterien sein.

Dabei wird sich dann allerdings sehr schnell herausstellen, daß das Heer, da trotz »High-Tech« und »Vernetzung« den nach wie vor personalintensivsten Bodenkrieg zu führen und auch außerdem bei Stabilisierungsoperationen die Hauptlast zu tragen hat, auch künftig größte Teilstreitkraft bleiben muß. Anders als bei der schon erwähnten Besetzung bestimmter Stäbe kann es daher hier keinesfalls um Parität gehen. Damit ist allerdings eine Korrektur des aus dem Kalten Krieg übernommenen »Zahlenschlüssels« dringend notwendig.

Für ein umfangstärkeres Heer spricht allerdings auch die Tatsache, daß diese Teilstreitkraft für Einsätze auf dem Territorium der Bundesrepublik Deutschland sowohl ausbildungs- als auch ausrüstungsseitig die besten Voraussetzungen mitbringt. Wenn daher beim Schutz öffentlicher Einrichtungen künftig sinnvollerweise auf den Einsatz von Besatzungen der schwimmenden Einheiten verzichtet würde, könnte sich die Marine, ohne die sonst unvermeidlichen Personalmehrforderungen für Objektschutz, uneingeschränkt auf die seeseitige Terrorabwehr konzentrieren.

Eine »Breguet Atlantic« hat soeben zu einem Einsatz in der Seeraumüberwachung am Horn von Afrika abgehoben

(PIZ-Marine)

Eine ebenfalls überfällige Voraussetzung dafür ist allerdings die Schaffung einer effizienten Küstenschutzorganisation, in der, wie bei unseren Bündnispartnern bewährte Praxis, der Marine die Führungsrolle übertragen wird. Denn weder der Seegrenzschutz noch der Zoll, noch die Wasserschutzpolizei, sondern allein die Marine verfügt über die hierfür notwendigen Voraussetzungen und Mittel:

– über die für den Antiterroreinsatz in See erforderlichen Aufklärungs- und Führungsmittel sowie über eine vom Gegner als Gefahr begriffene Bewaffnung ihrer Einheiten

– über die im Falle der Geiselnahme auf Fähren und/oder Kreuzfahrtschiffen für solche Situationen speziell ausgebildeten Kampfschwimmer

– über eine inzwischen fast fünfzigjährige Erfahrung in der Zusammenarbeit mit ihren eu-

ropäischen Partnermarinen, denen die Aufgabe »seeseitige Sicherung« ihrer Länder seit langem und in jeder Hinsicht übertragen wurde.

Schlußbemerkungen

Die derzeitige Marineführung hat – soweit von außen zu beobachten – die ihr seit 2003 gebotene Chance zu konzeptioneller Weiterentwicklung umgehend und konsequent genutzt. Ihre konzeptionellen, planerischen und organisatorischen Zielvorstellungen reflektieren ganz offensichtlich sowohl die offizielle verteidigungspolitische Richtungsweisung als auch die strukturellen Vorgaben der militärischen und politischen Leitung des Bundesministeriums der Verteidigung. Mit ihrem neuen konzeptionellen Ansatz vermittelt die Marineführung erstmalig eine deutlich über die ZVM von 1991 hinausweisende Zielführung und

Orientierung; ihre Planungen berücksichtigen sowohl das Prinzip »jointness« als auch den strategisch-operativen Ansatz ihrer maritimen Bündnispartner.

Inwieweit sich dies in konkrete Beschaffungsvorhaben umsetzen lassen wird, ist natürlich von der finanziellen Entwicklung, aber auch von der politischen Leitungsentscheidung darüber abhängig, ob die Bundesrepublik Deutschland ihren wichtigsten europäischen Bündnispartnern nicht nur mit ihrer Risikoanalyse, sondern auch mit einer zukunftsweisenden, bündnisorientierten, strategisch-operativen Ausrichtung der Bundeswehr folgen wird.

Derzeit ist aufgrund der im Verlauf der letzten Jahre immer mehr verlangsamten Zuführung neuer Waffensysteme zum einen die personelle und materielle Durchhaltefähigkeit und damit auch Bündnisfähigkeit der Marine an einer kritischen Untergrenze angelangt, zum anderen droht die Realisierung des dringend gebotenen neuen strategisch-operativen Ansatzes, insbesondere die Fähigkeiten zu strategischem Seetransport und zur Landzielbekämpfung von See, aus finanziellen Gründen in einen ähnlichen Schiebe- und Streckprozeß hineinzugeraten, wie dies, bedauerlicherweise, bei der »Flotte 2005« der Fall war und ist.

Dabei gewinnt jedoch speziell die Fähigkeit zur »Power Projection Ashore« (d. h. dem Ansatz militärischer Machtmittel von See her an die Küste) aus den bereits erwähnten Gründen im Bündnis immer mehr an Gewicht. Verteidigungsminister Struck machte bei einer Pressekonferenz einmal die Aussage: »Wir wollen keinen Flugzeugträger!« Daß die Bundeswehr einen solchen sehr wohl gebrauchen könnte, verdeutlicht ein Blick auf die strategischen und konzeptionellen Planungen innerhalb des Bündnisses. Daß die Bundeswehr sich eine solche Beschaffung zur Zeit finanziell nicht leisten kann und will, ändert nichts an dem grundsätzlichen Bedarf.

Dieser Bedarf könnte allerdings, jedenfalls teilweise, durch eine einfache »no cost«-Maßnahme gedeckt werden, nämlich den Tausch von 30 »Jägern 90« gegen eine entsprechende Anzahl von französischen Trägerflugzeugen. Das dürfte vermutlich auch für den französischen Partner eine im Hinblick auf seine personelle Durchhaltefähigkeit durchaus attraktive Möglichkeit sein, da Trägerpiloten knapp und extrem belastet sind.

Abschließend muß daher nochmals betont werden, daß in Zukunft alle größeren Bündnisoperationen über die See und von der See aus geführt werden. Es ist daher nur zu hoffen und zu wünschen, daß die Bundeswehr hierauf in jeder Hinsicht vorbereitet wird und sich dadurch gleichzeitig zu einem besonders geeigneten Mittel spezifisch deutscher Politik weiterentwickeln kann.

Ein Bordhubschrauber vom Typ »Sea Lynx« beim Start vom Achterdeck einer Fregatte. Mit den Fregatten der BREMEN-*Klasse wurden seit 1981 die Bordhubschrauber »Sea Lynx« in die Marine eingeführt* (PIZ-Marine, Rosowski)

![Naval vessel at sea]

Naval Services
Only the best for your fleet

With more than 30 years of experience in many types of combat and non-combat naval vessels for 24 of the world's navies, Germanischer Lloyd (GL) can point to a breadth of expertise in the design, construction and in-service supervision of naval vessels. Only recently, this expertise was underlined by the publication of the complete GL Rules for Classification and Construction of Naval Ship Technology. Where quality is essential and the highest standards have to be met, you know you can rely on GL.

Germanischer Lloyd Aktiengesellschaft
Vorsetzen 35 · 20459 Hamburg / Germany
Phone +49 40 36149-0 · Fax +49 40 36149-200
headoffice@gl-group.com · www.gl-group.com

Germanischer Lloyd
OPERATING 24/7

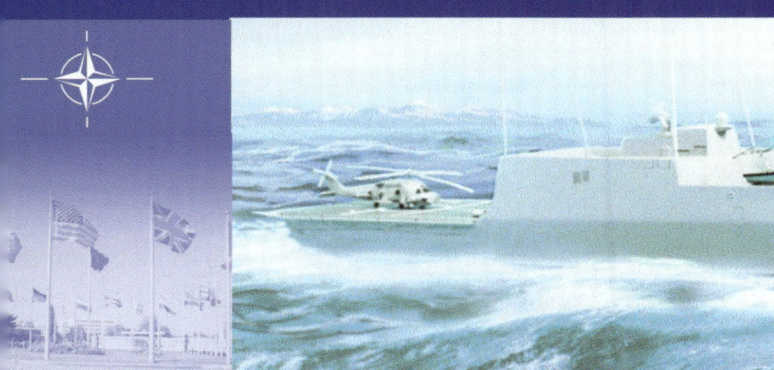

Die Marine auf Kurs in neue Gewässer

Konzeptionelle Neuausrichtung der Deutschen Marine im multinationalen und streitkräftegemeinsamen Kontext

Axel Schimpf

> »Wenn Du ein Schiff bauen willst, so trommle nicht Männer zusammen, um Holz zu beschaffen und Werkzeug vorzubereiten oder die Arbeit einzuteilen und Aufgaben zu vergeben – sondern lehre die Männer die Sehnsucht nach dem endlos weiten Meer.«
> Antoine de Saint-Exupéry, 1931

I.

Ein Januartag in den 1970er Jahren – in der Ostsee weit hinter Bornholm. Ein kalter, schneidender Wind treibt vereinzelte Schneeflocken vor sich her – feucht und ungemütlich das Wetter. Auf der offenen Brücke des Schnellbootes kauert sich der Kommandant noch tiefer in seinen Parka, versucht, der Kälte zu entkommen. Das schwere Doppelglas vor Augen, verfolgt er aufmerksam das Geschehen auf dem russischen Torpedoboot an seiner Steuerbordseite …

Ein Januartag in den 1990er Jahren – vor der somalischen Küste. Ein schon fast unangenehm heißer Wind hält die meisten Seeleute unter Deck im klimatisierten Schiffsinneren der modernen Fregatte; eine eigenartige Vorstellung, daß in der Heimat Winter ist. Der Kommandant steht auf der Brücke, das schwere Doppelglas vor Augen, und schaut kritisch auf die Hafeneinfahrt von Mogadi-

schu. Auf der dahinter liegenden Pier kann er Gruppen von Uniformierten erkennen – deutsche Heeressoldaten, die er in das sichere Mombasa nach Kenia bringen soll. Gerade zwei Wochen ist es her, daß er das Embargo-Überwachungsgebiet im Südausgang der Adria verlassen hat. »Merchant ship on my starboard side – this is warship 212« – der immer wieder gleiche Ruf, ob Hochwertfrachter oder Seelenverkäufer, hallt noch in seinen Ohren nach …

Ein Januartag 2002 – am Horn von Afrika. Unerträgliche Hitze, hohe Luftfeuchtigkeit – die leichte Brise schafft nur wenig Linderung. Der Kommandant tupft sich den Schweiß von der Stirn – zum wievielten Male heute? Das schwere Doppelglas vor Augen, beobachtet er aus der Brückennock seiner Fregatte gespannt einen kleinen Frachter, in dessen Kielwasser mehrere Dhauen folgen. »IO, lassen Sie das Boarding Team klarmachen« …

Ein Januartag 2005 – vor der Nordspitze von Sumatra. Schwülheißes Wetter, ein blaßblauer, nahezu wolkenloser Himmel. Erschüttert blicken die Seeleute des Einsatzgruppenversorgers auf das Bild der Verwüstung, das sich ihnen nach dem schweren Seebeben auf der Insel bietet. Das Gesicht des Kommandanten, der durch das schwere Doppelglas die Küste mustert, spiegelt Entsetzen wider …

II.

Das sicherheitspolitische Umfeld ist in ständigem Wandel. Die Herausforderungen, denen sich Streitkräfte heutzutage stellen müssen, sind komplizierter gewordenen. Kräftig wehende Winde des Wechsels zwingen auch die Deutsche Marine zu einer konzeptionellen Standortbestimmung und kritischen Überprüfung ihres Kurses. Es gilt, neue Gewässer, symbolisch, wie auch im wahrsten Sinne des Wortes, auszuloten. Wo auch immer der Weg hinführt – das sichere Navigieren in unbekannten Fahrwassern wird unserer Marine als Ganzes viel abverlangen. Um so wichtiger ist es, alle Männer und Frauen an Bord zu haben und auf die fordernde Reise in die Zukunft mitzunehmen. Es ist eine anspruchsvolle Aufgabe, die vor uns liegt. Sie ist nur gemeinsam zu schaffen. Neben gebotener Sachlichkeit und Nüchternheit sind Tatkraft und Zupacken gefragt. Begeisterung und emotionale Bindung an See und Beruf müssen dabei auch künftig maßgebliche Motivation für den Dienst in der Deutschen Marine bleiben, einer Marine, deren unverwechselbaren Charakter, deren Identität und deren Profil wir alle gemeinsam prägen.

III.

Die Terroranschläge vom 11. September 2001 in New York und Washington sowie vom 11. März 2004 in Madrid demonstrierten auf dramatische Art neue Angriffsweisen und eine ganz anders geartete Verletzbarkeit moderner Staaten in der asymmetrischen Bedrohungswelt. Sie haben darüber hinaus deutlich gemacht, daß diese Bedrohung immer und

überall gegeben sein kann, daß sie nicht vor Bündnis- und Landesgrenzen haltmacht. Globalisierung bringt auch negative Entwicklungen mit sich. So können wir künftig nicht ausschließen, daß auch Krisen und Konflikte in geographisch entlegenen Gebieten unsere Sicherheit direkt oder indirekt beeinträchtigen.

Vor diesem Hintergrund reicht es nicht mehr aus, vorrangig sein nahes, unmittelbares Umfeld zu befrieden und zu sichern, um eine Entfaltung von Staat und Gesellschaft in Wohlstand und Freiheit zu

Seeraumüberwachung am Horn von Afrika. Ein Bordhubschrauber *»Sea Lynx« auf dem Rückflug zur Fregatte* AUGSBURG (PIZ-Marine)

garantieren. Auch weiter entfernte Ereignisse und Entwicklungen bedürfen unserer Aufmerksamkeit. Neben asymmetrischer Bedrohung erleben wir Entstaatlichung von Gewalt und organisierte Kriminalität; ebenso müssen wir den Gefahren Rechnung tragen, die sich aus religiös motiviertem Extremismus und Fanatismus, unkontrollierten Migrationsbewegungen als Folge ungelöster ethnischer Konflikte und der Weiterverbreitung von Massenvernichtungswaffen samt ihren Trägermitteln ergeben. Sie stehen gegen die Errungenschaften moderner Zivilisation wie Freiheit, Menschenrechte, Offenheit, Toleranz und Vielfalt der Überzeugungen und Lebensstile.

Es gilt, sich auf neue Modelle des staatlichen und menschlichen Miteinanders einzustellen und gleichzeitig gewappnet zu sein, um dem Missbrauch von Globalisierung und Liberalisierung der Märkte wirksam entgegentreten zu können.

IV.

Deutsche Sicherheitspolitik gründet auf eine »Kultur der Zurückhaltung«. Sie ist vorbeugend angelegt, ressortübergreifend ausgerichtet und international eingebettet. Sie sieht hauptsächlich politische, wirtschaftliche, entwicklungspolitische, finanzielle, soziale und humanitäre Maßnahmen vor. Gleichwohl müssen aber auch Bereitschaft und Fähigkeit gegeben sein, Freiheit und Menschenrechte sowie Stabilität und Sicherheit als »ultima ratio« mit militärischen Mitteln zu schützen, durchzusetzen oder wiederherzustellen.

Vor dem Hintergrund des gewandelten sicherheitspolitischen Umfeldes ist jedoch die traditionelle Rolle des Militärs in der konventionellen Landes- und Bündnisverteidigung kritisch zu hinterfragen, zu überdenken und anzupassen. Systeme kollektiver Sicherheit und weltweit wirkende Krisenbewältigungsmechanismen, an denen sich alle Nationen im Rahmen ihrer Möglichkeiten beteiligen, werden und müssen dabei an Bedeutung gewinnen.

Der Bundesminister der Verteidigung, Dr. Peter Struck, trägt den veränderten Gegebenheiten und Erfordernissen mit neuen verteidigungspolitischen Richtlinien Rechnung. Erlassen am 21. Mai 2003, legen sie Grundsätze für die Gestaltung der deutschen Verteidigungspolitik fest, definieren den Auftrag der Bundeswehr und gewichten ihre Aufgaben. Mit eindeutigen Vorgaben für die Streitkräfte der Zukunft sind sie Basis für die konzeptionelle Neuausrichtung auch unserer Marine.

Rasch und umfassend reagiert auf die neuen Vorgaben hat der Inspekteur der Marine, Vizeadmiral Lutz Feldt. Bereits am 8. Juli 2003 legte er eine konzeptionelle »Zielvereinbarung für die Deutsche Marine« vor. Ihm ging es in erster Linie darum, alle Marineangehörigen frühzeitig und umfassend auf eine gemeinsame Richtung »einzuschwören« und ein gemeinsames Verständnis für den Weg in die Zukunft herzustellen. So fordert er: »Konzeptionelles und planerisches Ziel für die Marine muß es sein, diejenigen maritimen Fähigkeiten der Bundeswehr abzubilden und für die Streitkräfte insgesamt bereitzustellen, die aus den Verteidigungspolitischen Richtlinien abzuleiten sind.«

V.

Worum geht es? Wo liegen künftig die Schwerpunkte? Worauf müssen sich unsere Anstrengungen konzentrieren?

Internationale Konfliktverhütung und Krisenbewältigung, aber auch die Beteiligung am Kampf gegen den internationalen Terrorismus werden für deutsche Streitkräfte absehbar die wahrscheinlicheren Aufgaben sein. Sie werden die Bundeswehr in besonderem Maße fordern und beanspruchen. Künftige Fähigkeiten, Verfügbarkeit, Ausrüstung, Streitkräftestruktur und -kultur müssen diesen neuen Gegebenheiten Rechnung tragen. Neben die Multinationalität, das bewährte Zusammenwirken mit Kräften anderer Nationen, tritt die Streitkräftegemeinsamkeit. Das erfolgreiche Miteinander von Heer, Luftwaffe, Marine und Sanität, gemeinsam mit den Kräften der Streitkräftebasis, wird in Zukunft eine entscheidende, erfolgsbestimmende Größe sein.

Der Schutz Deutschlands und seiner Bürgerinnen und Bürger wird eine neue Ausrichtung erfahren. Das Wahrnehmen luft- und seehoheitlicher Aufgaben bereits im Frieden wird künftig Priorität gegenüber herkömmlicher Landesverteidigung gegen konventionelle Angriffe haben. Für die Marine bedeutet dies, daß klassische Schutzaufgaben in Randmeeren und Küstengewässern im Rahmen der Vorsorge und Abwehr auch asymmetrischer Bedrohungen in Zukunft anders gewichtet werden. Speziell mit Blick auf terroristische Aktivitäten müssen sie in Teilen neu definiert und weiterentwickelt werden. Eine von den »Verteidigungspolitischen Richtlinien« geforderte Synergie aller staatlichen Instrumente der Sicherheitsvorsorge macht ein erfolgreiches Zusammenwirken aller dafür verfügbaren Mittel und Maßnahmen erforderlich.

Erweiterte Schutzaufgaben in Randmeeren und Küstengewässern sollen auch befreundete und verbündete Staaten einschließen.

VI.

Die deutsche Wirtschaft ist, so die Verteidigungspolitischen Richtlinien, aufgrund ihres hohen Außenhandelsvolumens und der damit verbundenen besonderen Abhängigkeit von empfindlichen Transportwegen und -mitteln zusätzlich verwundbar. Auch diese Aussage greift aktuelle Entwicklungen auf und verlangt nach Konsequenzen.

Im Rahmen der Globalisierung werden sich Wirtschaft und Handel weiter liberalisieren. Bereits heute werden 85 % des Welthandels, 90 % der Im- und Exporte Europas und 35 % des innereuropäischen Handels über See abgewickelt.

Deutschland als wichtiger Akteur im Weltwirtschaftssystem hat als rohstoffarmes Land ein elementares Interesse daran, daß Transport, Zulieferung und Warenaustausch ungestört, gesichert und sicher laufen. Ein freier, funktionierender und florierender Handel, insbesondere auch über See, ist eine »conditio sine qua non« für unsere Wirtschaft und für den Standort Deutschland. Das Unterbrechen der Seeverbindungs- und Zulieferwege, ein Kappen der Rohstoff- und Warenströme würde die empfindliche deutsche Industrie binnen weniger Tage zum Stillstand bringen – mit ernsten Folgen für die Funktionsfähigkeit der Wirtschaft, die Be-schäftigungslage und die Stabilität Deutschlands insgesamt.

Eine leistungsstarke und bündnisfähige Marine, die auch auf hoher See, beim Schutz wichtiger Seeverbindungswege, ihre Wirkung entfalten kann, ist, mehr noch als früher, für eine moderne Industrienation wie Deutschland unverzichtbares Attribut geworden. Ein Land, das nicht selbst in der Lage ist, seine maritimen Interessen wahrzunehmen und zu schützen, einen glaubwürdigen Beitrag zur Sicherung des weltweiten Seeverkehrs zu leisten, läuft Gefahr, sich in Abhängigkeiten zu begeben. Auf Partner kann nur derjenige zählen, der sich selbst substantiell einbringt.

VII.

Neben ihrer Funktion als Rollbahn für Warenströme wird die See künftig mehr noch als bisher als weltgrößtes, in jeder Hinsicht einzigartiges Aufmarsch-, Positionierungs- und Operationsgebiet an Bedeutung gewinnen. Weltweites Krisenmanagement und Konfliktverhütung, eindeutige Schwerpunktsetzung der neuen Verteidigungspolitischen Richtlinien, können auf die Fähigkeiten, die auf, von und über See vorgetragen werden, nicht verzichten.

Wie keine andere Teilstreitkraft kann die Marine, ausgesprochen flexibel, eine große Bandbreite von Handlungsmöglichkeiten anbieten. Diese reichen von

Im Seegebiet am Horn von Afrika wird eine arabische Dhau untersucht. Ein Schlauchboot der Fregatte AUGSBURG *läuft auf das zu überprüfende Schiff zu*

(PIZ-Marine)

der Unterstützung diplomatischer Missionen über technische und humanitäre Hilfe bis hin zum Waffeneinsatz selbst. Politische Zielsetzungen im Krisenmanagement können damit schnell und wirkungsvoll unterstützt werden.

Mit ihrer nahezu uneingeschränkten Mobilität lassen sich Marinestreitkräfte auch in entfernteste Regionen vorausstationieren. Lang andauernde, demonstrative Präsenz in internationalen Gewässern in unmittelbarer Nähe eines Krisengebietes, ohne die Erfordernis einer diplomatischen Anmeldung oder politischen Zustimmung eines Gast- oder Einsatzlandes, unterstreicht politischen Willen und Fähigkeit zur Nutzung von Streitkräften im Rahmen des Krisenmanagements bei hoher Reaktionsfähigkeit.

Jenseits rein maritimer Aufgaben können in einem weiten Spektrum Land-, aber auch Luftstreitkräfte unterstützt werden. Dies reicht von der Bereitstellung von Führungsfähigkeit über Transport- und Schutzaufgaben bis hin zur gemeinsamen Bekämpfung von Land- und Luftzielen. Oft ist der Zugang zu einem Operationsgebiet, aber auch das Verlassen bzw. die Evakuierung bei einer schnellen Eskalation der Krise nur über See sinnvoll und in vielen Fällen auch nur möglich.

Gegenwärtig in Entwicklung und Ausformung befindliche Initiativen von NATO und Europäischer Union unterlegen den neuen Ansatz des globalen Krisenmanagements mit Substanz und Glaubwürdigkeit. Mit der NATO-»Response Force« und den europäischen Eingreifkräften werden unter umfangreicher Beteiligung unserer Deutschen Marine reaktionsschnelle und leistungsstarke militärische Verbände geschaffen, die expeditions- und interventionsfähig sind.

Weiterentwicklung der Fähigkeiten und weltweite Ausrichtung kennzeichnen den Paradigmenwechsel für die Deutsche Marine. Er beschreibt die Entwicklung von einer »Geleitschutzmarine«, einer klassischen »Escort Navy«, hin zu einer Marine mit neuen Operationsschwerpunkten auch im expeditionären Bereich, zu einer »Expeditionary Navy«. Führungs- und Aufklärungsfähigkeit, strategischer

militärischer Seetransport zum Verlegen und Vorausstationieren von Einsatzkräften und Waffenwirkung von See an Land werden an Bedeutung gewinnen und müssen mit hoher Priorität in künftige Planungen einbezogen werden.

VIII.

Die neu zu gestaltende streitkräftegemeinsame und multinationale Ausrichtung der Bundeswehr geht einher mit ihrem umfangreichen Umbau. Knappe Ressourcen und der rasante Wandel der Rahmenbedingungen zwingen dabei zu unkonventionellen und flexiblen Lösungen; Lösungen, die das Morgen überleben und mittel- bis langfristige Ansätze für die Weiterentwicklung unserer Streitkräfte bieten können müssen.

Kampfschwimmer der Marine um 1995. Das Schlauchboot ist nur eine von vielen Möglichkeiten, um Kampfschwimmer an ihren Einsatzort zu bringen

(Slg. DMI)

Mit dem »Werkzeugkasten« von gestern ist diese anspruchsvolle Aufgabe allerdings nicht zu lösen. Es reicht nicht mehr aus, sich Schritt für Schritt von einem Zustand in einen anderen zu reformieren. Wir brauchen neue Verfahren und Mechanismen, mit denen wir diesen außergewöhnlichen Herausforderungen begegnen können. Wir brauchen aber auch ein neues Denken und eine neue konzeptionelle Orientierung, womit wir jenseits der liebgewonnenen Zustandsverwöhntheit handlungsfähig werden und bleiben.

Die Antwort, die Bundeswehr und Bündnis darauf gefunden haben, heißt »Transformation«. Was verbirgt sich hinter diesem eher weitläufigen und abstrakten Begriff?

Die neue »Konzeption der Bundeswehr«, als Folgedokument zu den Verteidigungspolitischen Richtlinien am 9. August 2004 durch Verteidigungsminister Dr. Struck erlassen, bringt Aufschluss. »Transformation«, so lesen wir, »ist die Gestaltung eines fortlaufenden, vorausschauenden Anpassungsprozesses an sich ändernde Rahmenbedingungen, um die Wirkung der Bundeswehr im Einsatz zu erhöhen und auf Dauer zu erhalten. Sie hat eine sicherheitspolitische, eine gesellschaftliche, eine technologische und vor allem auch eine innovative und mentale Dimension. Sie bestimmt maßgeblich Konzepte, Denken, Ausbildung, Organisation, Ausrüstung und den Einsatz selbst.« Und auch hier wird nochmals prominent gefordert, die Bundeswehr als Ganzes so aufzustellen, daß deutsche Streitkräfte erfolgreich miteinander und im multinationalen Umfeld operieren können.

Technologische Entwicklungen haben die Faktoren Zeit und Information zu entscheidenden Größen heranwachsen lassen. Das Bündnis selbst, aber auch die einzelnen Nationen gehen konsequent und erfolgreich den Weg einer multinationalen und streitkräftegemeinsamen Vernetzung ihrer Sensoren, Führungs- und Wirkelemente. Ziel sind uneingeschränkte Informationsüberlegenheit und, darauf aufbauend, schnellst- und größtmögliche Wirkung im Einsatz bei gleichzeitiger Ressourceneinsparung. Diese »vernetzte Operationsführung« wird in der künftigen Bundeswehrplanung das bestimmende Element sein.

Auch für die Deutsche Marine bedeutet dies, daß ihre Fähigkeiten in Zukunft nur dann voll zum Tragen kommen werden, wenn sie in einen solchen multinationalen Netzwerkverbund eingepaßt sind. Dies ist allerdings nicht allein eine Frage der technischen Vernetzung, es betrifft ebenso Abläufe, Verfahren und notwendige Ausbildung und Übung.

IX.

Für die Bundeswehr insgesamt werden künftig drei Streitkräftekategorien das zentrale Ordnungssystem darstellen, welches eine bedrohungs- und auftrags-, aber auch zeitgerechte und ressourcenschonende Projektion militärischer Fähigkeiten ermöglicht. Grundsatz ist, daß in Zukunft nicht alle Einheiten alles können müssen, sondern daß sie strikt ihrer Kategorie entsprechend auftragsbezogen auszurüsten, auszubilden und einzusetzen sind.

Eingreifkräfte sind vorrangig für militärische Operationen hoher Intensität und begrenzter Einsatzdauer vorgesehen. Sie müssen bereits nach kurzer Vorwarnzeit in der Lage sein, einen raschen Erfolg gegen einen vorwiegend militärisch organisierten und konventionell kämpfenden Gegner bei möglichst geringen eigenen Verlusten zu erzielen. Deutsche Beiträge zur NATO-»Response Force«, zu den geplanten EU-»Battle Groups«, zu NATO- oder EU-Operationen oder auch anderen multinationalen Einsätzen im oberen Intensitätsspektrum sowie Kräfte zur Rettung und Evakuierung fallen in diese Kategorie. Mit den ausgeworfenen Kräften wird den internationalen Verpflichtungen Deutschlands auch in maritimer Hinsicht angemessen Rechnung getragen.

Stabilisierungskräfte sind vorgesehen für militärische Operationen niederer bis mittlerer Intensität, aber gegebenenfalls langer Dauer im breiten Spektrum friedensstabilisierender, friedenserhaltender und unterstützender Maßnahmen. Die aktuelle Einsatzrealität der Bundeswehr spiegelt sich vorwiegend in diesen Einsätzen wider. Maritime Kräfte tragen entscheidend dazu bei, Operationsfreiheit in relevanten Seegebieten zu erlangen und zu erhal-ten. Das Aufgabenspektrum umfaßt aber auch Überwachung und Schutz von Seewegen und Häfen, die Kontrolle seestrategischer Positionen und Embargo- und Blockadeoperationen.

Die Hauptaufgabe der Unterstützungskräfte besteht darin, Eingreif- und Stabilisierungskräfte in der Einsatzvorbereitung und -durchführung sowohl in Deutschland als auch in den Einsatzgebieten umfassend und effizient zu unterstützen.

Kräfte aller Kategorien werden bei Bedarf und im Rahmen geltender Gesetze auch zum Schutz der Bevölkerung und lebenswichtiger Infrastruktur im Inland eingesetzt.

Die Marine hat ihr gesamtes Kräftedispositiv entsprechend den individuellen Fähigkeiten auf die drei genannten Kategorien aufgeteilt. Damit werden sich Einheiten gleicher Klassen, die unterschiedlichen Kategorien zugewiesen sind, mittelfristig in ihren Fähigkeiten bzw. Rüstzuständen auseinanderentwickeln. Es wird damit jedoch keine Mehr-Klassen-Marine geben; alle Plattformen werden ihrer Kategorie und ihrem Auftrag entsprechend bestmöglich auf einen Einsatz vorbereitet. Es wird keine Unterschiede in Qualität und Professionalität geben, die Besatzungen werden kompetent und stolz ihre Aufträge, ihre ganz unterschiedlichen Herausforderungen annehmen und meistern.

X.

Mit diesem Ansatz ist die Aufstellung der neuen Bundeswehr im wesentlichen festgelegt.

Auch wenn die Marine durch den Zulauf neuer Einheiten einen Modernisierungsschub erfahren konnte, haben knapper werdende Mittel in den vergangenen Jahren deutliche Reduzierungen in Art und Umfang ihrer Seekriegsmittel nach sich gezogen. Die Abgabe der Tornado-Marinejagdbomber und damit eines substantiellen Beitrages zum Seekrieg aus der Luft an die Luftwaffe und die frühzeitige Außerdienststellung eines Schnellbootgeschwaders bereits im Jahr 2005 sind markante Beispiele für die drastischen Einschnitte, die sich durch den neuen, streitkräftegemeinsamen, aber stark auch haushaltsgeprägten Planungsansatz ergeben. Auch die zeitnahe Schließung des Marinestützpunktes Olpenitz reduziert die maritime Präsenz an der Küste und schließt ein Stück erfolgreiche Marinegeschichte ab.

Bereits heute ist deutlich, daß der rückläufige Trend bei den Umfängen schwimmender und fliegender Einheiten anhalten wird. Dies bedeutet nicht nur, daß die Deutsche Marine mit weniger Einheiten ein breiteres Einsatzspektrum abdecken muß; wir müssen auch neue Ansätze schaffen, um in den vorgegebenen Streitkräftekategorien auf Dauer operative Substanz und Durchhaltefähigkeit sicherstellen zu können. Erweiterte Modelle multinationaler Kooperation, aber auch innovativer Ideen in Richtung Zwei-Besatzungs-Konzept und Intensivnutzung moderner Einheiten sollen diesen Entwicklungen Rechnung tragen.

Umfangsreduzierungen ziehen auch Änderungen bei den Strukturen nach sich. Aus den klassischen fünf Typflottillen unserer Marine werden künftig zwei Einsatzflottillen entstehen. In der Einsatzflottille 1 werden im wesentlichen die Bootsgeschwader, Marineschutzkräfte und »Spezialisierte Einsatzkräfte der Marine« zusammengefaßt; die Einsatzflottille 2 wird Fregatten und Versorgungseinheiten aufnehmen. Die verbleibenden Marinefliegergeschwader werden direkt dem Flottenkommando unterstellt. Beide Flottillen sowie das Flottenkommando werden über schnell einschiffbare Einsatzstäbe zum Planen, Führen und Auswerten von Einsätzen verfügen.

Auch das Marineamt wird sein Gesicht ändern, wird eine neue, an Prozessen ausgerichtete Organisationsstruktur erhalten, mit der die Transformation kompetent begleitet und umgesetzt werden kann.

XI.

Betrachtet man die schwierigen Rahmenbedingungen, die zahlreichen Sachzwänge und die knappen Ressourcen, so ist die Marine, bei allen Herausforderungen, denen sie sich zu stellen hat, gegenwärtig nicht schlecht positioniert. Aber schlan-

ke Strukturen und die Beschränkung auf Kernaufgaben werden Gesicht und Profil der Bundeswehr und der kleinsten Teilstreitkraft weiter nachhaltig verändern. Es gilt, darauf zu achten, daß die eigene Identität durch den neugewählten, ganzheitlichen Ansatz nicht in den Hintergrund gerät.

Gewiß wird sich der Leser am Ende dieser Ausführungen – möglicherweise verwundert – die Frage stellen, wo die konzeptionelle Neuausrichtung der Deutschen Marine noch prominent und exklusiv niedergelegt ist und was künftig ihren Charakter ausmacht.

Wir müssen mit der Tatsache leben, daß es nie wieder eine eigene »Konzeption der Marine« geben wird. Das Dokument von 1986 wird das letzte in dieser Hinsicht gewesen sein. Die »Konzeption der Bundeswehr« von 2004 präsentiert einen neuen, allumfassenden Ansatz. Streitkräftegemeinsame Be-

trachtungen können allerdings leicht dazu verleiten, vorwiegend das Ganze und weniger das Teil zu sehen. Um so wichtiger wird es sein, immer wieder auf das »Dunkelblaue« im neuen Denken hinzuweisen. Streitkräftegemeinsamkeit bedeutet nicht Gleichmacherei quer durch alle Organisationsbereiche. Vielmehr wird es darum gehen, daß jede Teilstreitkraft sich mit eigener Identität und eigenem Profil synergetisch in ein größeres Ganzes, das »System Bundeswehr«, einbringt. Das Wahren unseres eigenen maritimen Charakters muß uns allen ein zeitloses Herzensanliegen bleiben. Er ist Grundlage streitkräftegemeinsamen Wirkens.

XII.

Eine nachdenkliche Schlußbetrachtung sei mit Blick auf den Titel dieses Buches erlaubt.

Faszination See – hat die fesselnde Wirkung, die von der See, vom Element Wasser mit seiner Urgewalt ausgeht, heute überhaupt noch eine Bedeutung? Ist die konzeptionelle Kursbestimmung für Seestreitkräfte nicht eine zutiefst nüchterne, sachliche und logischen Zwängen unterworfene Handlung, die frei von Faszination und damit auch Emotion bleiben muß? Und gilt dies nicht auch für Planung und Gestaltung des operativ-taktischen Geschehens? Ja, so könnte eine erste spontane Antwort lauten.

Aber … eine funktionierende Marine beruht vor allem auch auf dem harmonischen und erfolgreichen Zusammenwirken von Mensch und Technik im Angesicht einer allzeit mächtigeren Natur, die es zu verstehen, anzunehmen und zu respektieren gilt. Die See kann kein Wesen unbeeindruckt lassen – sie konfrontiert den denkenden und fühlenden Menschen mit seiner eigenen Winzigkeit und verleiht dadurch Demut und Bescheidenheit, aber auch Weitsicht und Größe. Die schiere Präsenz des Meeres, seine Kraft und Weite bestimmen allzeit das Denken und Handeln derer, die sich darauf bewegen.

Wer zur See fährt und die Knoten der Welthandelsrouten kreuzt, bekommt auch eine faszinierende Vorstellung von der Bedeutung des Meeres als Brücke zwischen den Kontinenten. Straße von Malakka, Arabischer Golf, Suez, Gibraltar, Ärmelkanal und Deutsche Bucht – in diesen Seegebieten wird deutlich, daß der mächtige Puls der Globalisierung am stärksten auf See zu spüren ist: auf den stark befahrenen und besonders störanfälligen Rennstrecken des Welthandels, die heute mehr denn je des schnell verfügbaren Schutzes durch maritime Einsatzkräfte bedürfen.

Der »Arbeitsplatz See« stellt an seinen »Inhaber« ganz besondere Anforderungen; er muß eine Einstellung, ein Verhältnis zu ihm entwickeln und von seinem Handeln überzeugt sein. Und dies geht

Ausladen von Sanitätsmaterial in Djibouti   (PIZ-Marine)

nicht, ohne sich mit der See und der Beziehung Mensch-See auseinanderzusetzen. Auch wenn Joseph Conrad in seinem berühmten »Spiegel der See« feststellt: »Maschine, Stahl, Feuer und Dampf haben sich zwischen den Menschen und die See gestellt«, gilt es auch oder vielleicht gerade heute noch, zu einem vernünftigen Miteinander zu finden. Nur über einen überzeugten Menschen, der sein Verhältnis zur See, das niemals ganz frei von Emotion und Faszination sein kann, entwickelt hat, wird es gelingen, die Möglichkeiten, die moderne Technologien bieten, zur vollen Entfaltung bringen zu können. Ausbildung und Menschenführung müssen dies berücksichtigen. Faszination See und Freude am Beruf müssen auch in Zukunft entscheidende Motivationsgrößen für den Dienst in der Marine sein, einer Marine, die sich, im Sinne von Vizeadmiral a. D. Friedrich Ruge, ihrem ersten Inspekteur, geschlossen, entschlossen und dabei aufgeschlossen dem Heute und dem Morgen stellen soll.

»… ein Januartag im Jahr 2015 – die moderne Fregatte steuert nach einem einjährigen Einsatz den Heimatstützpunkt an. Ein kalter Wind, leichter Nieselregen – wie wenig freundlich zeigt sich doch das Wetter zur Begrüßung. Die junge Kommandantin steht auf der Brücke, an ihrer Seite Oberst Schulze vom Deutschen Heer und Polizeidirektor Wagner von der Bundespolizei. Mit dem schweren Doppelglas vor Augen blicken sie neugierig auf die Menschenmenge, die sich auf der Pier zur Begrüßung versammelt hat. Musikfetzen dringen an ihr Ohr. Erleichterung macht sich breit. Es war ein fordernder Einsatz – internationale Hilfe gegen Piraterie, illegale Einwanderung, Waffenschmuggel und Terrorismus an den Brennpunkten der Welt …«

*Ein kleiner Patient
wird im Bordhospital
in Djibouti behandelt*

(PIZ-Marine)

Wozu benötigt Europa Seestreitkräfte?

Klaus Naumann

Die Staats- und Regierungschefs der Staaten der Europäischen Union haben am 12. Dezember 2003 auf ihrem Gipfeltreffen in Brüssel das Dokument »Ein sicheres Europa in einer besseren Welt« angenommen. Zwei Sätze aus diesem Dokument seien in Erinnerung gerufen, denn sie enthalten die Begründung für europäische Seestreitkräfte: »Als Zusammenschluß von 25 Staaten mit über 450 Millionen Einwohnern, die ein Viertel des Bruttosozialproduktes weltweit erwirtschaften, ist die Europäische Union zwangsläufig ein globaler Akteur. … Europa muß daher bereit sein, Verantwortung für die globale Sicherheit und für eine bessere Welt mit zu tragen.«

»Im Zeitalter der Globalisierung können ferne Bedrohungen ebenso ein Grund zur Besorgnis sein wie näher gelegene. … Bei den neuen Bedrohungen wird die erste Verteidigungslinie oftmals im Ausland liegen.«

Wer diese Sätze liest und dann einen Blick auf die Karte wirft, weiß, daß die von den Staats- und Regierungschefs getroffenen Feststellungen ohne Seestreitkräfte nicht in politisches Handeln umgesetzt werden können.

Wozu dann noch Worte verlieren?

Auch dies ist einfach zu beantworten, denn europäische Wirklichkeit ist und bleibt die Lücke zwischen den guten Absichten und den praktischen Fähigkeiten, sie in die Tat umzusetzen. So auch in diesem Fall, in dem das zitierte Dokument explizit die Erhöhung der Verteidigungshaushalte fordert, aber die Wirklichkeit Europas fast überall deren Verminderung zeigt, eine Tendenz, die sich kaum grundlegend ändern dürfte.

Es wird daher weiter Stimmen geben, die der Öffentlichkeit einflüstern, die Zeit sei endlich reif für den großen Wurf einer europäischen Aufgabenteilung, in der Deutschland beispielsweise die Landstreitkräfte stelle und andere dafür die See- und Luftstreitkräfte. Es mag auch weiterhin Aussagen geben wie die, wonach der 11. September 2001 gezeigt habe, daß man Verteidigung ganz anders planen müsse, alle Streitkräfteplanungen überholt seien und deshalb die gesamte Planung und alle Rüstungsvorhaben ohne Ausnahme auf den Prüfstand müßten. Beide Aussagen sind ebenso falsch wie die gelegentlich im Deutschen Bundestag zu hörende Kleingeisterei, man solle die Deutsche Marine auf die Ostsee beschränken.

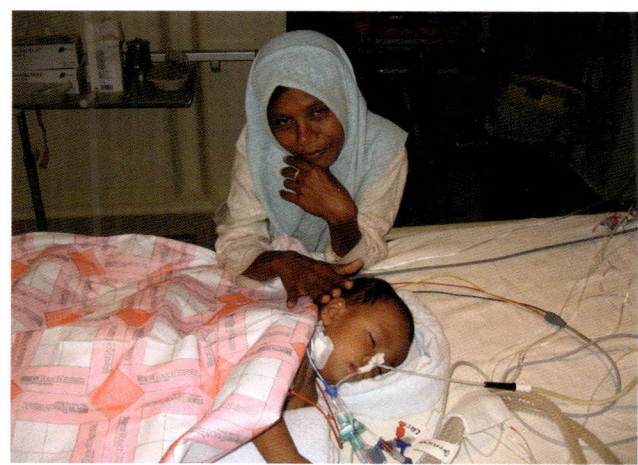

Humanitäre Hilfeleistungen sind ein wichtiger Teil der »friedenserhaltenden Maßnahmen«. Hier werden die kleine Saputra und ihre Mutter im Bordlazarett in Djibouti versorgt (PIZ-Marine)

In diesem Beitrag soll daher erstens die sicherheitspolitische Lage unseres Landes und unseres Kontinentes nach dem 11. September 2001 vorgestellt und daraus zweitens abgeleitet werden, was dies für Europa, aber auch für Deutschland, seine Bundeswehr und damit seine Sicherheitspolitik bedeutet. Vor diesem Hintergrund wird dann drittens zu begründen sein, ob für das Europa des 21. Jahrhunderts noch immer gilt, was man im alten Rom zur Untermauerung des globalen Herrschaftsanspruchs sagte: »Navigare necesse est.«

Die Lage

Es gehört mittlerweile zu den Standardaussagen, daß sich an diesem schicksalsträchtigen Septembertag 2001 unsere Welt dauerhaft verändert hat, aber wenige machen sich die Mühe zu erläutern, was sich denn geändert hat. Bis zu diesem Tag konnte man sagen, daß man bei der Beobachtung Deutschlands, seiner Medien und seiner Gesellschaft den Eindruck gewinnen konnte, daß die deutsche Öffentlichkeit in der irrigen Annahme lebt, mit dem Ende des Kalten Krieges seien alle Sicherheitsprobleme gelöst, der ewige Friede sei ausgebrochen und Sicherheitsvorsorge sei weitgehend überflüssig.

Diese Illusionen, die übrigens kaum einer der europäischen Nachbarn mit den Deutschen teilte, fanden am 11. September ein brutales Ende. Die Spaßgesellschaft dürfte untergehen, auch wenn man dies drei Jahre nach »9/11« noch nicht wahrhaben will, und damit hoffentlich auch die geringe Bereitschaft, für Verteidigung wenigstens das Notwendige zu tun.

Irgendwie beginnen die Deutschen zu ahnen, daß wir uns in einem Konflikt von unbekannter Dauer und von noch nicht klar definierter Dimension befinden.

Es ist ein Konflikt neuer Art, nicht mehr vorwiegend militärischer Natur, damit auch ein Konflikt gegen einen Gegner ohne klares Gesicht. Es ist ein Konflikt ohne sichtbare Siege und ohne geographische und zeitlich absehbare Begrenzung. Die politische Klasse dieses Landes wie auch in den anderen Ländern Europas ist daher gefordert, den notwendigen Willen zur Behauptung konstant und hochzuhalten, den notwendigen Versuch, den Konflikt durch Dialog zu lösen nicht in Appeasement ausarten zu lassen und die internationale Koalition im Kampf gegen den Terrorismus zusammenzuhalten.

Schwerer wiegen aber die international eingetretenen und heute bereits faßbaren Änderun-

See-, Luft- und Landstreitkräfte von NATO- und europäischen Nationen bei EUROPEAN CHALLENGE im April 2005. Soldaten einer Spezialeinheit des Heeres stürmen zur Geiselbefreiung aus dem Marinehubschrauber »Sea King« (PIZ-Marine)

gen: Das internationale Recht ist fundamental verändert worden. Die Resolution des Weltsicherheitsrates, mit der terroristische Angriffe einem Angriff von außen gleichgesetzt werden, die damit das Recht auf Selbstverteidigung auch gegenüber Staaten begründet, die Terrorismus unterstützen, ist de facto eine Einschränkung des Interventionsverbotes, das die Charta der Vereinten Nationen (VN) zum Schutz staatlicher Souveränität enthält.

Die NATO ist mit der Erklärung des Bündnisfalles ein globales Bündnis geworden, hat aber daraus noch keine ausreichenden Konsequenzen für ihre Streitkräfteplanung gezogen. Ja schlimmer noch, sie ist als außerhalb Europas unbrauchbares Instrument vorgeführt worden, denn die USA haben aller Welt demonstriert, daß sie die NATO nicht brauchen, als sie darauf verzichteten, den versprochenen Beistand einzufordern.

Die Landschaft der Bündnisse scheint in Bewegung gekommen zu sein. Am deutlichsten sieht man das am Verhältnis USA-Rußland, das, übrigens ähnlich wie Israel, zu den Gewinnern des 11. September zu zählen ist, denn es hat für nahezu nichts, internationale Absolution für seine Verbrechen gegen die Menschlichkeit in Tschetschenien erhalten. Aber auch das Verhältnis großer europäischer Staaten wie Frankreich und Deutschland zu den USA ist im Fluß. Noch ist nicht abzusehen, was daraus entstehen wird. Die Träumereien von einer multipolaren Welt werden früher oder später als trügerische Seifenblasen platzen, aber ob es zu einer neuen transatlantischen Vereinbarung kommen wird, welche die Zukunft einer veränderten NATO garantieren würde, und ob Europa die Kraft aufbringen wird, seine Ambitionen mit Taten zu unterfüttern, das ist noch offen.

Offen ist auch noch, ob man der Sicherheit Vorrang vor grenzenloser individueller Freiheit geben muß. Wachsamkeit ist hier geboten. Man muß verändern, was gerade hierzulande übertriebene Liberalität war, aber man darf im Bemühen um Schutz nicht an die Substanz freier Gesellschaften gehen, in deren Mittelpunkt der Traum von der Freiheit des Individuums steht.

Offen ist schließlich, wie man Terrorismus am wirkungsvollsten bekämpft und wie man ihn wenigstens eindämmen kann. Sicher ist, daß militärische Mittel allein dazu nicht ausreichen. Sicher ist auch, daß man alle Mittel internationaler Politik nutzen muß und daß es in diesem Kampf Phasen des Dialogs mit dem Gegner, der Eindämmung seiner Handlungsmöglichkeiten und der bewaffneten Ausschaltung seiner Fähigkeit zu handeln geben wird. Die Balance aber zwischen Zuckerbrot und Peitsche, die nach »9/11« zwischen den atlantischen Partnern verlorengegangen ist, die ist noch nicht wiederhergestellt.

Dennoch kann man noch immer sagen: Herkömmlicher Krieg in Deutschland und der große Krieg auf europäischem Boden, die Geißel des vergangenen Jahrhunderts, scheinen gebannt. Deutschland lebt in einem weitgehend befriedeten Europa. Dies wurde erreicht, weil Westeuropa und seine amerikanischen Verbündeten standfest blieben und weil ihr Wirtschafts- und Gesellschaftssystem unschlagbar attraktiv ist. Niemand in und um Europa besitzt gegenwärtig und auf absehbare Zeit die Fähigkeit, NATO-Europa als Ganzes mit konventionellen Streitkräften ernsthaft zu bedrohen. Diesen Zustand gilt es zu festigen, und nichts wäre voreiliger, als die heute in Europa herrschende Stabilität bereits als dauerhaft anzusehen.

Doch dieses befriedete Europa befindet sich in einem Konflikt, den seine Bürger kaum wahrnehmen, obwohl die meisten Länder Europas mehr Soldaten im Einsatz haben als jemals zuvor in den letzten fünfzig Jahren.

Die Öffentlichkeit in Deutschland scheint zunehmend zu erkennen, daß man Sicherheit nicht länger vernachlässigen darf. Sie weiß, daß die Bundeswehrreform mit den vorgesehenen Finanzansätzen nicht machbar ist. Bliebe es dabei, dann kann man an einer Hand die Jahre abzählen, bis die Bundesregierung erklären muß: Deutschland kann seine Verpflichtungen vor NATO und EU nicht mehr erfüllen und seine Versprechungen gegenüber den VN, in deren Sicherheitsrat die Bundesregierung so gerne möchte, nicht wahr machen.

Wichtiger aber noch, dieses befriedete Europa ist in einer Welt voll dynamischer Veränderung nur eine Insel der Stabilität, eine verwundbare Insel, umgeben von einem Meer der Instabilität und der Unberechenbarkeit. Sicherheit zu gestalten heißt daher auch, Konzepte und Planungen ständig anzupassen. Schon ein flüchtiger Blick auf die Tendenzen in der Welt, auf die Risiken für Europa und auf die Lage Europas belegt dies. Die Welt, in der wir leben, bleibt für die vorhersehbare Zukunft eine Welt im Umbruch, eine Welt, für die weder eine neue Weltordnung noch deren Entwurf in Sicht sind.

Für eine Übergangzeit ist es trotz Verwundung und spürbarer Lähmung der USA eine Welt, in der die USA die dominierende, weil allein global handlungsfähige Macht sein werden. Das ist der Punkt, den Deutschland wie Europa nie vergessen dürfen: Nur die Verbindung mit den USA bringt die globale Handlungsfähigkeit, die Europa braucht, aus eigener Kraft aber auf absehbare Zeit nicht erreichen wird. Wer also jetzt den Schulterschluß mit den USA verpaßt, wer heute glaubt, mit relativ substanzlosen strategischen Partnerschaften jonglieren zu können, wer meint, statt Beiträge zu leisten, Bedenken artikulieren zu müssen, der könnte schon morgen allein und im Abseits stehen.

Sieht man die längerfristigen Trends, dann wird die Notwendigkeit eines engen transatlantischen Schulterschlusses noch deutlicher. Die bipolare Welt war berechenbar, doch das ist vorbei.

Neue, ja zusätzliche Krisen sind in den Jahren vor uns um vieles wahrscheinlicher als eine Entwicklung ohne Krisen und Konflikte. Ohne Pessimist sein zu wollen, muß man sagen, daß es in den kommenden Jahrzehnten wegen der Unberechenbarkeit vieler Entwicklungen vermutlich um vieles schwerer sein wird, Frieden zu erhalten, als es in den angeblich so gefährlichen, aber sehr berechenbaren Jahren des Kalten Krieges gewesen ist.

Damit gehört die reaktive Abschreckung bisheriger Prägung für die Lösung der wahrscheinlichsten Konflikte in den

Der Kommandant mit der traditionellen weißen Mütze und seine Wachoffiziere im Turm von U 32, dem modernsten U-Boot der Marine, das ebenfalls zur Seeraumüberwachung eingesetzt wird (PIZ-Marine)

vor uns liegenden Jahren der Vergangenheit an, nicht zuletzt weil die Auflösung der bipolaren Welt nahezu für jedermann den Zugang zu Waffen aller Art ermöglicht hat. Die neuen und künftigen Besitzer von Massenvernichtungswaffen gehen aber von einem anderen Denken und vor allem einem anderen Menschenbild aus. Sie in das hochkomplexe, aber letztlich doch auf Resten gemeinsamer Wertvorstellungen beruhende System herkömmlicher Abschreckung einzubeziehen dürfte kaum möglich sein. Der 11. September hat dies in aller Brutalität belegt. Das ist übrigens einer der Gründe, die in den USA dazu geführt haben und weiter dazu führen werden, der Kombination aus Schutz und vorbeugendem Handeln Vorrang vor der bisher gültigen Abschreckung zu geben.

Doch nicht nur Abschreckung herkömmlicher Art ist passé, auch die Vorstellung, man könne sich wie im kalten Krieg auf eine bestimmte Form eines Konfliktes vorbereiten und davon ausgehen, daß die Risiken von Konflikten weitgehend von den Soldaten, nicht aber von Soldaten und Gesellschaft zu tragen seien.

Wir alle wissen seit Jahren, daß Globalisierung mehr ist als bessere Integration der Wirtschaft, billigere Kommunikation und ständig wachsende globale Vernetzung. Globalisierung bedeutet auch, zumindest vorübergehend, Vertiefung der Kluft zwischen Arm und Reich und gleichzeitig nahezu unbegrenzten Zugang der Armen zu den Waffen der Reichen. Das Ergebnis ist eine Welt, in der drei Welten gleichzeitig und nebeneinander existieren und, vor allem in Konflikten, auch ineinander übergehen: die vormoderne, die moderne und die postmoderne Welt. Damit gibt es auch gleichzeitig und nebeneinander die Konfliktformen, wie sie für jede dieser Welten typisch sind.

Die postmoderne Welt der vernetzten, globalen Gesellschaften gibt der Transparenz, dem Informationsaustausch und der Kommunikation Vorrang. Damit haben alle die Chance, am Wirtschaftswachstum teilzunehmen, aber territoriale Grenzen verlieren an Bedeutung, und die Rolle des Staates wandelt sich.

Daraus können Konflikte entstehen, sei es, weil Staaten am tradierten Verständnis staatlicher Souveränität festhalten wollen, sei es, weil die wirtschaftliche Kluft zu groß wird.

Gleichzeitig besteht aber die moderne, von den Postmodernen als altmodisch empfundene Welt weiter. Sie ist die Welt des Gleichgewichts der Macht, der Bündnisse und der Geheimhaltung, also der Instrumente, mit denen man seine nationalen Interessen schützt und mit denen man versucht, Konflikte mit denen zu verhindern, die anderen Zielen folgen wollen. In dieser Welt hat nicht postmoderne Diplomatie Vorrang, sondern die Drohung mit und die Anwendung von Gewalt, die in einem Zustand eines machtpolitischen Gleichgewichts eine Option der Politik bleibt. Der Nahe Osten ist die Region, in der man gegenwärtig die Konfliktlösungen der modernen Welt am deutlichsten sehen kann.

Schließlich gibt es vormoderne Inseln in unserer Welt, auf denen Regeln gelten, die der modernen wie der postmodernen Welt fremd sind. Zum Teil ist es religiöses Eifertum, das diese Regeln bestimmt, zum Teil eine Mischung aus Stammesdenken und übersteigertem Nationalismus, fast immer unterfüttert von Wirtschaftssystemen, die außer Landwirtschaft nichts zu bieten haben. Dort gibt es Formen der Legitimation von Gewalt als Mittel der Politik, die in der postmodernen wie auch in der modernen Welt als überwunden gelten.

Natürlich spricht alles dafür, daß sich langfristig die Konfliktlösungen der postmodernen Welt durchsetzen werden, aber gegenwärtig muß man eben mit den Vorstellungen der modernen und der vormodernen Welt ringen und versuchen, wenigstens die Ordnung der modernen Welt zu bewahren, in der sich die Gegenspieler die Instrumente der postmodernen Welt, wie globale Kommunikation und weltweite Finanzströme ebenso zunutze machen wie die Waffen der modernen Welt bis hin zu Massenvernichtungswaffen.

Mit dieser Großwetterlage vor Augen muß man fragen, welchen Risiken mit welchen Mitteln zu begegnen ist. Eine Folgerung sei aber schon an dieser Stelle erlaubt: Es genügt nicht mehr, sich wie im Kalten Krieg auf eine Form von Konflikt einzustellen. Streitkräfte postmoderner Staaten müssen die ganze Bandbreite militärischen Handelns der vormodernen, der modernen und der postmodernen Welt abdecken können. Der Soldat von morgen muß im Kampf Mann gegen Mann ebenso bestehen können wie als »Cyberwarrior«, eine noch nie erhobene Forderung, die zu einer Revolution in Ausbildung und Einsatzbereitschaft der Truppe führen wird.

Die Frage nach Risiken kann nur beantwortet werden, wenn man zuvor die Konfliktursachen beleuchtet hat, die nur stichwortartig genannt seien: Wirtschaftliche, soziale oder ökologische Zusammenbrüche von Staaten, die Handlungsfähigkeit von Regierungen sprengende Katastrophen oder der Zugang zu lebenswichtigen Rohstoffen, allen voran Wasser, können zu Konflikten führen.

Die Unzahl denkbarer Nationalitäten-, Religions-, und Territorialkonflikte birgt Zündstoff.

Verbrechen gegen die Menschlichkeit könnten vermehrt zu Interventionen führen, da es in einer vernetzten Welt schlicht unmöglich ist wegzusehen.

Daraus folgt: Krieg bleibt ein Instrument der Politik, besonders in der modernen und vormodernen Welt. Dort sieht man allerdings zunehmend, daß man der ständig wachsenden Überlegenheit der postmodernen Welt am besten durch asymmetrische Kriegführung, beispielsweise durch Terrorismus, begegnet.

Die NATO- und EU-Staaten werden sich aus Konflikten nicht heraushalten können und müssen sich daher auf ein breites Spektrum möglicher Risiken einstellen.

Welche Risiken bestehen?

Die herkömmlichen Risiken, Risiken aus nicht abgeschlossenen Transformationsprozessen und die aus der Instabilität Südosteuropas resultierenden Risiken treten in den Hintergrund. Es bleibt allerdings geboten, sich auf ungünstige und derzeit nicht vorhersehbare Risiken einzustellen. Landesverteidigung allein reicht aber zur Begründung von Streitkräfteplanungen in der EU nicht mehr aus. Landesverteidigung wird im Europa der EU am besten erreicht, wenn man den Risiken da begegnet, wo sie entstehen, und man sie so vom eigenen und Bündnisgebiet fernhält. Die Streitkräfte müssen daher zur Intervention und der damit immer verbundenen Anschlußaufgabe der Stabilisierung im Interventionsgebiet fähig sein. Der bislang durch die Aufgabenstellung Landesverteidigung begründete Vorrang des Heeres in Deutschland ist damit nicht mehr aufrechtzuerhalten.

Risiken an der Peripherie Europas können zu Konflikten im Mittelmeerraum führen, die Handeln der NATO/EU verlangen könnten.

Vor allem jedoch gilt es, den neuen Risiken zu begegnen, auf die die militärische Führung auch in Deutschland seit 1991 hingewiesen hat und die im Strategischen Konzept der NATO 1999 deutlich angesprochen wurden. Leider blieb die Verwirklichung der entsprechenden Konsequenzen in den Streitkräfteplanungen der Nationen bislang unbefriedigend.

Unter neuen Risiken ist eine breite Palette denkbarer offensiver Handlungen von staatlichen wie nichtstaatlichen Akteuren zu verstehen. Terrorismus aller Art, Piraterie, die bedenklich zunimmt, Einsatz von Söldnertruppen, Nutzung von Massenvernichtungswaffen und Angriffe aus dem Cyberspace bis hin zu gelenkten Migrationsbewegungen oder anderen Schritten zur Schädigung von Volkswirtschaften sind die möglichen Instrumente. Aber auch defensive asymmetrische Reaktionen wie Verweigerung von Zugangs- und Überflugrechten sind denkbar.

Was bedeutet dies für die Planung der Verteidigung und der Streitkräfte?

Es genügt nicht mehr, die Verteidigung einer Region, wie z. B. Europa, zu planen, die Herausforderung ist, Risiken frühzeitig zu erkennen, zu versuchen, das Umschlagen einer Krise in bewaffnete Konflikte zu verhindern, zumindest aber diese Konflikte so einzudämmen, daß die Masse der Kampfhandlungen weit außerhalb des eigenen Staats-/Bündnisgebietes ausgetragen wird.

Dieses muß natürlich weiter geschützt werden, aber nicht mehr vorrangig gegen Angriffe herkömmlicher Art, sondern gegen Massenvernichtungswaffen, gegen alle Formen terroristischer Angriffe und gegen Versuche, das Wirtschafts- und Sozialsystem zu beschädigen.

Gebraucht wird also gegenüber unberechenbaren Gegnern eine Defensivstrategie, die auf politische Eindämmung und Konfliktprävention setzt, die sich einer aktiven und nicht länger reaktiven Abschreckung, gestützt auf ausreichenden Schutz des Hoheitsgebietes der Bündnisnationen, bedient und die Streitkräfte einsetzen kann, die durch Intervention die Risiken vom Gebiet der Bündnisstaaten fernhalten können.

Notwendigkeit von Seestreitkräften: Kann man eine solche Strategie ohne maritime Macht verwirklichen?

Ein Blick auf den Globus zeigt: 80 % aller denkbaren Krisengebiete liegen in Zonen, die im Durchschnitt nicht weiter als ca. 200 km von einer Küste entfernt sind. Am wirkungsvollsten ist daher eine Strategie, die sich der Machtprojektion »onward from the sea« bedienen kann, weil diese kaum von Überflug- und Zugangsrechten abhängig ist. Eine solche Strategie, die im übrigen auch mehr Optionen zur Konfliktverhinderung durch flexible Nutzung der ihr eigenen Eskalations- wie Deeskalationsoptionen bietet als jede denkbare Alternative, ist

Flottendienstboot OKER, *das zusammen mit* ALSTER *und* OSTE *als »Meßboot« für die fernmeldetechnische und elektronische Aufklärung eingesetzt wird*

(PIZ-Marine)

ohne projektionsfähige Seestreitkräfte nicht zu verwirklichen.

Würde Europa darauf verzichten, verurteilte es sich selbst zur Reaktion, es gliche einem Fechter, der glaubt, nur durch Paraden gewinnen zu können, und es machte sich noch verwundbarer, als es ohnehin schon ist.

Die Frage, ob Europa Seestreitkräfte braucht, ist damit mit einem eindeutigen Ja zu beantworten. Hinzu kommen die großen politischen und strategischen Vorteile, die Seestreitkräfte in Lagen bieten, die durch Unberechenbarkeit, die Notwendigkeit zu rascher Reaktion, wenn man Konflikte verhindern will, und durch Distanz zum Heimatgebiet gekennzeichnet sind:

Reaktion ist früh in der Krise möglich, weil die Entscheidung zu intervenieren fallen kann, nachdem man Streitkräfte nahe am Interventionsgebiet hat, und Machtprojektion von der See her (»onward from the sea«) kann in großer Unabhängigkeit von Lande- und Überflugrechten geschehen. Seestreitkräfte sind gegenüber Zugangsverweigerung (»access denial«), einer sehr wirksamen asymmetrischen Reaktion, am unempfindlichsten.

Auch für das Europa der EU gilt, was Alfred Thayer Mahan für die USA formulierte: Eine starke Marine plus eine günstige geostrategische Position bietet den einzigartigen Vorteil, an jeder Stelle und wo immer nötig Macht zu projizieren.

Doch Europa hat weder eine günstige geostrategische Position noch starke Seestreitkräfte. Will es also Krisen bewältigen, die in Gebieten entstehen, die zu 80 % am einfachsten von See her erreichbar sind, dann braucht Europa auch weiterhin das Bündnis mit den USA. Das beste Mittel, die USA eng mit Europa verbunden zu halten, ist nach wie vor die NATO, aber sie bedarf weiterer Veränderung. Die wird nur Erfolg haben, wenn Europa sich selbst zum unverzichtbaren Partner der USA macht, nach eigenem Verständnis der »indispensable nation« also. Dann wird in den USA gerade nach den Erfahrungen im Irak das Verständnis wachsen, daß man mit einem Bündnis den Wirrnissen dieser Welt besser begegnen kann als mit

schwer zusammenzuhaltenden »Ad-hoc«-Koalitionen.

Unverzichtbarer Partner wird man aber nicht, wenn man beispielsweise kaum eigene Projektions- und Interventionsfähigkeiten aufweisen kann. Die Frage ist deshalb: Welche Seestreitkräfte braucht Europa?

Sicher keine Kopie der US Navy, aber Seestreitkräfte, die interoperabel sind, die zur Machtprojektion von See aus fähig sind und die streitkräftegemeinsam (»joint«) und multinational (»combined«) operieren können. Fast alle europäischen Seestreitkräfte genügen diesen Anforderungen nicht. Sie haben erheblichen Nachholbedarf, ganz besonders was streitkräftegemeinsame Operationen anbelangt.

»Jointness« heißt natürlich auch, daß bestimmte »Multiplikator«-Funktionen entweder von einer anderen Teilstreitkraft oder von Verbündeten oder durch gemeinsame multinationale Truppenteile bereitgestellt werden können. Der erste Schritt zu wirklich modernen Seestreitkräften ist daher, das Denken in Teilstreitkraft-Autarkie und in eigenständigen Seekriegsoperationen aufzugeben. Beides ist das Denken von vorgestern und führt in Zeiten knapper Haushaltsmittel unweigerlich ins Verderben.

Natürlich könnte man den Weg zu diesen Fähigkeiten Europas über eine Aufgaben- und Rollenteilung unter den Nationen gehen, doch die Voraussetzungen dafür, eine wahre europäische Außen- und Sicherheitspolitik und die Bereitschaft der Nationen, Teile ihrer nationalen Souveränität an Organisationen wie NATO oder EU abzugeben, sind weder heute noch in der absehbaren Zukunft gegeben.

Vorstellbar sind aber eine Aufgabenteilung in bestimmten Funktionen und die Zusammenfassung von bestimmten Elementen unter einem gemeinsamen europäischen oder NATO-Kommando bei gleichzeitiger Wahrung minimaler nationaler Handlungsoptionen. Als Beispiele für multinationale Komponenten sind Aufgaben wie C4ISR (Command and Control, Consultation, Communications, Intelligence, Surveillance, Reconnaissance), EW (Electronic Warfare), Luft- und Raketenverteidigung oder auch eine europäische »Cruise Missile«-Komponente zu nennen. Als Beispiele für gemeinsame Komponenten bieten sich Luft- und Seetransport an, aber auch Elemente, die im Umfang zu klein sind, um gesonderten nationalen Führungsaufwand zu rechtfertigen.

Man sollte über solche Ansätze nachdenken, und man sollte mit den Elementen beginnen, in denen die USA Verstärkung gebrauchen könnten.

Europa muß für die USA unverzichtbar werden, um für Europa über die NATO Zugang zu Fähigkeiten zu erhalten, die Europa nicht hat und wohl auch nicht schaffen kann. Man könnte also über binationale Kerne oder über europäische Komponenten der Kategorie »Force Multiplier« nachdenken, die durch Zusammenfassung mit US-Elementen unter dem Dach der NATO im Bedarfsfall auch NATO-»Component Forces« werden können.

Diesem ersten EU-Planungsschritt müßte als nächster die Überprüfung und Harmonisierung der nationalen Planungen für alle Elemente der europäischen Seestreitkräfte folgen. Auch hier sollte man unkonventionell denken, vorausgesetzt, die Politik ist bereit, enge Grenzen nationaler Souveränität zu durchbrechen. Aber ist es wirklich undenkbar, daß Deutschland die Trägerflugzeuge für einen französischen Flugzeugträger stellt?

Ein solcher Optimierungsprozeß der europäischen Seestreitkräfte würde der EU eine eingeschränkte Projektionsfähigkeit geben, die natürlich durch entspre-

Zusammen mit den Schwesterschiffen HAMBURG *und* HESSEN *gehört die als Flugabwehrfregatte konzipierte* SACHSEN *zu den modernsten Kampfschiffen der Marine*

(PIZ-Marine)

chende Planungen für interventionsfähige Land- und Luftstreitkräfte ergänzt und durch Verbesserungen beim Schutz der Territorien gegen Terrorismus aller Art abgerundet werden müßte.

Eine so gerüstete, weil unverändert auf die Freiheit des Seehandels angewiesene EU könnte in begrenztem Maße die eigenen Seeverbindungen (»sea lines of communication«) schützen, und sie würde ein Partner, auf den die USA nicht länger verzichten könnten. Dies könnte die Traumformel sein, mit der man auch amerikanischen Neigungen zum Unilateralismus erfolgreich begegnen könnte. Eine von der Freiheit der Meere abhängige EU dagegen, die wegen mangelnder Finanzmittel weiterhin nationale Mängelverwaltung betreibt und damit auf moderne Seestreitkräfte und

deren Projektionsfähigkeit verzichtet, verurteilt sich selbst zur Reaktion und zur Abhängigkeit von den USA. Sie bliebe ein wirtschaftlicher Riese, sofern sie ihre demographischen Probleme lösen könnte, aber politisch, in einer Zeit voll Unsicherheit, ein impotenter Zwerg.

Die Antwort auf die Frage, ob Europa Seestreitkräfte brauche, ist daher eindeutig: Ja, mehr denn je! Es müssen allerdings Seestreitkräfte sein, die in der Lage sind, die Risiken auf Distanz zu halten und zu helfen, Konflikte vorbeugend zu verhindern.

Selbst eingefleischte Landratten würden dann begreifen, daß noch immer gilt, was schon im alten Rom zum Erfolg führte: »Navigare necesse est – Seefahrt tut not!«

Zwei Tage nach dem Anschlag vom 11. September 2001 bezeugte die Besatzung des FK-Zerstörers Lütjens bei der Begegnung mit USS Winston S. Churchill ihre Solidarität mit den Opfern von New York. Man setzte die Dienstflagge auf halbmast, auch die Flagge der USA wurde halbmast vorgeheißt. Die Besatzung trat an Oberdeck an und enthüllte ein weißes Tuch mit dem Spruch »We Stand by You«. Diese spontane Solidaritätsbekundung beeindruckte auch den amerikanischen Kongreß. Der Abgeordnete Gil Gutknecht lud eine Delegation der Lütjens-Besatzung nach Washington ein, um sich zu bedanken (Slg. DMI)

50 Jahre Ausrüstung für die Bundeswehr

Wenn es um Aufklärung, präzise Wirkung im Ziel, den Schutz der Soldaten oder die Mobilität im Gelände geht, verfügt die Bundeswehr über einsatzerprobte Lösungen von Diehl.

Seit 50 Jahren vertraut das Heer auf unsere Instandsetzungslogistik und die unübertroffene Laufleistung der Diehl Systemkette.

Waffen- und Avioniksysteme verleihen Piloten die nötige Sicherheit und Überlegenheit in der Luft. Auch die Marine baut in puncto Durchsetzungsfähigkeit und Schutz auf Diehl.

50 Jahre erfolgreiche Partnerschaft – wir danken für das Vertrauen.

www.diehl-va-systeme.de

DIEHL
VA Systeme

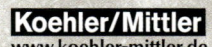

Motoren der MTU Friedrichshafen –
Zuverlässige Antriebssysteme auf See

Die Bundeswehr arbeitet seit ihrer Gründung eng mit der MTU Friedrichshafen, Hersteller von schnelllaufenden Dieselmotoren, zusammen, die die Deutsche Marine mit modernster Antriebstechnik versorgt. Traditioneller Schwerpunkt des Unternehmens ist die Konstruktion von kompakten, leistungsstarken Dieselmotoren, die passgenau auf die jeweiligen Anforderungsprofile der Kunden ausgelegt sind. Aufgrund ihrer fundierten Erfahrung übernimmt die MTU Friedrichshafen neben dem Einbau der Motoren auch vielfach die Verantwortung für die kompletten Antriebssysteme in Marineschiffen.

Schiffsmotoren, die bei der Marine eingesetzt werden, müssen ein breites Spektrum an Anforderungen erfüllen. Besonders wichtig ist die hohe Zuverlässigkeit der Motoren, eine lange Lebensdauer und eine uneingeschränkte Verfügbarkeit. Eine hohe Leistung bei geringem Gewicht gehört zusammen mit geringen akustischen, optischen und Infrarot-Signaturen, hoher Schockfestigkeit, niedrigem Kraftstoffverbrauch und langen, planbaren Wartungsintervallen zu den wichtigsten Anforderungsprofilen. Die Antriebssysteme der MTU Friedrichshafen für große militärische Schiffe entsprechen den hohen Standards der Marine.

MODERNISIERUNG DER ANTRIEBSTECHNIK. Seit 25 Jahren werden für die Marine kombinierte Antriebssysteme geliefert. Je nach technisch-taktischen Forderungen kann das Schiff mit einer CODAD-Anlage (Combined Diesel And Diesel), oder einer CODAG-Anlage (Combined Diesel And Gasturbine) ausgerüstet werden. Davor stattete die Deutsche Marine ihre Schiffe mit direkten Antriebssystemen und Fest- oder Verstellpropeller aus. Die CODAG-Anlagen gehören zu den modernsten schiffstechnischen Anlagen und zeichnen sich vor allem durch niedrige Beschaffungskosten aus, da bei Marschfahrt von circa 20 Knoten beide Propeller von nur einem Motor angetrieben werden und bei der Schnellfahrt die Gasturbine gemeinsam mit den Motoren den Vortrieb leisten. Ein Schiff mit einer Combined Diesel or Gas (CODOG)-Anlage wird im oberen Geschwindigkeitsbereich hingegen von zwei Gasturbinen angetrieben. In den 80er Jahren erhielt die Deutsche Marine acht neue Fregatten der Klasse F122, die alle von MTU-Motoren angetrieben wurden. Die sechs neuen Fregatten der 90er Jahre der F123-Klasse bekamen einen CODOG-Antrieb mit 20-Zylinder-Motoren der Baureihe 956 von MTU sowie zwei Gasturbinen. Die kürzlich in Dienst gestellten Fregat-

Die neuen Fregatten der Klasse F124 der Deutschen Marine haben eine CODAG-Antriebsanlage mit 20 Zylinder-Motoren der Baureihe 1163 der MTU Friedrichshafen.

ten der Klasse F124 der Deutsche Marine verfügen über eine CODAG-Anlage mit je zwei MTU-Dieseln der Baureihe 1163 und einer Gasturbine. Auch die neue Korvette K130 wird mit dem Antriebsdiesel der Baureihe 1163 ausgerüstet. Bei U-Bootsantrieben spielt die MTU seit den 60er Jahren eine führende Rolle in der Entwicklung und Konstruktion. Mit der Baureihe 396, die speziell für den U-Booteinsatz adaptiert wurde, gehört die MTU Friedrichshafen zu den weltweit führenden Herstellern von Serienmotoren für U-Boote.

Autorin: Regine Hurth

Die MTU Friedrichshafen gehört mit ihren Tochterunternehmen zu den weltweit führenden Herstellern von Großdieselmotoren und kompletten Antriebssystemen für Off-Highway-Anwendungen. Das Unternehmen geht auf den 1909 von Graf Ferdinand von Zeppelin sowie Wilhelm und Karl Maybach gegründeten Maybach-Motorenbau zurück. Ab 1912 entstanden unter dem Markennamen „Maybach" in Friedrichshafen Luftschiff- und Flugmotoren sowie Antriebssysteme für Bahnen und Schiffe. Nach 1945 konzentrierte sich das Unternehmen, das seit 1969 als MTU Friedrichshafen firmiert, auf schnell laufende Dieselmotoren für Anwendungen aller Art „zu Lande, zu Wasser und in der Luft". Heute produziert die MTU Friedrichshafen Dieselmotoren und Antriebssysteme für die Anwendungsfelder Schiffe, schwere Landfahrzeuge, Schienenfahrzeuge und dezentrale Energieanlagen im Leistungsbereich von 20 bis über 9.000 kW.

Die militärischen Aufgabenstellungen haben sich in den vergangenen Jahren verändert: Zu den alten Einsatzstrategien wie der Sicherung von Küsten und Seewegen sind neue hinzugekommen. Die Sammlung und Auswertung von Informationen zur Aufklärung und Entscheidungsfindung spielen heute eine gleichermaßen wichtige Rolle.

Das bedeutet auch neue Anforderungen an die Technik. Denn bevor der Schutz ganzer Nationen gewährleistet werden kann, heißt es zuerst, alles für die Sicherheit der Mannschaft und des Schiffes zu unternehmen. Um die Verfügbarkeit, die Zuverlässigkeit und nicht zuletzt die Standfestigkeit der Schiffe und deren Anlagen zu erhöhen, entwickeln wir deshalb seit 125 Jahren Innovationen für Überwasserschiffe und für U-Boote. Beispielsweise hocheffiziente

Antriebslösungen wie den Permanentmagneterregten PERMASYN-Motor, der in Kombination mit einer Brennstoffzelle schon heute die Signatur erheblich verringert. Oder Automatisierungskonzepte, deren Benutzerfreundlichkeit nicht nur die Mannschaft entlastet, sondern auch die realistische Simulation eines Ernstfalles ermöglicht.

In unserer Produktfamilie SINAVY[CIS] werden alle elektrotechnischen Anlagen an Bord integriert – über die gesamte Lebensdauer eines Schiffes. Das Einzigartige an diesem Konzept: Es berücksichtigt nicht nur höchste Sicherheitsstandards, sondern auch die Senkung der kurz- wie langfristigen Kosten über den gesamten Lebenszyklus. Vorausschauende Servicekonzepte sichern die dauerhaft hohe Verfügbarkeit der Flotte – und damit ihre Sicherheit.

www.siemens.com/marine

Ob für die deutsche Marine, die Partner der NATO oder andere befreundete Staaten: ihre Effizienz und Wirtschaftlichkeit konnten unsere Lösungen für Marineschiffe bereits vielfach unter Beweis stellen.

Maritime Rüstungskapazitäten – ein Anliegen deutscher Sicherheitspolitik

Eckhard Rohkamm und Jürgen Wessel

Die Struktur
der deutschen maritimen Rüstungsindustrie

Mit der ab 1955 eingeleiteten Wiederaufrüstung in Westdeutschland entschied der Deutsche Bundestag, daß die Rüstungsindustrie rein privatwirtschaftlich zu organisieren sei. Parallel dazu etablierte sich im Jahre 1956 mit der »Abteilung XI, Rüstungsamt« des BMVg bereits der Vorläufer für das im Jahre 1957 durch den damaligen Verteidigungsminister Franz Josef Strauß gegründete »Bundesamt für Wehrtechnik und Beschaffung«. Das BWB arbeitete und entschied als rein zivile Behörde nach streng markt- und betriebswirtschaftlichen Grundsätzen und holte so für den Rüstungsbedarf der Streitkräfte die Angebote der Industrie ein.

Anders, als dies im Vorkriegs-Deutschland der Fall war, unterhielt der öffentliche Auftraggeber keine eigenen staatlichen Marinewerften, wie sie früher mit der Kriegsmarinewerft Wilhelmshaven und den Deutschen Werken Kiel bestanden. Ebensowenig gab es die großen Konstruktionsbüros, wie sie die Kriegsmarine in Berlin unterhielt und in denen die sogenannten Amtsentwürfe entstanden, nach denen die Werften ggf. noch Detail- und Fertigungszeichnungen anfertigten und die Schiffe schließlich bauten. Neben ihrer vorrangigen Verpflichtung, Aufträge nach betriebswirtschaftlichen Grundsätzen zu vergeben, beschränkte sich die Arbeit des BWB auf die folgenden Verantwortlichkeiten:

– Forschung und Technologie im Vorfeld von Entwicklungen
– Entwicklung
– Erprobung
– Mitwirkung bei der Instandhaltung
– Verwertung ausgesonderten Wehrmaterials.

Das BWB verfügt über zwei Marinearsenale – eins in Kiel und eins in Wilhelmshaven –, in denen Wartungs- und Instandhaltungsarbeiten an den Schiffen der Marine vorgenommen werden. Für Reparaturaufträge bedient sich die Marine wiederum der deutschen Werftindustrie. Marinetechnische Entwicklungs- und Erprobungsaufgaben läßt das BWB in ihrer »wehrtechnischen Dienststelle« – WTD 71 – bearbeiten. Eine weitere wichtige Aufgabe für die

Trotz erheblicher Bombenschäden an den Werftanlagen von Blohm + Voss waren die dort im Bau befindlichen U-Boote im Mai 1945 noch unbeschädigt geblieben

(Witthöft: 125 Jahre Blohm + Voss, Koehlers Verlagsgesellschaft mbH)

Marinetechnik, die vom BWB übernommen wird, besteht in der verantwortungsvollen Ausarbeitung und Erstellung von Bauvorschriften, nach denen die Schiffe der Marine zu entwerfen und zu bauen sind.

Marine und BWB bedienen sich ferner zur Vorbereitung von Rüstungsvorhaben privatwirtschaftlich geführter Ingenieur- oder Entwurfsbüros, die die Beschaffungsbehörde mit der Ausarbeitung verschiedener Vorstufen zur schiffstechnischen Entwurfsarbeit unterstützen. Es sind dies im wesentlichen Arbeiten, die in der »Definitions-«, »Konzept-« und der »Entwurfsphase« anfallen. Die für den Entwurf von Überwasserschiffen eingesetzte Entwicklungsfirma ist die MTG, damals »Marinetechnik Planungsgesellschaft«, heute die »Marinetechnik GmbH«.

Maritime Rüstungskapazitäten im Jahre 1955

Schwierig gestaltete sich zunächst die Frage nach den geeigneten Werften, auf denen die neuen Schiffe der Bundesmarine gebaut werden sollten. Die beiden bis Kriegsende staatlich geführten Schiffbauplätze – die Kriegsmarinewerft Wilhelmshaven und die Deutschen Werke in Kiel – waren vollständig demontiert und entsprachen auch nicht dem privatwirtschaftlichen Konzept, auf das man sich gesetzgeberisch verständigt hatte. Die zur Friedrich Krupp AG gehörenden Werften AG Weser in Bremen und die Seebeck Werft in Bremerhaven wie auch Blohm + Voss in Hamburg erhielten von ihren Firmenleitungen die Anweisung, sich in keiner Weise um Aufträge für die Marinerüstung zu bemühen. Sowohl die zum Krupp-Konzern gehörenden Werften als auch die Werft von Blohm + Voss standen vor dem gleichen Dilemma, daß nämlich ihre Eigentümer für die WK II-Kriegs- und Rüstungspolitik verantwortlich gemacht wurden und dafür mit Gefängnis und Einzug eines großen Teils ihres Vermögens bestraft wurden.

Vorstände und Geschäftsführungen anderer Werften, die von ihren Kapazitäten her für den Bau komplexer Kriegsschiffe geeignet waren, hatten ähnliche politische oder auch – angesichts des Elends des Zweiten Weltkriegs – moralische Zweifel. Für diese Werften, zu denen die Deutsche Werft in Fin-

Zerstörer HAMBURG *der Klasse 101 kurz vor dem Stapellauf am 26. März 1960 bei der Stülcken-Werft in Hamburg* (Slg. TKMS)

kenwerder, die Howaldtswerke in Hamburg und Kiel, der Bremer Vulkan wie auch die Flender Werke und O+K in Lübeck sowie die FSG in Flensburg gehörten, war aber schließlich entscheidend, daß sie sich inmitten eines wirtschaftlichen Aufschwungs befanden, der, nicht zuletzt von dem Koreakrieg verursacht, einen weltweit sprunghaft angestiegenen Bedarf nach Handelsschiffsraum ausgelöst hatte. Innerhalb weniger Jahre erklommen die deutschen Werften mit mehr als 1,0 Mio. BRT bei über 1,5 Mio. tdw jährlicher Neubautonnage den zweiten Platz unter den führenden Schiffbauländern. Somit besaßen Marine-Bauaufträge für die meisten westdeutschen Werftbetriebe damals keine besonders große Anziehungskraft.

Als Glücksfall für die im Aufbau begriffene Bundesmarine mußte es daher angesehen werden, daß die Stülckenwerft in Hamburg, aber auch so renommierte und im Bau von Schnellbooten und Minensuchbooten erfahrene Schiffbaubetriebe wie

Lürssen oder Abeking und Rasmussen (A+R) in Bremen, Kröger in Rendsburg, aber auch die Werft Burmester in Burg sowie Schürenstedt in Bardenfleth sich bereit erklärten, den Marineschiffbau aufzunehmen. Ebenso fand sich die Werft Nobiskrug in Rendsburg am Nord-Ostsee-Kanal 1956 dazu bereit, das technisch anspruchsvolle Schulschiff DEUTSCHLAND zu bauen. Für dieses Schulschiff mußte erstmalig eine Ausnahmeregelung bei der WEU beantragt werden, um das Schiff mit einer größeren Verdrängung als den vereinbarten 3.000 t in Dienst stellen zu können. Das Schulschiff DEUTSCHLAND erhielt bei der Werft Nobiskrug ein eigenes, d. h. auf die Hauptabmessungen des Schiffes ausgelegtes Reparatur-Trockendock, das speziell mit einer Grube im Dockboden versehen wurde, um so den Kielsonardom beim Eindocken sicher aufzunehmen.

Für den Bau von U-Booten hatte man zunächst gehofft, hierfür die Werft Blohm + Voss zu gewinnen. Aus den vorab genannten Gründen lehnte die Familie Blohm, vertreten durch den Sohn des Werftgründers, dies jedoch rundweg ab. Lediglich zum Nachbau des – unbewaffneten – Segelschulschiffes GORCH FOCK fand man sich bereit.

Nachdem die Bundesrepublik Deutschland mit dem am 5. Mai 1955 in Kraft getretenen WEU-Vertrag die Wehrhoheit erlangt hatte, liefen nunmehr alle Maßnahmen zum Aufbau der Marinestreitkräfte zügig an. In geringfügiger Abänderung des politisch zunächst mit den Alliierten ausgehandelten Flottenbestandes der Wagner-Denkschrift wurde neben 65 Flugzeugen und Hubschraubern folgendes Bauprogramm am 1. Juli 1955 vom Bundestag beschlossen und größtenteils bereits 1956 in den Bundeshaushalt eingestellt:

– 12 Zerstörer	– 2 Minenleger
– 6 Geleitboote	– 40 Schnellboote
– 24 Küstenminensuchboote	– 12 U-Boote
– 30 Schnelle Minensuchboote	– 11 Tender (für S-und M-Boote)
– 46 Landungsboote	– 2 Schulschiffe

Dieses ehrgeizige Bauprogramm stellte einen gewaltigen Auftragswert von damals über vier Milliarden D-Mark dar, was bei einer zugrunde gelegten Preissteigerung von 3,5 % nach heutigem Geldwert einem Betrag von ca. elf Milliarden Euro entspräche.

Werftkapazitäten bei Schnellbooten und Minensuchbooten

Das vorrangig von der Bundesmarine geforderte Bauprogramm für Schnellboote und Minensucher wurden ab 1957 gemeinsam mit der Auftragserteilung und vereinzelt – wie im Fall der Schnellboote von Lürssen – auch bereits im Jahre 1956 begonnen. Im großen und ganzen waren die Schiffe dieses Programms zu Anfang der sechziger Jahre, d. h. ca. fünf Jahre nach Baubeginn, an die Marine ausgeliefert oder wenigstens vom Stapel gelaufen. Insbesondere waren dies die fünf Schnellboot- und die acht Minensuchgeschwader der deutschen Bundesmarine, die in einer angemessenen Zeit geliefert wurden. Dieser hohen Zahl von Geschwadern fiel die verteidigungspolitisch bedeutende Aufgabe zu, die Sicherungsaufgaben in der westlichen Ostsee zu übernehmen, wozu allein die Bundes-

Fregatte KÖLN der Klasse 120 im Baudock der der Stülcken-Werft in Hamburg, 1959 (Slg. TKMS)

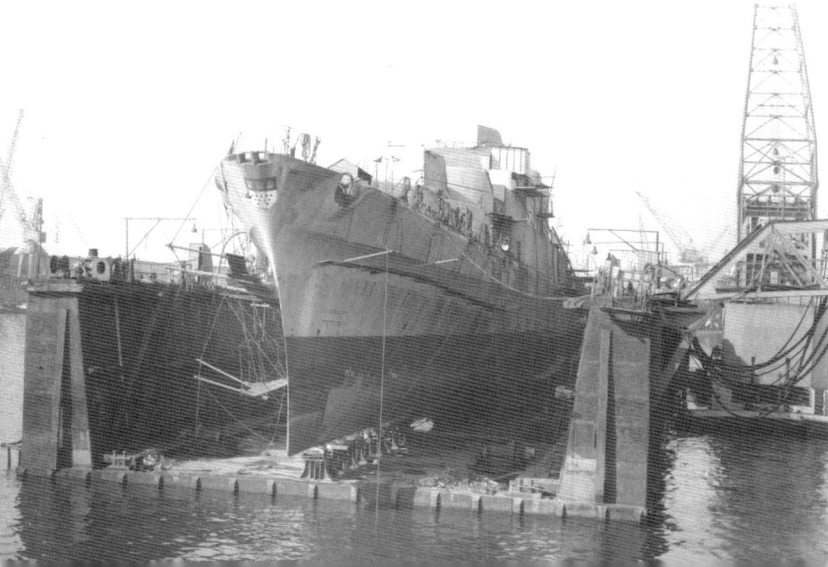

marine mit ihren Schiffen und Erfahrungen in der Lage war.

Beim Bau von Schnellbooten und Minenkampfbooten für die Bundesmarine und für ausländische Marinen haben sich Lürssen und A+R seit langem weltweite Marktführerschaft erworben. So haben die beiden Werften zwischen 1987 und 1993 auch die insgesamt zwanzig hochmodernen Minenkampfboote der Klasse 332 und 343, die aus amagnetischem Stahl gefertigt sind, an die Bundesmarine ausgeliefert.

Für die Jahre zwischen 1956 und 2001 kann Lürssen die folgende Leistungsbilanz vorlegen:
– für den Export gebaute Einheiten: 282
– für die Deutsche Marine gebaute Einheiten: 116
– Gesamtheit aller in Bremen gebauten Schiffe: 398
– im Rahmen von Lizenzverträgen im Ausland gebaute Einheiten: 136

Ähnlich verhält es sich mit der Werft A+R, die neben ihrem Marineschiffbau ebenfalls auf eine lange Tradition als weltbekannte Yachtwerft verweisen kann. Zwischen 1955 und 2005 hat A+R allein für die Marinen weltweit die folgenden Schiffe – meistens Minenkampfboote – geliefert:
– für die Deutsche Marine: 32
– für ausländische Marinen: 39
– insgesamt: 71

Bauvorschriften und Organisation der Auftragserteilung

Um der Marine die benötigten Schiffe zur Verfügung zu stellen, standen die Werften teilweise vor völlig neuen Aufgaben, für die es keine ausgearbeiteten Lösungs- und Umsetzungspläne gab. Zunächst einmal fehlten diesen Werften häufig die erfahrenen Ingenieure in den verschiedenen Bereichen des Marineschiffbaus, wie z. B. Waffen, Führungsmittel, Werkstofftechnik, Antriebstechnik etc. Weil die vorhandenen Bauvorschriften, die bis 1945 bei der Kriegsmarine in Gebrauch waren, noch aus den frühen 30er Jahren stammten und somit völlig veraltet waren, fehlten auch verbindliche Vorschriften. Diese Situation führte schließlich dazu, daß das

Bundesministerium der Verteidigung (BMVg) Stülcken beauftragte, eine Bauvorschrift auszuarbeiten, aus der sich schließlich die im Marineschiffbau seit mehr als vier Jahrzehnten bestens bewährte BV 104 für Schiffsfestigkeit entwickelt hat, an deren Ausarbeitung auch das Institut für Schiffbau der Universität Hamburg (Prof. Hansen) beteiligt wurde. Gleiches ergab sich für die Schweiß- oder Schockvorschrift, aber auch z. B. für die Stabilitätsvorschrift, die dann ebenfalls unter maßgeblicher Federführung des Instituts für Schiffbau der Universität Hamburg (Prof. Wendel) erstellt wurde.

Zunächst hatte das BMVg geplant, den Auftrag zum Bau des ersten Loses von vier Einheiten des »Zerstörers 55« an die zum Krupp-Konzern gehörende Werft AG Weser zu vergeben. Da aber Krupp, wie bereits dargelegt, nicht von seiner Beteiligung an der Wiederaufrüstung zu überzeugen war und da auch die anderen aufgeforderten Großwerften wegen der Hochkonjunktur im Handelsschiffbau nicht interessiert waren, übernahm im Jahre 1959 Stülcken auch noch diesen damals noch »freihändig vergebenen« Auftrag, sodaß die Werft schließlich alle zehn großen Kampfschiffe der neuen Bundesmarine baute!

Die Situation der maritimen Zulieferindustrie

Ebenso wie die Werftindustrie in den ersten Jahren unmittelbar nach dem Kriegsende nur an eine zivile Nutzung ihrer Kapazitäten denken konnte, orientierte sich auch die maritime Zulieferindustrie ausschließlich an zivilen Produkten. Insbesondere gab es nicht mehr die Produktion von Marinegeschützen, wie sie vor dem Krieg vorzugsweise von Krupp wahrgenommen wurde. Bei fast allen Waffen- und Sensorsystemen wie 12,7-cm-, 10,0-cm-, 7,6-cm- und 4,0-cm-Rohrwaffen, den Flugkörpern oder dem militärischen Radar und bei den Täuschkörpern zur Abwehr der Suchköpfe gegnerischer Flugkörper ist Deutschland auch heute noch sehr stark von Lieferanten in den USA, in Großbritannien, Italien, Frankreich und den Niederlanden und auch z. T. in der Schweiz abhängig.

Torpedo- und Sonarentwicklung

Ganz anders dagegen entwickelten sich die Verhältnisse bei der Herstellung geeigneter Torpedos, wie sie für die klassischen Torpedoträger – das sind U-Boote und Schnellboote – benötigt wurden. Zwar wurden die ersten Schnellboote der Klassen 140, 141 und 142 wie auch die U-Boote der Klasse 205 noch mit dem deutschen (G 7A) und dem englischen (Mk 8) Torpedo der Vorkriegszeit bewaffnet, um dann jedoch bald auf moderne Torpedos aus deutscher Nachkriegsproduktion umgerüstet zu werden. Hierzu erhielt die AEG, Fachbereich Schiffbau Hamburg, Ende der fünfziger Jahre den Auftrag, einen drahtgelenkten, elektrisch angetriebenen und mit einem akustischen Zielsuchkopf ausgerüsteten Seezieltorpedo, d. h. einen Torpedo mit 21 Zoll = 533 mm Durchmesser, zu entwickeln. Der AEG wurde hierzu die Federführung des Gesamtsystems übertragen, und die Krupp Atlas Elektronik GmbH in Bremen übernahm die Entwicklung des akustischen Suchkopfes. Im Verlauf mehrerer Entwicklungsstufen, mit denen das Konzept fortlaufend verbessert wurde, entstand seit 1958 eine ganze Familie von Torpedos mit den Produktbezeichnungen:

DM 1 SEESCHLANGE
DM 2 SEAL
DM 2 A3 SEEHECHT

DM (Deutsches Modell) 1 und DM 2 waren zunächst Torpedos, die zwischen 1962 und 1975 von der AEG exklusiv für die Bundesmarine entwickelt und gebaut wurden und für die keine Exportgenehmigung erteilt wurde. Bei dem Modell DM 1 (SEESCHLANGE) handelte es sich um eine Waffe, die nur gegen U-Boote, während DM 2 (SEAL) nur gegen Überwasserschiffe eingesetzt wurde. Ab 1968 entwickelte die AEG den für den Export tauglichen Torpedo vom Typ SST (Special Surface Target), der als U-Boot-Torpedo gegen Überwasserziele einzusetzen war. Ab 1975 verlangte der Markt außerhalb Deutschlands allerdings den Torpedo mit »Dual Purpose«-Fähigkeiten, der gleicherma-

ßen Über- und Unterwasserziele bekämpfen konnte. Ab 1975 führte dies zu der Entwicklung des Typs SUT (Surface and Underwater Target), der seit 1977 von ausländischen Marinen, wie z. B. in Chile, Griechenland, Indien und Südkorea, akquiriert wird. Unterdessen entwickelte die AEG für die Bundesmarine und, mit Genehmigung durch die Bundesregierung, für die Königlich Norwegische Marine den Torpedo Typ DM 2 A1, der mit verbesserter Sensorik und verbesserter Manövrierfähigkeit ausgerüstet war und der ab 1980 verfügbar wurde. Aus dieser Entwicklung sind inzwischen die Typen DM 2 A3 und DM 2 A4 hervorgegangen, die unter der Produktbezeichnung SEEHECHT vertrieben werden. Die neuesten Modelle der Serie DM 2 A4 (SEEHECHT) werden in verschiedenen Größen mit der im Folgenden aufgelisteten Bandbreite hergestellt:

Durchmesser	21 Zoll = 533 mm
Länge	4,5 – 6,6 m
Gewicht	1.230 – 1.700 kg
Wellenleistung	ca. 300 kW
Geschwindigkeit, max.	> 45 kn
Reichweite	> 45 km

Die Deutsche Marine setzt den Schwergewichtstorpedo nur noch an Bord ihrer U-Boote ein.

Insgesamt sind in den zurückliegenden Jahren 1.600 Torpedos an 15 Marinen – einschließlich der Bundesmarine – geliefert worden. Entwicklung und Herstellung liegen heute allein in der Zuständigkeit der Atlas Elektronik GmbH in Bremen, die seit langem auch eine ganze Modellfamilie der unterschiedlichsten Sonargeräte für den Einsatz an Bord von Fregatten, U-Booten und Minenkampfbooten entwickelt und hergestellt hat, die ebenfalls bei der deutschen und anderen Marinen im Einsatz sind.

Dieselmotoren

Im Bereich der Schiffsantriebstechnik begann sich mit der Wiederaufrüstung ab 1955 eine leistungsfähige Zulieferindustrie zu entwickeln. Ganz wesentlichen Anteil nahm daran die Firma MTU, die im Jahre 1969 als Zusammenschluß von MAN, Daimler-Benz und Maybach gegründet wurde. Vor dem Zweiten Weltkrieg hatte die MAN mit ihren Dieselmotoren für Panzerschiffe, Kreuzer, insbesondere für die mehr als 1.000 U-Boote, wertvolle Erfahrungen gesammelt. Auch hatte neben der Firma Maybach insbesondere Daimler-Benz mit ihren ca. 900 Dieselmotoren für ungefähr 300 in Dienst gestellte Schnellboote während des Zweiten Weltkriegs wertvolle Erfahrungen beim Bau und der Inbetriebnahme von Großserien solcher Motoren sammeln können. Bereits an dem Bau der antriebstechnisch so anspruchsvollen Geleitboote »55«, der später als Klasse 120 bezeichneten Fregatten, beteiligte sich die MAN mit 4 schnellaufenden Dieselmotoren zu je 3.000 PS, die mit zwei BBC-Gasturbinen zu je 12.000 PS in einer CODAG-Anlage zusammengefaßt wurden.

Die Firmen Daimler-Benz, Maybach und MAN traten nach Gründung der Bundesmarine im Jahre 1955 noch als eigenständige Lieferanten für Marine-Schiffsantriebe in Erscheinung. So erhielten die Schnellboote der Klasse 140, 141 und 142 noch abwechselnd Maybach- oder Daimler-Benz-Motoren; allerdings wurden, beginnend mit der Klasse 148, die Schnellboote der Bundesmarine ab 1971 ausschließlich mit MTU-Motoren ausgerüstet. Ebenso erhielten zunächst die Minensuchboote Dieselmotoren von Daimler-Benz (Klasse 340) oder von Maybach (Klasse 341), während die später in Dienst gestellten Minenkampfboote der Klasse 343 und 332 von Motoren der Reihe MTU 538 und MTU 396 in ihrer amagnetischen Ausführung angetrieben wurden. Sowohl die Bundesmarine als auch eine große Zahl von ausländischen Marinen haben sich in den zurückliegenden Jahren für Hauptantriebe von MTU entschlossen, was ihr die Marktführerschaft bei Marine-Schiffsantrieben einbrachte. Gleiches gilt für die Hilfsantriebe, für die MTU bei einem äußerst geringen Verhältnis von Gewicht zu Leistung die für die Zwecke der Marine absolut günstigste Lösung anzubieten vermag. Insgesamt hat die MTU in den Jahren nach 1955 weltweit ca. 7.500 Motoren für die Marinen hergestellt.

Verstellpropeller

Da weder die schnell laufenden Dieselmotoren noch die Gasturbinen umsteuerbar waren und da auch Schaltgetriebe wegen zu langer Schaltabläufe nicht in Frage kamen, führte gleich zu Anfang kein Weg am Einbau von Verstellpropellern vorbei. Somit betrat man 1956 technisches Neuland, als die Geleitboote »55« erstmals mit Verstellpropellern ausgerüstet wurden. In dieser Situation entschied sich das BMVg für zwei Hersteller: Fünf Schiffe wurden mit je zwei Verstellpropelleranlagen der Firma KaMeWa in Kristinehamn in Schweden ausgerüstet, und ein Schiff, die BRAUNSCHWEIG, erhielt zwei Anlagen der Firma Escher Wyss in Ravensburg.

Fregatte KÖLN der Klasse 120 an der Ausrüstungspier der Stülcken-Werft in Hamburg, Frühjahr 1960 (Slg. TKMS)

U-Hecht und U-Hai bei der erneuten Indienststellung nach Hebung und ihrem Umbau bei Blohm + Voss in Hamburg am 1. August 1965

(Slg. TKMS)

lung beständig heraufgesetzt werden. Die leistungsstärksten Verstellpropeller der Firma Escher Wyss nehmen heute bei einem Propellerdurchmesser von 4,20 m ca. 19 MW auf. Seit Beginn der siebziger Jahren erhalten die Fregattenpropeller von Escher Wyss häufig Luftausblassysteme, mit denen über feine Bohrungen an der Profileintrittskante ein akustisch isolierender Luftschleier zur Geräuschminderung über den Flügel gelegt wird.

Insgesamt 186 Verstellpropelleranlagen von Escher Wyss befinden sich an Bord der 93 Fregatten, die seit 1956 von insgesamt sieben ausländischen Marinen in Dienst gestellt wurden. In dem gesamten hier betrachteten Zeitraum von 1955 bis 2005 hat die VA Tech Escher Wyss GmbH, so die neue Firmenbezeichnung, ferner weltweit:

– 90 Verstellpropeller (VPP) für 45 Korvetten,
– 154 amagnetische VPP für 77 Minenkampfboote und
– 130 VPP für 65 Patrouillenboote und Küstenwachschiffe hergestellt.

Insgesamt hat Escher Wyss weltweit ca. 600 Verstellpropeller allein für Schiffe und Boote von Marinen geliefert.

Fregatten und Zerstörer von der Werft H. C. Stülcken Sohn

Die ersten größeren Einheiten, die im Jahre 1958 bei der Stülckenwerft in Hamburg auf Stapel gelegt wurden, waren die Geleitboote »55«, die später als »Klasse 120« bezeichnet wurden. Sie unterlagen der mit der WEU vereinbarten Tonnagebeschränkung von 2.500 t. Um diese Gewichtsbeschränkung und gleichzeitig die Forderungen

Jeder der beiden Propeller nahm 18.000 PS Leistung auf.

Die Leistungsaufnahme der Verstellpropeller konnte in systematischer fünfzigjähriger Entwick-

nach ausreichend Schlagkraft zu erfüllen, ergaben sich für die Fregatten der Klasse 120 zwei charakteristische Merkmale: Sie erhielten als erste Kampfeinheiten einer NATO-Marine einen kombinierten CODAG-Antrieb mit zwei BBC-Gasturbinen und insgesamt vier schnell laufenden Dieselmotoren.

Die Schiffe erhielten aus Aluminium gefertigte Aufbauten zur Gewichtsersparnis und um die Höhe des Gewichtsschwerpunktes der Schiffe niedrig zu halten.

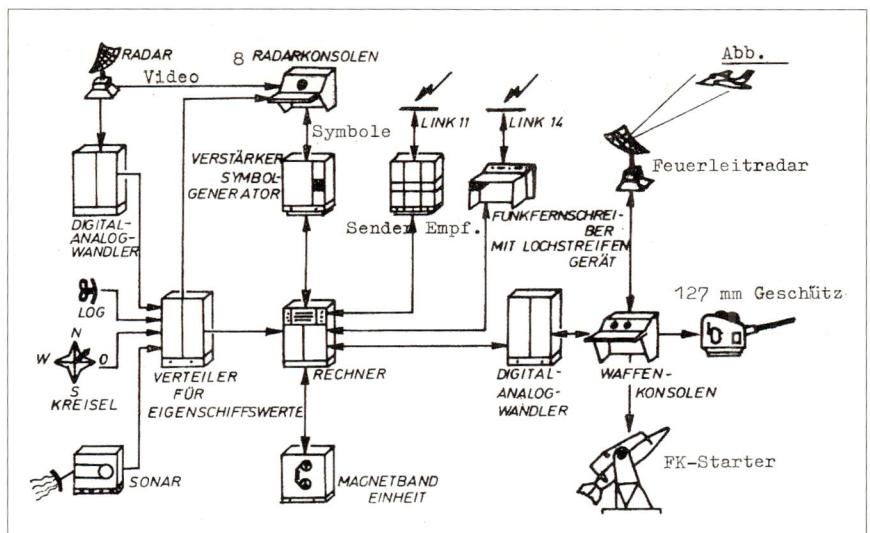

Das Blockdiagramm des Führungs- und Waffeneinsatzsystems SATIR der FK-Zerstörer der LÜTJENS-Klasse, die 1969/1970 zur Flotte kamen (Slg. TKMS)

Die taktischen Forderungen für die Geleitboote ergaben sich aus den Aufgaben zum Geleitschutz gegen U-Boote, wie sie im Zweiten Weltkrieg auf seiten der Alliierten von Korvetten und Fregatten wahrgenommen wurden. Gegenüber der Zeit des Zweiten Weltkriegs hatten sich inzwischen die Unterwassergeschwindigkeiten der U-Boote auf über 25,0 Knoten erhöht, was die Forderung nach hoher Geschwindigkeit für diese Schiffe erklärt.

Die größten Kampfschiffe der Bundesmarine mit max. 3.500 t Verdrängung waren die später als Klasse 101 bezeichneten Zerstörer. Diese Schiffe hatten

mit 35,0 kn gegenüber den Geleitbooten eine noch um 3,0 kn höhere Maximalgeschwindigkeit. Die Leistung eines Schiffes wächst in etwa proportional mit der 3. Potenz seiner Geschwindigkeit. Mithin lag der Leistungsbedarf der Zerstörer bei ca. 70.000 PS, die zu damaliger Zeit nur mit einer Dampfturbinenanlage zu leisten waren. Somit wurde eine Hochdruck-Heißdampf-Anlage mit 64 atü Dampfdruck und 460 °C Dampftemperatur der Firma WAHODAG mit zwei Turbinen und vier Kesseln in die Zerstörer eingebaut. Die Optimierung der Rumpfform, die Prognose und die experimentelle Bestimmung des Widerstandes und der erforderlichen Antriebsleistung mit Hilfe von Tankversuchen wie auch alle Fragen des Propellerentwurfes und des Seegangsverhaltens, kurz: die gesamte »Hydrodynamik« der Zerstörer, wurden mit Unterstützung der Hamburgischen Schiffbau Versuchsanstalt (HSVA) wie auch mit maßgeblicher Unterstützung durch das damalige Institut für Schiffbau an der Universität Hamburg, heute Arbeitsbereich Schiffbau an der TUHH, durchgeführt. Auch bei allen weiteren Schiffsneubauprojekten für die Bundesmarine und für ausländische Marinen war die HSVA mit ihren Versuchseinrichtungen zur Ermittlung von Widerstands-, Propulsions- und Seegangseigenschaften beteiligt.

Die Zerstörer der Klasse 103

Der Zulauf der vier Zerstörer der Klasse 101 erfolgte noch schwerfällig und war durch viele Verzögerungen gekennzeichnet. Zusammen mit anderen Faktoren, wie z. B. der von den USA vorgetragene Wunsch nach Zahlungsausgleich, führte das zu dem Entschluß des BMVg, bei Bath Iron Works in den USA drei Zerstörer des Typs CHARLES F. ADAMS in Auftrag zu geben, deren erster am 1. März 1966 auf Stapel gelegt wurde. Mit dieser Auftragsvergabe verschaffte sich das BWB den Vorteil, aus einer bewährten Großserie von 23 Einheiten zusätzlich drei Schiffe zu erhalten, deren Fertigung durchorganisiert war, deren Leistungsmerkmale bekannt und überprüft waren und die zu fest vereinbarten Terminen und Kosten geliefert werden konnten. Obwohl die Schiffe in ihrer Konstruktion in allen wesentlichen Details vom deutschen Standard abwichen, war man der genannten Vorteile wegen bereit, auf die Lieferkonditionen der US-amerikanischen Werft einzugehen. Als auffälliges Beispiel für ein Abweichen von der deutschen Norm kann der Verzicht auf einen Doppelboden angesehen werden. Dampftechnisch waren die Schiffe, die bei der Bundesmarine als Klasse 103 klassifiziert waren, durchaus vergleichbar mit dem, was auch an Bord der Klasse 101 bereits vorhanden war: Der Dampfdruck der Anlage betrug knapp 85 atü und die Dampftemperatur lag bei 510 °C. Trotz der hochgespannten Dampfzustände waren diese Schiffe antriebstechnisch sehr zuverlässig. Ausschlaggebend für den Erwerb der Zerstörer vom Typ CHARLES F. ADAMS dürfte allerdings gewesen sein, daß die Bundesmarine mit diesen Schiffen erstmalig sowohl Lenkwaffensysteme (»Standard Missile – SM 1«) als auch ein integriertes digitales Führungs- und Waffeneinsatzsystem mit Zentralrechner in Betrieb nehmen konnte. Damit war der deutschen Marinetechnik die Möglichkeit geboten, sich erstmals der Entwicklung, dem Betrieb, der Wartung und der Pflege der SATIR-Anlage (System zur Auswertung taktischer Information auf Raketenzerstörern) zu widmen (siehe auch »Phase der Innovation 1963–1976« in diesem Buch). Mit dieser Waffentechnik verabschiedete sich die Bundesmarine von den Rohrwaffen als dem Hauptkampfmittel und der mecha-

nisch-analogen Feuerleitung, wie sie z. T. noch aus der Zeit des Weltkriegs übernommen war. Somit gingen von diesen drei Schiffen auf vielfältige Art und Weise wertvolle Anregungen auch für die deutschen Werften aus.

Maritime Rüstung beim Ausbau der Flotte von 1970–1990

Vergleichbar dem Auftrag zum Bau von drei Zerstörern der Klasse 103 bei Bath Iron Works in den USA wiederholte sich 1970 diese Vergabepraxis, als das BWB der französischen Werft CMN in Cherbourg den Auftrag zum Bau von 20 Schnellbooten der Klasse 148 erteilte, wobei das französische Entwurfsbüro DTCN als Generalunternehmer eingeschaltet war. In den Jahren 1969–1970 hatte die Werft CMN in Cherbourg bereits den Auftrag übernommen, zwölf Schnellboote für Israel zu bauen, die komplett von Lürssen entworfen und durchkonstruiert waren. Die Bundesrepublik Deutschland setzte in diesem speziellen Fall ihre maritimen Rüstungsfähigkeiten gezielt ein, um die Sicherheitsinteressen des Staates Israel zu unterstützen.

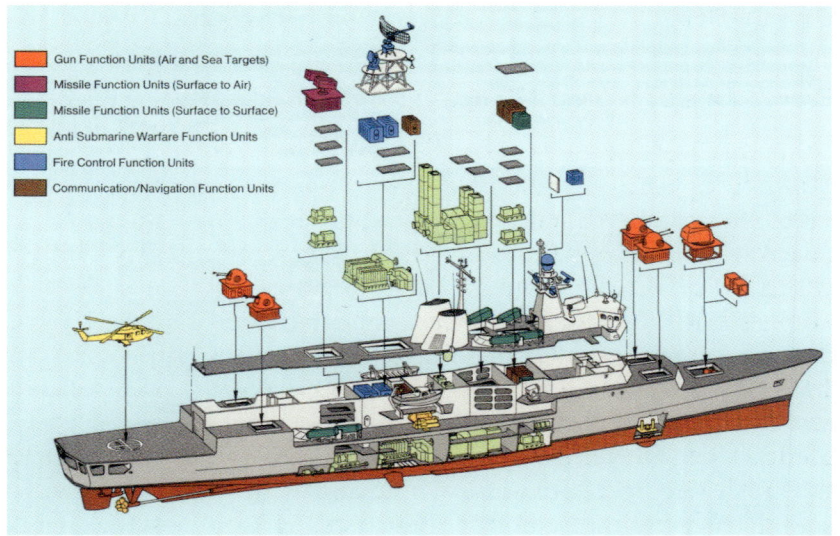

Prinzipskizze des MEKO-Konzepts am Beispiel einer Fregatte (Slg. TKMS)

Mit dem Ende der sechziger Jahre hatte sich bei den Werften, die sich bis dahin gegenüber der Rüstung ablehnend verhalten hatten, ein Wandel vollzogen. Insbesondere änderte sich die Haltung von Blohm + Voss gegenüber dem Marineschiffbau. So liefen 1969 die drei Korvetten für die portugiesische Marine bei Blohm + Voss vom Stapel, die wegen ihrer vergleichsweise einfachen Bauweise bereits alle im Jahre 1970 in Dienst gestellt werden konnten. Bereits im Jahre 1966 hatte sich die Übernahme der Stülckenwerft durch Blohm + Voss vollzogen. Dadurch übernahm Blohm + Voss von Stülcken nicht nur den Vertrag zum Bau von drei Versorgern für die Bundesmarine, sondern gleichzeitig einen qualifizierten Stamm von Mitarbeitern, die seit 1955 im Marineschiffbau bei Stülcken beschäftigt waren.

Aber nicht nur Blohm + Voss begann sich dem Marineschiffbau zuzuwenden, auch der Bremer Vulkan stellte sich 1967 mit dem Bau von zwei Versorgungsschiffen für die indische Marine in den Dienst des Marineschiffbaus. Die im Zuge der politischen Spannungen im Nahen Osten ausgelöste Ölkrise führte zu einem Einbruch bei der Nachfrage nach Handelsschiffsraum, was die Hinwendung zum Marineschiffbau der großen deutschen Werften beschleunigte.

Fregatten der Klasse 121 und 122

Unter wechselnden Bezeichnungen wie »Großes Kampfboot«, »Fla-Korvette« oder »Mehrzweck-Korvette Ostsee« entwickelte das BWB ab 1962 ein Projekt, das schließlich als Klasse 121 bezeichnet wurde. Die Korvette sollte mit Gasturbinen, Flugkörpern und 4 x 76-mm-Kanonen ausgerüstet werden. Obwohl dieses Projekt viele Jahre zwischen 1962 und 1971 durch das BWB, die MTG und die Werftindustrie intensiv bearbeitet wurde, ist es schließlich wegen seiner Verdrängung von 3.600 t, die für die Ostsee zu groß geworden war, und nicht zuletzt auch wegen zu hoher Kosten sistiert worden. Statt dessen entschloß man sich, das Programm 121 durch das Programm der Fregatte Klas-

se 122 mit zwei Bordhubschraubern vom Typ SEA LYNX für das Einsatzgebiet Nordsee zu ersetzen. Um die Generalunternehmerschaft dieses Vorhabens traten zunächst die bereits erwähnten fünf großen Werftunternehmen in einen Wettbewerb, den dann zwei Werften, nämlich Blohm + Voss und der Bremer Vulkan als »Definiteure« gewannen. Im Ergebnis des weiteren Wettbewerbsverfahrens wurde

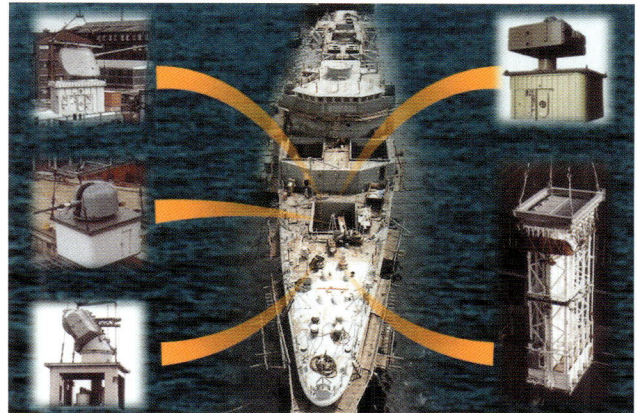

Die Hauptmodule einer MEKO-Fregatte   (Slg. TKMS)

schließlich der Bremer Vulkan mit der Generalunternehmerschaft für die sechs Fregatten der Klasse 122 beauftragt. Starken Einfluß auf das Bauprogramm der Klasse 122 nahm die Überlegung, dieses Schiff zu einer »Standardfregatte« der NATO zu machen, weshalb das Projekt auch zunächst als »NATO-Fregatte 70« bezeichnet wurde. Daher hatte das BWB als Basisentwurf für diese Klasse die in ihrer Konzeption bereits fertige niederländische S-Fregatte mit ihrem Typschiff KORTENAER gewählt. Nachdem die Entwurfsarbeiten für die Klasse 122 abgeschlossen waren, mußte allerdings festgestellt werden, daß mit diesem Programm die zunächst angestrebte Vereinheitlichung der maritimen Rüstung zwischen der Bundesrepublik Deutschland und den Niederlanden nicht erreicht werden konnte, da fast alle maßgeblichen Komponenten bei Antrieb, Bewaffnung und Feuerleitung für die beiden Marinen von jeweils unterschiedlichen Herstellern geliefert wurden. Der Bau der sechs Einheiten der Klasse 122, die zehn Jahre später um zwei weitere Schiffe ergänzt wurden, verteilte sich auf alle fünf großen Werften, sodaß schließlich der Bremer Vulkan, die Nordseewerke und Blohm + Voss je zwei und die AG Weser und HDW je ein Schiff der Klasse ablieferten. Alle acht Schiffe dieser Klasse wurden beim Bremer Vulkan mit den Waffen und Führungsmitteln ausgerüstet, wofür der »Vulkan« mit einem eigenen hochmodernen überdachten Baudock ausgestattet wurde, das auch heute noch von der Lürssen-Werft genutzt wird.

Das gesamte Führungs- und Waffeneinsatzsystem der Fregatten ist wie bei den Zerstörern Klasse 103 und den Schnellbooten Klasse 148 und 143 digitalisiert. Das Prinzip des Generalunternehmers, der die Gesamtverantwortlichkeit gegenüber dem öffentlichen Auftraggeber (öAG) übernimmt, hat sich mit der erfolgreichen Auftragsabwicklung des Bauprogramms Klasse 122 voll und ganz bewährt, sodaß es auch bald im Export von Marineschiffen übernommen wurde.

Neuentwickelter siebenblättriger Propeller zum schwingungs- und geräuscharmen Antrieb der neuen Fregatten   (Slg. TKMS)

Maritimer Rüstungsexport

Ab Mitte der sechziger Jahre machte sich in Deutschland erstmalig die Konkurrenz im Handelsschiffbau aus dem Fernen Osten ernsthaft bemerkbar, sodaß für die deutsche Schiffbauindustrie der Export der technologisch hochwertigen Marineschiffe für Umsatz und Ertrag immer wichtiger wurde. Zusätzlich verknüpften sich damit zwei weitere Vorteile, die auch heute noch maßgeblich sind: Zum einen kann die Werftindustrie ihre marinetechnischen Kapazitäten zwischen zwei Aufträgen für die eigene Marine auslasten, und zum anderen erhält sich so die Bundesmarine die eigene rüstungstechnische Basis, womit die Bundesrepublik auch gleichzeitig ihr

politisches Gewicht im Bündnis stärkt. Nachdem sich zunächst der Export bei Schnellbooten von Lürssen und bei U-Booten von HDW und TNSW, hier zunächst in Länder der NATO, entwickelte, gewann der Export in die Länder außerhalb der NATO beständig an Bedeutung. Solche Exporte verhinderten in den langen Jahren des Kalten Krieges zudem, daß sich die Staaten des Ostblocks beim Rüstungsexport in die bündnisfreien Länder eine Monopolstellung erwarben. In den siebziger Jahren traten neben die Schnellboote und die U-Boote noch die größeren Überwasserschiffe wie Korvetten und Fregatten. So baute die HDW zu Anfang der achtziger Jahre die von der MTG entworfenen hochmodernen Korvetten vom Typ FS 1500, von denen sie zwei Einheiten nach Malaysia und vier Einheiten nach Kolumbien lieferte.

Mit den Exportaufträgen werden sehr häufig Lizenzverträge vergeben, die stets dem sehr restriktiven deutschen Kriegswaffen-Kontrollgesetz

(KWKG) unterliegen. Das auftraggebende Land erhält das Recht, eine oder mehrere Einheiten selbst zu bauen, wobei dies mit der Lieferung von Materialpaketen und mit Konstruktionsunterlagen, dem sogenannten Engineering, durch die deutsche Partnerwerft unterstützt wird. Damit ist ein Technologietransfer aus Deutschland in die Industrie des auftraggebenden Landes verbunden, der Auswirkung auf große Teile der Volkswirtschaft nimmt. Zusätzlich zum Bau und zum Lizenzvertrag schließen die deutschen Konsortien auch noch sogenannte Offset-Verträge oder Industrie-Beteiligungsverpflichtungen ab, mit denen der Volkswirtschaft des auftraggebenden Landes die Möglichkeit geboten wird, festgelegte Mengen ihrer Produkte und Dienstleistungen auf dem deutschen und ggf. auch auf dem EU-Markt abzusetzen.

Montage des APAR-Multifunktionsradars auf der Fregatte S<small>ACHSEN</small> bei Blohm + Voss in Hamburg 2001

(Slg. TKMS)

MEKO, neue Wege im Marineschiffbau durch Modularisierung

Zeit und Kosten, wie sie beim Bau und insbesondere bei Wartung, Reparatur, Umbau und Modernisierung der sehr komplexen Überwasserschiffe anfallen, steigen beständig. Um hierfür eine konstruktive Lösung anbieten zu können, entwickelte Blohm + Voss bereits gegen Ende der sechziger Jahre ihr inzwischen weltbekanntes MEKO-(Mehrzweck-Kombination-)Konzept, mit dem eine weitestgehende Modularisierung der Waffen, Führungsmittel und Sensoren möglich wird. Marineschiffe werden 30 Jahre und länger in Dienst gehalten. Neben der regulären Wartung und Instandhaltung macht während dieser Nutzungsphase des Schiffes die digitale Technik einen mehrmaligen Austausch von Waffen und Sensoren erforderlich. Dieser Zwang des Wechsels von einer Gerätegeneration zur nächsten erklärt sich nicht zuletzt aus der exponentiell wachsenden Speicherkapazität von Mikroprozessoren, die sich alle 18 Monate verdoppelt. Mithin steigt die Speicherkapazität von Mikroprozessoren bei Rechnern und Sensoren während einer nicht ungewöhnlichen Einsatzzeit zeitgenössischer Marineschiffe von 40 Jahren um den Faktor $2^{40/1,5} > 100.000.000$.

Diese Gesetzmäßigkeit wird als das »Mooresche« Gesetz bezeichnet und stützt recht anschaulich die Notwendigkeit, mit der gegenwärtig modulare, d. h. leicht austauschbare Komponenten an Bord von Marineschiffen eingeführt werden.

Mit diesem neuartigen modularen MEKO-Konzept, mit dem Bauzeiten und Instandhaltungskosten vorteilhaft gekürzt werden können, lieferte das Unternehmen bis 1990 insgesamt 22 Schiffe an die Marinen von fünf verschiedenen Staaten, respektive unterzeichnete die Werft Lizenzverträge, mit denen diese Staaten mit technologischer Unterstützung sowie mit umfangreichen Materialpaketen von Blohm + Voss diese Schiffe nachbauten.

Rüstungsprogramme nach 1990, Klasse 123 und Klasse 124

Die Jahre unmittelbar vor der historischen Zeitenwende von 1989/1990 und dem unerwarteten Fall der Berliner Mauer waren von dem Ost-West-Konflikt beherrscht, der im Jahre 1983 mit dem Inkrafttreten des NATO-Doppelbeschlusses in eine entscheidende Phase getreten war. Der Bundesmarine fiel in dieser Zeit die Aufgabe zu, die Zerstörer der Klasse 101 planmäßig durch die vier Fregatten der Klasse 123 zu ersetzen. Nachdem bereits 22 MEKO-Schiffe erfolgreich von fremden Marinen in Dienst genommen waren, entschied sich auch das BWB mit dem Erwerb von vier Fregatten der Klasse 123 (Typschiff BRANDENBURG) für das modulare Konstruktionsprinzip von Blohm + Voss. Mit

Die traditonsreiche Werft Blohm + Voss während der 80er Jahre. Vorn rechts im Dock der Zerstörer HAMBURG, am Ausrüstungskai weitere Zerstörer und Fregatten
(Slg. TKMS)

der Anschaffung dieses innovativen Schiffstyps wird die Bundesmarine zur sogenannten »parent navy« des MEKO-Schiffstyps, was für den weltweiten Export und die Reputation der Bauwerft dieser Schiffe von erheblicher Bedeutung ist.

Kurz nachdem das Fregatten-Bauprogramm Klasse 123 abgeschlossen war, erhielt die Arbeitsgemeinschaft F 124 den Auftrag zum Bau der drei Fregatten Klasse 124, mit denen die Zerstörer der Klasse 103 ersetzt wurden. Mit dem zuletzt außer Dienst gestellten Zerstörer der Klasse 103 hat sich die Deutsche Marine von dem Dampfantrieb verabschiedet.

Somit verfügt die Marine an Bord ihrer Schiffe nur noch über Motoren- oder Gasturbinenantrieb.

Die Unternehmen der Arbeitsgemeinschaft F 124 waren bei Vertragsabschluß bereit, das Risiko zu akzeptieren, die Integration des Multifunktionsradars APAR in das Konzept aufzunehmen, obwohl es zu diesem Zeitpunkt in seinen technischen Details von seinen Herstellern noch nicht abschließend entwickelt war. Unter Verwendung von Bus-Technologie, Lichtwellenleitertechnik und von 17 dezentral aufgestellten Rechnern erhielt die Deutsche Marine eine der weltweit modernsten Luftabwehr-Fregatten mit der Fähigkeit, eine Vielzahl gegnerischer Ziele in »Echtzeit« und gleichzeitig zu bekämpfen. Damit hat die Werftindustrie eine Referenz abgeliefert, für die bereits andere Marinen ihr lebhaftes Interesse angemeldet haben.

Internationale Kooperationen, Schiffe und Komponenten

Zum Vorteil der ausschließlich privatwirtschaftlich organisierten deutschen maritimen Rüstungs- und Zulieferindustrie gehört ihre Flexibilität, mit der sie auf die vielfältigen Wünsche ihrer internationalen Kundschaft einzugehen vermag. Sobald die deutschen Regierungsbehörden die Exportgenehmigung für einen Rüstungsauftrag erteilt haben, ist die auftragnehmende deutsche Werft, die gewöhnlich als Generalunternehmer (GU) eingesetzt ist, frei, mit Zulieferfirmen in Deutschland sowie mit denen des auftraggebenden Landes oder mit anderen zusammenzuarbeiten. Als ein Beispiel hierfür kann der Auftrag zum Bau von vier Fregatten vom Typ MEKO A-200 für die südafrikanische Marine (SAN) an das deutsche Fregattenkonsortium (GFC) und den TNA, eine Kooperation von Thales Naval France und ADS, dem African Defence System in Südafrika, gelten. Es handelt sich dabei um eine ungewöhnliche Auftragsvergabe, bei der B+V und HDW je zwei Einheiten zwischen 2001 und 2003 zu gleichen Teilen bauten und diese sodann auf eigenem Kiel nach Südafrika verlegten. Dort werden sie bis 2005 von TNA komplett mit Waffen und Sensorik ausgerüstet. Trotz der großen Entfernung, die zwischen GFC in Deutschland und TNA in Südafrika liegt, war für die Systemintegration von Effektoren und Sensoren wiederum das GFC in Deutschland verantwortlich.

Technisch sind diese Fregatten für die südafrikanische Marine insofern eine Besonderheit, als sie die ersten Marineschiffe mit jeweils ca. 3.500 t Verdrängung sind, die mit einem Wasserstrahlantrieb ausgerüstet sind, was sich aus den besonderen Forderungen der SA N ergibt!

RAM als Nahbereichswaffe

Aber auch im Bereich internationaler Kooperationen kam es bereits vor, aber auch nach 1990 zu marinetechnisch bedeutsamen Gemeinschaftsentwicklungen, die dazu beitrugen, daß die Deutsche

Die Peene-Werft in Wolgast, auf der seit 1998 Minensuchboote der Klasse 333 gebaut werden (Slg. TKMS)

Marine mit ihrer technologischen Ausrüstung zu den weltweit modernsten konventionell gerüsteten Marinen zählt. Bereits in den frühen achtziger Jahren setzten die ersten Borderprobungen des Flugkörpersystems für den Nahbereich RAM (Rolling Airframe Missile) ein, das ursprünglich als deutsch-amerikanisch-dänisches Gemeinschaftsprojekt begonnen wurde. Später schieden die dänischen Partner aus, und das Projekt wurde als Kooperation von Raytheon in den USA und MBB (später EADS) in Deutschland mit Erfolg zu Ende geführt. Neben der

US Navy und der Deutschen Marine, die RAM sowohl auf ihren Schnellbooten als auch an Bord ihrer Fregatten einsetzt, haben inzwischen auch die griechische und die südkoreanische Marine das Flugkörpersystem RAM an Bord ihrer Kampfschiffe eingeführt. RAM zeichnet sich dadurch aus, daß es erstmals zur Bekämpfung gegnerischer Raketen selbst Raketen mit einem Infrarot-Suchkopf (»Fire and Forget«) mit Mach 2,0 einsetzt, die den gesamten Nahbereich des Schiffes abdecken. Bis zum Jahr 2002 konnten die beteiligten Hersteller 110 RAM-Systeme mit 2.500 Raketen liefern.

Das APAR-Multifunktionsradar

Ein weiteres Beispiel für erfolgreiche internationale Kooperation bei der Entwicklung marinetechnischer Komponenten ist das Multifunktionsradar APAR (Active Phased Array Radar), an dem Firmen aus drei Ländern beteiligt waren:
– Niederlande: HSA – Hollandse Signaalapparaten BV, jetzt Thales Nederland BV
– Kanada: Lockheed Martin Canada; Thomsen-CSF Systems Canada; Nortel Networks (Northern Telecom Limited) u. a.
– Deutschland: DASA Ulm; Euroatlas GmbH.

Die US Navy führte das Multifunktionsradar erstmals Anfang der sechziger Jahre auf dem nuklear angetriebenen Kreuzer LONG BEACH ein. Anfang der achtziger Jahre folgte das unter der Bezeichnung AEGIS bekannt gewordene Multifunktionsradar an Bord der Kreuzer der Klasse CNG 47 (Typschiff USS TICONDEROGA) und der Zerstörer der Klasse DDG 51 (Typschiff USS ARLEIGH BURKE). APAR und AEGIS ist gemeinsam, daß sie anstelle des rotierenden Radarschirms vier fest installierte Antennen besitzen, von denen jede einzelne mit mehreren tausend (im Fall des APAR sind es 3.424) kombinierten Sender – und Empfänger-Elementen besetzt ist. Mit dem APAR ist es möglich, 250 Ziele gleichzeitig zu erfassen, zu verfolgen und die eigenen Flugkörper auf einem Leitstrahl in das gegnerische Ziel zu führen. APAR ist bisher auf den vier Fregatten vom Typ LCF (Luchtverdedingsen Commando Fregat) der niederländischen Marine mit dem Typschiff DE ZEVEN PROVIN-CIEN sowie an Bord der drei Fregatten der deutschen Klasse 124 mit dem Typschiff SACHSEN eingesetzt. Mit der so abgestimmten Beschaffungspolitik zweier NATO-Marinen ist ein kleiner Beitrag zu einer wünschenswerten Standardisierung und zu kostengünstiger Fertigung innerhalb des Bündnisses geleistet worden.

Ein Minensuchboot der Klasse 333 bei der Peene-Werft im Bau, um 1998   *(Slg TKMS)*

Strukturveränderungen im Bereich Marinerüstung

Die Zusammensetzung und die Struktur der Werften, die für die maritime Rüstung in Deutschland arbeiteten, waren in den Jahren nach 1960 vielen Veränderungen unterworfen:
– Im Jahre 1962 war die 1955 gegründete Schliekerwerft in Hamburg in Konkurs gegangen
– Im Jahr 1966 übernahm die Blohm + Voss AG die Werft H. C. Stülcken Sohn durch Kauf
– Im Jahr 1979 übernahm Lürssen die Werft Burmester in Burg an der Lesum und im Jahre 1988 die Kröger Werft in Rendsburg
– Die AG Weser stellte am 31. Dezember 1983 nach 140 Jahren ihren Betrieb ein

– Im Mai 1996 meldete die Werft Bremer Vulkan Konkurs an.

Nach der Wiedervereinigung ergänzte sich das Potential des gesamtdeutschen Schiffbaus um die inzwischen hochmodernen Werften der Kvaerner-Aker-Gruppe in Rostock und Wismar, die Volkswerft in Stralsund und schließlich um die Peene-Werft in Wolgast, die über wertvollste Ressourcen verfügt, die für die Marinerüstung eingesetzt werden können. Mit dem Neubau von insgesamt sechs Schnellbooten für die brasilianische Marine und mit verschiedenen Reparatur- und Umbauaufträgen für die Deutsche Marine sowie für den Bundesgrenzschutz See, wozu auch Reparaturaufträge an deutschen U-Booten gehörten, hat die Peene-Werft ihre Qualifikation im Marineschiffbau wiederholt und überzeugend unter Beweis gestellt.

Eine nicht unerhebliche Stärkung ihrer technologisch-wissenschaftlichen Basis erfuhren die deutsche Schiffbauindustrie und die Marinetechnik durch die im Jahre 1953 gegründete SVA Potsdam – die Schiffbau-Versuchsanstalt Potsdam. Nach ihrer Überführung in eine GmbH im Jahre 1993 stellte die SVA ihre Kapazitäten auch in den Dienst der Marinetechnik, für die sie insbesondere Propeller-, Kavitations- und andere Einzeluntersuchungen sehr erfolgreich und ideenreich durchführte.

Mit dem Jahreswechsel von 2004 zu 2005 hat sich die Organisationsstruktur der deutschen maritimen Rüstung ganz erheblich verändert. Mit der Übernahme der HDW-Werften-Gruppe durch die ThyssenKrupp AG entstand ein neuer Werftenverbund unter der Bezeichnung TKMS – ThyssenKrupp Marine Systems, dem folgende Werftbetriebe angehören:
– HDW, Kiel
– HSY, Hellenic Shipyard, Piräus
– Nobiskrug, Rendsburg
– Blohm + Voss GmbH, Hamburg
– Kockums, Schweden
– NSWE, Nordseewerke, Emden.

Mit diesem Werftenverbund ist ein Schiffbaubetrieb entstanden, der eine große Palette hochwerti-

ger Marineschiffe anbietet:
- U-Boote
- OPVs (Offshore Patrol Vessels)
- Fregatten
- Hilfsschiffe
- Korvetten.

Maritime Rüstung und Sicherheitspolitik in der näheren Zukunft

Marinetechnik und Marinerüstung werden sowohl von den technologischen Entwicklungen der Zeit als auch von den zuweilen völlig unerwartet eintretenden politischen Ereignissen und Veränderungen beeinflußt und bestimmt. In der Vergangenheit waren es immer wieder kriegerische Auseinandersetzungen, die sehr unterschiedliche marinetechnische Entwicklungen (Torpedos, Minen, U-Boote, Flugzeuge) erst in ihrer Wirkung unter Beweis zu stellen vermochten. In der Gegenwart, nach dem zunächst unerwarteten Fortfall des Ost-West-Konfliktes, treten neue und bisher unbekannte Szenarien in Erscheinung, wie sie sich durch eine Vielzahl regionaler Konflikte ergeben, die neue marinetechnische Konzepte und auch neuartige Schiffe erforderlich machen. Die neuen Szenarien fallen zeitgleich zusammen mit der Epoche der Informationstechnik, in der wir uns gegenwärtig befinden und die sich mit einer niemals zuvor gekannten Geschwindigkeit entwickelt (siehe »Moore's Law«). Vor diesem Hintergrund haben sich Marinetechnik und Marinerüstung seit 1990 entwickelt, und es wird somit auch in der überschaubaren Zukunft so sein, daß die Deutsche Marine ihre Rüstungsmaßnahmen in folgenden Technologiefeldern fortsetzen und vertiefen wird:
- akustische und elektromagnetische Signaturen
- Hochtemperatur-Supraleitung (HTS)
- Brennstoffzellen
- Automation
- elektrische Antriebe
- Reduzierung von Besatzungsstärken
- Informationstechnik

- Modularisierung
- Simulationsverfahren
- Kampfmittel gegen asymmetrische Bedrohungen.

Wehrtechnik und damit auch Marinetechnik sind in Deutschland eingebunden in die vielschichtige Struktur eines der führenden Länder der Hochtechnologie. Mithin trifft die Marinerüstung in Deutschland auf beste Voraussetzungen, um die technologischen Herausforderungen der näheren Zukunft zu bestehen. Diese Position, die Erfolge und die Reputation, die sich die Branche mit ihren namhaften Produkten bei U-Booten, Korvetten und Fregatten, Schnellbooten sowie den Komponenten der Zulieferindustrie bei Motoren, Propellern, Torpedos und Sonaranlagen auf dem internationalen Markt erworben hat, machen sie zu einem attraktiven Partner bei nationalen und internationalen Kooperationen. Diese »technologische Bündnisfähigkeit«, zusammen mit der Marktführerschaft bei ausgewählten Produkten der wehrtechnischen Hochtechnologie, leistet einen ganz wesentlichen Beitrag zur Sicherheitspolitik Deutschlands. Damit erfüllt die Bundesrepublik Deutschland auch sicherheitspolitische Forderungen, wie es das atlantische Bündnis von seinen leistungsstarken Mitgliedern erwartet. Es ist diese aktive Teilnahme der deutschen wehrtechnischen Industrie und insbesondere der maritimen Rüstungsindustrie, die die Mitsprache der deutschen Politik im Bündnis sichert und die sie zur angemessenen Vertretung eigener Interessen dringend benötigt. Ähnlich verhält es sich mit den Verpflichtungen, die Deutschland gegenüber der UNO eingegangen ist und mit denen Deutschland seinen Beitrag zur Friedenssicherung in der Welt leistet. Mithin sind eine leistungsfähige maritime Rüstung und die Sicherheitspolitik untrennbar aufeinander angewiesen und miteinander verbunden.

Was für das NATO-Bündnis und für die Mitsprache in supranationalen Einrichtungen gilt, gilt in der Zukunft noch weit mehr als früher für die Beziehungen Deutschlands zu den Staaten in Übersee, die nicht dem Bündnis angehören. Die leistungsfähige maritime Exportindustrie gestattet es der deutschen Politik, gezielt dort, wo dies auch im eigenen Interesse liegt, die legitimen verteidigungspolitischen Interessen der Empfängerländer zu unterstützen. Mit einer großen Zahl beachteter maritimer Exportprogramme, mit denen wesentliche Beiträge zur technologischen Entwicklung der Empfängerländer geleistet werden konnten, wurde deren Verteidigungsfähigkeit gestärkt. In einer politischen Weltlage, die immer mehr durch regionale Konflikte beherrscht wird, ist diese Möglichkeit zur Unterstützung der politischen Interessen Deutschlands nicht zu unterschätzen.

Weiterführende Literatur:

Abels, Fritz; Prof. Dr.-Ing.; Ein Jahrhundert Unterseebootsbau; Festschrift der Veranstaltung 100 Jahre Schiffbautechnische Gesellschaft

Breyer S., Koop G.; Die Schiffe und Fahrzeuge der Deutschen Bundesmarine 1956–1976; Bernhard & Graefe Verlag; München, 1978

Forndran, Hans-Georg; Ministerialdirigent a.D. Dipl.-Ing.; Wehrtechnik See; Wehrtechnik für die Verteidigung, Bernhard & Graefe Verlag; Koblenz 1984

Hansa, Sonderheft Nr. 5, 1989; Marinetechnik in Deutschland; mit Beiträgen von:

Ude, Udo, Dipl.-Ing., Howaldtswerke – Deutsche Werft AG Kiel, Über- und Unterwasser-Marineschiffe

Schanz, Fritz, Dr.-Ing., Sulzer Escher Wyss GmbH, Ravensburg; Verstellpropeller für Marinefahrzeuge

Feurer, Burkart, Dipl.-Ing., MTU Motoren- und Turbinen-Union, Friedrichshafen, Schnellaufende und kompakte Antriebseinheiten für Marineschiffe

Harder, Andreas, Dipl.-Ing., Bremer Vulkan AG, Bremen; Das Waffensystem

Fregatte 122; in Deutscher Kriegsschiffbau; Bernhard & Graefe Verlag, Koblenz 1982

Molter, Jan; Marineschiffbau in Mecklenburg-Vorpommern; Schiffbauforschung: Schriftenreihe für Ingenieurwissenschaften, 43. Jahrgang 2004, Heft Nr. 3

Prager, Hans-Georg; Blohm + Voss, Schiffe und Maschinen für die Welt; Koehlers Verlagsgesellschaft mbH, Herford 1977

Voßberg, Jürgen; Schneller Aufbau – kontinuierliche Entwicklung, Marinerüstung in vier Jahrzehnten; Soldat und Technik; Heft 8, 1995

Einsatzgruppenversorger BERLIN, *der 2000 zur Flotte stieß*

(PIZ-Marine)

Schiffbau und Marine

Ein erfolgreiches Gespann in Deutschland

Heinrich Schütz

Ein Neuaufbau in kleinen Schritten

Der deutsche Kriegsschiffbau – mittlerweile wird der Begriff Marineschiffbau bevorzugt – hat seit dem Flottenbau der Kaiserlichen Marine vor 100 Jahren eine große Tradition, und die auf deutschen Werften gebauten Marineschiffe entwickelten sich seither zu Produkten einer Spitzentechnologie.

Diese Tradition und die damit verknüpften technischen Leistungen sollten sich auch nach dem Zweiten Weltkrieg mit dem Aufbau der Bundeswehr fortsetzen. Zunächst galt es allerdings erst einmal, den Anschluß an den Standard der Partnermarinen des westlichen Verteidigungsbündnisses herzustellen und die Aufbauphase der jungen Bundesmarine durch schnelle, meist im Ansatz bereits als provisorisch gekennzeichnete Lösungen zu stützen. Zu diesen »Überbrückungslösungen« gehörten beispielsweise Schiffe aus den Beständen des Bundesgrenzschutzes und von befreundeten Marinen, oder es handelte sich schlichtweg um Beutefahrzeuge aus dem letzten Krieg.

In den Anfangsjahren der Bundesmarine war jedenfalls für grundlegende und gründliche Analysen über bedrohungsgerechte Einsatz- und Waffenkonzepte sowie technologische Neuerungen nur wenig Zeit gegeben. In erster Linie ging es darum, den jungen Soldaten eine schwimmende Plattform zur Verfügung zu stellen, und dies geschah in großer Eile und mit einfachen, knappen Mitteln. Dementsprechend glich die Flotte dieser frühen Jahre einem Sammelsurium von Weltkrieg II-Veteranen und angekauften, im Einzelfall auch einmal geliehenen Schiffen, die bei anderen Marinen eher zur Aussonderung angestanden hätten. Aber sie leisteten unseren Soldaten immer noch hinreichende Dienste, um erste Erfahrungen zur See sammeln und den Stamm der neuen Marine aufbauen zu können.

Auch die ersten in Deutschland neugebauten Marineschiffe waren mehr oder weniger aus Entwürfen der 40er Jahre hergeleitet und mit waffentechnischen Komponenten ausgerüstet, deren Stand sicherlich nicht den allerneuesten Erkenntnissen entsprach. Erschwerend kam als Randbedingung noch hinzu, daß für den Bau von Überwasserkampfschiffen das Deplacement auf 3.000 t begrenzt war. Gerade diese Randbedingung sollte den deutschen Marineschiffbau noch über viele Jahre prägen.

Anders als der Handelsschiffbau, der in den Jahren nach dem Krieg durch viele technische Neuerungen auf sich aufmerksam machte, schien der Marineschiffbau in Deutschland zu stagnieren. Von einem Aufbruch zu neuen technischen Ufern und von innovativen Lösungsideen war zunächst wenig zu spüren.

Auch der Marineschiffbau benötigt Verfahren, Regeln und Standards

Bis zur politischen Wende Anfang der 90er Jahre konzentrierte sich der Auftrag der Bundesmarine im wesentlichen auf die Landesverteidigung innerhalb des NATO-Bündnisses. Im Rahmen dieses Auftrages waren ihr engbegrenzte Aufgaben und als Operationsgebiet die europäische Nordregion mit Ost- und Nordsee zugeteilt. Für den Entwurfsingenieur ergaben sich daraus gut überschaubare Randbedingungen und Auslegungskriterien.

Insbesondere die Seekriegführung in flachen Küstengewässern – im englischen Sprachgebrauch mit »Littoral Warfare« bezeichnet – stellte wegen der massiven Bedrohung durch Minen, Flugkörper, landgestützte Flugzeuge und kleine, schnelle Überwasserkampfeinheiten, aber auch wegen der Gezeiten und Strömungen, der unterschiedlichen Schichtungen von Temperatur und Salzgehalt sowie der wechselnden Bodenbeschaffenheiten besonders hohe Anforderungen an den Schiffsentwurf. Die Kenntnisse und Erfahrungen hierüber haben sich gerade in Deutschland in besonderem Maße entwickelt.

Vor diesem Hintergrund durchliefen deutsche Marineschiffe bis Ende der 90er Jahre einen Werdegang, der als »EBMat-Schiffe« (Entstehungsgang Bundeswehr Material – Schiffe) bekannt wurde und durch vier Phasen gekennzeichnet war:
– den Phasenvorlauf
– die Definitionsphase
– die Bauphase
– die Nutzungsphase.

Drei Merkmale sind es, die den deutschen Marineschiffbau mit diesem Verfahren geprägt und letztlich auch erfolgreich gemacht haben:

1. Die Notwendigkeit, aber auch die Fähigkeit, bereits das erste gebaute Schiff – also unter Verzicht auf den Bau eines aufwendigen Prototyps mit langzeitigen Erprobungen – funktionsbereit und betriebssicher für den Einsatz bereitzustellen. Dieses Erfordernis resultierte verständlicherweise aus den relativ kleinen Stückzahlen. Meist waren es nur zwei, drei oder vier Schiffe bzw. Boote, in ganz seltenen Fällen auch einmal zehn, die zu beschaffen waren.

2. Das Zusammenfassen von Entwicklung und Beschaffung in der Bauphase – ein Schritt, der zu einer deutlichen Straffung des gesamten Realisierungsprozesses führte, aber sicherlich auch Risiken in sich barg. Die Zusammenlegung führte zwangsläufig dazu, daß auch die Bauphase noch mit Aktivitäten belastet war, die mehr oder weniger Entwicklungscharakter hatten.

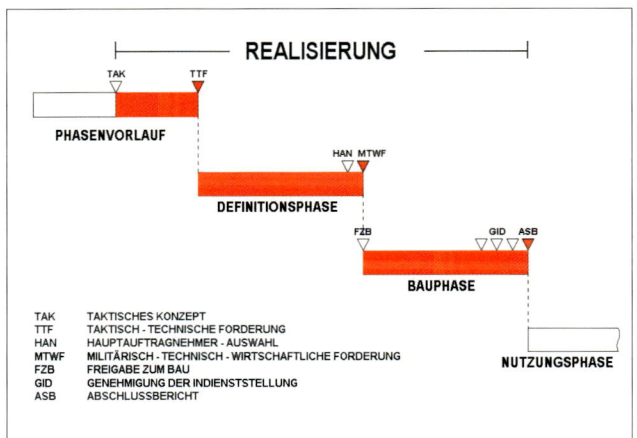

Nach den Regeln des »EBMat-Schiffe« wurden drei Jahrzehnte lang die Kampf- und Unterstützungsschiffe der Deutschen Marine konzipiert und beschafft (Slg. Schütz)

3. Die Übertragung der Gesamtverantwortung für den Bau des Schiffes einschließlich der in der Bauphase noch zu erledigenden Entwicklungsarbeiten auf einen industriellen Hauptauftragnehmer bzw. Generalunternehmer (GU), wie er in den ersten Jahren genannt wurde.

Die deutsche Schiffbauindustrie hat in den letzten Jahrzehnten in vielen Programmen nachgewiesen, daß sie diese hohen Anforderungen erfüllen kann. Sie ist damit zu einem verläßlichen Partner für den amtlichen Rüstungsbereich geworden. Zweifellos hat sie aber von dieser Zusammenarbeit auch profitiert und die aus den besonderen Verfahren und Standards gewonnenen Erfahrungen für den Bau von Marineschiffen für andere Marinen weiterverwenden können.

Während im Ausland die Elektronikindustrie mehr und mehr die Führerschaft auch bei Schiffbauvorhaben übernahm, haben in Deutschland die Werften ihre Rolle als Hauptauftragnehmer beim Bau von komplexen Marineschiffen nicht nur gefestigt, sondern sogar noch ausbauen können.

Dieses Können, das sich bei den deutschen Werften entwickelt hat und das wir als Systemfähigkeit bezeichnen, ist sicherlich eine der Kernfähigkeiten in Deutschland, die es auch in Zukunft zu erhalten und in einen europäischen Rüstungsmarkt einzubringen gilt.

Nach Beendigung des kalten Krieges wich die regionale Schwerpunktsetzung mehr und mehr zugunsten weiträumiger und regional ungebundener Einsatzgebiete im Rahmen von Krisenoperationen. Auch die wirtschaftlichen Randbedingungen veränderten sich. Am Ende der 90er Jahre reagierte der Rüstungsbereich schließlich auf das sich verändernde Umfeld. Er entwickelte ein neues Verfahren zur Bedarfsermittlung und Bedarfsdeckung der Streitkräfte, das den mittlerweile über 30 Jahre alten Entstehungsgang für Wehrmaterial ablöste. Das neue Verfahren – kurz »CPM« (Customer Product Management) genannt – regelt die Verantwortlichkeiten neu und soll die Projekte zu deutlich geringeren Realisierungszeiten und wirtschaftlicheren Lösungen führen. Der Industrie werden dabei zusätzliche Mitwirkungsmöglichkeiten eingeräumt, ihr wird aber auch mehr Eigeninitiative abverlangt.

Viele Elemente des »CPM« waren bereits im »EBMat-Schiffe« vorweggenommen. Insbesondere gilt es nach wie vor, einen ordentlichen Bauvertrag vorzubereiten und auszuhandeln. Der schlußverhandelte Vertrag mit einem gesicherten Gesamtpreis und realistischen, verbindlichen Terminen bleibt auch zukünftig in Verbindung mit einem von der Leitung des Bundesministeriums der Verteidigung gebilligten Phasendokument die notwendige Voraussetzung für die Zustimmung der parlamentarischen Ausschüsse des Deutschen Bundestages für den Bau der Schiffe.

Vor dem Hintergrund des neuen »CPM« und der veränderten Rollenverteilung zwischen Streitkräften, Rüstungsbereich und Industrie hat die Bedeutung der mit Beginn der Bundeswehr eingeführten und seither bewährten »Bauvorschrift für Schiffe der Bundeswehr« (BV-Schiffe) – sie besteht aus rund 60 Einzelheften – eher zu- als abgenommen.

Diese Bauvorschrift ist nicht nur ein Regelwerk für die Schiffssicherheit. Sie beinhaltet darüber hinaus den Erfahrungsschatz für den Bau von Marineschiffen ganz allgemein und ist somit eine verläßliche Grundlage dafür, wie spezifizierte Leistungen und Funktionen sicher erreicht werden können, ohne daß im Einzelfall Lösungen bereits vorweggenommen werden.

Von der Waffenplattform zum Waffensystem

Für den Marineschiffbau begann in Deutschland eine neue Ära, als sich Ende der 60er Jahre eine

Kiellegung und Aufsetzen der Bodenwrangen für ein FK-Schnellboot der Klasse 143 auf der Krögerwerft in Rendsburg (Slg. Schütz)

nachrückende Generation von Wehrtechnikern und Marineoffizieren systematisch daranmachte, die technischen und taktischen, aber auch die verfahrensmäßigen Grundlagen für den Aufbau einer zeitgemäßen Flotte zu schaffen. Insbesondere die zunehmende Bedrohung der Schiffe durch luftgestützte Waffen und die mittlerweile deutlich gesteigerten Leistungen und Reichweiten der Waffen und Sensoren verlangten nach immer kürzeren Reaktionszeiten und einer immer höheren Informations- und Datenverarbeitung. Schritt für Schritt entstanden so Schiffsentwürfe, die auf ein reales Bedrohungsspektrum zugeschnitten waren, die in ihrer Ausstattung mit der allgemeinen technischen Entwicklung mithalten konnten und deren Einsatzmittel – und dies ist sicherlich die wichtigste Erkenntnis – zu immer höherer Integration zwangen.

Das ehemals als Träger von Waffen konzipierte Kampfschiff entwickelte sich auf diesem Weg zu einem vollintegrierten Waffensystem. Der Marineschiffbauer, der sich von jeher als Systemintegrator verstanden hatte, sah nun seine Aufgabe nicht mehr dann als beendet an, wenn die räumliche Zuordnung sowie die mechanische und elektrische Anbindung einzelner Komponenten gelöst waren. Es schlossen sich vielmehr weitere Integrationsschritte an, die mit der Verknüpfung von Waffen und Sensoren zu Funktionsketten begannen und in der Zusammenführung des Einsatzsystems mit dem schiffstechnischen Führungsbereich zu einem Gesamtsystem endeten. Der wesentliche Inhalt von Studien, Definitionsarbeiten und Spezifikationen wurde fortan durch diese Integrationsprozesse bestimmt.

Die geringen Stückzahlen im Marineschiffbau begrenzten aus wirtschaftlichen Gründen Sonderentwicklungen für den Marinebedarf auf ein Mindestmaß, zumal die deutsche Zulieferindustrie – und dieses trifft in erster Linie auf den schiffstechnischen Bereich zu – herausragende Produkte für den zivilen Schiffbau anbieten konnte. Für den Entwurfsingenieur bedeutete dies, daß für zivile und militärische Fertigprodukte (COTS/MOTS – »commercial off the shelve/military off the shelve«) ein Integrationskonzept gefunden und umgesetzt werden mußte, welches diese im Grunde heterogenen Produkte unter Ausnutzung ihrer jeweils spezifischen Fähigkeiten zu einem homogenen Gesamtsystem zusammenfügte.

Ohne qualifizierte Bausteine geht es nicht

Auch wenn heute beim Bau von Überwasserkampfschiffen überwiegend auf vorhandene Pro-

Ein Minensuchboot der Klasse 343 wird bei der Werft Abeking & Rasmussen in Lemwerder aus der Bauhalle gerollt, getauft und zu Wasser gebracht *(Slg. Schütz)*

dukte am Markt zurückgegriffen wird, so hat es doch in den zurückliegenden fünf Jahrzehnten eine Reihe von Komponentenentwicklungen in Deutschland und für deutsche Marineschiffe gegeben, die sich schwerpunktmäßig drei Bereichen zuordnen lassen:

Schiffstechnische Komponenten

In den Aufbaujahren der Bundesmarine wurden zahlreiche schiffstechnische Komponenten entwickelt oder zumindest den spezifischen Erfordernissen der Marine angepaßt. In den meisten Fällen handelte es sich dabei um Eigenentwicklungen der Firmen, die für diese Produkte Exportchancen sahen und deshalb zu Investitionen bereit waren.

In einigen Fällen waren Anpaßentwicklungen erforderlich, beispielsweise wenn es darum ging, für die hochgeschützten Minensuchboote Motoren in amagnetischer Bauweise bereitzustellen.

Ähnlich verhielt es sich mit den Bausteinen für den schiffselektrotechnischen und den schiffsbetriebstechnischen Bereich. Hervorzuheben sind hierbei insbesondere Produkte der elektrotechnischen Industrie, der Ruderanlagen- und Propellerhersteller sowie das speziell für die Überwasserschiffe der Bundesmarine entwickelte Dauer-Schutzluft-Klima-(DSK-)System.

Sensoren und Waffen für den Überwasserseekrieg

Die Entwicklung von Sensoren für Überwasserkampfschiffe beschränkte sich in der Vergangenheit bei deutschen Firmen mehr oder weniger auf handelsschiffstypische Anlagen (Navigationsradare) und auf einige wenige militärische Produkte wie das Rundsuch- und Feuerleitradar der TRS-Reihe, die ELOKA-Anlage FL 1800 und die Multisensorplattform MSP 500.

Von großer Bedeutung ist derzeit auch die Beteiligung der deutschen Industrie an der Entwicklung des auf der Fregatte Klasse 124 eingesetzten Active Phased Array Radar (APAR).

Waffen für Überwasserkampfschiffe wurden in der Vergangenheit weitestgehend im Ausland beschafft, teils über Regierungskäufe, teils direkt bei den Herstellern. Dabei spielten die USA als Lieferant für Flugkörper eine besondere Rolle. In einigen wenigen Fällen geschah dies in Gemeinschaftsprogrammen, beispielsweise bei der gemeinsam mit den USA betriebenen Entwicklung (und auch Fertigung) des Nahbereichsflugkörpers RAM (»Rolling Airframe Missile«).

Sensoren und Waffen für den Unterwasserseekrieg

Die Entwicklung von Komponenten für den Unterwasserseekrieg ist von Anfang an ein Kernfeld der deutschen Industrie gewesen. Sie ist eng mit dem Namen Krupp Atlas Elektronik verbunden, eine Firma, deren Eigentümer und Namen im Laufe der Jahrzehnte mehrfach wechselten. Die technologischen Voraussetzungen und die Fachleute

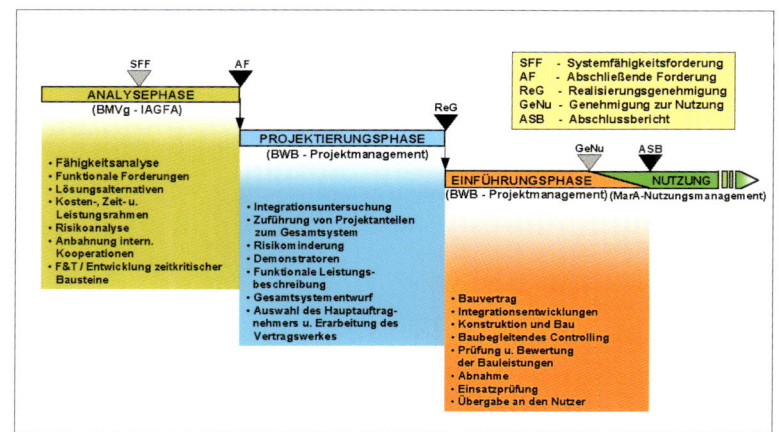

Die Verfahrensrichtlinie »CPM« (Customer Product Management) bestimmt seit einigen Jahren auch den Marineschiffbau in Deutschland

(Slg. Schütz)

mit ihren spezifischen Fähigkeiten sind jedoch immer an einem Standort konzentriert geblieben.

Im Mittelpunkt der Produktpalette dieser Firma standen dabei zweifellos die für unterschiedliche Einsatzzwecke entwickelten Sonaranlagen.

Wesentliche Beiträge hat die Firma gemeinsam mit anderen deutschen Firmen aber auch zur Entwicklung der Minenabwehr für die deutsche Marine geleistet. Hierzu zählen neben den Sonaranlagen vor allen Dingen die diversen Unterwasserdrohnen für die Minenjagd (PINGUIN, SEEFUCHS, SEEWOLF) sowie die Fähigkeit, die verschiedenen ineinander greifenden Komponenten zu einem funktionierenden Minenjagdsystem zu integrieren.

Weltweite Beachtung hat auch das deutsche TROIKA-System zur Minenabwehr gefunden. Dieses System, dessen Kernelement unbemannte ferngelenkte Überwasser-Räumdrohnen sind, hat in der gemeinsamen deutsch-niederländischen Entwicklung eines neuen »Mine Counter Measure Command and Control System« (MCM C2-System) und dessen Einbau auf den Booten HL 352 seine Fortführung gefunden.

Die Torpedoentwicklung ist über viele Jahre eine Kernfähigkeit der deutschen Industrie gewesen. Der in den Aufbaujahren der Bundesmarine von der AEG entwickelte drahtgelenkte Torpedo DM 2 SEAL zählte auf den Schnellbooten und Zerstörern lange Jahre zur Standardausrüstung. Heute beschränkt sich der Einsatz von Torpedos auf U-Boote; für Überwasserkampfschiffe hat er nur noch eine untergeordnete Bedeutung. Allerdings sind viele technische Elemente des DM 2 und seiner Nachfolger in die Entwicklung der U-Boot-Torpedos geflossen, an deren Spitze der jetzt für die neuen U-Boote Klasse 212 vorgesehene Schwergewichtstorpedo DM 2 A4 steht, übrigens auch ein Produkt der Firma Atlas Elektronik.

Zerstörer HAMBURG *der Klasse 101 und seine drei Schwesterschiffe gehörten zur ersten Generation neugebauter Kampfschiffe für die Bundesmarine. Das Bild zeigt die* HAMBURG *nach dem Umbau und der Einrüstung der Seezielflugkörper MM 38 Mitte der 70er Jahre*

(Slg. Schütz)

Zu den Unterwasserwaffen zählt auch das zur Zeit unter Beteiligung der deutschen Industrie entwickelte Torpedoabwehrsystem für Überwasserschiffe (TAÜ), dessen Kernelemente ein spezifisches Sonar und ein Antitorpedo-Torpedo sind.

Zusammenfassend ist festzustellen, daß das Erfordernis zur Entwicklung schiffstechnischer Komponenten weiter abnehmen wird. Es gilt vielmehr,

die in großer Vielfalt im zivilen Bereich vorhandenen Produkte für den Marineschiffbau – allein schon aus wirtschaftlicher Sicht – zu nutzen, ggf. an die besonderen militärischen Belange anzupassen und vernünftig im Kampfschiff zu integrieren.

Sensoren und Waffen für den Überwasserseekrieg werden eine Domäne ausländischer Firmen bleiben. Deutsche Firmen haben gute Chancen, in diesem Bereich mitzuwirken, wenn es ihnen gelingt, starke und kompetente Partner im Ausland zu finden. APAR ist hierfür ein gutes Muster.

Der Bereich Unterwasserseekrieg muß als Kernfähigkeit der deutschen Industrie erhalten bleiben. Wenn dies nicht gelingt – und Anzeichen für einen Rückgang gibt es in letzter Zeit, beispielsweise auf den Sektoren der Minenjagd und der Sonartechnik –, wird Deutschland von der Entwicklung wichtiger zukunftsweisender Technologien (z. B. AUV »Autonomous Underwater Vehicles«) abgekoppelt werden. Letztlich wird sich dies negativ auch auf die Ausrüstung und die Fähigkeiten der Deutschen Marine auswirken.

Richtungweisende Entwürfe

Unter den oben geschilderten Randbedingungen wurden für die Bundesmarine bzw. Deutsche Marine im Bereich der Überwasserkampfschiffe in den letzten 50 Jahren rund 180 Schiffe entwickelt und gebaut, die sich auf 20 Schiffsklassen verteilen.

Sieht man einmal von den Kauflösungen ab, so handelte es sich hierbei immer um rein nationale Projekte. Das einzige internationale Schiffsprojekt mit aktiver und engagierter deutscher Beteiligung war das 8-Nationen-Programm der NATO-Fregatte »NFR 90« in den 80er Jahren, das allerdings mit dem Abschluß der Definitionsarbeiten 1990 beendet wurde.

Andere Anläufe zu einer internationalen Kooperation im Marineschiffbau – beispielsweise die Projekte zur Entwicklung eines Tragflügelbootes mit den USA oder des innovativen Minenräumsystems »ERMISS« (»Explosion Resistant Multihull Influence Sweep System«) – blieben schon in den frühen Phasen stecken.

An drei Schiffsklassen wird im Folgenden aufgezeigt, wie sich der Grad der Integration und damit auch die Komplexität des Gesamtsystems Schiff im Verlauf der Entwicklung verändert haben. Für die Bereiche »Schiffstechnische Automation« und »Führungs- und Waffeneinsatzsystem« (FüWES) läßt sich dabei diese Entwicklung besonders deutlich demonstrieren. Die drei ausgewählten Schiffsentwürfe repräsentieren zugleich die Überwasserkampfschiffe, mit denen der deutsche Marineschiffbau in den letzten Jahrzehnten Weltgeltung erlangt hat: Schnellboote, Minenkampfboote und Fregatten.

Schnellboot Klasse 143

Ein aus der Sicht des deutschen Marineschiffbaus in jeder Hinsicht gelungener Entwurf war das Schnellboot Klasse 143. In den Jahren 1976 und 1977 wurden zehn Boote dieser Klasse in Dienst gestellt, denen sich dann noch einmal ein zweites Los von zehn Booten Klasse 143A mit etwas modifizierter Ausrüstung anschloß.

Eine denkbare MOTS (Military Off The Shelf)-Lösung: Einbau einer Panzerhaubitze PzH 2000 des Heeres auf einer Fregatte der Klasse 124 zu Testzwecken (Slg. Schütz)

Der Entwurf S 143 ist nicht nur deshalb so bemerkenswert, weil erstmals in ein auf deutschen Werften gebautes Kampfschiff ein Flugkörper-Waffensystem integriert und auf einem Boot dieser Art und Größe eine komplette Operationszentrale eingerichtet wurde, sondern weil vor allen Dingen mit S 143 der Einstieg in die Technologie der Automatisierung wesentlicher Funktionsabläufe an Bord von Marineschiffen vollzogen und damit der Weg für schnellere Reaktionszeiten und niedrigere Fehlerquoten im Mensch-Maschine-System bereitet wurde.

Dieser Einstieg, der gleichermaßen den schiffstechnischen Abschnitt und den Bereich der Waffen, Sensoren und Führungsmittel betrifft, ist sicherlich durch den raschen Vormarsch neuer Technologien begünstigt worden.

Die auf S 143 in der Schiffstechnik eingesetzte Automation ist zwar noch nicht vergleichbar mit der Automation, wie wir sie auf modernen Marineschiffen der heutigen Generation vorfinden, aber die Grundelemente und -komponenten sind bereits in vielen Bereichen vorhanden.

Zum Automationskonzept gehörte auch, die Motorenräume von Bedienungspersonal freizuhalten. Dies bedeutet: Im Normalbetrieb wird die Antriebsanlage vom Brückenfahrstand im Steuerstand gefahren, während die Überwachung vom schiffstechnischen Leitstand aus erfolgt, der sich ebenfalls außerhalb der Motorenräume befindet.

Im Bereich der Waffen, Sensoren und Führungsmittel ist die Automatisierung noch konsequenter durchgeführt worden, und hier sind bereits die Grundelemente der Führungs- und Waffeneinsatzsysteme zu erkennen, wie sie dann in den 80er und 90er Jahren auf anderen Kampfschiffen zu immer größerer Leistungsstärke und Komplexität weiterentwickelt worden sind. (Siehe auch »Phase der Innovation 1963–1976« in diesem Buch.) Das AGIS-System (Automatisiertes Gefechts- und Informationssystem für Schnellboote) ist das FüWES des Schnellbootes Klasse 143. Es verknüpft die Waffen mit den Sensoren über Rechenanlagen zu einem integrierten Gesamtsystem und ermöglicht den gleichzeitigen Einsatz von Torpedo-, Rohr- und Flugkörperwaffen. Mit dem AGIS wird darüber hinaus die verzugslose Verbindung sowohl mit dem Marinehauptquartier als auch mit anderen Schiffen sichergestellt.

Minenjagdboot Klasse 332

Wenn in den 70er Jahren die neuen Schnellboote den deutschen Marineschiffbau geprägt hatten, so rückten in den 80er Jahren zunehmend die Minenabwehrboote in den Vordergrund – ein Schiffstyp, der in der deutschen Marine eine große Tradition aufzuweisen hat. Für die neue Generation von Minenabwehrbooten wurde ein Entwurf gewählt, aus dem zwei Schiffsklassen – das Schnelle Minensuchboot (SM 343) und das Minenjagdboot (MJ 332) – und am Ende 22 gebaute Boote hervorgingen.

Der Grundentwurf, für den im Sprachgebrauch der Begriff »Einheitswaffenträger« geprägt wurde, ist durch einen hohen Standardisierungsgrad in den schiffstechnischen Bauabschnitten und eine variable Ausstattung im waffentechnischen Bereich gekennzeichnet. Das bedeutet: Bootskörper, schiffbauliche Ausrüstung und Einrichtung, Antriebsanlagen, E-Anlagen und Schiffsbetriebsanlagen sowie Kommunikations- und Navigationsanlagen, anteilig auch die Waffen zur Luft- und Seezielabwehr, sind für beide Schiffsklassen weitgehend identisch, während für den Minenkampf unterschiedliche Ausstattungen in Form von Rüstsätzen bereitstehen.

Besondere Beachtung fand der Entwurf auch dadurch, daß für den Bootsrumpf, den Aufbau und das Deckshaus erstmals im Überwasserschiffbau ein nichtmagnetisierbarer austenitischer Stahl, der bisher nur im U-Boot-Bau eingesetzt worden war, ausgewählt wurde.

An diesem Schiffstyp läßt sich auch die stürmische Weiterentwicklung der schiffstechnischen Automation nachvollziehen. Zum ersten Mal kommt auf einem deutschen Marineschiff ein rechnergestütztes Automationskonzept zum Einsatz. Das dezentral und – wo erforderlich – auch redundant aufgebaute Konzept ist im wesentlichen dafür gedacht, das Bordpersonal zu entlasten und die Verfügbarkeit der Untersysteme zu erhöhen. Um dieses Ziel zu erreichen, werden neue Komponenten wie Farbdisplays, ein Bus-System und Einrichtungen zur Aufzeichnung und Speicherung von Betriebs- und Stördaten eingesetzt.

Die Schnellen Minensuchboote Klasse 343 sind bezüglich ihrer Minenräumausstattung noch ganz auf die konventionellen Mittel und Methoden der vorangegangenen Generationen von Minensuchbooten ausgerichtet.

Der eigentliche Innovationssprung in der Minenabwehrtechnik gelingt erst richtig mit der zweiten Schiffsklasse, dem Minenjagdboot Klasse 332.

Test einer unbemannt fliegenden Drohne. Vom Achterdeck der Fregatte NIEDERSACHSEN *wird die amerikanische Drohne »Fire Scout« erprobt* (Slg. Schütz)

Mittelpunkt und Seele des Minenjagdbootes ist die Minenjagdführungsanlage SATAM (= System zur Auswertung und Darstellung taktischer Daten im Minenkampf), die die Minenjagdsonaranlage mit der unbemannten Unterwasserdrohne und mit der Navigationsanlage zu einem integrierten Gesamtsystem verknüpft und deren Bedeutung und Funktion einem FüWES auf Kampfschiffen gleichzusetzen sind.

In dem oben dargestellten System hat das Navigationselement eine besondere Bedeutung, weil die Effektivität des Minenjagdeinsatzes entscheidend von der Genauigkeit der Navigationsdaten abhängt.

Eine integrierte Navigationsanlage vereinigt die einzelnen Navigationssensoren, verarbeitet deren Informationen und übernimmt die digitale Datenverteilung an die der Minenjagdführungsanlage angeschlossenen übrigen Anlagen. Mittels der integrierten Navigationsanlage und eines angeschlossenen Bahnreglers läßt sich das Minenjagdboot auf einer vorgegebenen Bahnkurve automatisch führen.

Fregatte Klasse 124

Am Ende der Evolution deutscher Marineschiffsentwürfe steht vorerst die Fregatte Klasse 124, deren Entwurf in vielen Abschnitten auf dem der Fregatte Klasse 123 aufbaut und bei der konsequent die von den MEKO-(Mehrzweck Kombination-)Fregatten übernommene Modulbauweise angewendet wird.

Die folgenden Ausführungen werden sich wiederum nur auf die Aspekte der Systemintegration konzentrieren. Insbesondere soll auch wieder aufgezeigt werden, welche Fortschritte sich bei diesem Entwurf der 90er Jahre auf dem Gebiet der schiffstechnischen Automation und des FüWES eingestellt haben.

Die Automation im schiffstechnischen Bereich wurde auch hier so konzipiert, daß die ihr zugeordneten Untersysteme und Anlagen sicher überwacht und gesteuert werden können. Bei der Fregatte 124 werden diese Forderungen durch das »Integrierte Überwachungs- und Steuerungssystem« (Integrated Monitoring and Control System, IMCS) erreicht. Das System ist durch modularen Aufbau der Komponenten, verteilte Architektur und einen redundant verlegten Datenbus gekennzeichnet. Gleichzeitig ist berücksichtigt, daß die Komponenten (wie auch alle übrigen lebenswichtigen Komponenten an Bord) in das Standfestigkeitskonzept integriert sind.

Das IMCS F 124 ist als vollständig softwarebasiertes System konzipiert. Daher können die Überwachungs- und Steuerungsfunktionen der schiffstechnischen Anlagen den einzelnen Arbeitsplätzen frei zugewiesen werden. Im Extremfall wird die gesamte Schiffstechnik von einem Arbeitsplatz aus überwacht und bedient.

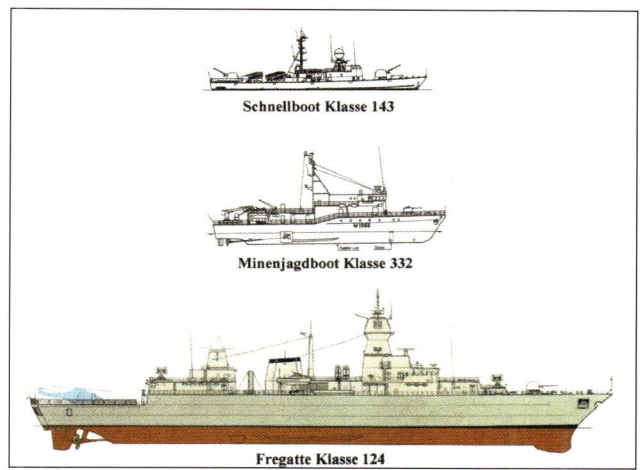

Flugkörper-Schnellboote der Klasse 143 und 143 A, 20 Einheiten (1976–1983)
Minenjagdboote der Klasse 332, 10 Einheiten (1992–1999)
Flugabwehrfregatten der Klasse 124, 3 Einheiten (seit 2004)   (Slg. Schütz)

Zusätzlich ist in das IMCS ein System zur Unterstützung der Schadensabwehr und der Schiffssicherung integriert. Damit wird der Schiffsführung im Gefecht – aber auch bei z. B. betriebsbedingten Notfällen – die Schadenslage aufbereitet, und es werden lagebezogen Empfehlungen und Unterstützungsmaßnahmen angeboten, die dann weitgehend automatisiert ablaufen.

Die Fortschritte bezüglich des FüWES liegen bei der F 124 in der Architektur des Systems und in der konsequenten Anwendung von IT-Anteilen aus dem kommerziellen Markt. Erstmalig wird auf einem deutschen Marineschiff ein System mit einer verteilten Architektur realisiert.

Die Prozessorkapazität ist dabei auf die 17 Bedienkonsolen verteilt. Um eine Kernfunktionalität des Einsatzsystems für den Waffeneinsatz bereitzustellen, sind lediglich vier Prozessorknoten notwendig.

Das System besitzt die Fähigkeit, sich bei Ausfall eines Prozessorknotens oder mehrerer Knoten automatisch zu rekonfigurieren.

Es ist verständlich, daß die Entwicklung des zugehörigen Softwarepaketes und die Integration solch eines Systems zu den aufwendigsten Anteilen des Schiffsentwurfs gehören. Die Arbeiten daran sind mit erheblichen Risiken behaftet und bestimmen heutzutage generell den kritischen Pfad eines Vorhabens.

Zum Stand der Dinge:
Gesamtentwurf und schiffbauliche Aspekte

Aus der Fülle der Entwurfsparameter und Entwurfsdetails sollen im Folgenden nur einige wenige und insbesondere nur diejenigen herausge-

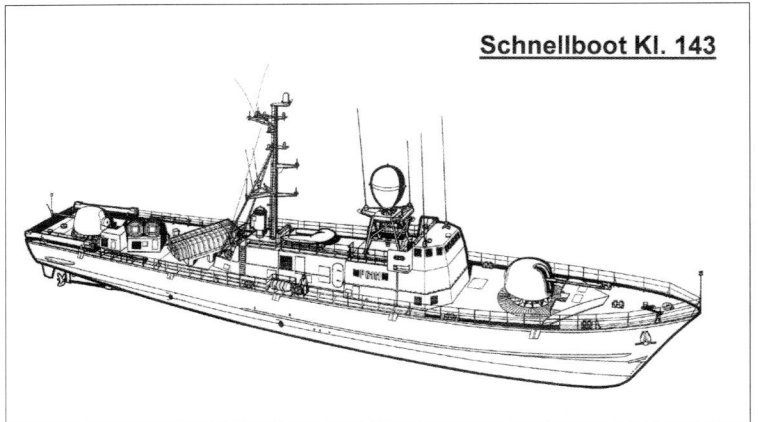

Schnellboot Kl. 143

Zeichnerische Gesamtansicht eines FK-Schnellbootes der Klasse 143

(Slg. Schütz)

griffen werden, die auch weiterhin richtungweisend sein könnten.

Noch bis zum Ende des Zweiten Weltkrieges waren die Entwürfe der Überwasserkampfschiffe durch das von schweren Waffen, Panzerung, Treibstoff, Munition usw. eingebrachte Gewicht bestimmt. Als die Flotte der Bundesmarine aufgebaut wurde, hatte sich diese Gewichtsproblematik mehr und mehr in eine Flächen- bzw. Raumproblematik umgewandelt. Einerseits hatten die Forderungen nach Panzerung und Geschwindigkeit mittlerweile an Bedeutung verloren, andererseits verursachten neue und höhere Forderungen bezüglich der Unterbringung und Betreuung der Besatzung, der Betriebssicherheit, der Ausweitung von Verkehrs- und Fluchtwegen, der Standkrafterhöhung, der Aufstellung von Elektronikschränken, der Vergrößerung von Werkstätten/Betriebs- und Funktionsräumen sowie ausreichender Abstände zwischen Sensoren, Antennen und Waffen einen deutlichen Mehrbedarf an Fläche und Volumen.

Heute ist praktisch eine dritte Stufe erreicht: Sieht man einmal von der Problematik der Kostenbegrenzung ab, so wird der Entwurf moderner Überwasserkampfschiffe zunehmend durch das sogenannte »Topside Design« bestimmt, worunter die Anordnung der Komponenten an Oberdeck unter Berücksichtigung ihrer gegenseitigen Beeinflussung und einer maximalen Leistungserbringung zu verstehen ist. Dieser Trend ist in erster Linie auf die wachsende Zahl der Radaranlagen, die nach wie vor der Hauptsensor bei Überwasserschiffen sind, der Flugkörper-Abschußanlagen, der Rohrwaffen, der Funkantennen und der elektronischen Kampfmittel zurückzuführen. Alle genannten Anlagen beanspruchen für ihre Aufstellung ausreichende Flächen an Oberdeck, alle verlangen nach hinreichenden Abständen, damit sie sich nicht gegenseitig stören, und alle benötigen entsprechenden Installations- und Servicefreiraum.

Die Integration von Bordhubschraubern mit Flugdeck und Hangar – heute eine Standardeinrichtung auf Kampfschiffen ab Fregattengröße – verschärft diese Problematik noch. Da daneben auch die schiffstechnischen Einrichtungen wie Masten, Aufbauten, Deckshäuser, Schornsteine sowie Seeversorgungs- und Rettungseinrichtungen ihre Ansprüche nicht zurückgeschraubt haben, hat sich die Oberdecksauslegung eines Überwasserkampfschiffes zum Entwurfsgegenstand erster Ordnung entwickelt.

Neben der Integration von Sensoren, Waffen und Führungsmitteln sind die Gebiete Signaturreduzierung und Standkrafterhöhung wohl die nächstwichtigen Schwerpunkte im Entwurfsprozeß.

Die Palette der betroffenen Signaturen reicht je nach Schiffstyp und Einsatzspektrum von der Schallausbreitung im Wasser über das magnetische Schiffsfeld bis hin zur Radar- und Infrarotsignatur. Begünstigt durch den Einsatz moderner Technologien und den Einbau von miniaturisierten Bausteinen in die Sensoren, gewinnen heute mehr und mehr auch andere Effekte wie Seismik, Druck und UEP (»Underwater Electrical Potential«) an Bedeutung.

Aufgabe des Entwurfsingenieurs ist es, diese Signaturmaßnahmen ausgewogen und kosteneffektiv in den Entwurf einzubringen.

Konstruktive Lösungen zur Herstellung einer ausreichenden Standkraft im Trefferfall haben den Schiffbauer schon immer herausgefordert. Sie be-

Das Minenjagdboot der Klasse 332 FRANKENTHAL

(Slg. Schütz)

treffen in der Regel die Schockfestigkeit, die räumliche Trennung von Funktionen und Komponenten sowie die Einplanung von redundanten Systemen. Ziel solcher Maßnahmen ist es, das Ausmaß der Zerstörung für das Gesamtwaffensystem Schiff so zu reduzieren, daß seine Fahrfähigkeit erhalten bleibt und Kampfaufgaben zumindest eingeschränkt weitergeführt werden können.

Bei der Fregatte Klasse 124 ist die Standkraft beispielsweise so weit entwickelt worden, daß das Schiff Treffer von Flugkörpern oder Bomben mit bis zu 150 kg Sprengstoff überstehen kann. Zwei Elemente tragen hierzu wesentlich bei: doppelwandige Schotten und im oberen Decksbereich längslaufende Kastenträger.

Die Erfahrungen aus den Neubauten der letzten Jahrzehnte lassen noch einen weiteren Schluß zu: Aufgrund der großen Technologiesprünge in vielen Bereichen und der daraus resultierenden Wechselwirkung von Waffe und Gegenmaßnahme muß der Entwurfsingenieur heute zur Kenntnis nehmen, daß die von ihm eingeplante und in eine bestimmte Systemstruktur eingebettete Sensoren- und Waffenkonfiguration nur einen zeitlich begrenzten Wert besitzt und früher oder später im Rahmen eines Umbaus oder schon im zweiten Los des Bauprogramms geändert werden muß. Der Entwurf ist daher von Anfang an so auszulegen, daß ausreichende Raum-, Gewichts- und Stabilitätsreserven vorhanden sind und die Änderungen mit minimalem Aufwand durchgeführt werden können.

Schiffsantriebs- und Schiffsbetriebsanlagen

Auf den Schiffen der Deutschen Marine dominiert der Dieselmotorenantrieb. Die hohe Kompetenz deutscher Motorenhersteller, eine große Leistungsdichte und eine enge Leistungsstufung der Motoren haben zu dieser Entwicklung entscheidend beigetragen.

Auf den größten Kampfeinheiten, den Fregatten, kommen allerdings Kombinationen von »Dieselmotoren und Gasturbinen« als sogenannte CODOG- bzw. CODAG-Antriebe zum Einsatz.

CODOG (»Combined Diesel or Gas Turbine«) bedeutet, daß das Schiff nur mit den Dieselmotoren (bei Marschfahrt) oder nur mit den Gasturbinen (bei Höchstfahrt) angetrieben wird.

Bei Schiffen mit CODAG (»Combined Diesel and Gas Turbine«) wird die Marschgeschwindigkeit wahlweise mit einem oder beiden Dieselmotoren erreicht. Zur Erreichung der Höchstgeschwindig-

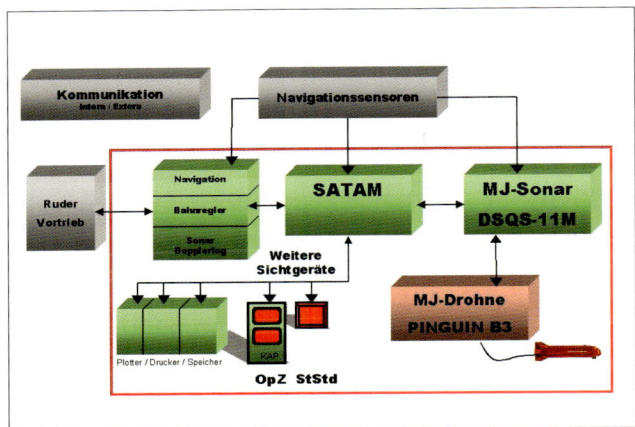

*Das Blockdiagramm des Minenjagdsystems der Minen-
jagdboote Klasse 332* (Slg. Schütz)

keit müssen Dieselmotoren und Gasturbine zusammen betrieben werden.

Der große Vorteil der CODOG-Anlage liegt in der
klaren Trennung von drehzahlgeregelten Dieselmotoren und leistungsgeregelten Gasturbinen im
Betrieb. Das Konzept ist allerdings auch dadurch gekennzeichnet, daß mehr Leistung beschafft und installiert wird, als zur Erreichung der Höchstge-
schwindigkeit eigentlich erforderlich ist.

Dieser Nachteil entfällt bei einer CODAG-Anlage,
bei der eine komplette Gasturbine mit der gesamten Peripherie eingespart werden kann. Selbst
wenn bei diesem Konzept die Einzelleistungen der
beiden Dieselmotoren und der Gasturbine angehoben werden müssen und zu den dann 2-Gang-
Getrieben noch ein sogenanntes »Cross-Connec-
tion-/Verteilergetriebe« hinzukommt, so bleiben
sowohl die Beschaffungskosten als auch die Betriebskosten doch deutlich hinter den Kosten für
eine vergleichbare CODOG-Anlage zurück.

Das »Dauer-Schutzluft-Klima-(DSK-)System«, mit
dem seit Mitte der 70er Jahre alle Überwasserschiffe
der Marine zum Schutz gegen atomare, biologische
und chemische (ABC) Waffen ausgerüstet werden,
ist mittlerweile technisch ausgereift und zuverlässig.

Das Grundprinzip des DSK-Systems besteht darin, daß gerade nur so viel gefilterte und gereinigte

Luft in das Schiff geholt wird, wie zur Einhaltung einer für die Besatzung unschädlichen CO_2-Konzen-
tration erforderlich ist. Im geschützten Teil des
Schiffes, der Zitadelle, herrscht ein geringer Über-
druck, der das Eindringen von kontaminierter Luft
zuverlässig verhindert. Die Luft innerhalb der Zitadelle wird nach Bedarf klimatisiert und mit ab-
gestuftem Druckgefälle von den besetzten zu den
unbesetzten Räumen geleitet. Die überschüssige
Luft verläßt das Schiff durch Überdruckklappen.
Die Zitadelle kann von außen nur über Luftschleu-
sen betreten werden.

Die Deutsche Marine hat sich die Selbstverpflich-
tung auferlegt, alle »Umweltschutzbestimmungen«
einzuhalten und von deren Ausnahmeregelungen
keinen Gebrauch zu machen. Dies gilt für die internationalen Übereinkommen ebenso wie für die
nationalen Umweltschutzgesetze, die in den Küstengewässern und Häfen zu beachten sind.

Für die Schiffe der Deutschen Marine bedeutet
dies, daß ein erheblicher Aufwand betrieben
werden muß, um unzulässige Umweltbeeinträch-
tigungen zu vermeiden. Zu dem Mehraufwand gehören beispielsweise Abwasseraufbereitungsanla-
gen zur Behandlung des Sanitärabwassers und
Einrichtungen für die sortenreine Lagerung und Abgabe von Festmüll. Diese Einrichtungen haben teilweise erheblichen Einfluß auf den Schiffsentwurf,
und sie erhöhen – nicht zuletzt wegen der relativ
hohen Besatzungszahlen – die Gesamtkosten von
Kampfschiffen beträchtlich.

Mit der »FCKW-Halon-Verbotsverordnung« von
1991 war die Verwendung von Halon wegen seiner
die Ozonschicht schädigenden Wirkung nicht länger erlaubt. Die Marine reagierte mit einem konsequenten Halon-Ausstiegskonzept, das zunächst in
Anlehnung an die Bestimmungen für Handelsschiffe die Einführung von CO_2-Raumflutungsanla-
gen vorsah.

Als Alternative hierzu ist in der Folge die Druck-
wasserschaumsprühanlage (DSA) entwickelt worden.
Durch die Filmbildung des zugesetzten Schaum-
mittels wird bei dieser Anlage das Feuer schnell er-
stickt und eine Rückzündung verhindert. Auch

tritt – anders als bei Gasfeuerlöschanlagen – durch das Wasser eine Kühlwirkung ein, sodaß der gelöschte Raum schnellstmöglich wieder betreten werden kann. Alle neuen Überwasserschiffe der Marine werden heute mit dieser DSA ausgerüstet.

Schiffselektrotechnische Anlagen

«Automation« und »vollelektrisches Schiff« sind die beherrschenden Themen der letzten Jahre im schiffselektrotechnischen Abschnitt. Beide Elemente gehören im zivilen Schiffbau schon längst zum Stand der Technik, aber es bedurfte im Marineschiffbau noch einiger grundlegender Entwicklungsvorarbeiten.

Entwicklungsschwerpunkte sind ebenso in den Bereichen
– Brennstoffzellen,
– lichttechnische Anlagen,
– unterbrechungsfreie Stromversorgung
– Bord- und Fahrnetzkonzepte unter besonderer Berücksichtigung der elektrischen Sicherheit zu setzen, da in diesen Bereichen nennenswerte Beiträge zur Erhöhung der Kampfkraft und zur Kostenreduzierung erwartet werden.

Die Voraussetzungen für den Entwurf und den Bau des ersten »vollelektrischen Überwasserkampfschiffes« sind mittlerweile hergestellt: In den Bereichen Leistungselektronik und elektrische Maschinen hoher Leistungsdichte hat es auf dem zivilen Markt beachtliche Entwicklungsfortschritte gegeben, sodaß viele Bauelemente für das vollelektrische Schiff heute sogar handelsüblich bezogen werden können. Die im wehrtechnischen Bereich durchgeführten Komponentenentwicklungen für
– neue permanenterregte Maschinen in Transversalflußtechnik und als Multi-Elektronik-Permanent-Magnetmotor
– kombinierte Gleich-/Wechselspannungsnetze im kV-Bereich (Fahr- und Bordnetz)
– Gleichrichter und Wechselrichter entsprechender Leistung
sind ebenfalls abgeschlossen.

Studien haben mit hinreichender Verläßlichkeit gezeigt, daß ein vollelektrisches Kampfschiff realisierbar ist und hinsichtlich Raum- und Gewichtsbedarf – ein Kriterium, das bisher für das kompakt gebaute Kampfschiff von besonderer Bedeutung war –, aber auch hinsichtlich der Beschaffungskosten sowie der Kosten in der Nutzungsphase dem Vergleich mit konventionellen Schiffskonzepten standhält.

Integration von Waffen, Sensoren und Führungsmitteln

Der Innovationszyklus der Waffen und Sensoren liegt heute zwischen 10 und 20 Jahren. Es ist also davon auszugehen, daß diese Anlagen während der Nutzungsdauer eines Schiffes einmal leistungsgesteigert oder komplett gegen neuentwickelte An-

Flugabwehrfregatte SACHSEN *der Klasse 124 auf Reede geankert* (Slg. TKMS)

lagen ausgetauscht werden. Die Integration, der Einbau und der Ausbau – auch für Instandsetzungszwecke – werden durch die zunehmende Akzeptanz und Anwendung der »Modulbauweise« erheblich erleichtert.

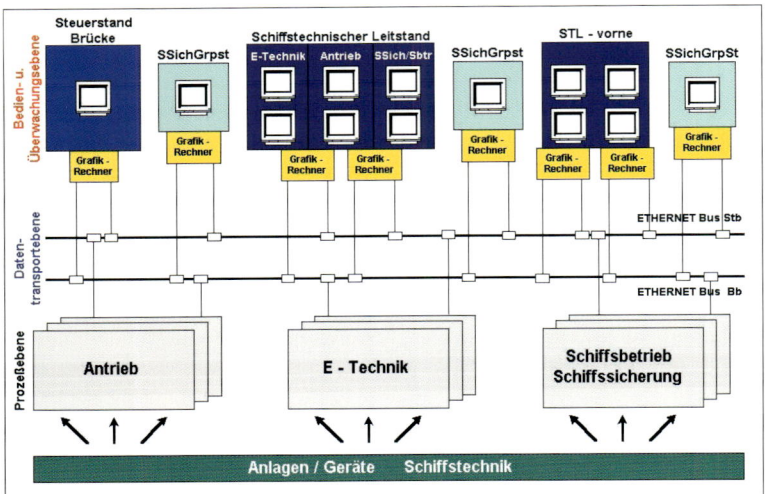

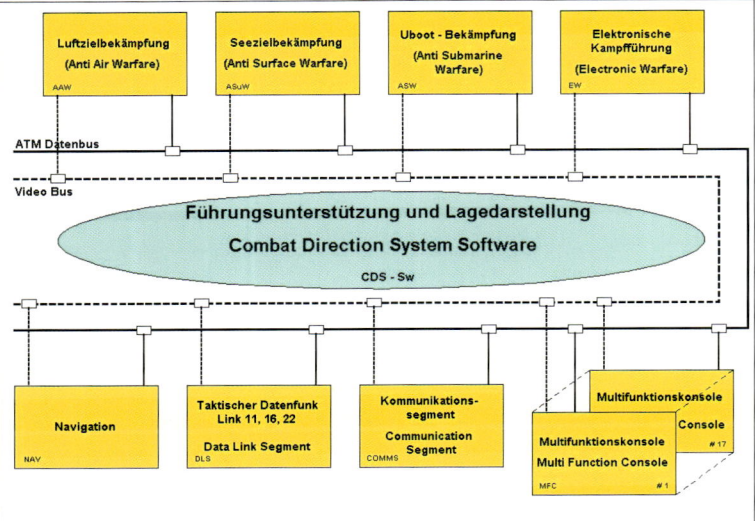

Oben: Blockdiagramm des schiffstechnischen Automationskonzepts (IMCS) der Fregatte Klasse 124

Unten: Blockdiagramm für das Führungs- und Waffeneinsatzsystem

(Slg. Schütz)

»Multifunktionsradare«, welche die Funktionen »Suchen« und »Zielverfolgen« in sich vereinen, verdrängen heute mehr und mehr die klassischen Radaranlagen mit nur jeweils einer dieser Funktionen. Ihr Einbau stellt den Schiffbauer wegen der besonderen Anforderungen an die Aufstellung und wegen ihres erheblich höheren Platzbedarfs und Gewichts vor neue Herausforderungen.

Ebenso schwierig gestaltet sich die schiffbauliche Integration moderner »tieffrequenter Sonaranlagen«, die ausgesetzt und nachgeschleppt werden müssen und dafür einen beträchtlichen Geräteaufwand bedingen.

Bei der »FüWES-Infrastruktur« (Rechner und Bus-System) wird in zunehmender Form auf kommerzielle Produkte zurückgegriffen. Dieses spart Kosten und bietet zugleich die Möglichkeit, die noch immer sprungartigen Leistungsverbesserungen dieser Produkte auch im Marineschiffbau zu nutzen. Es muß allerdings dann auch Vorsorge dafür getroffen werden, daß zukünftig Produkte solcher Art in der logistischen Kette der Marine gesondert behandelt werden und – in Anbetracht der langen Planungszeiträume von Marineschiffen – ihre Beschaffung und ihre Integration in das Schiff zum spätestmöglichen Zeitpunkt erfolgen können.

Der Blick nach vorn

Die Leistungsanforderungen an neue Kampfschiffe wachsen mit veränderten Einsatzbedingungen und fortschreitender Technologie, ohne daß hierfür auch immer die zusätzlich benötigten Haushaltsmittel bereitgestellt werden. Fähigkeitsanforderungen führen in Zukunft nicht einfach zu einer Fortschreibung bewährter Entwürfe bzw. zu einer Weiterentwicklung der bereits in Nutzung befindlichen Schiffe. Die erwartete Leistung eines neuen Waffensystems wird nicht mehr durch einfache Parameter wie Geschwindigkeit, Reichweite usw. oder durch ein spezifiziertes Bewaffnungskonzept, sondern durch komplexe Einsatzszenarien und präzise Erfolgswahrscheinlichkeiten vorgegeben.

Dies alles erschwert den Gesamtentwurf und stellt den Marineschiffbauer immer wieder vor neue Herausforderungen. Seine Kernaufgabe wird die Integration von Komponenten und Teilsystemen zu einem Gesamtsystem bleiben. Und was für den einzelnen Ingenieur gilt, hat für die Firmen, die sich im Marineschiffbau die Rolle des Hauptauftragnehmers zu eigen gemacht haben, eine eher noch größere Bedeutung. Integrations- und Systemfähigkeit sind die herausragenden Merkmale, auf denen die bisherigen Erfolge beruhen und mit denen auch zukünftig die weltweite Spitzenstellung des deutschen Marineschiffbaus zu halten ist.

Für die Beschaffung eines neuen Schiffes bedeutet dieses beispielsweise, daß wesentliche Komponenten des Waffensystems als Fertigprodukte in Form von vorgeschriebenen Leistungen festgelegt sein werden. Die Leistung des industriellen Auftragnehmers besteht im wesentlichen dann noch darin, verantwortlich ein Integrationskonzept zu entwickeln und fachkompetent umzusetzen, welches die Leistungsfähigkeit der einzelnen heterogenen Produkte ausschöpft und zu einem homogenen Ganzen zusammensetzt.

Insgesamt haben sich im letzten Jahrzehnt die Integrationsaufgaben, bezogen auf das Einsatzsystem und die damit verbundenen Probleme der Softwareentwicklung, stark in den Mittelpunkt der Schiffsentwürfe geschoben. Aber auch die Plattform hat bezüglich ihrer Softwareanteile aufgeholt. Beide, Plattform und Einsatzsystem, rücken damit enger zusammmen, und es wird in Zukunft darauf ankommen, beide Bereiche technisch im Sinne eines ausgewogenen Gesamtentwurfs zu verschmelzen.

Und noch eine wichtige Lehre darf gezogen werden: Der Marineschiffbauer ist gut beraten, wenn er sein Schiff nicht maßgeschneidert für nur eine Aufgabe oder Funktion entwirft, sondern für unkomplizierte Umbaumaßnahmen offenhält und dabei ausreichende Nachrüstreserven einplant. Wachstumspotential für Nachrüstungen und Kampfwertsteigerungsmaßnahmen und dieses in Verbindung mit modularer Gestaltung der Subsysteme sowie die Ausdehnung der Nutzungsdauer werden generelle Leitlinien für den Schiffsentwurf sein.

Welche spezifischen Entwicklungstendenzen zeichnen sich im Marineschiffbau ab?

Was die Form des Schiffsrumpfs betrifft, ist die Prognose erlaubt, daß der Einrumpfverdränger ein Renner bleiben wird. Wir werden immer wieder Lösungen mit unkonventionellen Rumpfformen wie Luftkissen-, Tragflächen-, Bodeneffekt-, Mehrrumpf- und Hochgeschwindigkeitsfahrzeuge für die unterschiedlichen Einsatzforderungen untersuchen und in die Überlegungen mit einbeziehen müssen, aber ihre Anwendung wird sich in der Regel auf Spezialfälle beschränken.

Die Signatur- und Stealth-(Tarnkappen-)Eigenschaften werden ein entwurfs- und kostenbestimmendes Element von Marineschiffen bleiben. Allerdings sollten Stealth-Gesichtspunkte die Gestaltung der Schiffsform nur so weit bestimmen, daß ein Optimum mit den Einflüssen der Antennen, Waffen und Sensoren hergestellt ist. Die Fregatte Klasse 124 hat auch in dieser Hinsicht gezeigt, wie es gehen sollte.

Auf dem Gebiet des Schiffsantriebs wird zu prüfen sein, ob auch bei Überwasserschiffen die Brennstoffzelle eine ernstzunehmende und zukunftsweisende Alternative darstellt. Ihre Vorteile hinsichtlich Wirkungsgrad, Signatur und Umweltverträglichkeit sind offensichtlich; allein die hohen Anlagenkosten bremsen ihren weiteren Vormarsch auf Schiffen noch ab. Aber es ist durchaus vorstellbar, daß der Ein-

Ansprengung des Schnellen Minenkampfbootes Klasse 333 ÜBERHERRN *zum Nachweis seiner Schockfestigkeit vor der Endabnahme* (Slg. Schütz)

satz der Brennstoffzelle als Energieerzeuger für den Bordbetrieb schon bald erfolgen wird.

Im zivilen Schiffbau haben POD-(»Podded Propulsion System«)Antriebe bereits einen festen Platz. Sie sind heute bis zu Leistungen von 30 MW realisierbar und gut zu integrieren. Sie werden aufgrund ihrer vielfältigen Vorteile bezüglich Manövrierfähigkeit, Geräusch- und Schwingungsverhalten und nicht zuletzt auch wegen ihrer hohen Wirtschaftlichkeit wohl bald auch auf Marineschiffen zum Einsatz kommen.

Der Energiebedarf ist auf den Kampfschiffen erheblich gestiegen. Er hat sich in den vergangenen Jahrzehnten, bezogen auf ähnliche Aufgaben und vergleichbare Besatzungsstärken, etwa verdreifacht. Nicht zuletzt deshalb rückt im Zuge eines wirtschaftlichen Energiemanagements das vollelektrische Schiff immer mehr in den Mittelpunkt. Bei einem vollelektrischen Schiff wird die über Primärenergiewandler erzeugte Leistung allen Verbrauchern des Bord- und Fahrbetriebs, also auch dem elektrischen Antrieb, über das Bordnetz zur Verfügung gestellt. Ein solches Konzept macht nicht nur die Bereitstellung redundanter, überzähliger Leistungen überflüssig und vermindert dadurch deutlich die Beschaffungs- und Betriebskosten, sondern es bietet auch mehr Entwurfsfreiheit und mehr Optionen, die Standkraft des Schiffes zu erhöhen. Mit Blick auf den zukünftigen Einsatz von elektrischen Waffen ergibt sich darüber hinaus die Möglichkeit, die für solche Waffen benötigten hohen Leistungen kurzzeitig dem Bordnetz zu entnehmen, ohne daß dies zu unverträglichen Einbrüchen im Fahrbetrieb führt. Die nächste Generation von Marineschiffen wird sich dem Konzept des vollelektrischen Schiffes nicht entziehen können.

Ein Schwerpunkt der Anstrengungen wird zukünftig auf dem Gebiet der Kommunikation liegen. Der Erfolg einer militärischen Operation hängt zunehmend davon ab, ob die Dominanz auf diesem Gebiet hergestellt werden kann, d. h. ob frühzeitige, exakte und umfassende Informationen über die taktische und operationelle Lage vorliegen und entsprechend aufbereitet werden können. Gleichzeitig müssen die Fernmeldesysteme für die »netzwerkbasierte Operationsführung« neu strukturiert werden.

Das gestiegene Informationsaufkommen bedingt neue Lösungen im Antennenspektrum. Die Anzahl unterschiedlicher Antennen wird weiter zunehmen und den Entwurfsingenieur bei der funktionsgerechten Aufstellung vor neue Probleme stellen. Die Mehrfachnutzung von Antennen und die Integration von Antennen in die Schiffsstruktur könnten zur Problemlösung beitragen.

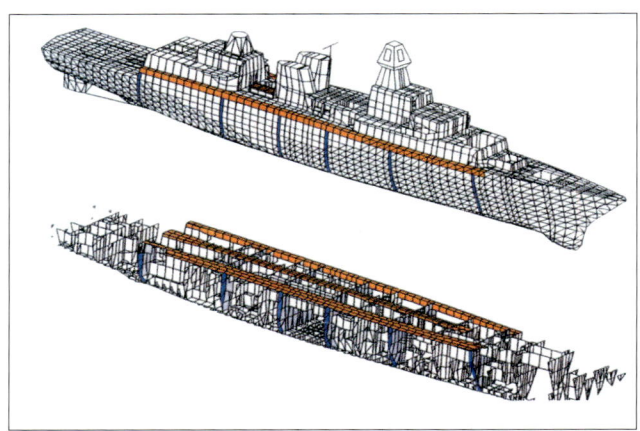

Die Standkraftmaßnahmen der Fregatte Klasse 124 repräsentieren den neuesten Stand der Technik auf diesem Gebiet. Die Strukturskizze zeigt die Doppelwandschotten und Kastenträger (Slg. Schütz)

Ein weiteres Feld mit wachsender Bedeutung ist der Einsatz unbemannter, autonomer Fahrzeuge. Die Deutsche Marine hat im Bereich der Minenbekämpfung bereits umfangreiche Erfahrungen mit Unterwasser- und Überwasserdrohnen sammeln können. Sie wird allerdings technisches und operatives Neuland betreten, wenn zukünftig auch Luftdrohnen als abgesetzte Sensoren von Schiffen aus eingesetzt werden. Ihre Integration wird das Problem des »Topside Design« noch vergrößern.

Weitere Einflüsse auf den Schiffsentwurf sind durch
– die Aufstellung und das Handling von abgesetzten Sonaranlagen,
– die Weiterentwicklung von Sensoren als Multifunktionssysteme ggf. mit Fähigkeiten zur ab-

bildenden taktischen Aufklärung (synthetische Apertur),

– den zunehmenden Einsatz von optronischen Aufklärungsmitteln,
– Fähigkeiten zur Landzielbekämpfung (»von See an Land«),
– die Einbindung in globale Systeme zur flächendeckenden Abwehr von taktisch-ballistischen Flugkörpern (TBMD – Tactical Ballistic Missile Defense),
– Fähigkeiten zum Eigenschutz gegen die sogenannte asymmetrische Bedrohung,
– lange Stehzeiten im Einsatzgebiet und
– Fähigkeiten zur Unterstützung von Spezialkräften und zur Evakuierung

zu erwarten. Es ist davon auszugehen, daß einige dieser Forderungen in die zur Zeit neu konzipierten Fregatten F 125 der Deutschen Marine einfließen werden.

Mit der Komplexität der neuen Schiffsvorhaben wachsen auch die Anforderungen an den Entwurf und an die Verfahren zur Realisierung solcher Waffensysteme. Will man diese Herausforderungen meistern, so sind zukünftig zwei Voraussetzungen zu schaffen:

– Es muß frühzeitig ein Team mit Vertretern aller Fachrichtungen gebildet werden. Rüstungsbereich und Industrie müssen dabei – trotz möglicher Vertragsbarrieren – eng zusammenarbeiten, wenn beide weiterhin erfolgreich sein wollen.
– Es sind moderne Entwurfsverfahren und -instrumente unter Verwendung von Simulationstechniken einzusetzen.

Der amtliche Rüstungsbereich wird Impulsgeber für technische Innovationen bleiben müssen. Seine Aufgabe ist es, ähnlich wie die eines zivilen Reeders, Vorstellungen über die zukünftigen Aufgaben und Einsatzmöglichkeiten der Flotte zu entwickeln und dafür die notwendigen technischen Schritte einzuleiten. Schrumpfende Personalkapazitäten zwingen ihn dabei, zunehmend das Hauptaugenmerk auf die Konzipierung und Spezifizierung der durchzuführenden Vorhaben, auf die Überwachung und Entgegennahme der von der Industrie zu erbringenden Leistungen und auf die Überführung der Schiffe in einen geordneten Betrieb zu richten.

Der Bau von Marineschiffen hat sich in den vergangenen 50 Jahren zu einer der Kernfähigkeiten der deutschen Rüstungsindustrie entwickelt. Diesen Stand gilt es zum Nutzen der Deutschen Marine – aber auch im Hinblick auf die Exportmöglichkeiten – zu halten und auszubauen. Verfahren und Methoden, die sich bewährt haben, sollten beibehalten, ggf. auch verbessert werden. Aber ebenso wichtig ist es, technologische Trends zu erkennen und frühzeitig in die Entwurfsüberlegungen einzubringen. In der Vergangenheit ist dies in den meisten Fällen gut gelungen. Das Vordringen der Informationstechnik in praktisch alle Bereiche des Schiffsentwurfs ist hierfür ein überzeugendes Beispiel. Es ist zu erwarten, daß gerade auf diesem Gebiet die Anforderungen noch höher und die organisatorischen, personellen und auch finanziellen Aufwendungen, insbesondere für die Softwareentwicklung, weiter steigen werden.

Technische Expertise ist in Deutschland noch immer vorhanden. Will man diese erhalten, so darf die Ausbildung des technischen Nachwuchses nicht vernachlässigt werden. Hierzu bedarf es guter Lehrer sowie hinreichender Forschungs- und Entwicklungsmittel. Dies muß das Anliegen aller Beteiligten sein, im Rüstungsbereich und auf der Industrieseite.

Komplexität und Schwerpunkte des Marineschiffbaus haben sich seit den Anfängen der Bundeswehr deutlich verändert. Im Jahr ihres 50jährigen Bestehens sieht sich die Deutsche Marine neuen Herausforderungen gegenüber, die die Frage in den Mittelpunkt rücken lassen, mit welcher Art von Schiffen bzw. Waffensystemen die deutlich veränderten Aufgaben zu bewältigen sind und welche Wege und Verfahren sich für die Beschaffung dieser Systeme am besten eignen.

Eines ist allerdings sicher: Auch zukünftig wird es kein einfaches und auch kein immer gleichbleibendes Rezept für die Lösung der Herausforderungen geben. Kontinuität beim bewährten und Wandel zum Durchbruch neuer Systeme und Technologien werden die Entwicklung bestimmen.

Junge Marinesoldaten beim Landgang 1998. Seit 1975 dienen auch Frauen im Sanitätsdienst und in der Militärmusiklaufbahn in allen Teilstreitkräften der Bundeswehr

(PIZ-Marine)

Kadetten beim Überholen der Fockgordings im Vortopp des Segelschulschiffs GORCH FOCK, *Sommer 1965* (Slg. DMI)

Hochseeminensuchboote der ehemaligen Kriegsmarine bildeten das 2. Minensuchgeschwader. Im Bild SEELÖWE vom Typ M 40, 1942 vom Stapel gelaufen, mit Schwesterschiffen 1956 in der Nordsee beim Evolutionieren   (Slg. DMI)

»Abpullen des ersten Inspekteurs der Marine«. Auf traditionelle Weise wurde Vizeadmiral Friedrich Ruge anläßlich seiner Verabschiedung im Herbst 1961 mit einem Kutter, der nur von Stabsoffizieren besetzt war, vorbei an den paradierenden Einheiten der Flotte an Land gebracht   (Slg. DMI)

Ein Zerstörer der FLETCHER-Klasse bei der Seeversorgung um 1960, einer Heizölübernahme, die als »High-Line-Manöver« durchgeführt wird. Von 1958 bis 1960 übernahm die Marine sechs US-Zerstörer dieser Schiffsklasse, die 1942/43 vom Stapel gelaufen waren. Bis 1979 leisteten diese Schiffe wertvolle Dienste in der Ausbildung   (Slg. DMI)

Zerstörer Z 1, das erste der sechs Schiffe der FLETCHER-Klasse läuft am 27. April 1958 im Heimathafen Kiel ein. Im Bild die Begrüßung durch die Kapelle des Marinemusikkorps Ostsee   (Slg. DMI)

Die ersten Minensuchgeschwader der Bundesmarine waren mit Räumbooten der ehemaligen Kriegs-
marine ausgestattet, von denen die meisten Boote im Frühjahr 1959 außer Dienst gestellt werden
konnten. Das Bild zeigt sechs solcher R-Boote *(Slg. DMl)*

Der »Chief« (Leitender Ingenieur) eines R-Bootes, ein Hauptbootsmann, beaufsichtigt seine Motorengasten am Fahr-
stand der beiden Antriebsdiesel. Zu Anfang trugen die Mannschaften der Marine noch eine heereseigentümliche
Schirmmütze als Bordmütze *(Slg. DMl)*

Die Landungsboote NATTER *(L 755),* VIPER *(L 753) und* SALAMANDER *(L 752) des 2. Landungsgeschwaders in Wilhelmshaven. Die Marine erhielt 1958 sechs solcher Landungsschiffe aus Beständen der US-Navy* (Slg. DMI)

Vom Bundesgrenzschutz-See übernahm die Bundesmarine zehn ehemalige Kriegsfischkutter (KFK), die 1944 gebaut worden waren. Sie wurden zunächst als Wachboote verwendet, im Bild KW 8, um 1965 auf der Flensburger Förde, nunmehr als Ausbildungsboot für das 2. Marineausbildungsbataillon in Glücksburg-Meierwik zu fahren (Slg. DMI)

FK-Zerstörer Mölders *der Klasse Z 103B vor der norwegischen Küste, um 1980*

(Slg. Mannhardt)

Im Kesselraum eines FK-Zerstörers der LÜTJENS-*Klasse 103, um 1990. »Die Kessel sind klar zum Zünden!«*

(YPS, Yacht Photo Service)

Mann über Bord zur Übung! Nach dem Auffischen des »Oscar«, einer Kapokpuppe, kehrt der Kutter zum FK-Zerstörer MÖLDERS *zurück. Die Männer, die den Heißhaken einzupicken haben, tragen zum Schutz einen Stahlhelm*

(Slg. Hess)

Ein FK-Schnellboot der Klasse 148 des 3. Schnellbootgeschwaders im Mittelmeer vor Korsika   *(Slg.Mannhardt)*

*S 74/Nerz, ein FK-Schnellboot
der Klasse 143 A des
2. Schnellbootgeschwaders,
um 1998 beim Evolutionieren*
(YPS, Yacht Photo Service)

*Ein Mehrzweckkampf-
flugzeug Panavia
»Tornado« PA 200 über
Schleswig-Holstein um
1998. Diese Marine-
Jagdbomber waren ein
vielseitig einsetzbares
Seekriegsmittel*

(PIZ-Marine)

Fregatte BRANDENBURG *in schwerer See. Die Fregatten der Klasse 125, die seit 1994 zur Flotte kamen, gehörten zur zweiten Serie der neuen größeren Kampfschiffe der Marine*   *(Blohm + Voss)*

Fregatte BRANDENBURG *der Klasse 125 und Fregatte* KARLSRUHE *der Klasse 122 (im Hintergrund) bei einer gemeinsamen Übung*

(PIZ-Marine)

Das Sprengen von Minen muß mit großer Sorgfalt und gründlicher Vorbereitung geübt werden, um das Risiko im Einsatz möglichst gering zu halten (PIZ-Marine)

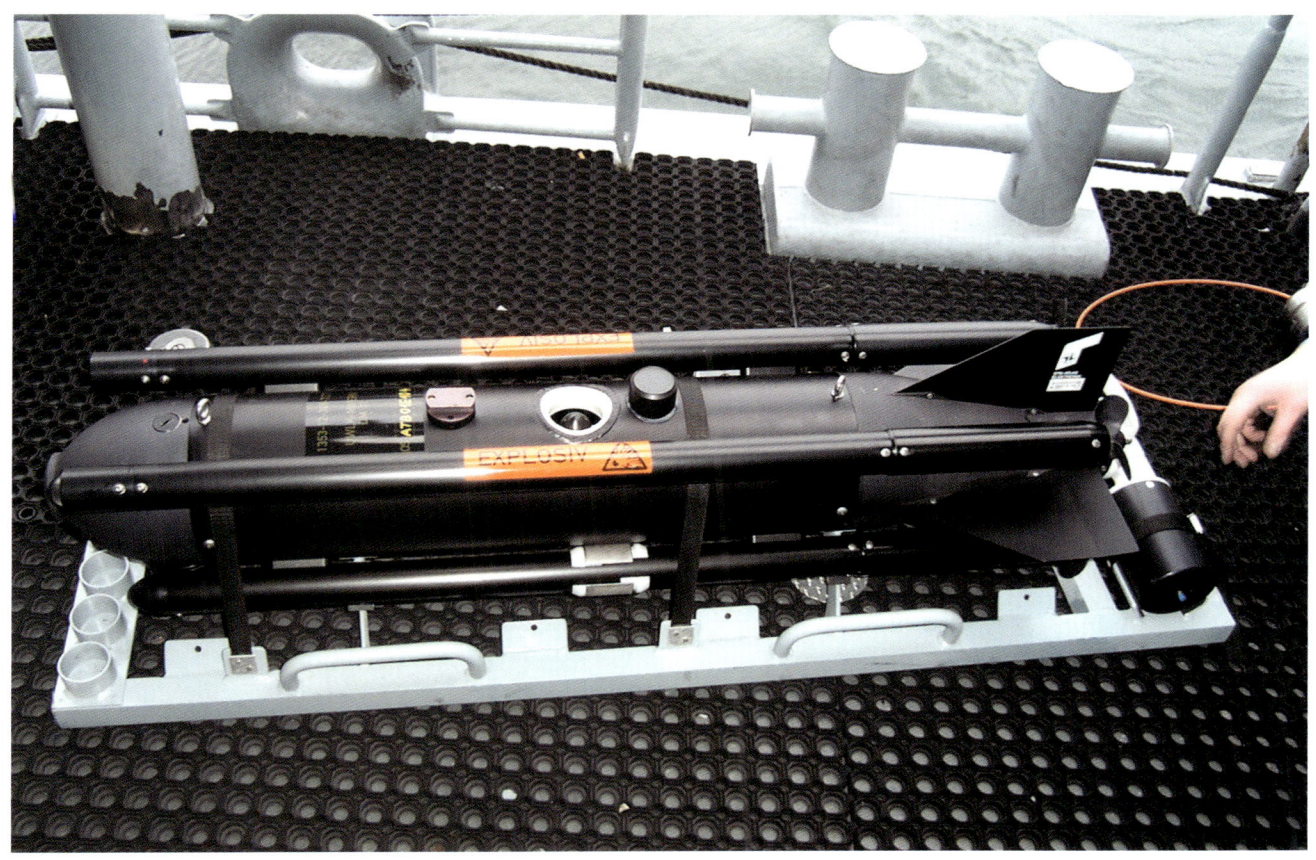

Unterwasserdrohne »Seefuchs«. Seit Ende der 90er Jahre werden die Minenjagdboote der Klasse 332 mit der Unterwasserdrohne »Seefuchs« ausgerüstet, die sich mit der georteten Mine zusammen »in die Luft« sprengt

(PIZ-Marine)

Aktiver Beitrag zum Umweltschutz bei der Marine. Mit den Ölauffangschiffen der Klasse 758, BOTTSAND und EVERSAND, kann durch Absaugen ein Ölfilm von der Wasseroberfläche beseitigt werden. Im Bild die BOTTSAND, deren Schiffskörper im Winkel von 65 Grad aufgeklappt ist (PIZ-Marine)

Eine Fregatte der B<small>RANDENBURG</small>*-Klasse steht mit langsamer Fahrt »auf und nieder«* (YPS, Yacht Photo Service)

Tour d'horizon – 50 Jahre U-Boot-Bau für die deutsche Marine

Christian B. W. Stuve

Das Amt Blank vergab am 8. März 1955 den Auftrag, für die noch aufzubauende Bundesmarine einen neuen U-Boot-Typ zu entwickeln. Man konnte auf eine lange Tradition der deutschen Werften beim Bau von U-Booten zurückblicken. Und in dieser Tradition stehen die seit 2005 zur ThyssenKrupp Marine Systems AG (TKMS) gehörenden Werften Howaldtswerke-Deutsche Werft GmbH (HDW) und Nordseewerke GmbH (NSWE), die zusammen mit der deutschen Zuliefererindustrie, angeführt von Atlas, Siemens, MTU, Zeiss und Gabler, erneut zukunftsweisendes U-Boot-Design in Spitzenqualität produzieren, wie es nun augenfällig in der Klasse 214 der außenluftunabhängigen U-Boote zum Ausdruck kommt.

Seit 1960 wurden 138 U-Boote für 14 verschiedene Marinen in Deutschland in Auftrag gegeben – dank eben dieser weltweit führenden Stellung des deutschen U-Boot-Baus. Dies zu erklären, die technischen, organisatorischen und industriellen Faktoren zu bestimmen, die zu diesem Erfolg geführt haben, soll im Folgenden versucht werden, ebenso wie die Frage beantwortet werden muß, welche internationale Bedeutung der deutsche U-Boot-Bau gewonnen hat und welche Perspektiven sich daraus für seine Zukunft ergeben.

Die Aufbauphase – erste U-Boot-Planungen für die Bundesmarine

Noch bevor mit den Pariser Verträgen von 1954 die Weichen für eine Wiederbewaffnung der Bundes-

Anlieferung des gehobenen U-Bootes U 2367 der ehemaligen Kriegsmarine bei den Kieler Howaldtswerken im Sommer 1956, als U-Hecht 1957 in Dienst gestellt

(Slg. HDW)

republik Deutschland gestellt wurden, hatten die Engländer deutsche Fachleute und ehemalige Wehrmachtsangehörige zusammengezogen und ihnen den ganz spezifischen Auftrag erteilt, nämlich zu untersuchen, welche Beiträge das nun verbündete Deutschland leisten könne, um der immer größer werdenden Bedrohung seitens der Sowjetunion gewachsen zu sein. Daß dabei auch deutscher U-Boot-Sachverstand in Gestalt eines ehemaligen U-Boot-Offiziers präsent war, muß nicht betont werden. Denn aufgrund der strategisch bedeutsamen Lage Westdeutschlands hinsichtlich der Ostseeausgänge war den Westalliierten daran gelegen, daß ihre deutschen Partner wieder über U-Boote verfügen sollten, wenn auch mit der Einschränkung, daß diese nur für den reinen Küsteneinsatz geeignet sein sollten. Das Mißtrauen war neun Jahre nach Kriegsende verständlicherweise noch groß, entsprechend klein wurde deren Verdrängung gehalten: Deutsche U-Boote blieben zunächst auf maximal 350 t beschränkt. Jenseits des Eisernen Vorhangs dagegen gab es keine Wiederaufnahme deutscher U-Boot-Entwicklung: Die Sowjetunion hatte offensichtlich noch weniger Vertrauen zu der mit ihr verbündeten DDR als die Westalliierten zu uns. U-Boote blieben für den »Arbeiter- und Bauernstaat« verboten.

Im März 1955 erhielten Oberregierungsbaurat Aschmoneit (später BWB) und der Inhaber des Ingenieurkontors Lübeck (IKL) Dipl.-Ing. Gabler vom Amt Blank den Auftrag, Vorschläge für einen dem Einsatzgebiet und der Tonnageauflage entsprechenden U-Boot-Typ auszuarbeiten. Das IKL war die Nachfolgefirma des U-Boot-Konstruktionsbüros IvS (Ingenieurskaantor Voor Schepsbouw), das seit den 20er Jahren aufgrund der Restriktionen des Versailler Vertrages zunächst von Holland aus U-Boote für den Export und – verdeckt – auch für die Reichsmarine konstruierte. Gabler hatte sich als junger Ingenieur schon vor dem Krieg für diesen Bereich entschieden, fuhr dann während des Krieges als Leitender Ingenieur auf U-Booten und war schließlich Ende 1942 bei dem U-Boot-Konstrukteur Walter schon maßgeblich an den zukunftsweisenden Entwürfen der Walterboote Typ XXII, XVII A, und XXVI beteiligt. Er konnte damit wie Aschmoneit, als letzter Chef des U-Boot-Konstruktionsbüros der Kriegsmarine, große Erfahrung in der Konstruktion von U-Booten vorweisen. Gabler gründete 1946 als Nachfolge des IvS das IKL in Lübeck und beschäftigte sich schon drei Jahre später wieder mit dem Entwurf von U-Booten.

Aufbauend auf dem Typ XXIII der Kriegsmarine, von dem Pläne trotz der Nachkriegswirren und der

Materialrisse im amagnetischen Stahl der U-Boote Klasse 201 (Slg. HDW)

Beschlagnahme durch die Alliierten noch vorhanden waren, entwarf das IKL nun ein 350-t-Boot mit ähnlichen Eigenschaften. Von Anfang an wurde dabei den Anforderungen nach großer Geräusch- und Schockdämmung Rechnung getragen, ebenso schneller Batterieladung und größerer Batteriekapazität, hoher, ausdauernder Unterwassergeschwindigkeit und einer großen Anzahl schussbereiter Torpedorohre. Die Tonnagelimitierung weckte den Erfindergeist der U-Boot-Konstrukteure. So dachte man über die Integration von Navigations- und Funkanlagen aus dem Flugzeugbau nach, speckte bei der Konstruktion der Bugsektion Tonnage ab, wie man überhaupt mit allem geizte: So war die Toilette zunächst so klein geplant, daß niemand richtig darauf paßte.

Der neue U-Boot-Typ erhielt bald den Namen Klasse 201 und wurde, obwohl der offizielle Entwicklungsauftrag an das IKL erst 1958 erteilt wurde, bereits 1956 Planungsgrundlage für die ersten zwölf U-Boote der neuen deutschen Marine. Parallel zur Klasse 201 wurde bei den Atlas-Werken in Bremen ein Klein-U-Boot von ca. 14 Meter Länge und einer Besatzung von sechs bis sieben Mann unter der Bezeichnung Klasse 202 entwickelt. Nach diversen konstruktiven Änderungen wurden 1965 zwei Boote der Klasse 202 als HANS TECHEL und ALFRED SCHÜRER der Marine übergeben. Schon ein Jahr später wurden sie wieder außer Dienst gestellt. Die Marine hatte keine Verwendung für diese kleinen und schwer manövrierbaren Boote, die zudem nur schlecht zu warten waren. Kurzum: Die Idee, die deutsche Marine mit Klein-U-Booten auszustatten, wurde Ende der 70er Jahre endgültig aufgegeben.

Parallel zur Entwicklung neuer U-Boot-Entwürfe wurde auch auf der militärischen Seite am Aufbau der neuen deutschen U-Boot-Waffe gearbeitet. Geeignete Boote gab es dafür zunächst jedoch nicht. Denn den Auflagen entsprechend kleine Boote waren auch leihweise bei den Verbündeten nicht zu beschaffen. So reifte der Gedanke, zwei der bei Kriegsende versenkten Boote des kleinen Typs XXIII, der schon für die Klasse 201 Pate gestanden hatte, zu heben und für die Ausbildung des künftigen U-Boot-Personals und als Erprobungsträger in Dienst zu stellen.

Im Sommer 1956 wurden U 2365 und U 2367 gehoben. Nicht zuletzt aufgrund des erstaunlicherweise guten Erhaltungszustandes, aber auch aufgrund der bei Prof. Gabler noch vorhandenen technischen Unterlagen war es der Kieler Howaldtswerke AG möglich, die Boote bereits nach einem Jahr an die Bundesmarine nahezu in Originalausführung auszuliefern. Hier wurden die ersten U-Boote der jungen Marine am 15. August 1957 als U-HAI (U 2365) und am 1. Oktober 1957 als U-HECHT (U 2367) in Dienst gestellt.

U-HAI sank unter tragischen Umständen, die womöglich auch mit einem 1964 durchgeführten Umbau der Schnorchelanlage zusammenhingen, am 14. September 1966 in der Nähe der Doggerbank. Bei ihrem Untergang kam die gesamte Be-

satzung bis auf den Smut ums Leben. Gott sei Dank blieb dies der einzige Totalverlust eines U-Bootes der Bundesmarine.

Noch ein weiteres Boot aus dem Zweiten Weltkrieg wurde bei den Howaldtswerken fahrbereit gemacht. Da ein größerer Erprobungsträger, insbesondere für neue Sonaranlagen, im Verlaufe der Entwicklung immer dringlicher wurde, beantragte man eine Sondergenehmigung der WEU zum Betreiben eines größeren Bootes. So konnte U 2540

(Typ XXI) in der Nähe des Feuerschiffs FLENSBURG gehoben werden. Die Instandsetzung dieses Bootes gestaltete sich jedoch wesentlich schwieriger als die Arbeiten auf HAI und HECHT. Zum einen fehlten sämtliche Bauunterlagen, zum anderen war dieses große Boot technisch ungleich komplizierter als die Boote des Typs XXIII. WILHELM BAUER wurde 1960 in Dienst gestellt und diente bis 1980 als Erprobungsträger – insbesondere für Sonar-, Schnorchel- und Torpedoerprobungen. Heute ist WILHELM BAU-

ER im Originalzustand rückgebaut und als »technisches Denkmal« im Museumshafen Bremerhaven zu besichtigen.

Die Stahlkrise

Vor dem Hintergrund des Ostsee-Einsatzes und der küstennahen Verwendung künftiger deutscher U-Boote mußte für die Klasse 201 von einer sehr hohen Minengefährdung ausgegangen werden. Bereits im Ersten Weltkrieg hatte die kaiserliche Marine die meisten U-Boote durch Minen verloren. Dem magnetischen Eigenschutz der Boote kam damit größte Bedeutung zu. Schnell wurde klar, daß nur eine völlige amagnetische Bauausführung in Frage kam, auch wenn bis zu diesem Zeitpunkt noch kein U-Boot in vollständig amagnetischer Bauweise von Reede gegangen war. Dabei stand man zu allem Übel unter Zeitdruck. Der Bauvertrag für die erste Serie von zwölf U-Booten war am 16. März 1959 mit den Howaldtswerken geschlossen worden, allerdings ohne eine Entscheidung für den zu verwendenden Stahl getroffen zu haben.

Nach umfangreichen Studien und Versuchen mit verschiedenen Stählen entschied man sich im Herbst 1959 für den amagnetischen Stahl A3CY der österreichischen Herstellerfirma Schoeller-Bleckmann. Druck- und Ansprengversuche waren geplant, konnten jedoch erst ein Jahr später durchgeführt werden, als das erste Boot bei den Howaldtswerken bereits im Bau war. Hinweise auf mögliche Korrosionsschäden gab es zu diesem Zeitpunkt keine, man war sich zudem ziemlich sicher, dem durch entsprechende Schutzanstriche entgegenwirken zu können. Anfang 1960 begann im Werk Diedrichsdorf der Howaldtswerke endlich der Bau eines ersten Loses von drei neuen Booten in der schon während des Krieges bewährten Sektionsbauweise. Die vom IKL entwickelte Bugsektion, erstmals mit acht integrierten Torpedorohren,

U-Boot-Bau bei den Kieler Howaldtswerken in den 70er Jahren, im Bild eine Mittschiffsektion (Slg. HDW)

wurde komplett von der MAK in Kiel geliefert. Aber nicht nur die Stahlauswahl führte zu Zeitverzögerungen. Auch viele Zulieferer konnten nicht termingerecht liefern. Nach etwa einjähriger Bauzeit konnte am 21. Oktober 1961 das erste deutsche Nachkriegs-U-Boot aufschwimmen, das traditions-

Korrosionsversuche im Seewasser mit dem neuen amagnetischen Stahl bei den Kieler Howaldtswerken (Slg. HDW)

gemäß den Namen U 1 erhielt. Doch bereits nach wenigen Monaten im Einsatz zeigten sich auf U 1 Korrosionserscheinungen. Auch registrierte man einen »eigenartig im Seegang schwingenden Bug«, der auf Festigkeitsprobleme hindeutete. Auf U 2 wiederum kam es zu zunächst unerklärbaren Rißbildungen. Umfangreiche Laboruntersuchungen wurden unumgänglich.

Schnell wurde klar, daß für die seinerzeit in einem renommierten Materialprüfungslabor durchgeführten Korrosionsversuche die Stahlproben vertauscht worden waren, ein folgenschwerer Fehler, für den es während der Bauphase der Boote durchaus Hinweise gab. Zu diesem Zeitpunkt aber kamen sie zu spät. Ebenso wurden auf U 3 und U 4 Risse entdeckt, die auf sog. interkristalline Spannungsrißkorrosion zurückgeführt werden konnten. Anfang 1963 reagierte man schließlich mit einem Bau-

stopp für die weiteren Boote der ersten Serie. U 1 bis U 3 beschloß man mit einer neuen Hülle aus magnetischem Schiffbaustahl zu versehen, und U 4 bis U 8 sollten einen Schutz aus Zink und Kunststoffauftragungen erhalten. Zudem wurden umfangreiche und langwierige Versuche zur Auswahl eines anderen amagnetischen Stahls angeordnet, sodaß die Industrie mit Neubestellung der noch ausstehenden Boote U 9 bis U 12 oder gar der Vergabe des Anschlußauftrages für die zweite Serie von zwölf U-Booten der Klasse 206 vorerst nicht rechnen konnte. Fazit: Die Stahlkrise warf den deutschen Nachkriegs-U-Boot-Bau speziell auf dem Gebiet der antimagnetischen Bauweise um Jahre zurück.

Der Wiederaufbau der deutschen U-Boot-Industrie

Ende der 50er Jahre war der U-Boot-Bau für die Werften noch eine wenig geliebte und beachtete Randsparte. Der Handelsschiffbau boomte. Die Belegschaften wollten zudem möglichst wenig mit dem Militärschiffbau zu tun haben. Als HDW sein Engagement im U-Boot-Bau ausweiten wollte, war ausreichend qualifiziertes Personal dafür zunächst kaum zu begeistern. Anfang der 60er Jahre wurde jedoch offensichtlich, daß die Bundesmarine wieder eine größere Anzahl von U-Booten beschaffen würde. Und als noch das Interesse des Auslands an den kleinen, aber um so kampfkräftigeren deutschen U-Booten geweckt wurde, erwachte auch das Interesse der deutschen Industrie am U-Boot-Bau. Neben den Werften und den Atlas-Werken begannen Zulieferfirmen wie Zeiss (Sehrohre), Elac (Navigations- und Funkanlagen), AEG (Torpedos), Daimler-Benz (Diesel), Siemens (Elektrik) und MAK (Torpedorohre) das Engagement und die Kapazitäten im U-Boot-Bau auszubauen. Damals entstand die industrielle Basis für den späteren Welterfolg des deutschen U-Boot-Baus, wobei Prof. Gabler und sein IKL dabei zunächst in der unbestrittenen Führungsrolle waren.

Auf Betreiben der Werften etablierte man 1969 das Prinzip des Generalunternehmers (GU). HDW wurde als GU wirtschaftlich und technisch allein verantwortlich für das Gesamtsystem und den Nachweis aller vertraglichen Leistungsdaten der Klasse 206. Der Nachweis dafür sollte auch in See mit eigenem Personal und eigenem Begleitschiff erbracht werden. 1974–1979 setzte HDW dafür die PEGASUS ein, ein ehemaliges Minensuchboot der Bundesmarine. 1978 folgte der Bohrinselversorger PEGASUS II und heute begleitet auch die HDW HERKULES die Erprobungen und Nachweise der Boote im Skagerrak.

Im Export stellte sich das Prinzip des alleinigen industriellen Generalunternehmers schnell als eindeutiger Wettbewerbsvorteil heraus. Da die vertraglichen Verantwortlichkeiten bei der französischen und britischen Konkurrenz zwischen Privatwirtschaft, staatlichen Stellen und der jeweiligen Marine geteilt waren, verblieben dort nicht unerhebliche Restrisiken bei den als Käufer auftretenden Marinen. Auch waren bei diesem System der eindeutige Nachweis und die Verantwortung der sich überlappenden vertraglichen Leistungsdaten nur schwer zu erbringen. Viele Kundenmarinen bevorzugten deshalb das Prinzip eines alleinverantwortlichen und nichtstaatlichen Vertragspartners nach dem deutschen Generalunternehmerprinzip.

Der Schritt in den Export

Noch während des Baus des ersten Loses der Klasse 201 (U 1 bis U 3) entschied man sich für die weiteren Boote auf den Einbau der neuen Sonaranlage WSU. Diese hatte zusammen mit weiteren notwendig gewordenen Änderungen im Bereich der Elektronik und Schiffselektrik einen erheblichen Platzbedarf. Das IKL legte hierzu einen überarbeiteten Entwurf unter der Bezeichnung Klasse 205 vor, mit dem allerdings das Tonnagelimit von 350 t überschritten wurde. In der Zwischenzeit hatte die WEU die sogenannte Typverdrängung neu definiert, nämlich so, daß die Klasse 201 mit jetzt 395 t nicht mehr der der Bundesmarine auferlegten Tonnagebeschränkung entsprach. Daraufhin wurde Ende 1962 auf deutschen Antrag hin die Begrenzung auf 450 t angehoben und mit einer Ausnahmeregelung zusätzlich der Bau von sechs U-Jagd-U-Booten (Klasse 208) in einer Größe von bis zu 1.000 t genehmigt.

Mittlerweile war auch die Werft Rheinstahl Nordseewerke in den U-Boot-Bau eingestiegen. Sie hatte 1961 einen Auftrag über den Bau von 15 U-Booten der Klasse 207 für die norwegische Marine bekommen. In den Vereinigten Staaten war man offensichtlich bereits zu einem sehr frühen Zeitpunkt auf die potentielle Kampfkraft der neuen kleinen deutschen U-Boote aufmerksam geworden. Heute wäre es interessant zu wissen, inwieweit es auch eben dieses amerikanische Interesse war, das die Entscheidung Norwegens beeinflußte, keine britischen Boote der OBERON-Klasse zu beschaffen. Anfang der 60er Jahre jedenfalls richteten die Amerikaner die »Military Assistant Advisory Group« in Hamburg ein, um die Abwicklung des von ihnen mitfinanzierten U-Boot-Auftrages aus Norwegen zu »beobachten«. Nach Norwegen beschloß auch Dänemark, zwei Boote der Klasse 207 zu beschaffen. Diese sollten jedoch unbedingt im eigenen Land ge-

U-Boot-Bau in den 80er Jahren in Kiel (Slg. HDW)

baut werden. Der Bau der Boote wurde 1965 begonnen. Trotz der Unterstützung durch HDW gestaltete sich die Lizenzfertigung im eigenen Land erheblich komplizierter, als von den Dänen erwartet. Die Ablieferung der Boote NARHVALEN und NORDKAPEREN erfolgte so erst fünf Jahre später 1970.

Infolge der Stahlkrise und der Verschiebung der nationalen Bauprogramme entstanden Anfang der 60er Jahre insbesondere auf HDW Auslastungsprobleme der gerade erst aufgebauten Kapazitäten im U-Boot-Bau. Daraufhin wurden Exportmöglichkeiten ausgelotet. Bei diesen Bemühungen wirkte wesentlich die Exportgesellschaft Ferrostaal aus Essen

Ein U-Boot der Klasse 212 bei HDW im Bau 2002

(Slg. HDW)

mit. Die Verbindung zu Ferrostaal reichte zurück bis in die Zeiten des IvS. Ferrostaal unterstützte mit seinem weltweiten Vertriebsnetz die Vertragsverhandlungen mit den Marinen und Beschaffungsbehörden vor Ort. Zudem beteiligte sie sich wesentlich an der Finanzierung und unterstützte die Vertragsabwicklung. Und da Ferrostaal exzellent auf dem südamerikanischen Markt vertreten war, lag hier auch zunächst der Schwerpunkt der Akquise.

Ohne Zweifel: Die Marktsituation schien günstig. Die USA hatten sich unter Admiral Rickover aus-

schließlich dem nuklearen U-Boot-Bau zugewandt, und veraltete Boote diverser Marinen waren in den 50er Jahren vielfach durch amerikanische Weltkrieg-II-Boote der Guppy-, Balao- oder Tang-Klasse ersetzt worden. So gab es neben den deutschen Neuentwicklungen nur zwei Typen modernerer Nachkriegsboote in der westlichen Welt, und zwar die britische OBERON- und die französische DAPHNE-Klasse. Beide Bootstypen beruhten auf Weiterentwicklungen deutscher Weltkrieg-II-Boote. Sie waren zwar wesentlich größer als die deutschen Neuentwicklungen, schienen hinsichtlich ihrer Kampfkraft aber deutlich unterlegen.

Nun sollte sich die als Kontrollinstrument gedachte Tonnagebegrenzung für die deutschen U-Boot-Bauer in einen Marktvorteil verkehren. Der Erfindergeist deutscher U-Boot-Ingenieure hatte – eben weil man gezwungen war, kleine Boote zu konstruieren – ein Grunddesign hervorgebracht, das mit seinen besonderen Merkmalen (große Kampfkraft aus acht gleichzeitig feuerbereiten Torpedorohren, hohe Unterwasserausdauer und Geschwindigkeit, kleine Besatzung, geringerer Preis) die Konkurrenz in den kommenden Jahren vom Weltmarkt verdrängen sollte.

Nach langen und zähen Verhandlungen war es der NATO-Partner Griechenland, der 1967 die ersten vier Exportboote der Klasse 209 bestellte. Diese Klasse war quasi eine vergrößerte Exportversion und Weiterentwicklung der Klasse 205. Bei diesem ersten Exportauftrag wurde die Lieferzeit überschritten; die Integration des Waffensystems und die Durchführung der See-Erprobung bereiteten der auf diesem Gebiet noch unerfahrenen Werft zunächst Schwierigkeiten. Insgesamt wurde das erste U-Boot-Exportgeschäft für HDW kein geschäftlicher Erfolg. Trotzdem, der Einstieg in den Export war geschafft, und HDW errang letztlich einen so guten Ruf bei der griechischen Marine, daß diese 1975 eine zweite Serie von vier Booten und im Jahre 2000 als erster Exportkunde wiederum vier Boote der neuen außenluftunabhängigen Klasse 214 bestellte.

Doch zurück in die 60er Jahre. Als die Türkei mit Finanzierungshilfe der Bundesrepublik eben-

Taufe von U 33, dem vorletzten U-Boot der Klasse 212 A. Der Inspekteur der Marine, Vizeadmiral Lutz Feldt, bei der Taufrede (Slg. HDW)

falls zwei Boote der Klasse 209 beauftragte, waren die sechs WEU-Sondergenehmigungen zum Bau von größeren Booten aufgebraucht, ein Bau weiterer Boote in Deutschland damit nicht möglich. Und als 1969 auch Argentinien zwei Boote bestellte, war Kreativität gefragt. Da die Lieferung von »ganzen« U-Booten verboten war, sah der Auftrag kurzerhand die »Lieferung von Teilen und Dienstleistungen« vor. Die Sektionen wurden in gewohnter Weise in Kiel gefertigt und zu einem Höchstmaß vorausgerüstet, um als »Teile« nach Argentinien verschifft zu werden. Für eine der Sektionen kam es dabei während des Verladens auf einen japanischen Frachter zu einer unplanmäßigen Schockprobe, als die Sektion vom Kran fiel.

Auf der kleinen Werft »Tandanor« in der Nähe von Buenos Aires wurden die Boote nun zusammengebaut und erprobt. Im Frühjahr 1974 schließlich wurden die Boote Salta und San Luis der argentinischen Marine übergeben.

Als 1969 ein Auftrag für zwei Boote der Klasse 209 aus Peru einging, war der Bau dieser 1.000 Tonnen großen Boote in Deutschland immer noch nicht erlaubt. Zunächst wurde überlegt, die in Kiel gefertigten Sektionen auf Pontons außerhalb der deutschen Hoheitsgewässer zusammenzubauen. Dieser Plan erwies sich jedoch schnell als nicht realisierbar. So wurden die »U-Boot-Teile« für das erste Boot kurzerhand auf Pontons nach Holland verschifft und dort auf der Werft Verholme zusammengebaut. Kurz darauf stellte die peruanische Marine fest, daß ihr Boot »reparaturbedürftig« sei. Eine »Reparatur« aber konnte nun wieder bei HDW in Kiel durchgeführt werden. Auf diese »Hilfsmaßnahmen« konnte jedoch recht bald verzichtet werden, als die Boote Islay und Arica Ende 1974/Anfang 1975 offiziell der peruanischen Marine übergeben wurden: Der Bundesrepublik war durch WEU-Beschluß vom 27. September 1973 zwischenzeitlich zugestanden worden, eine unbeschränkte Zahl von U-Booten bis zu einer Tonnage von 1.800 t auch in Deutschland bauen zu dürfen.

Nun stand dem deutschen U-Boot-Bau der Weltmarkt ohne Einschränkung offen. Gegen die starke Konkurrenz der Italiener und Briten, aber auch gegen die der Nordseewerke Emden aus dem eigenen Land, eroberte die HDW/IKL-Klasse 209 mit Hilfe Ferrostaals zunächst den südamerikanischen Markt. Nach Argentinien, Peru und Kolumbien folgte 1972 ein Vertrag über zwei Boote mit Venezuela. 1974 gewann man gegen die Konkurrenz der von Vickers (GB) angebotene Oberon-Klasse, der italienischen Sauro und des Typ COGS 500 der Nordseewerke einen Auftrag aus Ecuador, kurz darauf einen Folgeauftrag aus der Türkei.

Der Boom oder: U-Boote am Fließband

Bereits Anfang 1962 war das IKL mit der Entwicklung der Klasse 206 beauftragt worden. Ziel: Ausnutzung der jetzt zulässigen Höchsttonnage von 450 t, größere Batteriekapazität, um dem Energiebedarf der immer umfangreicheren Elektronik gerecht zu werden, Integration einer neuen Sonar- und Feuerleitanlage, eines drahtgelenkten Torpedos sowie die Verbesserung der Manövriereigenschaften für die Überwasserfahrt.

Aufgrund der Stahlkrise verzögerte sich jedoch der Bau um Jahre. Erst 1968 wurde er schließlich ausgeschrieben, wobei sich die Werften HDW, Blohm + Voss, Nordseewerke und Flenderwerke bewarben. Nach einigem Hin und Her wurde HDW schließlich Generalunternehmer für die 18 U-Boote der Klasse 206, wobei zehn Boote für den Bau bei den Nordseewerken als Unterauftragnehmer vorgesehen waren, da HDW beinahe gleichzeitig die ersten Exportaufträge abzuwickeln hatte und zudem eine gewisse Auslastungsparität zwischen den Werften angestrebt wurde.

Nun boomte der U-Boot-Bau in Kiel, Emden und Lübeck. Exakt in einer schweren Krisenphase des Handelsschiffbaus waren die Auftragsbücher des bislang ungeliebten »Sonderschiffbaus« bei HDW und Nordseewerke gefüllt. Der U-Boot-Bau trat für die Werften aus seinem Schattendasein, Hunderte von Arbeitsplätzen konnten nun mit seiner Hilfe gesichert werden.

Inzwischen war der HDW-U-Boot-Bau in die ehemalige Maschinenbauhalle der Germania Werft umgezogen. Im »Werk Süd« entstanden U-Boote am Fließband. Teilweise bis zu zehn Boote in verschiedenen Ausrüstungsphasen »stapelten sich« an der Kieler Hörn. Gegenüber am Bahnhofskai machten nun auch auffällig oft sowjetische »Fischtrawler« mit ungewöhnlichen Antennen fest, deren Besatzungsmitglieder ihre Liebe zur Fotografie entdeckten.

HDW als Generalunternehmer hatte mit der Auftragsabwicklung für die Klasse 206 sowie mit den diversen Exportaufträgen bei den Erprobungen und Nachweisen Mitte der 70er Jahre zeitweise mehr U-Boote »unter seinem Kommando« als die deutsche Marine.

Politische Diskussionen um den U-Boot-Export

Im Verlaufe der 50jährigen Nachkriegsgeschichte des deutschen U-Boot-Baues gab es immer wieder auch politische Diskussionen, ja Affären um den Export von U-Booten. Diese begannen bereits mit der ersten Order aus Griechenland. Als nach der Auf-

U 31, das erste Boot der Klasse 212 A, wird durch Fluten des Baudocks bei HDW in Kiel 2004 zu Wasser gebracht
(Slg. HDW)

tragserteilung für die ersten vier Boote der Klasse 209 die Militärjunta 1967 die Macht in Griechenland übernahm, kam in Bonn umgehend eine politische Diskussion um die Lieferung von Rüstungsgütern an Militärregierungen in Gang. Griechenland aber war nun einmal NATO-Partner, und so wurden die Boote schließlich doch in Kiel gebaut und 1971/72 direkt an die griechische Marine geliefert.

Anfang der 80er Jahre fand eine ähnliche politische Diskussion statt, als die Bundesregierung nach öffentlichen Protesten zögerte, die Exportgenehmigung für die beiden in Kiel im Bau befindlichen Boote THOMSON und SIMPSON zu erteilen, da sie an das unter Militärdiktatur stehende Chile auszuliefern waren. In Kiel kam es daraufhin zu spontanen Streiks der Werftarbeiter – allerdings nicht, um die Lieferung der Boote zu verhindern, sondern um sie durchzusetzen.

Weitere Entwicklungen für die Deutsche Marine

Unmittelbar nachdem der Bau der Klasse 206 begonnen hatte, machte man sich auf seiten der Bundesmarine Gedanken über die nächste Generation von U-Booten. Dabei erinnerte man sich der guten Zusammenarbeit mit der norwegischen Marine. Und da auch Norwegen bereits in den Planungen für ein Nachfolgemodell war, kam es 1973 zwischen der Bundesrepublik und Norwegen zu einer Vereinbarung über die gemeinsame Entwicklung eines neuen U-Boot-Typs, für den die Bezeichnung Klasse 210 festgelegt wurde.

Die gemeinsame Definitionsphase begann 1974. Aber schon schnell mußte man feststellen, daß die Anforderungen an den Entwurf nicht zuletzt aufgrund der unterschiedlichen Einsatzgebiete der Marinen sehr verschieden waren. Ab 1978 wurde deshalb der ursprünglich gemeinsame Entwurf unter der Bezeichnung Projekt 6071 (Ula-Klasse) nur noch für die norwegische Marine weiterbearbeitet. Für die Bundesmarine verfolgte man unter Beibehaltung wesentlicher gemeinsamer Grundelemente ein eigenes Design unter der Bezeichnung Klasse 211. Mit dem Regierungsabkommen vom März 1979 wurde die deutsch-norwegische Zusammenarbeit auf dem U-Boot-Sektor neu geregelt; sie hat sich vertrauensvoll und fruchtbar für beide Seiten bis zum heutigen Tage fortgesetzt.

Nach weiteren Entwicklungs- und Konstruktionsarbeiten für die Ula-Klasse – allein zwischen 1974 und 1980 wurden beim IKL 412.000 Entwicklungsstunden geleistet – begannen die Norweger 1981 ihre Bauvertragsverhandlungen mit den deutschen Werften HDW und Thyssen Nordseewerke (TNSW). TNSW erhielt letztendlich den Zuschlag, der Vertrag wurde im September 1982 unterzeichnet, die sechs Boote der Ula-Klasse wurden schließlich in den Jahren 1989 bis 1992 in Dienst gestellt.

Politisch brisant gestaltete sich auch die »Belieferung« der israelischen Marine mit ihren ersten drei Booten deutschen Designs. Kontakte zwischen Israel und der Bundesrepublik auf dem U-Boot-Sektor soll es bereits Ende der 50er Jahre gegeben haben. Als sich die israelische Marine dann 1958 für den Aufbau einer U-Boot-Waffe entschied, waren es jedoch zunächst gebrauchte britische Boote, die beschafft wurden. 1972 wurden zwar drei Boote deutschen Designs für Israel gebaut, dies geschah jedoch in Lizenz auf einer englischen Werft. Dieses Geschäft, das zwischen IKL/HDW, der Vickers Shipbuilding Group und der israelischen Marine vereinbart wurde, geschah im Einvernehmen mit den deutschen Behörden. 1976/77 kamen die drei Boote der Klasse 540 – ein Warmwasserderivat der Klasse 206 – in Fahrt. Israelische U-Boot-Fahrer waren zuvor bei der Bundesmarine ausgebildet worden. 1999/2000 folgten dann drei Boote der DOLPHIN-Klasse, die diesmal direkt aus Deutschland geliefert wurden.

1986 war es die Lieferung von U-Boot-Konstruktionsplänen an das Apartheid-Regime in Südafrika,

Durch die Erfahrungen bei den Arbeiten für das norwegische Projekt konnten auch in den Entwurf der Klasse 211 wesentliche Ideen der Emdener U-Boot-Konstrukteure einfließen. Die Bundesmarine plante diese Klasse in der Nachfolge der nie realisierten Klasse 208 als größeres »Nordseeboot« zum Schutz der NATO-Nordflanke. Sechs Einheiten waren vorgesehen, das erste Boot sollte schon 1992 in Dienst gestellt werden. Im Mai 1987 jedoch entschied das BMVg, die Arbeiten an der Klasse 211 einzustellen.

Inzwischen war 1986 ein Modernisierungsvertrag für zwölf Boote der Klasse 206 wirksam geworden. Diese nun 15 Jahre alten Boote benötigten dringend – insbesondere auf den Gebieten der schnell alternden Waffen- und Führungssysteme – kampfkrafterhaltende und lebenszeitverlängernde Neuerungen. So sollte unter anderem die Versorgungsfähigkeit der Boote verbessert und die zweite Generation der AEG-Drahtlenktorpedos DM 2 A3 integriert werden. Für diesen Umbau zur Klasse 206 A wurde wiederum HDW Generalunternehmer, der Bauauftrag mit einem Gesamtvolumen von über 290 Mio. DM unter maßgeblicher Beteiligung des IKL jedoch paritätisch zwischen den Werften HDW und TNSW geteilt.

Der Umbau der Klasse 206 wurde als Referenzprojekt verstanden, weshalb auch bald die ersten Exportkunden mit Modernisierungswünschen auf HDW/IKL zukamen. Nach Griechenland wurden Ende der 80er Jahre die 209er Kolumbiens und Venezuelas auf den neuesten Stand gebracht, und auch die Marine Indonesiens schickte ihre Boote zur Grundüberholung nach Deutschland. Doch trotz der Umbauaufträge kam es 1987 infolge der Entscheidung gegen den Bau der Klasse 211 zu ernsthaften Auslastungsproblemen in der deutschen U-Boot-Industrie. Das Exportgeschäft lief nicht mehr wie in den 70er Jahren, so verlor man an Schweden einen Auftrag über sechs größere Boote für die australische Marine. Der letzte nationale Auftrag lag inzwischen 20 Jahre zurück, und so war mit einem Mal die Systemfähigkeit im deutschen U-Boot-Bau aufgrund mangelnder Auslastung der Mindestkapazitäten akut gefährdet.

Die Gefahr für die Zukunft des deutschen U-Boot-Baus wurde im BMVg erkannt, ganz abgesehen davon, daß es einen Bedarf an neuen Booten für die U-Flottille gab. Bereits Mitte 1987 wurde deshalb beschlossen, die 1982 begonnenen Arbeiten an der außenluftunabhängigen Klasse 212 zu beschleunigen. Im Rahmen eines »Übergangsauftrages« vergab man Arbeitspakete an die Industrie, wobei die Werften TNSW und HDW für die Konzept- und Definitionsphase die Arbeitsgemeinschaft 212 (ARGE 212) bildeten. Diese verteilte die notwendigen Unteraufträge – auch an das bislang führende IKL. Zeitkritisch waren dabei die Entwicklungsarbeiten am außenluftunabhängigen (»Air Independant Propulsion«, AIP) Brennstoffzellenantrieb, der durch die Firmen HDW, Ferrostaal und das IKL in zum Teil eigenfinanzierten Versuchen an Land und in See getestet werden sollte.

Aufgrund der negativen Erfahrungen bei der Entwicklung der Klasse 211 mußte die »Design to Cost«-Philosophie gerade für dieses Projekt äußerst rigide verfolgt werden. Die Budgetsituation des Bundes führte trotzdem zu Zeitverzögerungen. Am 06. Juli 1994 kam es jedoch endlich zum Abschluß des Bau-

Zur Taufe von U 31 ist in der Bauhalle bei HDW die Ehrenkompanie angetreten, 2004 (Slg. HDW)

vertrages für das erste Los von vier Booten dieses weltweit ersten Brennstoffzellen-AIP-Typs. Inzwischen hatte sich auch die italienische Marine an dem jetzt U 212 A genannten Vorhaben beteiligt, und so konnte nach über 30 Jahren »U 31« nach intensiven Erprobungen als erster U-Boot-Neubau der Deutschen Marine 2005 in Dienst gestellt werden.

Der Kampf um die Außenluftunabhängigkeit

Ende der 50er Jahre begann man zu erkennen, daß unter der gegebenen Tonnagebeschränkung kein wesentlicher Fortschritt hinsichtlich des entscheidenden Kriteriums des Unterwasserfahrbereichs zu erzielen war. Auch war für künftige U-Jagdboote die als wichtig angesehene hohe Unterwassergeschwindigkeit mit den bisher verfolgten konventionellen Antrieben nicht zu erreichen.

Vielleicht war es Ende der 50er Jahre, als man auch in Deutschland erstmalig über den Bau von Atom-U-Booten nachdachte. War er nicht der ideale Antrieb für U-Boote: nahezu unbegrenzter Unterwasserfahrbereich bei sehr hohen Geschwindigkeiten, und das unabhängig von der Tauchtiefe? Erste geheime Vorüberlegungen hat es wahrscheinlich ab 1958 gegeben, wobei man sich fragte, ob aufgrund der notwendigen Abschirmung des Reaktors Bootsgrößen unter 2.000 t technisch überhaupt machbar seien. Trotzdem scheint man den Weg in Deutschland weiterverfolgt zu haben. Oder war es Zufall, daß 1962 die »Deutsche Gesellschaft für Kernenergie in Schiffahrt und Schiffbau« ausgerechnet die U-Boot-Werft HDW mit dem Bau der Otto Hahn, des ersten atomgetriebenen deutschen Schiffes beauftragte? War es ein weiterer Zufall, daß diese Beauftragung im selben Jahr erfolgte, als Deutschland die Sondergenehmigung zum Bau von sechs Booten bis zu einer Größe von 1.000 t erhielt?

Wie auch immer: Wahrscheinlich ist hingegen, daß man als Antriebsalternative für die geplanten U-Boote der Klasse 208 für die U-Jagd durchaus einen Nuklearantrieb angedacht hat. 1963 wurde auf der Otto Hahn ein Druckwasserreaktor der Fir-

mengruppe Interatom/Babcock Wilcox integriert, der wesentlich kleiner war als die bis dahin auf Schiffen eingesetzten Reaktoren und damit für die Integrierbarkeit in deutsche U-Boot-Entwürfe sprach. Der einzige atomgetriebene Massengutfrachter der Welt kam 1968 in Fahrt und sammelte bis 1979 Erfahrungen mit dem Nuklearantrieb. Die »Untersuchungen« zum Einsatz des Nuklearantriebs für deutsche U-Boote waren aber schon spätestens Ende der 60er Jahre mit Sicherheit beendet worden.

Für das Jagd-U-Boot der Klasse 208 jedenfalls wurde aufgrund seines hohen Leistungspotentials ab Ende der 60er Jahre noch einmal der Walter-Antrieb favorisiert. Die Nachfolgeboote der inzwischen im Bau befindlichen Klasse 206 sollten unbedingt einen außenluftunabhängigen Antrieb bekommen. Die vom BWB auf die Weiterentwicklung des Walter-Antriebes angesprochenen Firmen Siemens, HDW und MAK lehnten jedoch ab. Ihnen schienen nicht zuletzt das technische und finanzielle Risiko im Vergleich zu den zu erwartenden Ergebnissen zu hoch.

30 Jahre nach den ersten Überlegungen zu AIP-Antrieben für deutsche Nachkriegs-U-Boote war nun das Ziel erreicht. Ein revolutionärer Schritt in der Geschichte des deutschen Nachkriegs-U-Boot-Baus war getan. Künftige Generationen deutscher U-Boote werden ausdauernd außenluftunabhängig aus der Tiefe operieren können, ohne wie bisher beim Schnorcheln der Gefahr einer Entdeckung ausgesetzt zu sein. 1994 wurden die vier Boote der Klasse 212 A bei der ARGE 212 endgültig in Auftrag gegeben. Zusammen mit den beiden identischen Booten für die italienische Marine sind es die ersten U-Boote der Welt, die mit einer Brennstoffzellen (BZ)-Anlage ausgerüstet wurden.

Neben der wirtschaftlichen Bedeutung für die deutsche U-Boot-Industrie – es war der erste Auftrag der eigenen Marine nach 25 Jahren – hatte diese Order entscheidende Signalwirkung für den Export. Nun ließen sich auch ausländische Marinen von den Vorteilen des Brennstoffzellenantriebs überzeugen. Zur Zeit werden vier Boote mit BZ-Antrieb für Griechenland (Klasse 214) und drei Boote für Südkorea gebaut. Darüber hinaus sind zwei U-Boote mit BZ-Antrieb für Portugal unter Vertrag und drei U-Boote der Klasse 209 der griechischen Marine für eine Nachrüstung mit einer BZ-»plug-in section« vorgesehen.

Das erste Brennstoffzellenboot der deutschen Marine »U 31« hat seine See-Erprobungen nahezu abgeschlossen und wird Mitte 2005 an die Marine übergeben werden.

Das Exportgeschäft ändert sich

Infolge der Ölkrise Ende der 70er Jahre wurde das Exportgeschäft für die deutsche U-Boot-Industrie immer schwieriger. Potentielle Kundenländer kamen zunehmend in Budgetprobleme und stellten militärische Beschaffungsprogramme zurück. Der Konkurrenzdruck auf dem Weltmarkt nahm deutlich zu. Auch die beiden deutschen U-Boot-Werften rangen im Wettbewerb auf dem Exportmarkt miteinander.

Nicht alle Akquisitionsanstrengungen waren erfolgreich. Ab 1972 bemühte sich HDW um einen Auftrag aus dem Iran. Die Bundesregierung unterstützte dieses Vorhaben, und wieder traten die deutschen U-Boot-Werften konkurrierend an. Nach sechs Verhandlungsjahren schließlich gewann 1978 HDW den Auftrag über sechs Boote vom Typ 1400, einer vergrößerten Klasse 209. Nur Monate später stürzte der Schah, und die neue iranische Regierung unter Ajatollah Khomeini annullierte den Auftrag. Heute fährt die Marine des Iran in Rußland gebaute KILO-Boote.

Über das Projekt Iran war HDW auch in engeren Kontakt mit der US Navy gekommen. Diese hatte der iranischen Marine Boote des Typs DARTER für Ausbildungszwecke zur Verfügung gestellt, wobei die amerikanische U-Boot-Industrie wahrscheinlich geplant hatte, selbst den Iran mit konventionellen U-Booten zu beliefern. Die US Navy zeigte nach ihrem Engagement bei der Beschaffung der Klasse 207 für Norwegen und den ersten Erkenntnissen aus gemeinsamen Manövern mit den aus Deutschland stammenden Booten der südamerikanischen Marinen wachsendes Interesse an deutscher U-Boot-Technologie.

Als Großbritannien mit der UPHOLDER-Klasse auch mit Blick auf künftige Bedarfsfälle in Australien und Kanada ein größeres konventionelles Boot als preiswerte Alternative zu U-Jagd-Atom-U-Booten entwickelte, bot HDW 1979 der US Navy ein 2.000 t großes konventionelles Boot für eben diesen Einsatzzweck an. Zeitgleich fielen 1980 die letzten Beschränkungen der WEU für den deutschen U-Boot-Bau; dem Bau großer Boote (> 1.800 t) in Deutschland stand nun nichts mehr im Wege. Trotz des Interesses von Teilen der US Navy setzte sich die US Atom-U-Boot-Lobby durch, und die Verhandlungen mit HDW wurden eingestellt.

Mit einem ähnlichen Entwurf wie für die US Navy trat HDW/IKL kurz darauf in Australien an. Nach langem und erbittertem Wettbewerb gewannen jedoch die Schweden 1987 den Auftrag, die deutschen U-Boot-Bauer waren zutiefst enttäuscht, ja förmlich demoralisiert angesichts dieser herben Niederlage. Jedoch konnte HDW in den 80er Jahren Aufträge aus Chile, Indien, der Türkei und Brasilien hereinnehmen, was die Auslastung in Kiel und Lübeck sicherstellte.

Die Nordseewerke, die in den 60er und 70er Jahren ein leistungsfähiges, unabhängiges U-Boot-Konstruktionsbüro aufgebaut hatten, standen in diesen Jahren stets in starker Konkurrenz zum marktbeherrschenden IKL/HDW-Typ 209. Versuchten die Emdener noch Anfang der 70er mit ihrem auch für den Warmwassereinsatz entwickelten 500-Tonnen-Entwurf COGS 500 (Compact Ocean Going Submarine) in Ländern wie Indien, Ecuador und dem Iran erfolglos gegen HDW/IKL zu konkurrieren, so gelang es ihnen aber 1978, einen Vertrag über insgesamt sechs Boote mit dem HDW-Altkunden Argentinien abzuschließen. Das Design TR 1700 beruhte auf einer unabhängigen Eigenentwicklung und war der bis dahin größte in Deutschland entwickelte U-Boot-Typ der Nachkriegszeit.

Dabei hatten sich die Nordseewerke – wie vorher schon HDW für einen Folgeauftrag aus der Türkei – auf eine neue Art von Geschäft einlassen müssen.

Die Dieselgeneratoren von U 31   *(Slg. HDW)*

Die Kundenländer suchten bei den mehrere hundert Millionen schweren U-Boot-Aufträgen zunehmend nach Wertschöpfung im eigenen Land. So wurde für den TR 1700 vertraglich festgelegt, daß nach dem Bau der ersten beiden Boote in Deutschland die weiteren vier Boote unter Zulieferung von Materialpaketen und technischer Unterstützung aus Deutschland in Argentinien gefertigt werden sollten.

Für Argentinien hat sich der Aufbau der umfangreichen Werftinfrastruktur für den U-Boot-Bau im eigenen Land nie ausgezahlt. Nach dem Rücktritt der Militärregierung und der Reduzierung des Verteidigungsetats verlangsamte sich der Bau der vier im eigenen Lande zu bauenden Boote dramatisch; letztendlich wurden sie nie fertiggestellt. Der Gedanke der Lizenzfertigung im Kundenland setzte sich jedoch zunehmend durch. Indien z. B. war bereits Ende der 60er Jahre – als eine deutsche Exportgenehmigung für U-Boote nicht zu erhalten war – mit Italien in Verhandlungen über den Lizenzbau von U-Booten eingetreten. Die Italiener zeigten sich indes nach langen Verhandlungen an einem solchen Geschäft nicht interessiert. Als dann zehn Jahre später eine Exportgenehmigung der Bundesregierung in Aussicht gestellt wurde, erhielt HDW den Auftrag über vier große Boote des Typs 1500, zwei davon wurden aus Materialpaketen bei Mazagon Shipyard in Indien gefertigt.

In den folgenden Jahren wollten nun auch die HDW-Kunden Brasilien, Südkorea und Griechenland eine U-Boot-Fertigung im eigenen Land aufbauen. Neben dem Wertschöpfungsaspekt, dem zu erwartenden Know-how-Transfer steht für manche Kundennation sicherlich die Hoffnung, eines Tages mit einem eigenen Design auf den Weltmarkt zu gehen, im Mittelpunkt der Überlegungen. Der Aufbau der kostenintensiven Infrastruktur für den U-Boot-Bau ist jedoch nicht in jedem Falle rentabel. Jahrzehnte während Konstruktions- und Fertigungserfahrung, die autarke eigene industrielle Basis, Rückflüsse aus den operativen Erfahrungen der eigenen Marine und viele weitere Aspekte haben die deutsche U-Boot-Industrie im Export so erfolgreich gemacht. Und so ist es bisher noch keinem »Nachbauland« gelungen, dies zu kopieren und erfolgreich für den Export von U-Booten umzusetzen.

Referenzliste Materialpaketgeschäfte

Neben dem Lizenzbau und der bei enger werdenden Verteidigungsbudgets immer wichtiger werdenden Projektfinanzierung traten Ende der 80er Jahre verstärkt Kundenforderungen nach »Offsetleistungen« in den Mittelpunkt der kommerziellen Auftragsabwicklung. Für die großen U-Boot-Exportvorhaben, die jetzt an die Milliarden-DM-Grenze reichten, verlangten die Kundenländer Gegengeschäfte, d. h. Bestellungen bzw. Investitionen in mindestens gleicher Höhe im eigenen Land. Einmal mehr war es das Handelshaus Ferrostaal als industrieller Dienstleister, das mit seinen guten internationalen Verbindungen die nötige Unterstützung leistete. So werden Aufträge der deutschen U-Boot-Industrie heute z. B. mit dem Bau von Stahlwerken, der Investition in Werften, dem Aufbau der Infrastruktur und vielen ähnlichen »Offsets« im Kundenland kompensiert. Der größte Wettbewerber der deutschen U-Boot-Industrie ist heute Frankreich. Auch wenn die französische Marine selbst schon lange keine konventionellen U-Boote mehr betreibt, erhält die zum Großteil immer noch staatliche Industrie um die Werft DCN und das Systemhaus Thales für den U-Boot-Export massive Unterstützung seitens der französischen Regierung. Die französische Konkurrenz kann so oftmals Finanzierungs- und Offsetangebote machen, an deren Konditionen die privatwirtschaftlich organisierten deutschen U-Boot-Bauer nicht herankommen. Allerdings hält die deutsche U-Boot-Industrie, nicht zuletzt auf-

Mit der Deutschen Marine wird über die Beschaffung des zweiten Loses der Klasse 212 A verhandelt, weitere Anschluß- und Modernisierungsaufträge verschiedener Altkunden stehen an. Auch erscheinen einige U-Boot-Projekte in Asien sehr erfolgversprechend. Den internationalen Wettbewerb zu fairen Bedingungen braucht die deutsche U-Boot-Industrie somit nicht zu fürchten, und so kann sie zuversichtlich in die Zukunft blicken.

Die Zukunft des deutschen U-Boot-Baus

Seit dem Beginn des deutschen Nachkriegs-U-Boot-Baus Mitte der 50er Jahre haben sich die sicherheitspolitischen Rahmenbedingungen grundlegend geändert. Der kalte Krieg ist beendet, doch mit dem 11. September 2001 sind neue Bedrohungen aufgetreten, die auch den U-Boot-Bau nicht untangiert lassen.

Moderne U-Boot-Einsätze sind im Wandel begriffen. Neuen Herausforderungen in Krisenmanagement und Konfliktprävention, in der Abwehr asymmetrischer Bedrohungen, im Bereich »Homeland Security« sowie im gesamten Spektrum der MOOTW-Einsätze (»Military Operations Other Than War«) gilt es auch technisch zu begegnen. Waren die Nachkriegs-U-Boote der ersten Generation noch fast ausschließlich auf den Torpedoeinsatz hin konzipiert, werden künftige Boote über ihre traditionelle Rolle als »subsurface warfighter« hinaus auch technisch den neuen Herausforderungen gerecht werden müssen. Die deutsche U-Boot-Industrie ist dafür gut aufgestellt.

Mit dem Brennstoffzellensystem verfügt der deutsche U-Boot-Bau nicht nur über den effektivsten außenluftunabhängigen Antrieb, er ist damit auch möglichen Konkurrenten technologisch um Jahre voraus. Einsätze in Küstennähe (»Littoral Warfare«), z. B. bei Aufklärung und Embargoüberwachungen, bedürfen kleiner, signaturarmer und auf engstem Raum manövrierbarer U-Boote.

In der Zentrale von U 31 werden die elektronischen Geräte eingerichtet und bereits von der Besatzung überprüft (Slg. HDW)

grund ihrer technologischen Überlegenheit, dennoch einen Weltmarktanteil im konventionellen U-Boot-Bau von über 70 %.

Z. Zt. befinden sich 20 Boote für acht Marinen im Bau, zehn davon auf den deutschen Werften, der Rest als Lizenzbau in fünf verschiedenen Ländern.

An weiteren modernen Herausforderungen wird intensiv gearbeitet, wichtig ist dabei der »Anschluß« des U-Bootes an die Möglichkeiten des NCW (»Network Centric Warfare«). Über Kommunikationsbojen wird auch das U-Boot künftig nahezu ständig »online« sein und damit wesentlich zum Datenaustausch für das Gesamtlagebild beitragen können.

Prinzipskizze vom Einsatz des Flugkörpers IDAS von einem U-Boot gegen Land-, Luft- und Seeziele   *(Slg. TKMS)*

Neue Missionen erfordern größere Entwurfsflexibilität. Moderne U-Boote müssen so unterschiedliche Operationen wie die Verbringung von Spezialkräften, Unterstützung von Landstreitkräften, Minenoperationen, CTA-Bekämpfung (»Clandestine Transnational Actors«, das sind Piraten, Schmuggler, Terroristen, illegale Immigranten) sowie den Einsatz von unbemannten Unterwasserfahrzeugen (UUV) durchführen können. Hierzu bedarf es einer bereits im Design angelegten »Missionsmodularität«, d. h. künftiges U-Boot-Design wird sich weitestgehend und flexibel an einer Vielzahl verschiedener Einsatzaufgaben orientieren. Über den Torpedo hinaus kommen neue Waffen und Ausstoßsysteme an Bord. Beispiele dafür sind der lichtwellenleitergelenkte Flugkörper IDAS (Interactive Defense and Armament for Submarines) und die rückstoßfreie 30-mm-Bordkanone »MURENA«.

Auch produktionstechnische Innovationen sind gefragt. Um international konkurrenzfähig zu bleiben, gilt es, die Produktionskosten zu senken, COTS-Geräte (»Commercial off the shelf«) zu verwenden, neue Materialien zu untersuchen, aber auch industrielle Kooperationen einzugehen.

Der 1989 mit dem Kooperationsvertrag zwischen HDW und TNSW begonnene nationale Konsolidierungsprozeß beendete den jahrelangen Konkurrenzkampf der beiden deutschen U-Boot-Werften. 1991 wurden die U-Boot-Aktivitäten der MAK und 1997 schließlich auch das IKL in die HDW integriert. Mit dem Erwerb der schwedischen U-Boot-Werft Kockums (2000) und der Hellenic Shipyard (2002) in Griechenland stellte die deutsche U-Boot-Industrie sich erstmals international auf. Heute sind alle Unternehmen zusammen mit den ehemaligen ThyssenKrupp Werften, Nordseewerke und Blohm + Voss unter dem Dach der ThyssenKrupp Marine Systems vereint. Die konsequente Nutzung der dadurch gewonnenen Synergien stärkt die internationale Wettbewerbsfähigkeit des deutschen U-Boot-Baus noch mehr.

Der Erfolg des deutschen U-Boot-Baus gründet sich nicht zuletzt auf seiner Tradition, seiner Reputation und dem Rückfluß aus Erfahrungen der eigenen U-Boot-Waffe. So ist es neben einer innovativen, nahezu autarken nationalen industriellen Basis die gute Zusammenarbeit mit der deutschen Marine, die der U-Boot-Industrie den Erfolg sicherte. In Zeiten der Europäisierung und Globalisierung rücken die europäischen Marinewerften und damit auch die U-Boot-Bauer immer näher zusammen. Nur so wird der Führungsanspruch des deutschen U-Boot-Baus auch in den künftigen europäischen Strukturen bewahrt werden können.

Warum Marinerüstung?

Karlheinz Lippitz

Die Deutsche Marine, die Marinerüstung und der deutsche Marineschiffbau haben Erfolge aufzuweisen, die es zu bewahren und wo immer möglich auszuweiten gilt. Wir müssen unsere bisher besetzten Nischen im internationalen Wettbewerb sichern. Wie können wir dies bei schrumpfendem Verteidigungshaushalt in den nächsten Jahren erreichen? Reicht – aus Sicht der Industrie – ein Abwarten auf wieder einsetzende Finanzierung durch den öffentlichen Auftraggeber? Sind Alternativen denkbar? Mit welchen technischen Themen haben wir uns zu beschäftigen? Warum Marinerüstung heute?

Dieser Gedankengang soll im Folgenden entwickelt werden, wobei mit dem Fragezeichen im Titel nicht die Marinerüstung an sich in Frage gestellt werden soll. Vielmehr soll auf Randbedingungen hingewiesen werden, unter denen die deutsche Marinerüstung steht und weiterhin bestehen kann.

I.

Der Bedarf an Rüstung leitet sich aus der wiederholt und bestätigend geäußerten Meinung her, es bestehe eine allgemeine oder auch spezifische Verantwortung in der Welt, die Deutschland verstärkt übernehmen müsse. Auch wenn wir uns dabei vorrangig mit dem Erhalt des Friedens auseinandersetzen, der nach Meinung Michael Howards eine sehr viel komplexere Angelegenheit als der Krieg ist, werden wir uns den neuen Bedrohungen[1] eines »Littoral Warfare«, »Asymmetric Warfare« und der »Low Intensity Conflicts« nicht verschließen können. Wir treffen neue Situationen an, die neue Aufgaben mit sich bringen. Die Anfang 2004 verabschiedeten Verteidigungspolitischen Richtlinien (VPR) bieten unter Würdigung dieses Aspekts den generellen Ansatzpunkt für die zukünftige Ausrüstung und Ausrichtung der Bundeswehr.

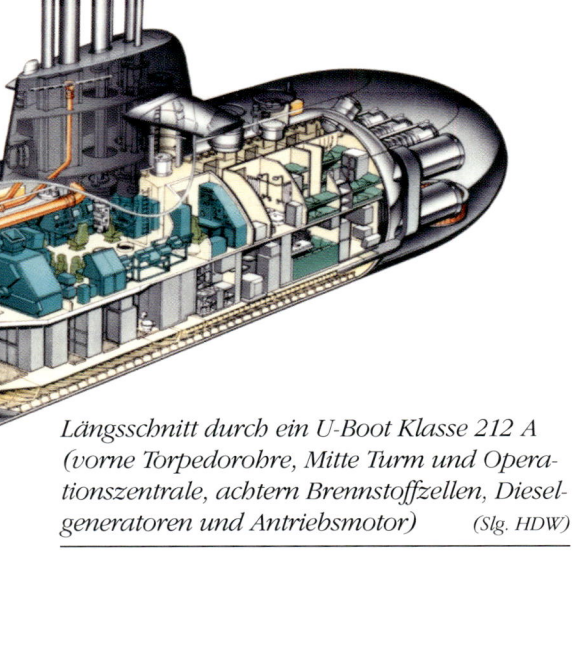

Längsschnitt durch ein U-Boot Klasse 212 A (vorne Torpedorohre, Mitte Turm und Operationszentrale, achtern Brennstoffzellen, Dieselgeneratoren und Antriebsmotor) (Slg. HDW)

Wir stellen allerdings auch die Frage, ob die Auseinandersetzung mit diesen Konfliktfällen allein eine militärische oder Rüstungsfrage ist oder nicht vielmehr politisch zu beantworten wäre – eine Feststellung aufgrund der schon zu lang andauernden Bemühungen im Irak zur Herstellung eines »Friedens« nach dem Krieg. Wir werden uns wohl nicht nur mit einem »asymmetrischen Krieg«, sondern auch mit dem »asymmetrischen Frieden« auseinandersetzen müssen.

Die veränderten Konfliktsituationen, die wir zur Zeit vorfinden, werden besonders dadurch gekennzeichnet, daß der Begriff des »Krieges« und damit des Friedens[2] fundamental verändert ist: Man spricht von den »Neuen Kriegen« (Herfried Münkler), die folgende Kennzeichen haben: eine Entstaatlichung der Gewalt; nicht mehr Staaten sind Gegner. Das seit Clausewitz geltende trinitarische Schema, d. h. die historische Dreigliederung in »Regierung/Staat, Armee und Volk«, löst sich auf. Darauf basierende strategische Modelle sind heute gescheitert. Dies gilt für die atomare Rüstung und erst recht für die konventionellen Heere im Schatten der Atomwaffen. »Die großen Sieger in den rund 160 von 1945 bis 1990 geführten Kriegen sind die Guerilleros, Terroristen, Banditen, Warlords und Aufständische.« (Martin van Creveld) Die Situation ähnelt eher der des Dreißigjährigen Krieges vor der Staatenbildung in Europa.

Eine Asymmetrisierung der kriegerischen Gewalt: Billige Waffen werden eingesetzt, wir finden keine gleichartigen Gegner, keine großen Schlachten, keine Fronten mehr; es tritt dadurch eine Verlängerung und Wandlung des Krieges in »low intensity conflicts« ein.

Im Effekt ist dies eine Autonomisierung vordem militärisch eingebundener Gewaltformen.

Die konventionellen Formen des »Krieges« haben sich gewandelt. Die Anwendung von Macht und Gewalt tritt in neuen Ausprägungen auf. Charakteristisch für den »low intensity conflict« sind weniger dessen Kampfmittel als das Verschwinden der trinitarischen Teilung des Krieges. Das Auftreten von Partisanen und Terroristen beschreibt diese

Der Bau eines Druckkörpers für ein U-Boot bei HDW
(Slg. HDW)

neue Situation nicht ausreichend. Es geht darum, daß in Zukunft die Nationalstaaten nicht mehr Träger, die regulären Streitkräfte nicht mehr Mittel und die Zivilbevölkerung, laut Kriegsrecht unantastbar, nicht mehr vom Gefecht ausgenommen sein werden. Den Krieg führen werden vielmehr nichtstaatliche Organisationen, kämpfen werden Einzelpersonen, Terrorgruppen und unterschiedliche Kommandoeinheiten. Betroffene werden in erster Linie nicht mehr gegnerische Kämpfer sein, sondern die Zivilbevölkerung und zivile Einrichtungen (bezeichnenderweise auch Tourismuszentren). Die

Anschläge des 11. September 2001 in New York und Washington und des 13. März 2004 in Madrid werfen ein neues Licht auf die Situation.

Zur Frage, wie sich Europa auf diese Entwicklung einstellt, gibt das neue »European Defence Paper«,[3] das die EU-Regierungen vor zwei Jahren in Auftrag gegeben haben, einen Eindruck. Dieser Bericht beschreibt nicht nur die »Lücke zwischen Mittel und Zweck«, sondern definiert insbesondere fünf noch fast klassische Szenarien für mögliche Krisenreaktionseinsätze unter dem Aspekt der Glaubwürdigkeit und der Realitätsnähe in einer Zeitperspektive von zehn bis 20 Jahren. Die fünf Szenarien für solche Krisenfälle sind: Operationen zur Friedensunterstützung im großen Maßstab, vergleichbar IFOR und KFOR, mit UN-Mandat. Der Umfang an europäischen Soldaten wird mit 20. bis 40.000 beziffert, mit 40 Kampfflugzeugen, sechs Überwasserkampfschiffen und einigen Überwachungsflugzeugen binnen 30 Tagen für zwei bis zu drei Jahren, bei einem Einsatzgebiet bis zu 2.000 Kilometern Entfernung von Brüssel. Diese Operationen zur Stabilisierung der Lage in einem feindlichen Umfeld sind aufwendig und gefährlich.

Humanitäre Intervention in hochintensiven Gefahrensituationen nach dem Beispiel Ruanda 1993 oder Osttimor 1999. Völkermord ist zu stoppen und direkte Hilfe zur Bevölkerung zu bringen. Die EU sollte 10.000 Soldaten mit ca. 100 Flugzeugen, bewaffnete Hubschrauber, zehn Überwasserkampfschiffe, vier amphibische Transport/Landungsschiffe und zehn Seeaufklärer für ein Jahr bei sechsmonatiger Einsatzdauer vor Ablösung, einsatzbereit binnen 15 Tagen, in einer Distanz von bis zu 5.000 Kilometern von Brüssel bei einem Seehafen in bis zu 300 Kilometern Entfernung vom Einsatzraum dauernd bereithalten.

Regionalkrieg zur Verteidigung europäischer strategischer Interessen. Hierbei wird an die Ölversorgung, direkte oder indirekte Störung im Güterver-

Fregatte BRANDENBURG der Klasse 123 im überdachten Dock bei Blohm + Voss in der Endausrüstung, 1995

(Witthöft: 125 Jahre Blohm + Voss, Koehlers Verlagsgesellschaft)

kehr oder erzwungene Massenflucht nach Europa gedacht. Beispielhaft werden die drei Golfkriege seit 1980 und der Nahostkrieg 1973 genannt. Es wäre mit einem EU-Expeditionskorps von zehn Brigaden mit 60.000 Mann, 360 Kampfflugzeugen, zwei maritimen Kampfgruppen mit vier Flugzeugträgern, 16 amphibischen Schiffen, zwölf U-Booten, 40 Überwasserkampfschiffen, acht Unterstützungsschiffen und 20 Überwachungsflugzeugen zu rechnen.

Prävention von Angriffen mit Massenvernichtungsmitteln durch Bereitstellung von rund 1.500 operativen Spezialeinsatzkräften für verdeckte Operationen plus einer Brigade mit vier Bataillonen Spezialkräften, unterstützt von 60 Kampfflugzeugen und 40 Versorgungsflugzeugen sowie Hubschraubern, ergänzt durch einen Flugzeugträger, zehn Überwasserkampfschiffe, drei U-Boote und zwei Versorgungsschiffe, einsatzbereit binnen 15 Tagen, in einer Entfernung von bis zu 5.000 Kilometern von Brüssel. Offensichtlich ist eine ausreichende Versorgung mit neuester Munition, Flugkörpern und sonstiger Ausstattung hier und bei den oben genannten Operationsformen notwendig.

Die Heimatverteidigung bleibt schließlich bestehen, die allerdings im wesentlichen eine zivile Kompetenz ist einschließlich Zivilschutz und Sanität zur Schadensbegrenzung.

Welche maritimen Forderungen erwachsen aus den »Neuen Kriegen« und den beschriebenen Szenarien, den neuen Bedrohungen und den gewandelten Einsatzforderungen für uns und unsere Marine? Kann den neuen, nichtkonventionellen Situationen mit konventionellen Mitteln begegnet werden?

II.

Die Leistungen der USA im Dritten Golfkrieg haben uns vor Augen geführt, welche Möglichkeiten sich durch eine radikale Nutzung der verfügbaren Technik bieten. Der amerikanische Wunsch, Verluste zu vermeiden, und die Bereitschaft und Fähigkeit, große Summen für neue Militärtechnologie auszugeben, verschaffte den USA eine gewaltige militärische Schlagkraft, die extreme Zielgenauigkeit aus großer Entfernung mit dem geringen Risiko eigener Verluste verbindet. Diese Fähigkeit zu Präzisionsschlägen, zu gemeinsamen Operationen (joint strike) sowie zur Nutzung übergreifender Kommunikationstechniken ist in Europa bei weitem nicht in dieser Intensität vorhanden.

Die »Revolution in Military Affairs (RMA)« hat die US-Streitkräfte so weit zu asymmetrischen Kampfformen befähigt, daß man den Krieg wieder als politisches Mittel zur Lösung bestehender Konflikte ansehen konnte – und dementsprechend handeln die USA. Militärische Macht ist als Bedingung zur Durchsetzung der Politik wieder denkbar.

Ich glaube, wir Europäer bedauern, daß dem militärischen Potential und Willen kein adäquates politisches Potential vorangestellt wird. Zur Verdeutlichung: Auf einer Versammlung der Tiere, so gibt der griechische Philosoph Aristoteles eine im Athen seiner Zeit geläufige Fabel wieder, seien Hasen aufgetreten und hätten gleiche Rechte für alle Tiere verlangt. Da traten ihnen die Löwen entgegen und fragten: »Wo habt ihr eure Zähne und Klauen?« Und da die Hasen nichts dergleichen vorweisen konnten, war ihre Forderung erledigt.

Gegen die von den Schwächeren vorgebrachte Forderung nach Rechtsgleichheit stellten die Starken die Zugangsvoraussetzung der Waffengleichheit. Wo dies nicht einmal tendenziell gegeben ist, so die Moral der Geschichte, sollte auch keine Rechtsgleichheit eingefordert werden. Allein das Recht des Stärkeren wird in dieser Fabel allerdings nicht gefordert: Die Löwen erwarten nur die Anerkennung ihrer Sonderstellung durch die Ungleichen. Die Hegemonie, nicht das Imperium ist ihr Ziel – es sei denn, es ginge nicht anders.

In den Reaktionen auf den 11. September 2001 und den Dritten Golfkrieg haben sich die auseinanderdriftenden Bedingungen in den europäischen postheroischen Gesellschaften gegenüber den USA klar gezeigt. Die deutsche Verfassung schränkt die sicherheitspolitische Bewegungsfreiheit erheblich ein. Europäische Gesellschaften lehnen weitgehend den Krieg als Instrument der Politik ab und vertrauen statt dessen dem sanften Zwang wirtschaftlichen Austausches, des kulturellen Dialogs und der politischen Annäherung. Diese Bedingungen sind über Arbeit, Konsum und Wohlstand definiert, sodaß Vorstellungen von Opfer und Ehre unnötig sind. Der Krieg soll unter allen Umständen vermieden werden.

Aus der Geschichte Europas ist diese Haltung schon allein aus der Zahl der Verluste in den erlebten Kriegen – im Gegensatz zu denen der USA – verständlich. Während des gesamten Vietnamkrieges sind rund 44.000 US-Soldaten gefallen. Dies sind nur wenig mehr als z. B. an der Westfront des Ersten Weltkrieges innerhalb weniger Stunden am ersten Tag der Somme-Offensive am 1. Juli 1916 den Tod fanden. Einen Monat nach Beginn der Offensive hatten die Deutschen 160.000, die Briten und Franzosen über 200.000 Soldaten verloren – in etwa so viele, wie die USA in beiden Weltkriegen auf allen Kriegsschauplätzen zusammen zu beklagen hatten.

»Hegemonie und Herrschaft« bezieht sich nicht allein auf militärische Macht. Nach den Analysen von Robert Kagan (»Of Paradise and Power«) folgt aus der militärischen Hegemonie ein Nutzen auf allen anderen gesellschaftlichen Bereichen, in denen auch um die Herrschaft gerungen wird. Dies gilt für die wirtschaftliche Stärke, die zivilisatorische Attraktivität und die politische Vorbildhaftigkeit. Allein militärische Macht ist in der Lage, auch auf diesen Feldern einen Vorsprung in tatsächlichen Einfluß umzumünzen. Dieser politische Mehrwert der militärischen Macht dürfte auch in letzter Instanz deren Kosten-Nutzen-Verhältnis bestimmen, den gewaltigen Aufwand rechtfertigen und im Zentrum amerikanischer Überlegungen zur globalen Überlegenheit[4] und zu ihrer »in einem hohen Maß bestehenden Unabhängigkeit des außenpolitischen Handelns« (wie es Helmut Schmidt zurückhaltend ausdrückt) stehen. Schon der Begriff »Globalisierung« deckt sich mit dieser Zielsetzung.

Es ist nun die Frage, ob die Ressourcen der amerikanischen Supermacht groß und umfassend genug sind, allen diesen Forderungen und Erwartungen zu genügen. Der »Aufstieg und Fall großer Mächte« (Paul Kennedy) zeigt, daß der »imperial overstretch« heute weniger in der zu weit gespannten territorialen Ausdehnung als vielmehr in der langfristigen Bindung militärischer Kräfte und der Absorption der politischen Aufmerksamkeit durch ein bestimmtes Problem auftreten wird.

Selbst wenn hier nicht auf das in letzter Zeit diskutierte Thema des »Neuen Rom« eingegangen werden soll, ist einzusehen, daß die Kluft zu Europa aus US-Sicht größer geworden ist und noch wächst. Die historische Wertegemeinschaft des Westens, die den kalten Krieg überwunden hat, trägt nicht ohne weiteres in dieser neuen Epoche. Ein Ausweg ist nur denkbar, wenn die USA die harten Machtfaktoren der militärischen Rüstung und deren Fähigkeiten neben den weichen Faktoren der wirtschaftlichen Zusammenarbeit, der zivilisatorischen Attraktivität und der politischen Vorbildfähigkeit bestehen lassen oder dort in den Vordergrund bringen, wo die harten Machtfaktoren nicht mehr tragen. Militärische Macht allein ist nicht mit Führerschaft der freien Welt gleichzusetzen (Chalmers Johnson). Aber auch diesen Punkt wird der »Löwe in der Versammlung der Tiere« selbst entscheiden. Ob ein solches Verhalten der USA auf Dauer eine Zukunft hat, ist allerdings umstritten. Rückschläge werden den USA als Folge ihres hegemonialen Verhaltens vorausgesagt. Umstritten ist selbst, ob wir in absehbarer Zeit eine Beruhigung der weltweiten Auseinandersetzungen erwarten können oder ob es nicht einer zeitlich längeren Umbruchphase bedarf, damit das Weltsystem einen neuen stabilen Zustand[5] erreicht, der dann allerdings auch eine andere, neue hegemoniale Weltmacht[6] zeigen könnte.

Welche Folgerungen ergeben sich aus dem neuen Umfeld für unsere nationale Position und damit auch für eine Marinerüstung?

Als Ausgangspunkt sehe ich die beiden folgenden Bedingungen, die nebeneinander bestehen: der »Hard Power«-Widerspruch (die harten Machtfaktoren allein werden es nicht richten, trotz »Hard Power« kann sich ein Land gegen Terror nicht schützen, das Mitwirken anderer ist notwendig, insbesondere die Friedenssicherung, wie wir sie jetzt in Afghanistan und Irak erleben, zeigt dieses Dilemma) und das »Hase-Löwe-Syndrom« (der Löwe will sich einordnen, allerdings bei Anerkenntnis seiner Position, anderenfalls wird er allein entscheiden).

Als Situationsbeschreibung bietet sich damit folgendes an: Die Wertegemeinschaft des Westens, unsere auf historischer Überzeugung basierende politische Wertvorstellung können weiter bestehen. Ein deutscher Beitrag ist insgesamt möglich und wird von einer zentralen Macht in Europa erwartet. Angemessene Bedingung ist, daß wir eigene Beiträge (politisch, wirtschaftlich, militärisch) aufbringen, diese selbstbewußt vertreten und Verantwortung in der Durchführung und Realisierung hier nun auch von rüstungstechnischen Vorhaben übernehmen.

Für die Marinerüstung in unserer derzeitigen Situation bedeutet dies, daß wir auch bei längerer Wartezeit bis zum nächsten wesentlichen Vorhaben (Auslastungslücke der Industrie) oder bei Anerkenntnis der bestehenden »Lücke zwischen Mittel und Zweck« Fähigkeiten optimieren und auf die neuen Erfordernisse ausrichten, indem wir neue Ideen und Leistungen wettbewerbs- und durchsetzungsfähig einbringen. Jedoch muß eine »hasenfüßige« Vertretung vermieden werden – deshalb befinden wie uns im Spannungsfeld von Herausforderung, Verantwortung und Initiative. Letzteres bestimmt entscheidend unsere Position im »Reich der Tiere«.

III.

Vor diesem Hintergrund muß man die Situation heute im Bereich der Marinerüstung der Überwasserschiffe sehen: Die drei Fregatten der Klasse 124 (SACHSEN, HAMBURG, HESSEN) werden bis 2005 in Dienst gestellt.

Die Korvetten der Klasse 130 stehen am Anfang der Realisierung, ihre Ablieferung wird in 2007 und 2008 stattfinden; diese Klasse umfaßt fünf Schiffe.

Mit der Lieferung dieser Schiffe wird die Deutsche Marine eine wesentliche Leistungssteigerung erhalten und ihre neuen Aufgaben mit erhöhter Qualität erbringen können.

Wenn sich heute ein erfolgreicher Abschluß des Vorhabens F 124 und damit eine Bestätigung unserer Entscheidung in 1996 zur Entwicklung eines eigenen Waffensystems (und nicht ein Kauf der US-Anlagen) abzeichnet, so gebührt die Anerkennung für diese Leistung in erster Linie den in der Arbeitsgemeinschaft ARGE F 124 zusammengeschlossenen Werften und Ausrüstungsindustrien.

Das im August 2004 in Kalifornien abgeschlossene »scharfe Schießen« einschließlich Truppenschießen der Fregatte SACHSEN mit dem Einsatz von 21 Flugkörpern (FK) ESSM (Evolved Seasparrow Missile) und SM-2 (Standard Missile) stellt den wesentlichen Schritt im Nachweis der Leistungen der neuen Fregattenklasse dar. Hiermit erhält unsere Marine moderne Einheiten, die überragend geeignet sind für die geforderte Führungsfähigkeit und eine Flugabwehr im Verbund. Es wird Aufgabe der Marine sein, operative Verfahren zu finden, diese Schiffe im gleichen Sinne gegen asymmetrische Bedrohungen einzusetzen, wie sie aus den oben beschriebenen Szenarien kenntlich werden und die

Fregatte SACHSEN *mit Besatzung in Paradeaufstellung einlaufend im Hamburger Hafen, im Hintergrund das Werftgelände von Blohm + Voss*   *(Slg. DMI)*

damals bei den Entscheidungen zur Auslegung der F 124 noch gar nicht absehbar waren.

An dieser Stelle ist auf einen besonderen Aspekt hinzuweisen, der unser Verhältnis zu den USA betrifft: Mit der ehrgeizigen Entscheidung zur Entwicklung des Waffensystems F 124 in seiner heutigen Form – nämlich ein X-Band APAR (Active Phased Array Radar) zu entwickeln, zu bauen und einzuführen, die zugehörige Software des Einsatzsystems im gleichen Bauvertrag der Industrie in Verantwortung zu übertragen und dabei keine Kauflösung mit angeblich geringerem Risiko vorzuziehen – war die eindeutige Festlegung zur Übernahme der eingeführten FK ESSM und SM-2 verbunden.

Im Gegensatz zum HORIZON-Programm, dem anderen Ableger aus dem seinerzeitigen gescheiterten »NATO Frigate Replacement«-(NFR 90-) Bemühen, das die moderneren aktiven französischen Flugkörper der ASTER-Klasse verwendet, hatten sich Deutschland und die Niederlande auf die Integration der beiden genannten US-Flugkörper festgelegt. Im Klartext: Die »alten« FK mußten einem modernen Radar angepaßt werden.

Dies verlangte einen Eingriff in den in den USA in großer Stückzahl eingeführten SM-1/2. Die zu diesem Zweck gefundene Lösung Regierungs- und kommerzieller Industrie-zu-Industrie-Verträge beachtete die US-Forderung, gewisse Software-Anteile nur als sogenannte »Black Boxes« zur Verfügung zu stellen. Die Vertrags- und Verantwortungsstruktur im F 124-Vorhaben ist aus diesem Grund in technischer Sicht unnötig komplex.

Hiermit war nun eine technische Aufgabe verbunden, die in den USA zu lösen war und im Laufe des Vorhabens zu einer interessanten Weiterung geführt hat: Die beiden Flugkörper ESSM und SM-2 benötigen in ihrem halbaktiven Einsatzverfahren eine Beleuchtung des anzugreifenden Zieles, die auf den US-Schiffen im AEGIS Waffensystem immer noch mit Hilfe von separaten, mechanisch geführten Beleuchtern vorgenommen wird. Dieses klassische Verfahren wäre für das moderne APAR-Radar technisch unwirtschaftlich. APAR ist infolge der bestehenden Agilität der Phasensteuerung in

der Lage, mehrere Funktionen fast gleichzeitig auszuführen; hierzu zählt auch die Anforderung an eine Zielbeleuchtung in der Angriffsphase (wobei mehrere Ziele »gleichzeitig« beleuchtet werden können).

In Simulationen auf US-Seite hat sich sehr früh gezeigt, daß diese modifizierte Ausführung der beiden FK zu höheren Leistungen in den Treffwahrscheinlichkeiten führen würde. Die US Navy

Zwei Besatzungsangehörige der SACHSEN posieren voller Stolz auf ihr neues Schiff vor dem Bugwappen

(Slg. DMI)

hat nun ihr Interesse an der Übernahme dieser Funktion in ihre eigenen zukünftigen FK ausgedrückt (»We need this advanced X-Band Guidance Capability«), da zukünftige US-Schiffe auch mit einem X-Band Multifunktionsradar ausgerüstet werden sollen, wie es die F 124 schon hat. Gleichfalls will Japan diese Verbesserungen übernehmen. Laufende Verhandlungen hierzu sollen diesen Weg ebnen und dabei die in der deutsch-niederländischen Zusammenarbeit entstandenen Rechte sichern.

Die Marine erhält also mit diesen neuen Schiffen herausragende operative Fähigkeiten auf dem Überwassergebiet. Aus dieser Sicht ist die Welt in Ordnung.

IV.

Wenn wir hier jedoch das Thema »Marinerüstung« ins Auge fassen, so geht es weniger um historische Leistungen oder den jetzigen Stand als vielmehr um die Aussichten, um zukünftige Entwicklungen und damit um die Sicherung einer entsprechenden Zukunft.

Mit den dem Haushalt 2005 zugrunde liegenden Planungen werden folgende wesentliche Großvorhaben auf dem Überwassergebiet angestoßen: die neuen Fregatten der Klasse 125 mit vier Schiffen, Beschaffungsmittel ab 2010, die den neu eingerichteten »Stabilisierungskräften« zuzuordnen sind, mittlere Überwasserkampfeinheiten, sechs Schiffe, Beschaffungsmittel ab 2015, als Fortführung der Korvetten der Klasse 130.

Diese Planungen mit einem Aufwand von mehr als 6 Mrd. € über einen Zeitraum von zehn Jahren sind beachtlich und stellen für alle Beteiligten – auf Behörden- wie auch auf Industrieseite – eine gute, zukunftsweisende Grundlage dar.

Jedoch liegen zwischen den Technologiephasen der F 124 (1993–1998) und dem wesentlichen Nachfolgeschiff der »Stabilisierungsfregatte« F 125 mehr als zehn Jahre. Der damit einhergehende Verlust an Kompetenz, sowohl bei der Industrie als auch beim öffentlichen Auftraggeber, kann durch die zwischenzeitlichen Programme der Korvetten K 130 und der Fähigkeitsanpassung der Fregatten F 122/F 123 nur begrenzt aufgefangen werden.

Möglichkeiten zur internationalen Kooperation mit NATO-Partnern, die vergleichbare Waffensysteme planen, wären im Realisierungszeitraum ab 2005 mit Frankreich, Italien und u. U. auch Belgien gegeben. Weitere geplante Rüstungsvorhaben im gleichen Zeitraum, z. B. in den Niederlanden, Griechenland oder USA, könnte die Kooperation im Bereich wesentlicher Systemkomponenten ermöglichen.

Weiterhin ist zu berücksichtigen, daß die Fregatten der Klasse 122 ab ca. 2012 beginnend außer Dienst zu stellen sein werden. Unter dem Gesichtspunkt des wirtschaftlichen Betriebs haben sie dann ihren Nutzungszeitraum überschritten.

Die aktuelle zeitliche Einplanung der beiden zukünftigen Überwasservorhaben läßt Synergieeffekte – im Sinne der Nutzung von gewonnenen Erkenntnissen und Erfahrungen bei Industrie und Amtsseite – mit dem Vorläuferprogramm F 124 nur sehr begrenzt zu, da die technologischen Entwicklungszyklen zu weit auseinander liegen. Ein Erfahrungsübergang und Kompetenzerhalt hinsichtlich der komplexen Technik und deren Integration zu einem Gesamtwaffensystem ist vor dem Hintergrund der Personalfluktuation bei der Industrie nach Abschluß eines Vorhabens ausgesprochen schwierig. Wenn keine Anschlußaufträge angeboten werden können, besteht auch dort keine Zukunftsperspektive.

Dies führt zu zusätzlichen Realisierungsrisiken bei den später nachfolgenden Vorhaben.

Es wurde daher, um die Technologiefähigkeit zu sichern, bei Industrie und im Amtsbereich im Jahre 2004 mit der Erarbeitung der Phasendokumente für F 125 begonnen, auf deren Basis eine Vielzahl von Forschungs- und Technologie (F&T)-Aktivitäten für relevante Technologieaufgaben durchgeführt werden. Es besteht der starke Wunsch, den Beginn des Vorhabens F 125 so vorzuziehen, daß schon in 2006 mit einschlägigen Arbeiten im Rahmen eines Bauvertrages begonnen werden kann, um damit auch die Stellung unserer Werften und der Ausrüstungsindustrie bei Exportmöglichkeiten zu unterstützen.

Könnte dieses Vorgehen nicht abgesichert werden, so würden die folgenden negativen Konsequenzen eintreten: Die erhoffte und erwartete Verbindung der Vorhaben F 124 und K 130 zu F 125 wird nicht eintreten. Nach zehn Jahren ist eine technische bzw. technologische Weiterführung nicht mehr angebracht. F 125 wird ab 2010 ein neues Design mit neuer Technik erfordern. Das vorhandene »Know-how« wird bis dahin nicht genutzt. Die heutigen Personen und deren Kenntnisse werden nicht mehr verfügbar sein. Ein völlig neuer Anfang wird notwendig werden.

Deutschland würde sich von den jetzt neu startenden Entwicklungen abkoppeln. In den westlichen Marinen wird über neue Überwasserschiffe/ Fregatten gesprochen: Frankreich 17 neue Fregatten FREMM, Italien zehn »General Purpose Frigates«, USA: LCS- und DD(X)/CG(X)-Familie, UK: Future Surface Combatant (FSC), selbst Dänemark, die Niederlande, Belgien, Kanada und Australien planen entsprechende Schiffe. Ohne einen deutschen Beitrag (»Parent Navy«) wird es die deutsche Marineindustrie schwer haben, in Zukunft Exporterfolge zu landen.

Die Fähigkeiten der Behörden (Wehrtechnik im BWB und in der Hauptabteilung Rüstung) und in der Industrie werden nicht mehr geübt, sie werden verkümmern. Die »Midlife Conversion« der F 122/F 123 ist als Langzeitvorhaben mit einer Realisierung zwischen 2005 und 2015 nicht geeignet, diese Lücken zu füllen.

Die wenigen F & T-Ansätze, die kaum lebensfähig sind, können nicht zielgerichtet eingesetzt werden, wenn das Argument auf die Fragen fehlt: Warum soll diese Aktivität Priorität erhalten? Auf welche Verwendung zielt diese Anstrengung? Warum ist der Einsatz der HH-Mittel also gerechtfertigt? Welches die F & T-Ergebnisse nutzende Vorhaben steht am Horizont?

Im Grunde ergibt sich die Frage: Können wir die Zeitspanne bis zu wesentlichen Arbeiten zum neuen Schiff F 125 überbrücken, gibt es dazu Lösungen, oder werden wir in 10 Jahren eine grundsätzlich geänderte Situation der Marinerüstung vorfinden? Ist es überhaupt gerechtfertigt, für dieses Ziel zu kämpfen? Wenn ja, und die Antwort kann eigentlich nur ja lauten, mit welchen Aufgaben müßte sich die Marinerüstung beschäftigen? Vor allem ist die Aufgabe zu lösen, eine neue, nicht-konventionelle »Stabilisierungsfregatte« zu definieren, die in Szenarien der asymmetrischen Operationsführung bestehen kann.

V.

Die Darstellung technologischer Trends bzw. die Abbildung neuer operativer Forderungen auf technologische, unter Umständen neu entstehende technische Möglichkeiten soll an dieser Stelle diskutiert werden. Es handelt sich um die Bereiche
- »littoral warfare«
- »asymmetric warfare«
- »low intensity conflicts«
- Landzielunterstützung und Operationen im Küstenvorfeld
- (TMD) »Theater Missile Defence«
- »Cooperative Engagement Capability« (CEC)
- »Network Centric Warfare« (NetOpFü)
- Reduktion der Systemkosten pro Schiff, der Lebensdauerkosten, der Kosten der Materialerhaltung
- »Crew Reduction«
- Interoperabilität, Flexibilität und gesteigerte Modularität im Waffensystem und während der Lebensdauer des Schiffes,

um nur die wesentlichen Themen zu nennen.

Diese militärischen Fähigkeiten übersetzen sich dann in technische Überlegungen und Lösungen:
- die Bedeutung von höheren Geschwindigkeiten in zukünftigen Einsätzen, dabei die Verwendung von »Podded Propulsion Systems (POD)« oder Kombinations-Antrieben
- »All Electric Ship (AES)«-Komponenten und die Energieerzeugung an Bord unter Beachtung der sich weiter entwickelnden Hoch-Temperatur-Supraleitung (HTS) Technik
- Signaturreduzierung, »Stealth« (Tarnkappen-Technik) und erhöhte Umweltverträglichkeit bei z.B. Verwendung von Brennstoffzellen auch im Überwasserbereich durch »luftatmende« Technik
- »Mission Packages« und »Mission Modules«, um höhere Flexibilität und Modularität in den Einsätzen zu erreichen
- geänderte »Bauphilosophie« im Hinblick auf eine begrenzte Nutzungsdauer des Gesamtschiffes
- ein »Zwei-Besatzungs-Konzept«, in dem das Schiff im Einsatzgebiet verbleibt (u. U. für zwei Jahre)

und die Besatzungen im »rollenden« Zyklus ausgetauscht werden.

Die neuen Fregatten F 125 sollen einen wesentlichen Beitrag zur Erfüllung der in der Konzeption der Bundeswehr definierten, neuen Aufgaben von »Stabilisierungskräften« leisten. Die Stabilisierungskräfte der Marine werden für multinationale, streitkräftegemeinsame militärische Operationen niedriger und mittlerer Intensität und langer Dauer im breiten Spektrum friedensstabilisierender Maßnahmen vorgehalten. Sie sollen in der Lage sein, sich vorrangig gegen teilweise militärisch organisierte, jedoch im wesentlichen unkonventionelle Gegner

Eine Sektion des Hauptdecks für ein Minensuchboot wird über Kopf liegend in der Bauhalle von Abeking & Rasmussen in Lemwerder zusammengebaut   (Slg. TKMS)

mit asymmetrischen, »low intensity« Bedrohungen durchzusetzen. Ihre Befähigung ist auf die selektive, präzise und abgestufte Wirkung gegen diese nur wenig organisierten Kräfte auf hoher See und vor allem im Küstenmeer ausgerichtet.

Als Einzelaufgaben soll die F 125 z. B. durch dauerhaftes Überwachen und Beherrschen von Räumen zum Schutz von zivilem und militärischem Schiffsraum, von Seeverbindungslinien sowie zur seeseitigen Überwachung von Waffenstillstandsver-

einbarungen beitragen. Diese Stabilisierungsaufgaben haben deshalb einen »aktiven« wie »passiven« Anteil – eine Tatsache, die sich in der Auslegung des Schiffes widerspiegeln muß.

Ein grundsätzlicher Einsatzschwerpunkt wird die Teilnahme an und das Führen von lang anhaltenden »Maritime Interdiction Operations« sein. Hierzu ist die F 125 mit Fähigkeiten zur dauerhaften Präsenz, Aufklärung, Überwachung und Kontrolle auszustatten.

Die Fähigkeit zur Kontrolle des Schiffsverkehrs im Rahmen von Embargomaßnahmen erfordert Mittel zur Identifizierung und Verfolgung sowie zum Warnen, Abfangen, Stoppen, Überprüfen, »Boarden« und gegebenenfalls Umleiten von seegehenden Fahrzeugen unterschiedlichster Art.

Das Trennen von Konfliktparteien, das Ausschalten friedensstörender Kräfte sowie die Abwehr örtlich begrenzter Angriffe regulärer und irregulärer Kräfte bedarf der Fähigkeit zur Überwachung und Beherrschung von Seeräumen sowie der Einwirkung auf gegnerische Kräfte auf See und in begrenztem Umfang an Land. Für den Eigenschutz, für den Fall einer plötzlich eskalierenden Bedrohungssituation, aber auch zu einer eventuellen Verstärkung der Eingreifkräfte muß die Fregatte für Stabilisierungsoperationen über ausgeprägte Fähigkeiten zur Selbstverteidigung verfügen. Eine schnelle Verlegefähigkeit dürfte dabei von operativem Vorteil sein.

Die Androhung anstelle der Anwendung von Waffengewalt (Eskalationsdominanz) ist wesentlicher Teil ihrer Wirksamkeit im Einsatz. F 125 soll zur Unterstützung der Operationen von Spezial- und spezialisierten Kräften sowie zur Unterstützung bei der Durchführung von Evakuierungsoperationen und der Überwachung von Waffenstillstandsvereinbarungen befähigt sein.

Die F 125 als Fregatte im Stabilisierungseinsatz stellt damit eine erste Antwort auf die neuartigen Herausforderungen dar, denen Streitkräfte heute ausgesetzt sind. Der konventionelle Krieg ist nicht mehr der Einsatzzweck; dieser hat sich verschoben auf asymmetrische und »low intensity conflicts«. Auf ein solches, heute noch nicht im vollem Umfang zu definierendes Umfeld muß die F 125 ausgerichtet werden. Es wird deshalb auf Flexibilität und Modularität der Auslegung einschließlich unkonventioneller Ausrüstung in solchen Bereichen ankommen, die dem genannten, u. U. unkonventionellen Verwendungszweck im besonderen dienen.

In Deutschland muß man sich darüber klar sein, daß die deutsche Marinerüstung in diesem neu entstandenen militärischen Rüstungsfeld leicht den Anschluß verlieren könnte. Es müßte zumindest verhütet werden, daß dies nicht in den Nischen geschieht, welche die deutsche Marinerüstung bisher (einigermaßen) besetzt hält, nämlich bei Schiffsantrieben, Sensoren und Führungs- und Waffeneinsatzsystemen. Diese Gefahr besteht ganz konkret, wenn man z. B. den insbesondere finanziell gestützten Schwung beobachtet, mit dem die USA ihr Programm des »Littoral Combat Ship (LCS)« fördern.

Aber nicht nur die »Technik« hält neue Forderungen und neue Randbedingungen bereit, mit dem geänderten Verfahren der »Rüstung« müssen sich alle auf den neuen Weg des Entstehens von Wehrmaterial, genannt »Customer Product Management« oder CPM einstellen.

VI.

Als Zwischenfazit ist festzustellen: Die Marinerüstung in Deutschland kann auf zahlreiche Erfolge zurückblicken. Die vergangenen und insbesondere die gegenwärtigen Bauvorhaben sind nicht ohne Anstrengungen, ohne Widerstände oder nur unter optimalen Bedingungen entstanden. Solche Bedingungen konnte und kann man auch realistischerweise nicht erwarten.

Erschwerend fällt die jetzige Umbruchphase (Globalisierung, Terrorismus, neue Aufgaben und Ein-

satzarten der Bundeswehr, Verteidigung außerhalb des herkömmlichen Bündnisgebietes, Interventionskräfte, Forderungen des »Neuen Krieges«) zusammen mit einer Planungslücke bis zum nächsten wesentlichen Großvorhaben im Überwasserbereich. Der bekannte Knick in der Budget-Kurve läßt keinen Spielraum, die Haushaltsmittel sind gemäß gesetzter Priorität für andere Beschaffungen vorgesehen. Eine Erhöhung des Einzelplans 14 wird, wenn überhaupt, wohl erst in späteren Jahren eintreten können. Demgegenüber wird die Bedeutung von Seestreitkräften nicht abnehmen, sie wird eher zunehmen. Marinestreitkräfte sind unerläßlich angesichts der angeführten Verschiebung der Aufgaben.

Die Torpedorohre der U-Boote Klasse 212 A bei der Endmontage   *(Slg. HDW)*

Was ist in dieser Situation zu tun? Was bleibt zu tun, wenn man nicht die Hände in den Schoß legen und abwarten wollte? Es bleibt zunächst: »Die Zeit ist systematisch zu nutzen.« Die im Folgenden angeführten Aspekte könnten hierzu Anstoß geben.

Der Export der deutschen Marineindustrie ist über die Jahrzehnte immer ein wichtiger, wenn nicht hinsichtlich seiner Auskömmlichkeit das wesentliche Standbein für die Werften und die Zulieferindustrie gewesen. Dortige Erfolge waren möglich auf der Basis des Kriegsschiffbaus, der Begriff der »Parent Navy« spielt für viele ausländischen Marinen eine große, oft entscheidende Rolle.

Mit diesen Exportschiffen, neben den U-Booten auch die MEKO-Schiffe, wurden entscheidende Ideen umgesetzt. MEKO (Mehrzweck Konzept) ist ein Synonym, es steht für technische Flexibilität, aber auch für Durchsetzungsvermögen, das diese neue Technik unter Übernahme eines beachtlichen Risikos gegen Widerstände zum Erfolg brachte. Sollten Exportmöglichkeiten heute und in den nächsten Jahren entstehen – und unsere Werften sind hier aktuell und vor Ort aktiv –, so muß dieser Export den größten Teil der Beschäftigung der Werften und der Ausrüstungsindustrien in der Zukunft sichern.

F 125 muß als Fregatte für den Export genutzt werden. Ein in dieser Hinsicht geeigneter, exportwürdiger Entwurf muß deshalb jetzt entstehen; eine spätere Chance wird sich nicht ergeben. Diese Forderung ist um so wesentlicher, als die Beschaffung von nur vier Schiffen F 125 für die Deutsche Marine in den nächsten mehr als 15 (sic!) Jahren keine in irgendeiner Weise ausreichende Auslastung der Werften und der übrigen Industrie ergeben kann. Daraus folgert, die F 125 muß auch ein Schiff unter Beachtung der Exportmöglichkeiten werden.

Im weiteren wird der Markt auch im Bereich der zivilen Schiffe und Yachten eine erhebliche Rolle spielen, denkt man an die auch technisch anspruchsvollen Mega-Yachten, die derzeit im Bau und in Planung sind. Es muß erreicht werden, beide Schiffbaubereiche zumindest in vergleichbaren Feldern zu verbinden und damit an einer Reduzierung vorliegender technischer Risiken durch eintretende Synergien zu partizipieren.

Es läuft also auf eine innovative, alle neuen Ideen und Anregungen zusammenfassende Anstrengung hinaus, den deutschen Marineschiffbau »wiederzubeleben«. Andere Länder zögern hier nicht, nochmals sei der Hinweis auf das aggressive Vorgehen der USA mit ihrem ehrgeizigen LCS-Programm erlaubt, dem auf keinen Fall mit biederen Entwürfen einer F 125 begegnet werden kann. In fünf Jahren

werden deren neue Schiffe »zum weltweiten Verkauf« stehen. Was bietet dann unsere deutsche Schiffbauindustrie im Wettbewerb an? Bei der Auslegung der F 125 muß deshalb der Versuchung, heute zu »einfachen« Lösungen zu gelangen und nur eingeführte Technik ohne jedes Entwicklungsrisiko zu verwenden, widerstanden werden. Im übrigen wird der Beitrag der staatlichen F & T-Mittel in diesen Jahren bescheiden bleiben, auch wenn von Absichten zu hören ist, in Forschung und frühe Entwicklung verstärkt zu investieren, da hier ja die »Grundlage für spätere Leistungen« gelegt würde.

Der neue CPM wird auf Dauer den Umgang mit F & T- und Entwicklungsvorhaben beeinflussen. Rüstung soll auf dem Marktgeschehen aufsetzen und die vorhandenen Fähigkeiten und Angebote der Industrie ausnutzen. Spezielle Entwicklungen, wie sie in der Vergangenheit als notwendig angesehen wurden, sind somit untergeordnet und nicht mehr »erforderlich«.

Dieses Argument kann jedoch nicht auf die Spitze getrieben werden. F & T-Aktivitäten können nur dort mit Erfolg angegangen werden, wo die Kriterien »Innovation«, »industrieller Eigenanteil« und nachfolgende »Projektorientierung« zusammenfallen und überzeugend vertreten werden. Die Initiative liegt weitgehend beim Anbieter, nicht beim Nachfrager.

Die Zeitspanne von etwa zehn Jahren kann auch eine positive Herausforderung darstellen. Es ergibt sich die Möglichkeit, einen gründlichen, auch neuen Ansatz systematisch zu verfolgen. Wenn F 125 schon bis nach 2010 zu warten hat und dann operative Leistungen erbringen soll, die wir heute noch nicht vollständig definieren können, so muß die Chance während der Vorbereitungszeit in jeder Hinsicht (technisch, Management, Personen, Kooperation) genutzt werden. Dieser Ansatz hilft allerdings nur weiter, wenn er aktiv verfolgt wird.

Im internationalen Bereich besteht eine Initiative unter der Bezeichnung »ICOG – International Cooperation Opportunities Group«, die der ehemalige US-»Under Secretary of Defence for Acquisition, Technology and Logistics« eingeleitet hatte. Diese Initiative bezweckte eine Untersuchung der Kooperation auf acht definierten Feldern, in einer begrenzten Zeit, mit der Erwartung auf konkrete Ergebnisse. Eines der definierten Felder enthielt ein Marinethema. Die Task Force »Littoral Small Ship Technologies« wurde durch die fünf Mitglieder USA, Großbritannien, Frankreich, Italien und Deutschland, die sogenannten Five Power Nations, gegründet. Die entsprechende Arbeitsgruppe (AG) stand unter deutscher Leitung.

In der AG wurde die Frage erörtert, ob sich zwei bis drei Nationen in neuen Technologiebereichen so weit einigen können, daß eine gemeinsame Entwicklung, Beschaffung und Nutzung entsteht, die wiederum zu »acquisition advantages« wie auch zur Verbesserung der Interoperabilität führt. Beide Zielkriterien waren gleichzeitig zu verfolgen. Diese Aufgabe wurde mit den folgenden Grundsätzen angegangen:

– Keine langatmigen Diskussionen, deshalb auch keine AG innerhalb der NATO
– Suche nach neuen Ideen, die Aufgaben wie »littoral warfare – asymmetric threat – low intensity conflict« abdecken
– Suche nach Beschaffungsvorteilen und
– Verbesserung der Interoperabilität (Mehrfachverwendung von »mission modules« in »modularen Schiffen«).

Die Untersuchungen der Task Force waren auf 12 Monate beschränkt und wurden 2004 abgeschlossen. Die Entscheidung zur möglichen Realisierung der diskutierten Ideen steht allerdings noch aus.

Die Ergebnisse dieser Task Force lassen sich wie folgt zusammenfassen: Es bestehen in den fünf Nationen vergleichbare Planungen, gemäß den operativen und technischen Forderungen und den Einführungszeiträumen. Die untersuchten Technologien betreffen das ganze Schiff und damit den gesamten Umfang der Technologien für Rumpfformen, Antriebe, Waffen-

systeme und deren Integration sowie Führungssysteme.

Folgende besondere Idee wird in diesem Rahmen verfolgt: Flexibilität und Modularität bei der Zusammenstellung von Fähigkeiten eines Waffensystems sollen je nach Einsatzspektrum erreicht werden, wobei sich der Schwerpunkt im Laufe des Lebens eines Schiffes ändern kann. Dabei sollen diese Module auch für einen gezielten Fähigkeitserhalt und für Modernisierungen von u. U. auch anderen Waffensystemen zur Verfügung stehen.

Von dieser Vorgehensweise werden Vorteile erwartet:

Eine Fregatte der Klasse 224 im Bau. Blick auf das Vorschiff im überdachten Baudock bei Blohm + Voss   (Slg. TKMS)

– Optimale Ausstattung von Schiffen für ihren Einsatz
– Fähigkeitspakete müssen nicht für alle potentiellen Träger vorgehalten, sondern nur für den konkreten Einsatz eingerüstet werden (»Untersystem-Hopping«)

– Reduzierung der Beschaffungskosten
– Reduzierung der Nutzungskosten einschließlich Systempflege und Änderungen und Ausbildung
– Reduzierung des Realisierungsrisikos für ein neues Waffensystem bei reduzierter Komplexität und geringerer Integrationsstufe
– Verteilung der Haushaltsmittel über einen längeren Zeitraum.

Mit dieser neuen Vorgehensidee sind offensichtlich Nachteile und Schwierigkeiten auf verschiedenen Ebenen verbunden. Dennoch sollte man dafür plädieren, in den Amtsstuben nicht gleich auf Ablehnung zu schalten. Man muß sich mit diesen Fragen auseinandersetzen und darf nicht einfach nur nach »simplifizierten« Lösungen suchen.

Die Frage der Haushaltsmittel, des Verteidigungshaushalts, dessen Anteil am Bruttosozialprodukt (BSP) wurde bisher nur gestreift. Deutschland bzw. Europa besäße sehr wohl die Fähigkeit, die gegenwärtigen Verteidigungsausgaben ohne weiteres zu verdoppeln. Ein Wirtschaftsraum von 9 Billionen Euro mit den Ressourcen einer ausgebildeten, hochproduktiven Bevölkerung von fast 400 Millionen Menschen ist dazu in der Lage. Der Vergleich des finanziellen Aufwands in Europa mit den USA kann in dieser Hinsicht nicht sehr froh stimmen. Die geringe Belastung, die sich Deutschland, verglichen mit den europäischen Partnern,

gönnt (siehe die unten stehende Tabelle[7]), ist bezeichnend.

Die Frage des finanziellen Aufwands für die Rüstung scheint eher eine Frage der Ideologie zu sein, der politischen Einstellung nicht nur gegenüber Verteidigungsausgaben, sondern gegenüber der Macht als solcher, die aus »der Rüstung« entsteht und die in Verantwortung und Belastung münden kann. Offensichtlich sieht Deutschland die Notwendigkeit hierzu nicht ein. Welche »Not« sollte Deutschland auch »wenden«? Es darf also vermutet werden, daß erst nach einem tatsächlichen Einsatz der Bundeswehr, der u. U. fehlende Fähigkeiten aufdecken würde, die politische Bereitschaft wachsen könnte, diese Situation zu ändern. Ist es wirklich so, daß nur dieser harte Weg übrigzubleiben scheint?

VII.

Die Marinerüstung steht wieder einmal vor einer Herausforderung – auch wieder einmal unter finanziellen Aspekten. Die Geschichte des Marineschiffbaus in Deutschland ist (noch?) nicht zu Ende. Die Bedingungen sind im Grunde nicht besser oder schlechter als in der Vergangenheit, sie sind anders. Allerdings ist eine mehrfache Umbruchphase zu beobachten. Umbrüche sind immer mit Unsicherheit verbunden.

	DEU	FRA	GRB	USA
Erwerbstätige (Mio.)	38,5	27,0	30,2	137,6
Beschäftigte in der Rüstung (Tsd.)	80	166	300	2.300
Anteil Rüstung an Erwerbstätigen (%)	**2,1**	**6,1**	**9,9**	**16,7**
Forschung & Entwicklung (Mrd. €)	1,0	3,5	3,3	65,4
Militärische Beschaffung (Mrd. €)	3,8	5,4	9,9	76,9
Verhältnis F & E zu Beschaffung	**0,3**	**0,6**	**0,3**	**0,9**
Rüstungsausgaben gesamt (Mrd. €)	7,2	13,6	17,6	266,0
Soldaten (Tsd.)	284,5	356,1	213,9	1.496,0
Rüstung pro Soldat (Tsd. €)	**25,3**	**38,2**	**82,3**	**177,8**

Die Marine stellt sich neuen Aufgaben, die wir derzeit noch nicht voll definieren und deshalb auch noch nicht überzeugend in technische Lösungen umsetzen können. Nicht nur in Deutschland, auch in anderen eurpäischen Staaten und in den USA wird nach Lösungen für das Kampfschiff zum Einsatz im Küsten-Bereich (LCS-Programm) gesucht. Die Fregatte F 125 wird eine erste Antwort hierauf sein müssen. Voraussetzung für einen Erfolg wäre allerdings, diese Herausforderung nicht nur anzunehmen, sondern bei der technischen Auslegung der neuen Schiffe auch dann neue Ideen zuzulassen, wenn sie nicht ausschließlich »bewährte Technik« enthalten, sondern mit Realisierungsrisiken verbunden sind, die Industrie, Marine und Rüstung gemeinsam tragen wollen. Ohne dieses Wagnis kann kein Erfolg errungen werden.

Die Chancen zur Sicherung der deutschen Marinerüstung sollten genutzt werden. Ansätze sind vorhanden. Das Jahr 2005 wird für die Vorbereitung des Überwasserkampfschiffes F 125 entscheidend sein, sowohl im internationalen Wettbewerb wie auch zur Durchsetzung neuer Ideen. Auf der Grundlage der bisherigen, vorzeigbaren Leistungen sollte diese Herausforderung mit Stehvermögen, Zuversicht und Leidenschaft[8] angegangen werden.

[1] Weiterführende sicherheitspolitische Literatur: Herfried Münkler, Die neuen Kriege, Hamburg 2002, Michael Howard, Die Erfindung des Friedens, Lüneburg 2001, Robert Kagan, Macht und Ohnmacht – Amerika und Europa in der neuen Weltordnung, Berlin 2003, Giovanni Arrighi, Beverly J. Silver, Chaos and Governance in the Modern World System, University of Minnesota 1999, Martin van Creveld, Die Zukunft des Krieges, Hamburg 2004, Helmut Schmidt, Die Mächte der Zukunft – Gewinner und Verlierer in der Welt von morgen, München 2004, Samuel P. Huntington, Kampf der Kulturen, München 1998, David Frum, Richard Perle, An End to Evil – How to Win the War on Terror, New York 2003

[2] Guy de Maupassant, in »Fort comme la mort«: »Es ist übrigens eine unbestreitbare, phänomenologische Wahrheit, daß in dieser Welt nur für den Frieden Krieg geführt wird.«

[3] Lothar Rühl, Lücke zwischen Mittel und Zweck, Frankfurter Allgemeine Zeitung vom 1. Oktober 2004

[4] Robert Kagan, in »Power and Weakness«, Policy Review, Juni 2002, und in »Rebuilding America's Defenses – Stategy, Forces and Resources for a New Century«, New American Century, September 2002, diskutiert die Stellung der USA nach dem kalten Krieg und in der heute zutreffenden hegemonialen Ausprägung brutal und schonungslos gegenüber den fehlenden Absichten und Fähigkeiten des »alten« Europa

[5] Giovanni Arrighi, Beverly J. Silver, in »Chaos and Governance in the Modern World System«, University of Minnesota 1999: Gemäß der Theorie, daß historische Umbrüche jeweils erst über eine Phase von »30jährigen Kriegen« eine neue, stabile Hegemonie zulassen, wie es im Übergang nach 1648 auf das Handels- und Finanzimperium der Vereinigten Provinzen der Niederlande, dann nach den Napoleonischen Kriegen auf die Pax Britannica und schließlich nach den beiden Weltkriegen auf die US-Weltmacht geschehen ist, wird der neue Hegemon im »Dreieck« Hongkong, Singapur, Shanghai, Tokio erwartet

[6] Zbigniew Brezezinski, in »The Grand Chessboard«, Seite 194, meint zu der Bedeutung von Eurasien: »The time has come for the United States to formulate and prosecute an integrated, comprehensive, and long-term geo-strategy for all Eurasia. This need arises out of the interaction between two fundamental realities: America is now the only global superpower, and Eurasia is now the only globe's central arena. Hence, what happens to the distribution of power on the Eurasian continent will be of decisive importance to America's global primacy and America's historical legacy«

[7] zitiert nach BMVg, Daten für 2003

[8] Frieder Burda anläßlich der Eröffnung seines Kunstmuseums in Baden-Baden am 22. Oktober 2004: »Leistung entsteht nur durch Leidenschaft«

Die dritte Dimension – Marineflieger heute und morgen

Heinz Dieter Jopp

Deutsche Marineflieger können ihren Ursprung auf den 3. Mai 1913 und die durch Kaiser Wilhelm II. verfügte Allerhöchste Kabinetts-Ordre zur Aufstellung einer Marine-Luftschiffabteilung mit Zeppelinen in Johannisthal bei Berlin und einer Marine-Fliegerabteilung mit Starrflüglern in Putzig bei Danzig zurückführen. Die Marine eroberte somit vor der Gründung einer Deutschen Luftwaffe die dritte Dimension, begann das Medium Luftraum mit neuartigen Waffensystemen für eigene Operationen zu nutzen. Die weitere Entwicklung läßt sich in drei Phasen gliedern: das Luftfahrtwesen der Kaiserlichen Marine, das Flugwesen der Reichs- und Kriegsmarine von 1920 bis 1945 sowie der Aufbau und Betrieb marineeigener Luftstreitkräfte für den Seekrieg aus der Luft seit 1950[1]. Die nachfolgenden Ausführungen werden sich, dem Grundthema des Bandes entsprechend, auf die Entwicklung der Marineflieger in der nunmehr 50jährigen Geschichte der Deutschen Marine beschränken.

Startklarmachen eines U-Jagdflugzeugs vom Typ »Fairy Gannet« um 1960. Diese Maschinen gehörten zur Erstausstattung der Marineflieger und blieben bis 1965 im Dienst

(Slg. DMI)

Die Zeit des Kalten Krieges

Der Aufbau eigener Marineflieger nach dem Zweiten Weltkrieg war geprägt von den negativen Erfahrungen in der Zeit des Dritten Reiches, d. h. von der Vereinnahmung der Anfang der 30er Jahre des letzten Jahrhunderts trotz Verbots des Versailler Vertrages wiedergegründeten eigenständigen »Seeadler« in die Luftwaffe der Wehrmacht und der Auflösung der »Seeluftwaffe« im Jahre 1941. Während Großbritannien, aber insbesondere die Vereinigten Staaten und Japan die Bedeutung der Integration von Seeluftstreitkräften in ihre Marinen für künftige Seekriegsoperationen frühzeitig erkannten, ihre Marinefliegerkräfte ständig ausbauten und kriegsentscheidend in den Seeschlachten des Pazifik-Krieges zum Einsatz brachten, konnten in der Bundesrepublik Deutschland erst die Gründerväter einer neuen, bundesrepublikanischen Marine innerhalb deren Neukonzeption festschreiben, daß nur der Verbund von See- und Seeluftstreitkräften eine erfolgversprechende maritime Kriegführung ermöglichen könne. Im März 1951 beschrieb Konteradmiral a. D. Wagner in einer Denkschrift für die Petersberger Gespräche eine deutsche Marine mit eigenständigen Marinefliegern, die etwa ein Drittel des Personalumfangs der Flotte ausmachen sollten[2].

Galten die ersten Überlegungen noch dem Aufbau eines deutschen Marine- und Marinefliegerkontingents innerhalb einer über die Planung nicht hinausgekommenen europäischen Verteidigungsgemeinschaft (EVG) mit dem Schwerpunkt einer Küstenverteidigung in der Ostsee, so folgte nach deren Scheitern der zügige Aufbau westdeutscher See- und Seeluftstreitkräfte im Rahmen der NATO. In einem Brief des damaligen Chef des Stabes bei SHAPE, Generalleutnant C.V.R. Schuyler, an den deut-

Ein Marinejagdflugzeug vom Typ Hawker P-1040 »Sea Hawk« wird startklar gemacht, um 1960. Auch diese Unterschallflugzeuge gehörten zur Erstausstattung (Slg. DMI)

Eine Rotte Lockheed F-104 G »Starfighter« der Marineflieger über dem Nord-Ostsee-Kanal um 1970. Von 1965 bis in die 80er Jahre stand der Überschalljagdbomber F-104 G im Einsatz (Slg. DMI)

schen General Dr. Hans Speidel vom 6. Juli 1955 wurden die Hauptaufgaben der Seestreitkräfte der Bundesrepublik Deutschland und daraus abgeleitet der vorläufige Umfang der Seestreitkräfte festgelegt. Für die Marineflieger bedeutete dies 58 »im Seekrieg einsetzbare Luftfahrzeuge und Hubschrauber«[3]. Im Verlauf weiterer Gespräche gelang es der deutschen Verhandlungsdelegation, die Gesamtzahl der Marineluftfahrzeuge auf 84 zu erhöhen. Diese gliederten sich in 24 Jetluftfahrzeuge für zwei Aufklärungsstaffeln, 24 Jetluftfahrzeuge für zwei »Close Support«-Staffeln, zehn Luftfahrzeuge für eine U-Jagdstaffel sowie neun Seenotflugzeuge und 17 Verbin-

dungs- und Schulungsflugzeuge für eine Seenot- und Verbindungsstaffel auf. Als Hauptflugzeugmuster wurden die britischen SEAHAWK und GANNET beschafft, die zwar nicht dem geforderten Leistungsumfang für die geplanten Ostseeeinsätze entsprachen, aber preislich deutlich günstiger als entsprechende amerikanische Flugzeugmuster waren. Die Kosten für Anschaffung und insbesondere Betrieb von Luftfahrzeugen sollte in der Folge noch häufiger eine entscheidende Rolle für die Marineflieger spielen.

Das »Kommando der Marine-Flieger« wurde mit Aufstellungsbefehl Nr. 41 vom 21. Juni 1956 in Kiel-

Holtenau aufgestellt. Ihm folgten 1957 und 1958 die 1. und 2. Marine-Fliegergruppe, 1958 die »Marine-Seenotstaffel«, 1963 die Marinefliegerlehrgruppe und 1964 das Marinefliegergeschwader 3. Der Führungsstab der Marine ging parallel bereits auf die Suche nach einem Nachfolgemuster für die SEAHAWK und forderte schon Ende 1958 ein zweisitziges und zweistrahliges Luftfahrzeug. Diese in der Sache gerechtfertigte Forderung scheiterte (wiederum) am Preis, da die Luftwaffe für ihre Aufgaben ein einstrahliges und einsitziges Luftfahrzeugmuster als ausreichend und kostengünstiger befand. Damit prägte der F-104 STARFIGHTER über die folgenden Jahrzehnte das Gesicht der Jetfliegerei in der deutschen Marine, äußerst geliebt von seinen fliegerischen Besatzungen und gehaßt von deren Ehefrauen, die allzuoft den Tod ihrer Ehemänner beklagen mußten[4].

Bis Mitte der achtziger Jahre wuchs die Marinefliegerdivision auf circa 7.000 Soldaten und 1.600 Zivilbedienstete an, stellte damit ein Drittel des Personals der Flotte und etwa ein Fünftel der Gesamtmarine. Knapp 180 Flugzeuge waren auf vier Marinefliegergeschwader verteilt und stellten damit sicher, daß die Flotte einen Seekrieg in allen drei Dimensionen, unter Wasser, auf dem Wasser und aus der Luft, führen konnte. Mit Jagdbombern, U-Jagd- und Verbindungsflugzeugen sowie Hubschraubern konnten die Marineflieger den Seekrieg aus der Luft führen und dabei die in sie gestellten Aufgaben
– Aufklären und Durchführen von Seeraumüberwachung
– Bekämpfen von Überwasserstreitkräften und Landungsverbänden
– Bekämpfen von U-Booten erfüllen.

Mit der Einführung des zweisitzigen und zweistrahligen MRCA (Multi Role Combat Aircraft) TORNADO in das Marinefliegergeschwader 1 (1982) und 2 (1986) wurde in den achtziger Jahren für die Marine endlich ihre »Ideallösung« für schnelle taktische Aufklärung und Seezielbekämpfung aus der Luft auch bei starker gegnerischer Luftbedrohung gefunden. Der Tornado konnte im Vergleich zum Star-

fighter mehr Zuladung über eine deutliche Reichweitensteigerung zielgenauer zum Einsatz bringen. Die Möglichkeit zur Luftbetankung vergrößerte die Vorteile gegenüber dem Vormodell F-104[5].

Obwohl seit Beginn der siebziger Jahre in der konzeptionellen Bearbeitung, wurde ein von der Marine als notwendig erachtetes Nachfolgemuster für das Waffensystem Breguet 1150 ATLANTIC zur Seefernaufklärung und U-Jagd immer wieder wegen Geldknappheit und damit verbundener geänderter Prioritätensetzung verschoben. Deshalb konnte das Marinefliegergeschwader 3 »Graf Zeppelin« mit den Innovationen der Jetflieger, aber auch der seefahrenden Marine über Jahrzehnte nicht Schritt halten. Die zwangsläufig stark ansteigenden Betriebskosten für ein technologisch veraltetes Waffensystem schlugen sich auch nicht auf der Habenseite und damit der Höherpriorisierung für eine Neubeschaffung nieder, sondern entwickelten sich zunehmend zu einem Damoklesschwert für den Fortbestand des Waffensystems, ja der Marineflieger insgesamt.

Mitte der achtziger Jahre hatte die deutsche Marine insgesamt einen qualitativen Rüstungsstand erreicht, den sie in der Folge nie mehr erreichen sollte. Werner Rahn faßte dies in einer seiner zwölf Thesen zur Entwicklung deutscher Marinen wie folgt zusammen: »Die Einbindung der Bundeswehr in das atlantische Bündnis bedeutet für die Marine, daß erstmalig in der Geschichte deutscher Seestreitkräfte Auftrag, Konzeption und Umfang so aufeinander abgestimmt waren und sind, daß eine deutsche Marine in enger Kooperation mit den großen Seemächten nur das leisten muß, was sie auch leisten kann.«[6] Aber bereits 1988, als Werner Rahn seine zwölf Thesen aufstellte, hatte sich die Schere zwischen Auftrag und Mitteln so weit geöffnet, daß sich die Marine in ihren künftigen Beschaffungen vom Prinzip des 1:1-Ersatzes verabschieden mußte.

Fliegen, wo die Flotte fährt

Mit dem Fall der Berliner Mauer ab dem 9. November 1989, dem Zusammenbruch des Warschauer

Paktes und der Sowjetunion änderten sich die Parameter nationaler, europäischer und transatlantischer Außen- und Sicherheitspolitik. Wegfall der Bipolarität und damit einhergehend der weltweit größten, konventionellen Truppenansammlung an der ehemals innerdeutschen Grenze, Wiedervereinigung, volle Souveränität und eine von seinen Nachbarn akzeptierte, nicht mehr als bedrohlich empfundene geostrategische Lage in der Mitte Europas sind Kennzeichen dieser Veränderungen. Allerdings erwiesen sich auch die vom damaligen US-Präsidenten Bush genährten Hoffnungen auf eine stabilere, sicherere, friedfertige Welt als illusorisch und mußten einer Realität weichen, die unter anderem von Unsicherheit, wachsenden Instabilitäten, stetiger Zunahme einer global operierenden organisierten Kriminalität, Drogen- und Menschenhandel, Klimaveränderungen, Wasserknappheit, Überbevölkerung und Ernährungsproblemen, Zerfall von Staaten, bewaffneten, schwerpunktmäßig innerstaatlichen Konflikten bis hin zu Bürgerkriegen, Proliferation von Massenvernichtungswaffen, Piraterie, aber auch Islamismus und Terrorismus ge-

kennzeichnet ist. Der in Europa nach 1990 entstandene Stabilitätsraum hat viele europäische Staaten veranlaßt, ihre Streitkräfte drastisch zu verringern, eine Friedensdividende einzufahren und zu glauben, daß künftige Gefahren und sich anbahnende Krisen allein mit diplomatisch-politischen Mitteln zu lösen seien.

Aber bereits der Auseinanderfall der Bundesrepublik Jugoslawien machte deutlich, daß der konventionelle Krieg insbesondere in Form von Bürgerkriegen auch nach Europa zurückgekehrt war. Damit wurden auch die Marineflieger sehr schnell in einem sich verändernden und geographisch erweiterten Operationsraum eingesetzt. Ab Juli 1992 nahmen Flugzeuge des Marinefliegergeschwaders 3 »Graf Zeppelin« an Aufklärungsflügen in der Adria und in der Straße von Otranto im Rahmen der Embargo-Operationen der NATO gegen Ex-Jugoslawien teil. Ab 1995 folgten Flüge mit der SIGINT (Sig-

Seit den 80er Jahren wurden die Marinefliegerverbände mit dem MRCA (Multi Role Combat Aircraft) »Tornado« der Firma Panavia ausgerüstet   (YPS, Yacht Photo Service)

nal Intelligence)-Version der Breguet Atlantic zur fernmeldeelektronischen Aufklärung[7]. Das Marinefliegergeschwader 5 war bereits 1991 mit Hubschraubern zur Unterstützung von Minenräumoperationen im Persischen Golf nach Ende des Golfkrieges zum Einsatz gekommen und hatte grundsätzlich den Nachweis erbracht, daß man dieses Waffensystem auch in klimatisch anderen Zonen einsetzen kann.

In den Zeitraum der neunziger Jahre fiel auch eine deutliche Ausweitung des Einsatzraumes für den Tornado. Obwohl über die Reduzierungsverpflichtungen des KSE-Vertrages von 1990 mittelbar eine Verringerung der Anzahl der Marinejagdbomber und letztlich auch die Auflösung des Marinefliegergeschwaders 1 und Zusammenführung von Luftfahrzeugen und Personal im einzig verbleibenden Jet-Geschwader der Marine in Tarp/Eggebek erfolgten, begann das Geschwader zunehmend seine Einsätze an den Ausbildungs-, Übungs- und Einsatzerfordernissen der schwimmenden Einheiten der Marine auszurichten. Ob Ostsee, Nordsee, Norwegensee, Karibik oder Mittelmeer: überall tauchten die Flugzeuge des Geschwaders bei den übenden Einheiten der Deutschen Marine auf. Das geschah nach dem Grundsatz: »Fliegen, wo die Flotte fährt«. Daß diese Einsätze häufig parallel und mit sehr eingeschränkter technischer Unterstützung erfolgreich durchgeführt werden konnten, sei hier nur der Vollständigkeit halber und in Hochachtung für die handelnden Personen innerhalb und außerhalb des Geschwaders erwähnt. Leider ging man zu dieser Zeit nicht an die Frage heran, eine wirtschaftliche Vergleichsrechnung mit dem deutlich höheren Personal- und Materialaufwand fliegender Verbände der Luftwaffe für ähnliche Operationen aufzustellen.

Von vielen unbemerkt entwickelten sich die Deutsche Marine und ihre Marinefliegerkräfte in diesem Jahrzehnt von einer Küstenmarine und Randmeermarine weg in Richtung einer Bündnismarine mit nationalen Anteilen zu globalen Einsatzmöglichkeiten und -fähigkeiten. Es galt, vermehrt der Forderung der politischen Führung zu entsprechen, Krisen nach Möglichkeit am Ort ihres Entstehens zu begegnen[8].

Marineflieger zu Beginn des 21. Jahrhunderts?

Die terroristischen Anschläge vom 11. September 2001 trafen nicht nur die Vereinigten Staaten im Herzen ihres eigenen Landes, sondern lösten innerhalb kürzester Zeit einen globalen sicherheitspolitischen Paradigmenwechsel aus, der insbesondere die Europäer relativ unvorbereitet traf. Plötzlich hatte man es mit einem Gegner zu tun, der nicht dem Rational von Demokratien westlichen Zuschnitts folgen wollte, Streitigkeiten auf dem Verhandlungswege und in einem Kompromiß zu lösen. Der Amerikaner Robert Kagan hat diese Grundhaltung in einem vielbeachteten Essay auf die »bissige« Formel gebracht, daß die Europäer von der Venus und die Amerikaner vom Mars kommen[9]. Eine fehlende gemeinsame Bedrohungsanalyse in NATO und EU zum Irak im Vorfeld des jüngsten Irak-Krieges legte den Riß zwischen den USA und Europa, insbesondere aber innerhalb Europas, offen zutage. Kritiker und Medien sagten bereits den Zerfall des Verteidigungsbündnisses, aber auch der Europäischen Union voraus. Hauptstreitpunkt war die Einschätzung des vermuteten irakischen Potentials an Massenvernichtungswaffen (MVW) als latent vorhandenes Risiko oder als unmittelbare Bedrohung[10]. Die USA schienen sich des Bündnisses nur noch als Truppensteller einzelner Mitgliedsstaaten bedienen zu wollen, sprachen bei den willigen Staaten vom neuen und bei den unwilligen vom alten Europa. Eine NATO à la carte drohte den Zusammenhalt der letzten Jahrzehnte zu zerbrechen.

Heute, im Jahre 2005, bleibt festzustellen, daß NATO und EU erkennbar zu politischer Handlungsfähigkeit zurückgefunden haben, die bereits mittelfristig dazu führen kann, daß die Europäer auch ein glaubwürdiges militärisches Instrumentarium zu gemeinsamem Handeln im Rahmen von Konfliktverhütung und Krisenbewältigung zur Ver-

Seefernaufklärer und U-Jagdflugzeug vom Typ »Breguet Atlantic« BR 1150. Dieser Flugzeugtyp fliegt seit 1966 in der deutschen Marine. Maschinen dieses Typs werden vielfältig eingesetzt als Seefernaufklärer, U-Jagd-Flugzeuge, elektronische Messungen und im SAR-Dienst *(PIZ-Marine)*

fügung haben werden. Während die NATO am 15. Oktober 2003 mit der Indienststellung erster Teile einer modernen Eingreiftruppe, der »NATO Response Force«, ihren Willen zur schnellen militärischen Reaktion manifestierte, hat die EU auf ihrem Gipfel im Dezember 2003 nicht nur eine gemeinsame Sicherheitsstrategie verabschiedet, die Ausdruck ihres Verständnisses als strategischer Akteur ist und ihre Bereitschaft zum globalen Handeln gegen weltweite Bedrohungen veranschaulicht, sondern gleichzeitig der Aufstellung mobiler, schnell verlegbarer Eingreifkräfte (»Battle Groups«) zugestimmt, die sich nunmehr im Aufbau befinden. Für Deutschland stellt sich als Mitglied beider Organisationen die Frage nach Kontinuität, aber auch Zwang zum Wandel eigener Außen- und Sicherheitspolitik. Es geht um Antworten auf Grundfragen der deutschen Außen- und Sicherheitspolitik wie Beurteilung der Sicherheitslage und hieraus abzuleitender Anforderungen an eine gesamtstaatliche Sicherheitsvorsorge; Deutschlands Rolle in internationalen Zusammenhängen; nationale Interessen und politische Verantwortung für Aufgaben

und Rolle deutscher Streitkräfte oder auch Struktur der Streitkräfte der Zukunft zur Erfüllung eines Beitrages zu einer erfolgreichen Friedenspolitik[11]. Bundeskanzler Schröder hat hierzu auf einer sicherheitspolitischen Tagung in München im Februar 2005 den Beginn eines verstärkten strategischen Dialogs in NATO und EU gefordert, der amerikanische Präsident George W. Bush hat diesen Ball bei seinen Reden vor NATO und EU am 21. und 22. Februar 2005 in Brüssel positiv und verstärkend aufgenommen.

Der Bundesminister der Verteidigung hat mit dem Erlaß neuer »Verteidigungspolitischer Richtlinien für den Geschäftsbereich des Bundesministers der Verteidigung« (VPR) vom 21. Mai 2003 versucht, auf die oben beschriebenen Grundfragen erste Antworten zu geben und die Konsequenzen aus der grundlegend veränderten sicherheitspolitischen Situation in Europa und der Welt zu ziehen. Haben die geostrategischen Veränderungen in Europa mit der Erweiterung von NATO und EU, aber auch der außenpolitischen Neuorientierung Rußlands für Deutschland zu einem erheblichen Zugewinn an Sicherheit geführt, der eine Gefährdung deutschen Staatsgebietes durch konventionelle Streitkräfte auf absehbare Zeit ausschließt, so stellt im Zeitalter der Globalisierung die Anarchie die neue Herausforderung dar. Nicht mehr die starken, sondern schwache, zerfallende Staaten, nichtstaatliche Akteure, veränderte Formen der Kriegführung mit »verschwimmenden« Zuständigkeiten von innerer und äußerer Sicherheit, aber auch frontenlose Kriege sind Teile dieser Herausforderung. Kriege sind im 21. Jahrhundert nicht obsolet geworden, sie haben lediglich ihre Form verändert. Dies bedeutet unter anderem: Nicht mehr der mögliche zwischenstaatliche Krieg, den der Westen als Pazifizierungskrieg führt, sondern die gewaltsame Austragung innerstaatlicher Konflikte ist das wahrscheinlichste. Privatisierung und Kommerzialisierung von Kriegen mit Schwerpunkt in Zentralasien und Afrika durch sogenannte »Warlords« wurde möglich, da diese unter Abstützung auf Kindersoldaten, Gebrauch von Pick-Up-Autos und dem Gewehr AK 47 (Kalaschnikows) sehr billig zu führen sind. Es erscheint daher als Irrglaube deutscher Politik, »Warlords« durch Meditation zum Frieden bewegen zu können, da diese dann ihr Einkommen verlieren würden. International agierende Terroristen führen eine Art von Verwüstungs-

kriegen mit dem Ziel, staatliche Strukturen zum Zusammenbruch zu führen. Selbstmordattentäter treffen dabei den Westen in seinem Selbstbewusstsein. Asymmetrisierung durch Aufeinanderprallen prinzipiell unterschiedlicher militärischer Strategien sind letztlich Kennzeichen dieser »neuen Kriege«[12].

Der internationale Terrorismus wurde in Afghanistan bekämpft, bisher aber nicht besiegt; Bali, Djerba und Madrid stehen für anhaltende Gefährdung der Zivilbevölkerung ohne regionale Beschränkungen. Als Risiko seit längerem bekannt, könnte sich die bisher nicht gestoppte Proliferation von Massenvernichtungswaffen und ihrer Trä-

germittel insbesondere in einer denkbaren Verknüpfung mit dem internationalen Terrorismus bereits sehr bald zu einer Bedrohung der westlichen Welt entwickeln, der es – gerade auch unter dem Aspekt des zunehmenden globalen Einsatzes deutscher Streitkräfte – sicherheitspolitisch und militärisch zu begegnen gilt. Präventiv setzt dies jedoch den politischen Willen auch einer großen Zahl westlicher Staaten voraus, ein Exportkontrollregime einschlägiger Produkte und Vorprodukte, die zu Herstellung und Einsatz von MVW und deren Verbringungsmitteln geeignet sind, nicht nur zu installieren, sondern auch konsequent in Kontrolle und strafrechtlicher Verfolgung umzusetzen. Hier klafft gegenwärtig noch eine erhebliche Lücke zwischen Anspruch und Wirklichkeit.

Ohne das »weltweite Netz« (World Wide Web – www) wären die Anschläge vom 9. September 2001, aber auch der zumindest militärisch erfolgreiche Krieg im Irak nicht möglich gewesen. Die globale kommunikative Vernetzung ermöglicht moderne Wirtschaftsstrukturen, erleichtert die Transparenz politischer Systeme und deren Entscheidungsabläufe und fördert hierdurch die Entwicklung

Ein »Sea-King«-Hubschrauber beim Aufwinchen eines Passagiers (PIZ-Marine)

von Demokratie und freier Marktwirtschaft. Die vermehrte Nutzung des weltweiten Netzes durch »Graswurzelbewegungen« insbesondere im asiatischen Raum erhöht den Druck auf Herrschaftsstrukturen zur Anpassung ihrer Verhaltens- und Handlungsweisen. Da moderne Informationsgesellschaften von funktionierenden Informations- und Kommunikationssystemen abhängig sind, werden sie beinahe zwangsläufig verletzlich, sofern heute gängige, kaum geschützte Anwendungstechniken Tür und Tor für Angriffe auf diese Netze öffnen. Die globale Gefährdung von Wirtschaft und Finanzplätzen führt in der Folge zur Gefährdung von staatlichen und gesellschaftlichen Strukturen.

Die deutsche Wirtschaft ist aufgrund ihres hohen Außenhandelsvolumens, das entscheidend zum Wohlstand unseres Landes beiträgt, und der damit verbundenen Abhängigkeit von empfindlichen Transportwegen und -mitteln zusätzlich verwundbar und gefährdet. Deutschland ist und bleibt, wie alle modernen Industriestaaten, zur Produktion von Waren, Gütern und zunehmend Dienstleistungen auf den ungehinderten Zugang zu Rohstoffen und Primärenergieträgern wie Rohöl und Erdgas angewiesen. Die Reduzierung der Abhängigkeit von Lieferstaaten der OPEC schaffte allerdings für Deutschland eine neue Abhängigkeit von Rußland, von dem wir heute etwa ein Drittel unseres Erdöl- und Erdgasbedarfs einkaufen. Die Beziehungen zu Rußland haben daher künftig einen sehr hohen sicherheitspolitischen Stellenwert. Da im Raum des Kaspischen Meeres und des Golfs von Persien die derzeit bekannten größten Reserven an Erdöl und Erdgas liegen (Reichweite von 80–150 Jahren), sind der ungehinderte Zugang zu diesem Raum und stabile politische Verhältnisse in diesem Raum von globaler sicherheitspolitischer und strategischer Bedeutung. Hierauf muß deutsche und europäische Politik strategische Antworten finden und eigene Interessen definieren, kann dies nicht nur dem freien Spiel marktwirtschaftlicher Kräfte überlassen. Der derzeit drohenden Gefahr weiterer fundamentalistisch ausgerichteter sogenannter »Gottesstaaten« nach iranischem Muster im Irak, in Saudi-Arabien

Der »Sea Lynx« ist ein vielseitiger Helikopter für den Bordbetrieb

(YPS, Yacht Photo Service)

oder auch Palästina sollte der Westen eine gemeinsame Strategie entgegenstellen.

Was bedeutet das bisher Gesagte für den Einsatz der Bundeswehr und damit auch der Marine und ihrer Marinefliegerkomponente? Die Verteidigungspolitischen Richtlinien von 2003 führen hierzu aus: »Der Einsatz der Bundeswehr zur internationalen Konfliktverhütung und Krisenbewältigung und gegen den Terror hat den entscheidenden Einfluß auf den weiteren Wandel der Bundeswehr zu einer Armee im Einsatz. Dementsprechend sind geeignete und hinreichende Kräfte mit einer hohen Verfügbarkeit und schnellen Reaktionsfähigkeit vorzuhalten. Erste Kräfte müssen rasch verlegt werden können, um bereits im Anfangsstadium einer Operation im Krisengebiet verfügbar zu sein.«[13] Im englischen Sprachgebrauch heißt dies: Wir benötigen »units which are fully integrated, joint deployable and capable for fighting«. Streitkräftegemeinsamkeit und Multinationalität haben Priorität vor nationalen und singulären Lösungsansätzen. Dieser eher trocken klingende Satz der VPR hat eine große Sprengwirkung: Er bestimmt die künftige Struktur der Streitkräfte. Er setzt damit scheinbar etwas voraus, was in unserer Gesellschaft gegenwärtig offensichtlich noch nicht zum Grundkonsens gehört: eine Antwort zu erhalten auf die Frage, welche Aufgaben die Bundeswehr in der Zukunft wahrnehmen können muß.

Die Konzeption der Bundeswehr vom 9. August 2004 hat die Vorgaben der VPR konkretisiert. In ihr werden Fähigkeiten definiert, welche deutsche Streitkräfte für künftige Einsätze besitzen müssen. Transformation, netzwerkbasierte Operationsführung und »jointness« werden diese Streitkräfte prägen. Die Marine entwickelt sich von einer »Escort« hin zu einer »Expeditionary Navy«. Ihr ist es in diesem Zusammenhang bei dem bevorstehenden Umbauprozeß gelungen, mit Ausnahme der Marinejagdbomber alle Fähigkeiten (allerdings in verringerter Quantität) zu erhalten. Die Fähigkeit zur Seekriegführung aus der Luft mit Jagdbombern wird seit 1. Januar 2005 durch die Luftwaffe erfüllt, der letzte Jetverband der Marine aufgelöst. Die Übernahme von acht P-3C Orion der niederländischen Marine als Nachfolgemuster für die Breguet Atlantic in 2005 wird die Fähigkeit der Marine zur luftgestützten Seefernaufklärung auch künftig (mindestens für zwanzig Jahre) erhalten. Die bordgestützte Hubschrauberkomponente wird in den kommenden Jahren mit Zulauf des MH 90 modernisiert. Allerdings wird zu diesem Zeitpunkt auch das Marinefliegergeschwader 5 aufgelöst und das Marinefliegergeschwader 3 »Graf Zeppelin« als einzige Komponente der Marineflieger mit direkter Unterstellung unter den Befehlshaber der Flotte übrigbleiben. Der Inspekteur der Marine führte hierzu in seiner Ansprache bei der Historisch-Taktischen Tagung 2005 in Damp aus: »Das Marinefliegergeschwader 3 beginnt damit einen Umbauprozeß, der sich über mehrere Jahre hinzieht und an dessen Ende nicht nur das einzige Marinefliegergeschwader, sondern der größte und komplexeste fliegende Verband der Bundeswehr stehen

Die Hubschrauber der Marine leisten wertvollste Dienste bei der Seenotrettung. Eine »Sea King« winscht einen Mann auf den Seenotkreuzer BERLIN *ab*

(YPS, Yacht Photo Service)

wird.«[14] Ehemalige und Aktive aus dem Bereich der Marinefliegerei mögen diese Entwicklung bedauern. Aber für sie gilt wie für andere Bereiche, deren Bedeutung teilweise dramatisch gesunken ist: Man muß lernen, hinten loszulassen, damit man vorne Neues aufbauen kann[15].

Das politische Ziel, Krisen auf Distanz zu halten und die Bekämpfung des Terrorismus weltweit zu führen, bedingt künftig auch für die Europäer eine Fähigkeit zur Machtprojektion über große Reichweiten. In der Konsequenz bedeutet dies die Zusammenfassung der bisherigen nationalen maritimen Potentiale der EU-Mitgliedsstaa-

ten, und damit auch Deutschlands, zu einer eigenständigen europäischen Seemacht. Damit liegt es im sicherheitspolitischen Interesse Deutschlands, im Kontext der NATO Bestandteil einer Seemacht zu bleiben oder im Kontext der EU zu werden. Es werden Fähigkeiten zur regional begrenzten Ausübung von Seekontrolle, zum Seetransport von Truppen und deren Ausrüstung und zur unterstützenden Waffenwirkung an Land benötigt. Die Deutsche Marine kann zu diesen Fähigkeiten beitragen. Die Zukunft verbleibender deutscher Marineflieger muß an diesen Eckwerten ausgerichtet werden.

1 Eine detaillierte Beschreibung dieser Phasen findet sich bei Jörg Duppler, Aufbau und Entwicklung der deutschen Marineflieger 1913 bis 1958, in: Deutsches Marine Institut (Hrsg.): Marineflieger: Von der Marineluftschiffabteilung zur Marinefliegerdivision, Herford 1988, S. 14 ff

2 ebd. S. 43 f

3 Eine Abschrift dieser Vereinbarung findet sich als Dokument 5 bei Jörg Duppler: Germania auf dem Meere. Bilder und Dokumente zur Deutschen Marinegeschichte 1848–1998, Hamburg 1998, S. 200 f

4 Die ganze Schönheit der Fliegerei mit dem Starfighter hat Axel Ostermann in seinem im Selbstverlag 1987 erschienenen Buch »Vikings for Take-Off. Starfighter der Bundesmarine im Kielwasser der Wikinger« beschrieben

5 So verlegten in den achtziger Jahren jeweils vier Tornados des MFG 1 und 2 mit einer Flugroute über die Azoren in die USA, lediglich durch Begleit-Tornados nach dem Start von den Azoren einmalig aufgetankt

6 Werner Rahn: Zwölf Thesen zur Entwicklung deutscher Marinen im 19. und 20. Jahrhundert, in: Werner Rahn (Hrsg): Deutsche Marinen im Wandel. Vom Symbol nationaler Einheit zum Instrument internationaler Sicherheit, München 2005, S. 733

7 Eine detaillierte Beschreibung der vielfältigen Operationen und Einsatzräume des Marinefliegergeschwader 3 nach 1990 findet sich bei Andreas Müller: Marineflieger im Einsatz von Sharp Guard bis Enduring Freedom, in: Hartmut Klüver/ Hans-Georg Nippe (Hg.): Marineflieger. Zur Geschichte der See- und Marineflieger in Deutschland, Beiträge zur Schiffahrtsgeschichte Band 9, Düsseldorf 2004, S. 63 ff

8 Dies war bereits konzeptionell mit den Verteidigungspolitischen Richtlinien (VPR) des Bundesministers der Verteidigung vom 26.11.1992 vorgegeben. Dort heißt es u. a.: »Nicht mehr die alleinige Fähigkeit zur umfassenden Verteidigung gegen eine ständig drohende Aggression, sondern flexible Krisen- und Konfliktbewältigung im erweiterten geographischen Umfeld, Friedensmissionen und humanitäre Einsätze bestimmen neben der Schutzfunktion gegen verbleibende unmittelbare Risiken ihr künftiges Anforderungsprofil.« Ebd. S. 25

9 Vgl. Robert Kagan: Of Paradise And Power. America and Europe in the New World Order, New York 2003

10 Da trotz intensiver Suche bisher noch keine Hinweise auf noch vorhandene Bestände an MVW im Irak gefunden wurden, sind sowohl der britische Premierminister als auch der amerikanische Präsident in einen erheblichen Erklärungsnotstand gekommen. Zwischenzeitlich sind offensichtlich Mitarbeiter des CIA und des Pentagon bereit darzulegen, wie Meldungen über irakisches Potential an MVW »aufgepeppt« und direkt an den Präsidenten geleitet wurden. Vgl. hierzu aus jüngster Zeit einen Bericht von Jochen Bittner und Thomas Kleine-Brockhoff: Das Prinzip Ofenrohr, in: DIE ZEIT, Nr. 45 vom 30.10.03, S. 3 f

11 vgl. hierzu aus jüngerer Zeit: Festvortrag des Bundesministers der Verteidigung, Dr. Peter Struck, »Friedenspolitik und Streitkräfte«, anläßlich der Übergabe der Diplome an den ersten Masterstudiengang am Institut für Friedensforschung und Sicherheitspolitik an der Universität Hamburg am 15.10.2003

12 Formen und Bedrohung durch neue Kriege sind ausführlich beschrieben bei: Herfried Münkler: Die neuen Kriege, 4. Auflage, Reinbek bei Hamburg, Januar 2003

13 siehe Ziffer 84 der VPR, a. a. O. S. 30

14 Zitiert nach dem Redemanuskript des Inspekteurs der Marine, VAdm Feldt, am 12.01.2005 anläßlich der Historisch-Taktischen Tagung 2005 in Damp, S. 13

15 Noch 1989 ging das deutsche Heer von zwölf Divisionen mit 42 Brigaden aus (»Neues Heer für neue Aufgaben«, NHNA). Künftig gelten fünf Divisionen mit zwölf Brigaden. Von 2.528 Kampfpanzern (NHNA) verbleiben 350 Leopard 2. Aber auch die US Navy hat zur Zeit große Schwierigkeiten, ihre trägergestützten Kampfflugzeuge zu regenerieren. Trotz vermeintlich unbegrenzter Möglichkeiten sprengen die Kosten den geplanten Beschaffungsrahmen dramatisch

World-leading

Rolls-Royce has brought together the stars of marine technology to provide customers with a single focus for integrated marine systems. The marine products in our extensive range are designed to work perfectly together, enabling us to combine them in a variety of systems that deliver optimum performance with

www.rolls-royce.com

integrated marine systems.

outstanding reliability. Rolls-Royce is fully committed to customer satisfaction. Through our global support network we offer comprehensive, tailored support options, ensuring year on year our customers save time and money and our marine solutions run reliably and efficiently. **Trusted to deliver excellence**

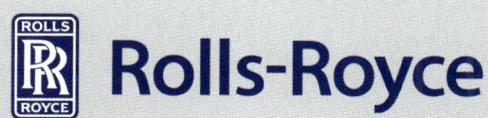

Im Jahr 1955, 80 Jahre nach der Gründung der Fr. Lürssen Werft, wurde die Deutsche Bundeswehr aus der Taufe gehoben und damit die Deutsche Marine der Neuzeit gegründet. Lürssen hat von Beginn an Schiffe für die Deutsche Marine geliefert und damit dazu beigetragen, dass die Bundeswehr ihren Platz in der NATO einnehmen konnte. Seitdem hat sich die Fr. Lürssen Werft zu einer Gruppe mit großer maritimer Kompetenz entwickelt und Know-how, Einrichtungen und Personal von verschiedenen deutschen Werften wie z. B. der Burmester Werft, Kröger Werft, des Bremer Vulkan Marineschiffbaus und der Schweers Werft zusammengefasst. All diese Werften haben die Deutsche Bundeswehr mit zahlreichen Schiffen verschiedenster Klassen und Aufgaben versorgt. Kann die Qualität der Produkte der Lürssen Gruppe besser beschrieben werden als durch die Namen dieser vielen Schiffe?

S 1, S 2, SEESCHWALBE, S 1 JAGUAR, S 2 ILTIS, S 3 WOLF, S 4 LUCHS, S 5 LEOPARD, S 6 SEEADLER, S 7 ALBATROS, S 8 KONDOR, S 9 GREIF, S 10 FALKE, S 11 GEIER, S 12 LÖWE, S 13 FUCHS, S 14 MARDER, S 15 WEIHE, S 16 KRANICH, S 17 STORCH, S 18 HÄHER, S 19 ELSTER, S 20 REIHER, S 21 PINGUIN, S 22 DOMMEL, S 31 ZOBEL, S 32 WIESEL, S 33 DACHS, S 34 NERZ, S 35 GEPARD, S 36 FRETTCHEN, S 37 OZELOT, S 46 FUCHS, S 48 LÖWE, S 50 PANTHER, S 52 STORCH, S 54 ELSTER, S 56 DOMMEL, S 58 PINGUIN, S 60 KRANICH, S 61 ALBATROS, S 62 FALKE, S 63 GEIER, S 64 BUSSARD, S 65 SPERBER, S 66 GREIF, S 67 KONDOR, S 68 SEEADLER, S 69 HABICHT, S 70 KORMORAN, S 71 GEPARD, S 72 PUMA, S 73 HERMELIN, S 74 NERZ, S 75 ZOBEL, S 76 FRETTCHEN, S 77 DACHS, S 78 OZELOT, S 79 WIESEL, S 80 HYÄNE, NECKAR, DÜREN, SCHWEDENECK, HELMSAND, KRONSORT, MAIN, DONAU, VB 2, HAMELN, ÜBERHERRN, LABOE, PEGNITZ, KULMBACH, SIEGBURG, ENSDORF, PASSAU, HERTEN, AUERBACH/OBERPFALZ, FRANKENTHAL, WEIDEN, ROTTWEIL, BAD BEVENSEN, BAD RAPPENAU, GRÖMITZ, DATTELN, DILLINGEN, HOMBURG, SULZBACH-ROSENBERG, STOLLERGRUND, MITTELGRUND, KALKGRUND, BREITGRUND, BANT, TODENDORF, PUTLOS, BAUMHOLDER, BERGEN, MUNSTER, WEILHEIM, BERLIN, FRANKFURT/MAIN, LINDAU, GÖTTINGEN, KOBLENZ, WETZLAR, TÜBINGEN, SCHLESWIG, PADERBORN, WEILHEIM, CUXHAVEN, DÜREN, MARBURG, KONSTANZ, WOLFSBURG, ULM, FLENSBURG, MINDEN, FULDA, VÖLKLINGEN, WALTHER VON LEDEBUR, TF 1, TF 2, TF 3, TF 107, TF 108, AM 6, AM 8, TB 1, WOLFSBURG, KONSTANZ, ZOBEL, WIESEL, DACHS, SCHWEDENECK, HELMSAND, LABOE, STOLLERGRUND, SIEGBURG, KALKGRUND, BANT, HERTEN, ROTTWEIL, GRÖMITZ, MAIN, HOMBURG, DONAU, BERLIN, FRANKFURT, LÜNEBURG, COBURG, GLÜCKSBURG, NIENBURG, MEERSBURG, BREMEN, NIEDERSACHSEN, RHEINLAND PFALZ, EMDEN, KÖLN, KARLSRUHE, AUGSBURG, LÜBECK, ELBE, MOSEL, NIOBE, HANSA, TIGER, PANTHER, BUSSARD, HABICHT, SPERBER, KORMORAN, ALK, PELIKAN, THETIS, AG 5, ARIADNE, FREYA, VINETA, HERTHA, HERMELIN, PUMA, NYMPHE, HYÄNE, NIXE, AMAZONE, GAZELLE, FRAUENLOB, NAUTILUS, GEFION, MEDUSA, UNDINE, MINERVA, DIANA, LORELEY, ATLANTIS, ACHERON, SPERBER, HABICHT, SCHLESWIG, PADERBORN, ULM, DÜREN, HERMELIN, TF 4, TF 5, TF 6, TF 106.

50 Jahre Deutsche Marine – ATLAS gratuliert

50 Jahre Deutsche Marine sind auch 50 Jahre Geschichte der heutigen ATLAS ELEKTRONIK GmbH und ihrer Vorgänger. Parallel zur Gründung der Bundeswehr und damit der Existenz deutscher Seestreitkräfte mit dem Jahr 1955 begann auch bei ATLAS wieder die Arbeit zur Entwicklung von Unterwasser-Horchanlagen. Schon ein Jahr später erhielten die Schul-Uboote HAI und HECHT Gruppenhorchanlagen von ATLAS.

In den vergangenen fünf Jahrzehnten gehörte die Ausrüstung deutscher Uboote mit Sonaren, Torpedos und später auch Führungs- und Waffeneinsatzsystemen zu den ATLAS-Aufgaben in Wedel und Bremen. Die Flottille der Minenstreitkräfte, die Fregatten und weitere Teile der Deutschen Marine waren und sind ebenfalls mit ATLAS-Systemen ausgerüstet.

Dem „Amt Blank", der „Abteilung XI, Rüstungsamt" und schließlich dem Bundesamt für Wehrtechnik und Beschaffung kommen maßgebliche Anteile am Erfolg der Streitkräfte und bei der Zusammenarbeit mit der wehrtechnischen Industrie zu.

Die Rolle der Seestreitkräfte des wieder vereinigten Deutschland als „Parent Navy" bleibt für die der Marine verbundenen Unternehmen und für die Exporterfolge der deutschen wehrtechnischen Industrie eine unschlagbare Referenz.

ATLAS wird die Deutsche Marine auch auf ihren neuen Wegen und ihren neuen Aufgaben begleiten und gratuliert zu den ersten 50 Jahren.

ATLAS ELEKTRONIK GmbH
Sebaldsbrücker Heerstraße 235
28305 Bremen
Telefon   0421 457-02
Fax   0421 457-3699
marketing@atlas.de
www.atlas.de

ATLAS ELEKTRONIK

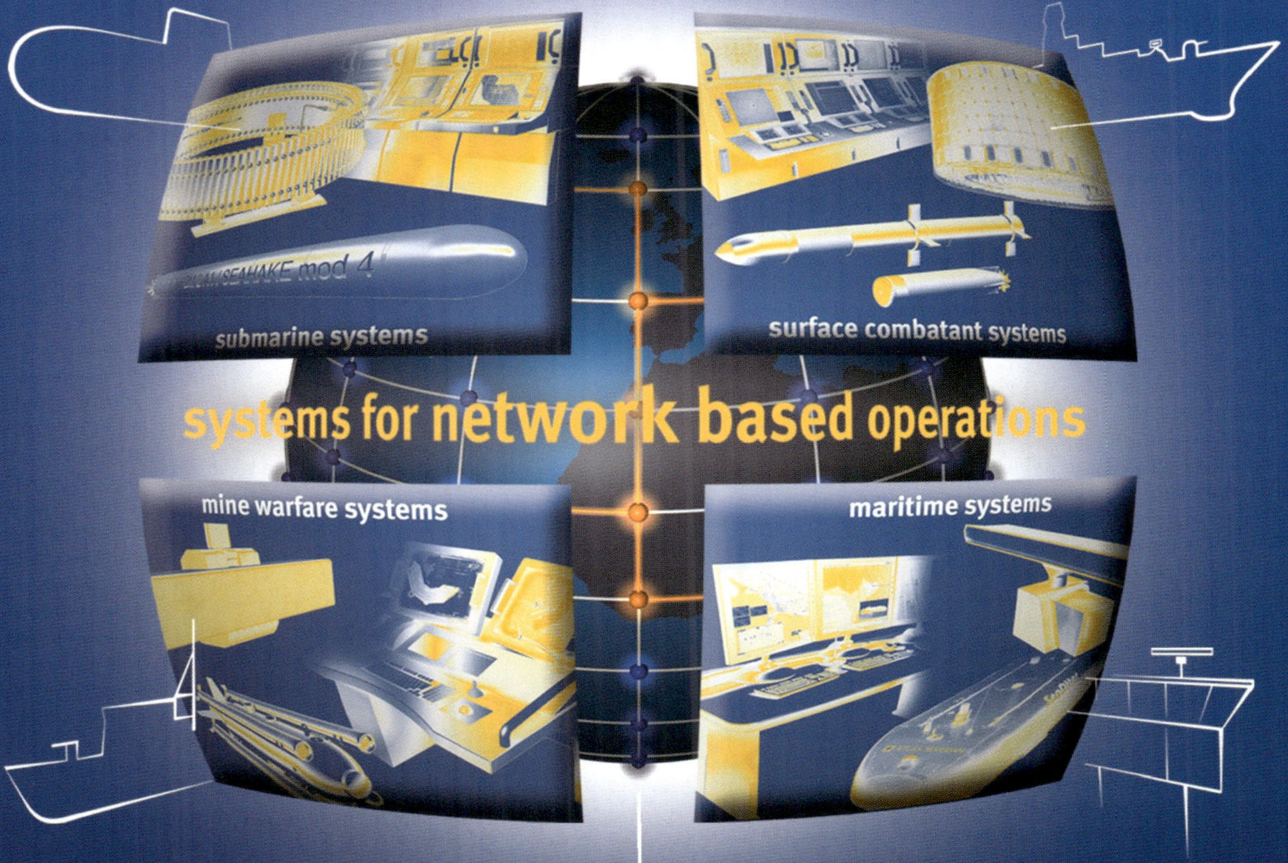

systems for network based operations

submarine systems

surface combatant systems

mine warfare systems

maritime systems

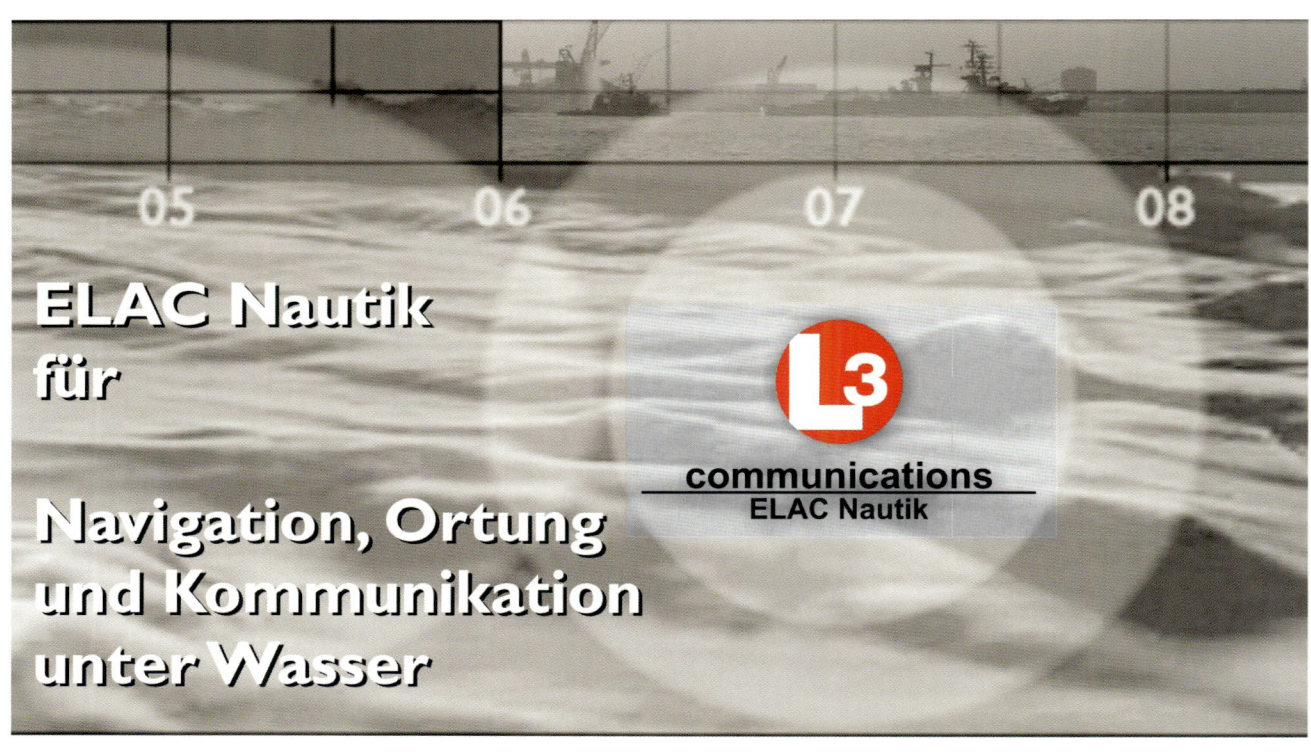

Modellbildung und Simulation im Dienst der Marine

Carsten Zikesch und Ernst-Wichard Budde

Was wäre, wenn? Wir finden die Antwort!

Komplexe neue Prozesse und Systeme sind ohne Simulation nicht mehr darzustellen. Durchführung von Experimenten, Verfeinerung von Lösungsansätzen, Auslegung von Komponenten oder Prototypentests sind ohne Modellbildung und Simulation (M & S) nicht mehr denkbar. Wo deterministische Methoden und Modelle die Problemstrukturen nicht ausreichend abbilden können, werden mit Hilfe modernster Simulationstechnologien Systeme entwickelt, die menschliche Expertisen und Strategien nachbilden und neue Grundlagen zur Lösung von Planungs- und Entscheidungsproblemen schaffen. Die Simulationssysteme werden auf allen Führungs- und Systemebenen der Streitkräfte eingesetzt und liefern einen substanziellen Beitrag für die Konzeptentwicklung und experimentelle Erprobung (CD & E), und letztlich auch für die Transformation der Streitkräfte.

Bereits Anfang der 60er Jahre, in ihrer Aufbauphase, stützte sich die Marine auf M & S ab, sowohl im Rahmen von operationellen Studien (Operations Research, OR) als auch von technischen Studien und Analysen, um ihr Einsatz- und Fähigkeitsprofil, ihre Waffen- und Führungssysteme, ihre Ausrüstung und taktischen Verfahren auf gesicherten Erkenntnissen aufbauen zu können.

Welch weites und vielfältiges Feld dieser wissenschaftlich-technische Studienansatz im Marinebereich abgedeckt hat, veranschaulichen beispielhaft Untersuchungen, die die IABG für die Marine durchgeführt hat:

– Standkraft- und Verwundbarkeitsanalysen bei U-Booten (Analyse bei Innen- und Außendetonationen von Gefechtsköpfen, Splitter, Blast- und Splittermunition, Entwicklung von »blast«-resistenten Strukturen, Schockhärtungsmaßnahmen)
– Verwundbarkeit/Schockfestigkeit von Überwasserschiffen (Ermittlung des Schockniveaus, Schockbelastungen, Längs- und Querfestigkeit, Außendetonationen durch Torpedotreffer)
– Analysen zur Unterwasserdetonation (Gasblasenpulsation, Ermittlung von Schadenskonturen auf Überwassereinheiten bei Torpedo- und Minentreffern)
– Unterwasser-Laufkörper-Untersuchungen (superkavitierende Unterwasserlaufkörper zur Torpedoabwehr)
– Torpedo-Abwehrmodelle und hochauflösende Simulationsmodelle für den Einsatz des Torpedos DM 2 A3
– Systemsimulation für ein »Autonomes Unterwasser Vehikel« (AUV) als »testbed« für die Bewertung und Entwicklung
– Mineneinsatz- und Minenräummodelle sowie Minenfeldplanung (Anti-Invasionsminenfelder)
– Untersuchungen zum ABC-Schutz auf Booten und Schiffen
– Untersuchungen/Vergleich der Flugkörper MM 38 und Tartar (Modifizierung des Tartar-FK in der Seezielversion; dabei führte das Schnellboot Nerz ab 1966 umfangreiche praktische Tests in See durch)
– Flugkörper-Einsatzmodelle für den RAM-FK und den ESSM-FK, wobei die ESSM-Simulation mit Testschüssen »validiert« werden konnte

– Simulationsmodell (virtueller Prototyp) einer modernen Luftverteidigungsfregatte Klasse F 124 im Einsatz bei »Joint Project Optic Windmill« in Kreta
– Simulationsmodell SPOT zur Analyse der elektronischen Abwehr (soft kill) von gegnerischen Seezielflugkörpern
– Analysen zur Signaturreduzierung von Überwasserschiffen und Berechnung der Radarrückstrahlflächen (RCS)
– Untersuchungen zur »Stealth« (Tarnkappen)-Technologie bei Über- und Unterwassereinheiten.
– Internationaler Simulationsverbund (NIREUS) zur Simulation der Landung von Drohnen oder Hubschraubern auf dem Deck von Schiffen in See. Dabei wurde auch das Strömungsverhalten an Deck (Turbulenzfelder) berücksichtigt.

Seit Einführung des neuen Beschaffungsprozesses für Wehrmaterial (dem »Customer Product Management«, CPM) im Jahr 2000 ist die Marine als Bedarfsträger gefordert, verlangte operationelle Fähigkeiten in einer »Abschließenden Funktionalen Forderung (AF)« zu formulieren. Mehr noch als in der Vergangenheit können und sollen simulationsgestützte Analysen zur quantitativen Ermittlung und Gewichtung von Forderungen eingesetzt werden. Der Bedarfsträger wird sich jedoch auch nach der Analysephase nicht aus dem Entstehungsgang eines Schiffes verabschieden, sondern gemeinsam mit dem Projektverantwortlichen aus dem Bundesamt für Wehrtechnik und Beschaffung (BWB) den ganzen Entwurfsprozeß und sogar die Bauphase begleiten.

Modernes Prozeßmanagement mit VORGES

Bereits gegen Ende der 90er Jahre begann das für den Schiffsentwurf zuständige Referat des BWB,

alle für die Konzeption, den Entwurf und den Bau eines Kriegsschiffes benötigten Verfahren und Methoden im »Vorgehensmodell Gesamtkonzeption Schiff« (VORGES) zusammenzufassen und – wo nötig – neu zu entwickeln.

VORGES ist mehr als eine lose Sammlung von Entwurfsmethoden, Berechnungsverfahren und Simulationsmodellen, es zeichnet sich dadurch

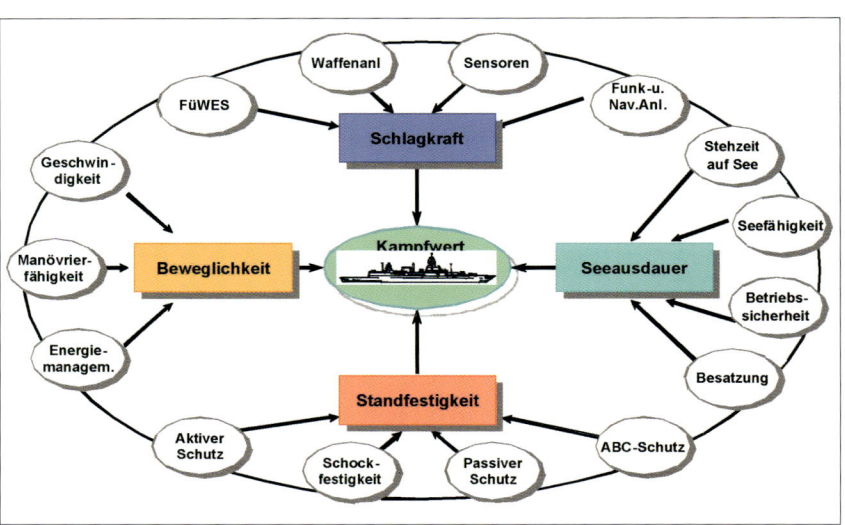

Das »Vorgehensmodell Gesamtkonzeption Schiff« verdeutlicht die Zusammenhänge, die den Kampfwert von Kriegsschiffen bestimmen (Slg. IABG)

aus, daß alle diese Verfahren an den Schiffsentwurfsprozeß selbst gekoppelt sind. Dies wird durch ein Prozeßmanagementsystem möglich, an dem alle entwurfsbezogenen Arbeiten und alle an der Konzeption und dem Entwurf beteiligten Personen angeschlossen sind. Dazu gehören einerseits die Marine und die Flotte als Bedarfsträger, zum anderen die verschiedenen Bedarfsdecker wie die Abteilung Rüstung, das BWB und die herstellende Industrie (insbesondere Werften und Ausrüster).

Das Prozeßmanagementsystem (»Product Data Management«, PDM) verwaltet Daten und Dokumente, die in den einzelnen Prozeßschritten erstellt oder benutzt werden, führt eine Konfigurationskontrolle für alle Datensätze und Dokumente durch und regelt, wer in welchem Prozeßschritt welche Datensätze und Dokumente erstellen, ändern und benutzen darf. Die Dokumente und Datensätze, um die es hier geht, sind so vielgestaltig wie die einzelnen Prozeßschritte. Die Phasendokumente des CPM gehören ebenso dazu wie die technischen Daten einer Lenzpumpe, ein Geschwindigkeits-Leistungs-Diagramm ebenso wie die Beschreibung eines Referenzszenarios für eine operationelle Gefechtssimulation, die digitalen Baupläne (»Computer Aided Design«, CAD) eines gesamten Schiffes ebenso wie numerischen Beschreibungen der In-

frarot-, Radar- und Sonarsignaturen, Ergebnisse der Umweltverträglichkeitsprüfung und die Abschätzung der Fertigungskosten ebenso wie die Test- und Abnahmebedingungen für das Führungs- und Waffeneinsatzsystem.

Jedes Dokument und jeder Datensatz ist gleichermaßen das Ergebnis von Prozeßschritten wie

---

Fregatte HAMBURG *im Dock bei Blohm + Voss und Fregatte* SACHSEN *auf der Elbe* (Foto: Michael Nitz)

auch Ausgangspunkt für andere Prozeßschritte (»Workflow«). Einige Prozeßschritte basieren im wesentlichen oder ausschließlich auf Überlegungen und Entscheidungen der beteiligten Personen, andere Prozeßschritte können heute schon durch rechnergestützte Verfahren und Methoden unterstützt werden. Dies ist vor allem eine Folge der höheren Leistungsfähigkeit von digitalen Rechnern, insbesondere hinsichtlich Schnelligkeit und Speicherplatz. Simulations- und Rechenprogramme, die noch vor einigen Jahren eine nicht akzeptabel lange Rechenzeit erforderten oder komplexe Strukturen nur mit unzureichender Auflösung darstellen konnten, werden heute in dieser Beziehung den Anforderungen des Nutzers gerecht.

Das Spektrum der Methoden, Rechenprogramme und Simulationssysteme reicht von statischen Berechnungsverfahren, wie sie zur Ermittlung von Strukturfestigkeit, Schwerpunktlage, Gesamtmasse (Wasserverdrängung), metazentrischer Höhe oder von Infrarot-, Radar- und Sonarsignaturen eingesetzt werden, bis hin zu dynamischen Verfahren. Mit dynamischen Simulationen kann gezeigt werden, wie die Struktur eines Schiffes auf einen Torpedotreffer reagiert, wie sich ein Schiff bei Seegang bewegt, wie das Aussetzen und Bergen von Bordhubschraubern oder Beibooten funktioniert oder wie die verschiedenen Sensor-, Waffen- und Führungsfunktionsketten bei Kampfeinsätzen ineinandergreifen.

Damit Berechnungsverfahren und Simulationen im Schiffsentwurfprozeß koordiniert eingesetzt werden können, benötigen sie eine standardisierte Schnittstelle zum Schiffsentwurfs-Prozeßmanagementsystem und – besonders im Falle der Simulationen – auch Schnittstellen, mit denen sie während der Laufzeit der Simulation Informationen austauschen können. Für beide Klassen gibt es heute Standards und auch entsprechende Software zur Implementierung.

Virtual Prototyping

Die Gesamtzahl der den Entwurfsprozeß unterstützenden Rechenverfahren und Simulationen (»Si-

mulation Based Design«) wird als »Virtueller Prototyp« bezeichnet. Wie bei einem realen Prototyp können der künftige Nutzer, der Bedarfsdecker und die Industrie die Funktionalität des Systems in seiner Einsatzumwelt erproben. Die Anforderungen an die Wirklichkeitsnähe, d. h. an die Validität der eingesetzten Verfahren und Methoden, ist allerdings sehr hoch und der notwendige Entwicklungsaufwand deshalb erheblich. Dies führt notwendigerweise dazu, Simulationssysteme und Rechenverfahren softwaretechnisch so zu entwickeln, daß sie in den unterschiedlichen Umgebungen (Streitkräfte und Industrie verschiedener Nationen) für möglichst viele verschiedene Aufgaben eingesetzt werden können (»reusable software«).

Speziell mit dieser Zielsetzung wird derzeit (auch unter maßgeblicher deutscher Beteiligung) eine »Virtual-Ship-STANAG«, also ein NATO-Standardisierungsabkommen erarbeitet. Sie wird dazu führen, daß zukünftig eine deutlich größere Anzahl qualifizierter Simulationssysteme und Berechnungsverfahren für virtuelle Schiffsprototypen zur Verfügung stehen werden.

Mit ihrer Test- und Experimentalumgebung TEXnet stellt die IABG bereits heute eine amtsseitig akkreditierte Simulations- und Testumgebung zur Verfügung, welche die internationalen Standards für DIS (Distributed Interactive Simulation) und HLA (High Level Architecture) berücksichtigt und auch anderen Partnern national und international für eine Beteiligung offensteht. Mit der Kommunikationsinfrastruktur REALSIM/PSISA und vernetzten Simulationselementen sowie den Fähigkeiten zur Durchführung technisch-operationeller Analysen hat die IABG wesentlich zur Konzeption des Gesamtprozesses »Schiffsentwurf« beigetragen.

Waffensystemsimulation zur maritimen Luftverteidigung

Die Bedrohung aus der Luft hat in den letzten Jahrzehnten qualitativ erheblich zugenommen. Taktische ballistische Raketen (TBM) sind mittlerweile weit verbreitet. Flugzeuge verfügen über immer weiter reichende Waffen, darunter auch Marschflugkörper (Cruise Missiles).

Marschflugkörper sind heute die größte Bedrohung für Schiffe. Sie sind im Rüstungsarsenal vieler Länder vorhanden, können sowohl see- als auch landgestützt gestartet werden und sind aufgrund ihrer hohen Geschwindigkeit, ihrer geringen Größe und ihrer häufig niedrigen Flughöhe nur schwer zu entdecken und abzuwehren.

Die Marine reagiert auf die gestiegene Luftbedrohung mit der Entwicklung und dem Einsatz besserer Abwehrsysteme. Die neuesten Fregatten der Klasse F 124 verfügen über die drei Flugkörpersysteme RAM (Rolling Airframe Missile), ESSM (Evolved Sea Sparrow Missile) und SM-2 Block III (Standard Missile). Die Flugkörpersysteme werden durch elektronische Abwehrmaßnahmen ergänzt. Im Zusammenhang mit der Entwicklung und Einsatzoptimierung dieser Abwehrsysteme werden durch Simulation verschiedene Fragestellungen untersucht:

– Untersuchung der Leistungsfähigkeit von Flugkörpersystemen gegen unterschiedliche Bedrohungen
– Simulationsgestützte Optimierung von elektronischen Störmaßnahmen gegen angreifende Seezielflugkörper
– Ermittlung von Schiffssignaturen und Maßnahmen zu deren Reduzierung.

Leistungsfähigkeit des ESSM-Flugkörpers

Der ESSM-Flugkörper ist eine Weiterentwicklung des in vielen Marinen eingeführten NSSM-Flugkörpers (NATO Sea Sparrow Missile). Er wurde von zwölf Nationen entwickelt und dient dem Eigenschutz und dem eingeschränkten Verbandsschutz. Seine größte Wirkung erzielt der ESSM im Nahbereich. Damit ergänzt er den Bereich, der für den Nächstbereichsflugkörper RAM nicht erreichbar ist und in welchem die Effektivität des Weitbereichsflugkörpers SM-2 aufgrund seiner inneren Todzone zu gering ist.

Fregatte SACHSEN war die erste von drei Flugabwehrfregatten der Klasse 124, die 2004 in Dienst gestellt wurde. Es folgte die HAMBURG, die HESSEN soll 2005 fertig werden. Im Bild der Start eines Flugkörpers SM-2 auf dem Schießplatz vor Point Mogu, Kalifornien

(PIZ-Marine)

Zur Beurteilung der Leistungsfähigkeit des ESSM-Flugkörpers im Verbund mit dem Feuerleitradar APAR (Active Phased Array Radar) und dem Waffeneinsatz- und Führungssystem (CDS/AAW) der Fregatte F 124 wurde von IABG-Spezialisten eine detaillierte dynamische Flugbahnsimulation des ESSM-Flugkörpers erstellt. Mit einer kommerziellen, standardisierten Entwicklungsumgebung für die Modellierung der Flugdynamik in sechs Freiheitsgraden (6-DOF-Modell) und einer Sonderlösung der IABG wird dann eine ablauffähige Echtzeitsimulation erzeugt, welche anschließend über eine definierte Schnittstelle in die von der Marine eingesetzte F 124-Systemsimulation der Firma Atlas Elektronik integriert wird.

In Vorbereitung der Systemnachweise der Fregatte SACHSEN wurden die Modelle zur Versuchsvorhersage und Planung der Bedrohungsszenarien eingesetzt. Zuvor war das ESSM-Modell anhand einer akkreditierten Vergleichssimulation aus dem NSPO (NATO Sea Sparrow Office) erfolgreich »validiert« worden. Bei dem »scharfen Schießen« auf dem US-Testgelände in der Nähe von Pt. Mugu, Kalifornien, im Juli/August 2004 wurden insgesamt 21 ESSM- und SM-2-Flugkörper gegen tief fliegende Seezielflugkörper, gegen schnelle Ziele aus mittlerer Höhe und gegen überschallschnelle Ziele aus großer Höhe verschossen. Die Bedrohungsszenarien sahen

dabei auch den gleichzeitigen Angriff verschiedener Ziele vor.

Die anhand der Modelle ermittelten Simulationsergebnisse wiesen eine sehr gute Übereinstimmung mit den – durch Telemetriedaten nachgewiesenen – realen Bahnen der verschossenen Flugkörper auf. Es konnte überzeugend gezeigt werden, daß die Marine durch die Entwicklung dieses Simulationssystems ein geeignetes Werkzeug für die Beurteilung der Leistungsfähigkeit und den Einsatz des ESSM-Waffensystems an der Hand hat.

Die Fregatte F 219 der Klasse 124

Die Problematik der Schätzung des Kollisionspunktes PIP (Predicted Intercept Point) in der »Midcourse«-Phase des ESSM hat bezüglich Bahnformung und Trefferleistung erheblichen Einfluß. So kann das Feuerleitsystem (CDS) Voreinstellungen für einen sogenannten 2-D-PIP und einen 3-D-PIP wählen, was je nach Zielanflug Vor- oder Nachteile mit sich bringt. Dies insbesondere dann, wenn das Ziel sich im Vorbeiflug (z. B. auf ein Schiff im Verband) befindet oder stark manövriert. Auch sind nicht alle Lenkeinstellungen für die »Midcourse«-Phase für einen erfolgreichen Endanflug geeignet. Mit Hilfe des ESSM-Simulationssystems können die kritischen Aspekte herausgearbeitet und im CDS berücksichtigt werden.

Ein weiterer sinnvoller Einsatz des ESSM-Simulationssystems ist die Ermittlung von Wirkzonen bzw. Schutzbereichen. Mittels Simulation können alle Parameter des Gesamtsystems variiert und für eine Vielzahl von Bedrohungsszenarien entsprechende Treffer- und Wirkdaten generiert werden. Auf Basis dieser Ergebnisse kann das CDS über den Einsatz von ESSM, SM-2 oder RAM autonom entscheiden und dadurch den Waffenoffizier entlasten. Gerade während einer Mehrfachzielbekämpfung kann dies von entscheidendem Vorteil für Besatzung und Schiff sein.

Virtuelle Fregatte FGS Simburg – die Marine übt vernetzte Operationsführung

Die Optimierung von Abwehrsystemen ist ein wichtiger Schritt auf dem Weg zur Steigerung der Abwehreffektivität. Ein zweiter, ebenso wichtiger Schritt liegt in der teilstreitkräfteübergreifenden und multinationalen Zusammenarbeit. Die IABG hat für die Marine eine virtuelle Fregatte F124 mit der Bezeichnung FGS Simburg bereitgestellt, die im Rahmen einer großangelegten, internationalen Luftverteidigungsübung »Joint Project Optic Windmill« (JPOW VIII) im April 2004 erstmals erfolgreich eingesetzt wurde.

JPOW zielte darauf ab, sich auf gegenwärtige und künftige Bedrohungsszenarien, unter anderem mit taktischen ballistischen Flugkörpern, vorzubereiten, und war im Hinblick auf vernetzte Operationsführung (NetOpFü) ein wichtiger Nachweis der Interoperabilität von Luftverteidigungskräften (joint/combined) der beteiligten Nationen (USA, NL, GR, GE). Das Ziel der Übung war, die Aufklä-

rungs-, Überwachungs- und Abwehrsysteme der verschiedenen Nationen zusammenzuführen und Leistung und Funktionieren im Verbund zu testen und zu optimieren. Da aus Kostengründen nicht alle Systeme real vor Ort sein konnten, wurden auch simulierte Systeme eingesetzt. Sämtliche Systeme, reale und virtuelle, waren sowohl über Simulationsnetze als auch über reale militärische Datennetze verbunden.

Die Deutsche Marine nutzte die Möglichkeit, ihre Fähigkeiten in dieser internationalen Großübung zu testen und zu verbessern. Die Fregatte Sachsen war jedoch für JPOW nicht verfügbar. Basierend auf der Test- und Experimentalumgebung »TEXnet«, stellte die IABG der Marine eine echtzeitfähige Luftverteidigungssimulation der Fregatte F 124 als »virtuelles« Schiff zur Verfügung.

In der dreiwöchigen Vorbereitungszeit wurden Computer, Bildschirme und Bedienkonsolen auf Kreta vor Ort vernetzt und an die komplexen JPOW-Netzwerke angebunden. Die erste Hürde wurde mit der Akkreditierung des Simulationssystems FGS Simburg durch die US-Partner erfolgreich genommen. Sie war die notwendige Voraussetzung, um an der Übung teilnehmen zu dürfen. Eine weitere Herausforderung war die Anbindung des »virtuellen« Schiffs an das reale taktische Datennetz Link-16. Den Datenaustausch zwischen unterschiedlichsten realen und virtuellen Systemen mehrerer Länder zu realisieren war eine äußerst komplexe und anspruchsvolle Aufgabe.

Die bei JPOW demonstrierte Fähigkeit, Simulationssysteme zu koppeln und an taktische Datennetze anzubinden, hat für die Bundeswehr vielfältige Möglichkeiten im nationalen und internationalen Umfeld eröffnet und bildet einen wesentlichen Meilenstein für zukünftige vernetzte Operationsführung.

Optimierung von elektronischen Stör- und Täuschmaßnahmen

Elektronische Stör- und Täuschmaßnahmen werden zur Unterdrückung der gegnerischen Aufklärung (Anti-Targeting) oder zur Unterstützung der schiffsgestützten Luftverteidigung (Anti-Ship Missile Defense) eingesetzt. Die elektronische Wirkung ergänzt die Abwehr durch Flugkörper oder Kanonensysteme (Hardkill) immer dann, wenn

– die »Rules of Engagement« (ROE) keine frühzeitige Bekämpfung mit Hardkill-Systemen zulassen,
– der gegnerische Flugkörper auf eine definierte Bahn gebracht werden soll (Home-On-Jam), um günstige Bedingungen für den Hardkill herzustellen, oder
– die Feuerkanäle der Hardkill-Systeme durch die Anzahl der Angreifer überlastet sind.

Elektronische Gegenmaßnahmen müssen auf die konkrete Aufgabenstellung ausgerichtet werden und bedürfen einer präzisen Vorplanung zur Abstimmung mit den Hardkill-Fähigkeiten im Verband oder dem Eigenschiff. Insbesondere moderne Täuschkörpersysteme stellen dabei eine sehr effektive und kostengünstige Alternative zu Hardkill-Systemen zum Selbstschutz kleinerer Einheiten gegen eine Bandbreite von Bedrohungssystemen dar.

Moderne Täuschkörpersysteme können sehr schnell in weiten Winkelbereichen gerichtet werden, sie sind mit einem größeren Munitionsvorrat ausgestattet und mit einer Mischbeladung von Munition für unterschiedliche Situationen einsetzbar. Für den wirksamen Einsatz ist zu beachten:

– Fähigkeiten und Leistungen des oder der gegnerischen Seezielflugkörper,
– Wettersituation mit Windrichtung, -geschwindigkeit sowie den elektronischen Ausbreitungsbedingungen (ducting),
– Schiffssignatur über Radarfrequenz und Bedrohungswinkel,
– Manövriermöglichkeit des Schiffs als Eigenschiff oder im Verband.

Diese Randbedingungen sind in die Planung des Einsatzes einzubeziehen, wobei Bedrohungsrichtung und Wetter erst beim aktuellen Angriffszeitpunkt konkret erfaßt werden können. Moderne Seezielflugkörper sind äußerst robust gegenüber einem schlecht geplanten Täuschkörpereinsatz. Aus diesem Grund ist ein leistungsfähiges Instrumentarium notwendig, um einen präzisen Einsatz in der extrem kurzen Zeit planen zu können. Dazu gehören Rechenprogramme zur Signaturberechnung von Schiffen ebenso wie Simulationssysteme zur Ermittlung der Wirkung von Gegenmaßnahmen. Die Simulationssysteme werden sowohl zur Bewertung von Ausrüstungsalternativen als auch zur Festlegung von Einsatztaktiken genutzt.

Kampf gegen Unter- und Überwasserziele

In der Zeit des Kalten Krieges war es eine der Hauptaufgaben der deutschen Marine, die Ostseezugänge zu sperren. Dies konnte nur mit ausgefeilter Technik im Bereich des Minen- und Torpedokampfes erfolgreich geleistet werden. Zur Unterstützung der Entwicklung und Anwendung von Unterwasserwaffen hat die IABG bereits seit den 70er Jahren Simulationssysteme entwickelt, die erfolgreich von der Wehrtechnischen Dienststelle WTD-71 angewendet werden. Bei der Entwicklung der Torpedos DM 2 A3 und DM 2 A4 wurde ein physikalisch-technisches Simulationsmodell der gesamten Funktionskette eines Torpedowaffeneinsatzes (U-Boot, Torpedo, Ziel) einschließlich seiner Umwelt und der Torpedowaffenanlage (TWA) erstellt.

Ein wesentlicher neuer Aspekt in diesem Modell war die Entwicklung eines Berechnungsverfahrens zur Bestimmung der hydrodynamischen Kräfte und Momente an Unterwasserlaufkörpern (UWF3). Das Modell wurde in einer Reihe von Studien angewendet:

– Bewertung verschiedener Sonarsysteme (TOSO)
– Bewertung von Zielbahngenerierungsverfahren (B-seitig)
– Untersuchung des Stabilitätsverhaltens des Torpedos bei Seegang und im Nahbereich von Schiffen (Druckfeld, Verdrängungsströmung)

– Einsatz von Störern und Täuschern: Untersuchung der Eignung von »künstlicher Intelligenz« für Zielbahngenerierung
– Untersuchung des dynamischen Verhaltens von Unterwasserlaufkörpern mit Hilfe von UWF3-berechneten Kennwerten.

Ein völlig neuartiges Element der Marine sind die autonomen Unterwasserfahrzeuge (AUV). Sie haben in den letzten Jahren verschiedene Aufgaben in der Unterwasseraufklärung und der Minenjagd übernommen. Basierend auf der Analysekapazität im Unterwasserbereich, hat die IABG zusammen mit der Firma ATLAS Elektronik eine geschlossene Simulation für solche AUV entwickelt, die für die Bewertung der Technologie und die Einsatzplanung von expliziten Systemen eingesetzt wird. Im Bereich des Minenkampfes wurden Modelle für die Verlegung unter Berücksichtigung von Versandungseffekten etc. entwickelt. Die Modelle werden durch Fachleute an der Marineoperationsschule bzw. an jedem Einsatzort benutzt.

Standkraft von Schiffen sowie Manövrierbarkeit

Zur Untersuchung der Standkraft werden Waffenwirkung, Materialverhalten, Schutzsysteme, Schockverhalten und Festigkeit von Überwasserschiffen und U-Booten gegenüber Über- und Unterwasserwaffen detailgetreu analysiert. Dies geschieht unter Einsatz des Programmsystems DYSMAS für die 3-D-Simulation von extremdynamischen Fluid-Struktur-Wechselwirkungs-Phänomenen. DYSMAS ist das weltweit führende Programmsystem für die Analyse von Waffenwirkung und Schutz im Marinebereich.

Simulationssysteme und digitale Rechenprogramme werden für entwicklungsbegleitende Nachweise für Schiffe in bezug auf Festigkeit, Schwingungsverhalten und Akustik gemäß den Bauvorschriften der Bundeswehr eingesetzt. Auch zur Untersuchung und Analyse der Führbarkeit und

Beweglichkeit von Schiffen und U-Booten wird eine breite Palette von Modellinstrumentarien geboten. So kann z.B. der gesamte Antriebsstrang eines Schiffes abgebildet und damit die Manövrierbarkeit eines Schiffes unter beliebigen Bedingungen ermittelt werden. Teilaspekte hierbei sind:

– Leistungscharakteristik von Dieselmotoren bzw. Gasturbinen
– Verschiedene Antriebs-Kombinationen, Getriebe, Wellen, Propeller
– Einfluß der Schiffsumströmung durch Kombination verschiedener Modelle
– Komplexe Netzwerkanalysen ermöglichen die Simulation des elektrischen Bordnetzes, das in einem zukünftigen vollelektrischen Schiff nicht nur die Steuerung von Sensoren und Waffen, sondern auch die Leistungsübertragung des Antriebs übernehmen wird.

Schlußbemerkung

Mit der vernetzten Modellhierarchie TEXnet bieten die IABG für jede Fragestellung die geeignete Simulationsumgebung. Weltweit einmalig ist die Zusammenführung von unterschiedlichen Ebenen, vom Simulationssystem für Streitkräfteuntersuchungen über Modelle verbundener Systeme bis hin zu hochaufgelösten Simulationen von Einzelsystemen, deren Komponenten und den dazugehörigen Daten.

Die Simulationsmodelle werden mit großer Sorgfalt verifiziert und validiert, denn schließlich stehen neben dem technischen Erfolg beim Einsatz auch Menschenleben auf dem Spiel. Ergebnisse aus der Simulation werden mit den Ergebnissen von realen Tests verglichen und zu einer Synthese verbunden. Mit dem dargestellten Instrumentarium aus Modellbildung und Simulation, Methoden und Verfahren sowie einem engagierten Team und den Erfahrungen aus mehr als 40 Jahren der Unterstützung für die Deutsche Marine steht die IABG auch für zukünftige Arbeiten zur Verfügung.

Marine heute – Marine im Einsatz – Kurs Zukunft

Bilanz und Ausblick nach fünf Jahrzehnten

Jörg Hillmann

Prolog

Ein Flugkörperschnellboot der Klasse 148 gleitet des Morgens in die aufgehende Sonne irgendwo in der Ostsee. Ein Zerstörer der Klasse 101 A, die HESSEN, läuft bei strahlendem Sonnenschein in den Hafen von San Juan auf Puerto Rico ein. Ein Tornado hebt bei bestem Wetter vom Marinefliegerhorst Schleswig-Jagel ab. Das Segelschulschiff GORCH FOCK gleitet majestätisch bei Windstärke 4 über die seichte Dünung des nördlichen Atlantiks – Bilder, die auf Plakaten als Werbung für die kleinste Teilstreitkraft der Bundeswehr ihren Platz hatten oder ihn gefunden hätten: Faszination See – Seefahrerromantik – gemeinsames Er- und Leben in enger Kameradschaft – Abenteuerlust und Herausforderung.

Eng angelehnt an Joseph Conrads tiefes Bekenntnis seiner Liebe zur See, wird jedoch der Blick dafür verstellt, was Seefahrt in der Bundesmarine über Jahrzehnte bedeutete. Eingebunden in das maritime Bündnis der NATO, sollte die Bundesmarine zunächst an vorderster Front die Bedrohung zur See durch die Baltische Flotte verhindern, zumindest verzögern – im weiteren Zeitlauf, konzeptionell der NATO-Doktrin angepaßt – gleichzeitig mit kampfkräftigen Verbänden Geleitschutzaufgaben in der nördlichen Nordsee sowie Minenräumaufgaben im Englischen Kanal durchführen. Mit Seefahrerromantik hatten diese Aufgaben nichts zu tun. Reduzierte man die Bundesmarine hierauf und wäre man von der See »nur« fasziniert, geriete der Blick für das Wesentliche ins Hintertreffen – mehr noch, man täte all denjenigen unrecht, die sich diesen Aufträgen verschrieben und verpflichtet sahen.

Auch Frauen stehen in unserer Marine an Bord ihren Mann: »Frau« Bootsmann, eine junge Elektronik-Meisterin, mit ihrem Elo-Gasten, einem Gefreiten-UA, beim Gerätecheck (PIZ-Marine)

Anfangsjahre

Marine folgte und folgt keinem Selbstzweck. Seit der 1950 beginnenden Integration der Bundesrepublik Deutschland in das wirtschaftliche und politische Geflecht Europas, der Entscheidung zur Wiederbewaffnung und vor dem 5. bzw. 9. Mai 1955 in Verbindung mit dem zur Souveränitätsgewinnung vollzogenen Beitritt zur WEU und NATO stand die Notwendigkeit einer Marine nicht mehr zur Disposition.

Dauerhaft war so ein Wirkverbund mit Deutschland – zugleich aber auch vor Deutschland in der westlichen Welt gewährleistet worden. Die Wahrnehmung und politische Realität der ehemaligen Flaggoffiziere, die seit Himmerod und zuvor im »Naval Historical Team« an einer Marine-Konzeption für neue westdeutsche Seestreitkräfte arbeiteten, waren jedoch weniger weitreichend, da der Fokus zunächst generell auf die Existenz einer Marine, eng angelehnt an die Reichs- und Kriegsmarine, zielte und die Überzeugung vorherrschte, man müsse stetig auf die dringende Notwendigkeit von Seestreitkräften hinweisen.

Noch verhaftet in der Tirpitz-Tradition, war dessen Ausspruch, die Deutschen hätten die See nicht verstanden, stark im Bewußtsein derjenigen vorhanden, die den Neuanfang letztlich gewährleisten mußten. Das Image der »alten« Marine hingegen war in der Öffentlichkeit durchaus mit den Leistungen der Kriegsmarine während des Krieges und zum unmittelbaren Kriegsende durch die »Operation Rettung« positiv belegt. Die Marine befand sich im öffentlichen Bewußtsein in einer günstigen Ausgangsposition – im politischen Umfeld wurde die generelle Existenz einer Marine in der »neuen Wehrmacht« nicht in Frage gestellt. Trotz dieser innenpolitisch wie außenpolitisch günstigen Rahmenbedingungen erscheint der Marine-Neuanfang aus der Rückschau heraus eher holprig, an einigen Stellen sogar steinig gewesen zu sein.

Gestaltete sich das nunmehrige Nebeneinander von Bundeswehrverwaltung und militärischen Nutzern zwar als gewöhnungsbedürftig, waren es weniger Fragen einer materiellen Ausstattung, die im Vordergrund standen, als Überlegungen zur Identitätsfindung bzw. -anknüpfung der Bundesmarine an ihre Vorgängermarine, die Kriegsmarine, in personaler und letzthin auch in konzeptioneller Hinsicht.

Von der Vielseitigkeit der Aufgaben geben die unterschiedlichen Marineuniformen einen Ausdruck, von denen hier nur eine Auswahl zu sehen ist (PIZ-Marine)

Ein eher unbekümmerter Umgang mit dem neuen Leitbild des »Staatsbürgers in Uniform« im Rahmen der Inneren Führung wurde seitens der Marineführung auf die Fähigkeit der Vorgesetzten reduziert, die unterstellten Soldaten »anständig« zu führen und auszubilden. Diese Haltung resultierte im Grunde genommen aus einem Unverständnis der Konsequenzen, die aus der im Grundgesetz der neuen Bundesrepublik Deutschland festgeschriebenen freiheitlich-demokratischen Rechtsordnung zu ziehen waren, nach der es keinen aus der Gesellschaft herausgehobenen Soldatenstand mehr gab, sondern der Soldat ein »Staatsbürger in Uniform« war. Die von politischer Seite einerseits verordnete scharfe Trennung personaler Bezüge zwischen Kriegsmarine und Bundesmarine und die andererseits betonte Anknüpfung an soldatische »ewige« Grundtugenden, die auch über die Zeit des »Dritten Reiches« Bestand hatten, erschwerten den Neuanfang. Diese Ambivalenz führte innerhalb der jungen Bundesmarine zu einer nach außen gekehrten politisch korrekten Verhaltensweise, während innerhalb der Teilstreitkraft die Bewunderung für die Kriegsmarine und mithin der handelnden Persönlichkeiten weiter gepflegt wurde.

Weiterungen des Auftrages – Veränderungen der Bedrohung

Im Zuge der erweiterten Aufgaben innerhalb des NATO-Bündnisses wuchsen die Aufträge und Aufgaben der Marine und führten aus dem beschränkten Binnenauftrag in der Ostsee und ihren Zugängen hinaus bis in die nördliche Nordsee und in den Englischen Kanal. Aus einer vergleichenden historischen Sicht wird der Wunsch aus der Ostsee heraus, hinaus in die Nordsee mit einer freien Zugangsmöglichkeit zum Atlantik zu einer Kontinuität in der deutschen Marinegeschichte bzw. in der deutschen Marinedenkweise. Der Wunsch, aus der räumlichen Beschränktheit in die offene See zu gelangen, spiegelte sich bereits in den Vorgängermarinen. In den sechziger Jahren jedoch trafen sich internationale Bestrebungen und deutsch-maritimes Denken.

Zugleich wurde aber auf erschreckende Weise deutlich, daß das Bedrohungsszenario sich bereits verändert hatte und sich die Vorneverteidigung in eine vordergründige Vorwärtsverteidigung gewandelt hatte, die Deutschland nicht mehr nur als Frontgebiet, sondern als rückzueroberndes Schlachtfeld annahm – der Gesamtstrategie ordnete sich der deutsche Marine-Beitrag mit einem einmaligen Ostsee-Auftritt der Schnellboot-Einheiten ebenso unter wie die größeren »Escort Units«, die einerseits eine verzögernde Wirkung gegenüber der Nordmeerflotte entfalten wie andererseits eine die transatlantischen Nachschubwege sichernde Aufgabe wahrnehmen sollten.

Trotz der Weiterungen des Auftrages im Bündnis blieb die personale Einflußmöglichkeit durch Besetzung von Spitzendienstposten innerhalb der NATO eher bescheiden; angelsächsisch dominiert in Führung, Ausbildung und Schiffsmaterial, spielte die Bundesmarine eine untergeordnete Rolle; hierin mag der Grund liegen, wieso die Vorstellungen eines künftigen Konflikts in der damaligen Zeit innerhalb der Bundesrepublik Deutschland und mithin der Bundeswehr teilweise nebulös zu bleiben schienen. Hierin mag aber auch der Grund liegen, wieso die Bundesmarine taktisch-operativ und materiell gut ausgestattet ihre Kernkompetenzen fleißig, mit technischem Know-how im Übungs- und Ausbildungsbetrieb ausbauen und festigen konnte. Diese Kompetenzen zu bewahren und zu optimieren wurde zur Leitlinie in Ausbildung und Erziehung und sicherte der Bundesmarine über Jahre ihr Ansehen als zuverlässiger Partner im Bündnis, bescherte der deutschen Rüstungsindustrie ein weltweit anerkanntes technologisches »Standing« und bot so langfristig Möglichkeiten, personell und materiell Standpunkte zu beziehen, die der Bundesrepublik auch außenpolitisch Gestalt geben konnten.

Wendejahr 1990

Mit der Vereinigung der beiden deutschen Staaten im Jahr 1990 kam auf die Bundesmarine – wie auf die gesamte Bundeswehr – die Herausforderung zu, einen grundlegenden Umbau der Streitkräfte in personeller, materieller und infrastruktureller Hinsicht zu leisten. Über eine halbe Million Soldaten sollten zunächst mit weiteren ungefähr 98.000 Soldaten der ehemaligen Nationalen Volksarmee so zusammengeführt werden, daß auf der Grundlage der Kaukasus-Vereinbarungen letztlich 370.000 aktive Soldaten im Dienst verbleiben sollten. Zurruhesetzungen und Entlassungen sozialverträglich zu gestalten, Standorte in den neuen Bundesländern zu begründen und in den alten Ländern zu schließen sowie die von der Nationalen Volksarmee übernommenen Kriegsgerä-

Die Bedienung einer 2-cm-Maschinenkanone übt die Abwehr von Speedbooten. Die Männer tragen den neuen Gefechtsanzug mit Flammschutz (PIZ-Marine, Gabbert)

te zu demobilisieren bzw. abzusteuern stellten neue Herausforderungen der 90er Jahre für die gesamte Bundeswehr dar – die Bundesmarine hatte hieran einen verantwortungsvollen Anteil.

Dessenungeachtet galt es, diejenigen Soldaten, die aus der Nationalen Volksarmee übernommen worden waren, in die deutschen Streitkräfte mit ihrer Führungsphilosophie zu integrieren und in den neuen Bundesländern generell Vertrauen zu bilden. Die Bundesmarine hat mit ihren Stationierungsentscheidungen in Rostock, Warnemünde und Parow wesentlich zum Bild der »Armee der Einheit« beigetragen und soziale Einschnitte ihrer westlichen Soldaten und Mitarbeiterinnen und Mitarbeiter durch räumliche Veränderungen in Kauf genommen. Die beide Marinen, Bundesmarine und Nationale Volksarmee/Volksmarine, verbindenden Elemente der »Faszination Marine« und »Faszination See« beförderten den Integrations- und Verständigungsprozeß in besonders positiver Weise und erleichterten den fortan zu fahrenden gemeinsamen Kurs.

Dieses verbindende Element kann aber nicht über die damaligen Unterschiede beider deutschen Gesellschaftssysteme hinwegtäuschen, die in unterschiedliche Machtblöcke eingebunden waren und sich darüber und darin definierten. In der praktischen Ausgestaltung des Vereinigungsprozesses sind – aus der Nachschau beurteilt – Fehler begangen worden. »Vor Ort« bemühten sich aber auch viele Vorgesetzte aus den alten Bundesländern darum, den Verständigungsprozeß mit den neuen Kameraden zu gestalten und integrativ zu wirken.

Dabei mußten auch unliebsame personelle und materielle Entscheidungen getroffen werden, die aber über die Zeitläufe dem Gesamtprozeß wohlgetan haben und auf Kurs des damaligen Inspekteurs, Vizeadmiral Hans-Joachim Mann, lagen. Mit seinem Reformpapier »Marine 2005« hatte er bereits weit vor den November-Ereignissen in der DDR 1989 die Bundesmarine materiell und konzeptionell auf Kurs bringen und halten wollen.

Vor dem Hintergrund knapper werdender finanzieller Ressourcen trennte er sich beispielsweise auch aus Erwägungen des Ausbildungsnutzens von dem Schulschiff DEUTSCHLAND und ließ es außer Dienst stellen. Trotz wehmütiger Gedanken ehemaliger Besatzungsangehöriger, in deren Gruppe sich in den Folgejahren zahlreiche Angehörige anderer außer Dienst gestellter Einheiten gesellen sollten, hat sich der Reformwille der ausgehenden achtziger und beginnenden neunziger Jahre als zeitgemäß, modern und verantwortungsbewußt erwiesen.

Die Führung der Bundesmarine orientierte sich an politischen Realitäten, bezog eindeutig Stellung und formulierte ihre Forderungen aus dem erteilten Auftrag, den es neben den beschriebenen Herausforderungen im Einsatz auf See und an Land zu erfüllen galt und die der Marine anvertrauten Männer und Frauen hierfür entsprechend auszubilden.

Dennoch: Trotz Euphorie und hochgespannter Erwartungen geriet die Bundeswehr und mithin auch die Bundesmarine in ihre erste tatsächliche Existenzkrise: Mit der Unterzeichnung des »2 + 4-Vertrages« und mit dem Zusammenbruch des Warschauer-Vertrags-Systems fehlten der Bundesrepublik Deutschland ebenso die angenommenen Gegner wie den übrigen westeuropäischen und auch den osteuropäischen Nationen. Fragen nach der Notwendigkeit von Streitkräften bildeten den Auftakt für eine lang anhaltende Debatte auch über die Sinnhaftigkeit des Beibehalts der Wehrpflicht.

Neue Aufgaben – neue Diskussionen

Daß die Bundesrepublik Deutschland seit 1990 nur noch von »Freunden umzingelt« sei, gehörte zu den geflügelten Ausdrücken der beginnenden neunziger Jahre und markierte die Suche zunächst der po-

Bei Einsätzen der asymmetrischen Kampfführung haben die Kampfschwimmer der Marine bei der Terroristenbekämpfung besondere Aufträge zu erfüllen (PIZ-Marine)

litischen Leitung, aber auch der Bundeswehr nach neuen Aufgaben. Diese anfängliche Orientierungslosigkeit erklärt sich jedoch zunächst aus der Unsicherheit heraus, die gewonnene Verantwortung als völlig souveräner Staat außen- und sicherheitspolitisch zu gestalten. Die veränderte staatsrechtliche und politische Rolle der Bundesrepublik Deutschland in der internationalen Staatenwelt stellte eine wichtige Veränderung dar, die als Herausforderung angenommen werden mußte, um das räumlich erweiterte Deutschland neu zu positionieren und langfristig Mitsprache- und Einflußmöglichkeiten zu sichern.

Dies galt auch in der militärischen Struktur der NATO und in der Frage einer gemeinsamen europäischen Sicherheitspolitik, die schon aus geographischen Gründen ein verstärkt maritimes Gesicht erhalten mußte. Dennoch: Dieser Gestaltungsprozeß war insgesamt mit und von den Menschen zu bewerkstelligen, die in einem vergangenen, in dem überholten Kriegsbild – wenn es überhaupt Vorstellungen von einem Ernstfall gegeben hatte – des Kalten Krieges sozialisiert worden waren.

Mit den ersten Überlegungen zur Beteiligung deutscher Streitkräfte an internationalen Kriseneinsätzen wurde über die Frage der Einsatzmöglichkeiten von Wehrpflichtigen innerhalb der Gesellschaft diskutiert und mithin die Frage nach dem Beibehalt der Wehrpflicht thematisiert. Gerade in dieser Diskussion wurde ein gesellschaftlicher Wandel der letzten Jahre deutlich, in dem

Fregatte Brandenburg *beim Abfeuern eines Seeziel-Flugkörpers*
(PIZ-Marine)

der Wehrpflichtige mehr und mehr in die Rolle des Erzatz-Zivildienstleistenden versetzt wurde und die gesetzliche Grundlage in ihr Gegenteil verkehrt wurde. Für die Bundesmarine war das Thema der Wehrpflicht bei Gründung 1956 ein eher unliebsames gewesen. Erst später wurde erkannt, daß Wehrpflichtige eine wichtige Gruppe darstellen, Unteroffizier- und Offiziernachwuchs zu gewinnen. Mit der Möglichkeit des freiwillig länger Dienenden wurde mittlerweile ein probates Personalführungsmittel etabliert, Wehrpflichtige bei besserer Alimentierung längerfristig in den Streitkräften zu beschäftigen.

Die Bundeswehr beteiligt sich seit 1994 an internationalen Kriseneinsätzen. Mit der Etablierung der Streitkräftebasis als eigenständige Teil-

streitkraft wurde dem streitkräftegemeinsamen Ansatz auch operativ Rechnung getragen. Das Einsatzführungskommando der Bundeswehr in Potsdam führt mittlerweile alle Einsätze der Bundeswehr zentral. Strukturell wird die Bundeswehr zu einer Einsatzarmee umgebaut, deren Kernaufgabe zur Landesverteidigung eine untergeordnete geworden ist und im derzeit unrealistischen »Ernstfall« gemeinsam mit allen Bündnispartnern gewährleistet werden müßte.

Die veränderte Struktur wirkt sich nachhaltig auf die Eigenständigkeit der einzelnen Teilstreitkräfte aus. Der ehemalige Inspekteur der Marine, Vizeadmiral Hans-Rudolf Boehmer, hat mit der Etablierung des Begriffes »Deutsche Marine« als international anerkanntes »Markenzeichen« maßgeblich eine Identitätsbildung innerhalb der Teilstreitkraft bewirkt und mit der Einführung eines Marinegeburtstages am 14. Juni eines jeden Jahres ein hohes Maß an »corporate identity« mit historischem Bezug hervorgerufen. (Tag des Beschlusses des Frankfurter Paulskirchenparlaments zur Gründung einer ersten deutschen Flotte im Jahr 1848 im Rahmen der bürgerlichen Revolution. Der historiographischen Korrektheit halber ist hier festzuhalten, daß das Paulskirchenparlament mit dieser Maßnahme einen Beschluß des Bundesrates, d. h. der Vertretung der Fürsten, in die Praxis umgesetzt hat.) Boehmer vereinigte so jene auf allen Einheiten und in allen Geschwadern herrschende Identifikation unter einem maritimen Dach.

Trotz des anerkannt zeitgemäßen und notwendigen streitkräftegemeinsamen Gesamtansatzes der Bundeswehr erscheint eine auf die Teilstreitkraft bezogene Identität der Gesamtauftragserfüllung mehr dienlich als schädlich zu sein. Der historische Bezug zur ersten deutschen Bundesflotte von 1848 bezeugt weiterhin ein eindeutiges Bekenntnis der Deutschen Marine zur Parlamentsmarine. Diese Eigenschaft läßt sich weder in der Kaiserlichen Marine noch in der Kriegsmarine des »Dritten Reiches« finden – in der Zeit der Reichsmarine blieb diese Form einer demokratisch typischen Verhaltensweise lediglich Wunschdenken, entsprach aber nicht den Realitäten.

Parlamentsmarine und Bündnismarine

Mit dem Versinnbildlichen des Begriffes der Parlamentsmarine am 14. Juni eines jeden Jahres hat sich die Deutsche Marine historisch eingeordnet und zugleich den Willen der politischen und militärischen Gründerväter der Bundesmarine mit Leben erfüllt. Bis Mitte der neunziger Jahre war es den Parlamentariern der Bundesrepublik Deutschland nie zur Verpflichtung geworden, die Bundeswehr in Auslandseinsätze zu entsenden. Dieser Verantwortung, aber auch ihrer Rolle müssen sich die Angehörigen des Deutschen Bundestages seither stellen und erfüllen so den Begriff der Parlamentsmarine mit Inhalt als gewählte Volksvertreter.

Das deutsche Heer hatte bislang keine Erfahrungen mit Einsätzen im Ausland – die Marine besaß

Ein Flugkörper vom Typ MM 38 wird aus dem Startcontainer einer Fregatte Klasse 122 abgefeuert

(PIZ-Marine)

den Vorteil, daß sie in internationalen Manövern ständig in außerheimischen Gewässern unterwegs war, nicht gezwungen war, eine neue Form der Familienbetreuung aufzubauen oder logistische Standards zu etablieren, die eine Versorgung ihrer Ein-

heiten im Ausland gewährleisten konnten; der Umgang in multinationalen Verbänden stellt nichts Neues an sich dar, obwohl sich der Einsatz vom Manöver qualitativ immer unterscheiden wird und muß. Auf diese Weise wird der Ursprungsgedanke der Gründerväter der Bundesmarine und der politisch Verantwortlichen der damaligen Zeit erneut mit dem Begriff der Bündnismarine belebt.

9/11

Der gegen die Vereinigten Staaten von Amerika zielende Terroranschlag richtete sich gegen die gesamte freie Welt und machte nicht nur die Verwundbarkeit der Staats- und Gesellschaftssysteme deutlich, sondern vermittelte den militärisch und politisch Verantwortlichen eine Vorstellung künftiger Bedrohungen. Der gemeinsame Kampf gegen den internationalen Terrorismus hat auch die Bundeswehr in den globalen Einsatz geführt und so das Einsatzspektrum erweitert. Materielle Reaktionen sind ebenso schwierig zu realisieren wie eine den Szenarien angepaßte Ausbildung und auch »geistige Rüstung«, da der erwartete Gegner fernab des vorhandenen ethisch-moralischen Koordinatenkreuzes zu verorten ist.

Methoden des gegnerischen Kampfes und die Mentalität des Gegners selbst sind ungewohnt und wenig einschätzbar. Bereits seit dem Angriff auf die USS COLE und spätestens seit dem Angriff auf die USA am 11. September haben Begriffe wie »Ritterlichkeit« oder »kodifizierte Kriegführung« seitens des Gegners ihre Gültigkeit verloren. Herrschte selbst während des Kalten Krieges die Vorstellung vor, daß der potentielle Gegner im Notfall helfend unterstützen und zivilisierte Verhaltensweisen zeigen werde, so kann dies von künftigen Gegnern nicht mehr erwartet werden. Gerade dies erschwert die Vorstellung vom künftigen Einsatz als Reaktion auf veränderte Bedrohungen – oder als proaktive Maßnahme auf erwartete Gefahren.

Neben der Bewältigung aller materiellen und personellen Schwierigkeiten im Wandlungsprozeß der Friedens- und Ausbildungsarmee zur Einsatzarmee stellt die Auseinandersetzung mit und Vorbereitung auf einen künftigen, aber völlig unkalkulierbaren und nicht einschätzbaren Gegner eine besondere Herausforderung dar, der sich die Bundeswehr stellen muß. Eine gesellschaftliche Herausforderung hingegen stellt die Auseinandersetzung mit einer möglichen Bedrohung dar und die gesellschaftliche Zurkenntnisnahme, daß die Bundeswehr täglich zu Lande, in der Luft und auf dem Wasser im Einsatz steht und damit besonderen Gefahren ausgesetzt ist.

Die Fähigkeit zum globalen Einsatz im Rahmen des Kampfes gegen den internationalen Terrorismus und im Rahmen von bündnisgetragenen friedenserhaltenden, -stabilisierenden oder -erzwingenden Einsätzen erfordert für die Deutsche Marine die endgültige Abkehr von der gewohnten »Escort Navy« hin zu einer Marine im Einsatz als »Expeditionary Navy«. Dieser materielle, personelle und geistige »Umbau« ist neben dem Einsatz zu bewerkstelligen. Wobei die Begrifflichkeit des »Einsatzes« heute mehr aussagt, als in der Vergangenheit unter »Einsatz« in den ständig operierenden maritimen NATO-Einsatzverbänden verstanden wurde.

Die Deutsche Marine im Einsatz

Auf der Grundlage der ursprünglichen sicherheitspolitischen und finanziellen Rahmenbedingungen, die sich materiell in der 1986 erlassenen vierten Konzeption der Marine mit dem Titel »Marine 2005« abbildeten, wurde seit Mitte der neunziger Jahre die Flotte materiell, personell und strukturell dem veränderten Auftrag angepaßt und nach dem 9. September 2001 erneut überprüft. Die bereits Ende der achtziger Jahre artikulierte Abkehr von dem Prinzip des 1:1-Ersatzes von Seekriegsmitteln, die eindeutige Kompetenzzuweisung im Bündnis und neuerlich im streitkräftegemeinsamen Ansatz waren ressourcenschonend, aber zum Teil auch schmerzlich. Die Neuauflage der Bezeichnung des Ruge-Zitats: »Eine Marine mit begrenzten Aufgaben, aber unbegrenztem Horizont« erhielt eine neue inhaltliche Ausgestaltung, die der Marine eine in die Zukunft weisende Sinngebung geben sollte.

Mit der Beteiligung deutscher Einheiten nach Beendigung des Golf-Krieges I konnten die deutschen Minensuch- und Minenjagdverbände erstmalig die klassische deutsche Kernkompetenz unter Einsatzbedingungen demonstrieren. Unter erheblichem materiellem und personellem Aufwand konnte die Aufgabe erfüllt werden. Seitdem bildet die Marine in unterschiedlichen Verbänden personell und materiell sowie durch ihre Führungsfähigkeiten das Leistungsspektrum im internationalen Rahmen ab und erweitert ihr Engagement in den vier Ständigen Maritimen Einsatzverbänden der NATO.

Zur Zeit sind Einheiten der Marine in der Operation Endeavour mit einer Fregatte, einem Tanker und einem U-Boot im Mittelmeer, in der Operation STROG mit einem Tender und drei Schnellbooten in der Straße von Gibraltar sowie in der Operation Enduring Freedom mit einer Fregatte, einem logistischen Unterstützungselement, Seefernaufklärern und Hubschraubern am Horn vom Afrika im täglichen Einsatz.

Die vier Einheiten der Fregatte Klasse 123 in Formation »Diamond«, im Vordergrund die Fregatte BRANDENBURG

(PIZ-Marine)

Epilog – Transformation

Alle Aktivitäten der Bundeswehr sind auf die Zielsetzung der Optimierung und Realisierung einer weltweiten Einsatzfähigkeit der deutschen Streitkräfte ausgerichtet. Diesem Ziel haben sich alle übrigen Forderungen unterzuordnen; alle Entscheidungen sind vor dieser Handlungsweisung zu bewerten, ohne sich jedoch den wandelnden Prozessen in der bundesdeutschen Gesellschaft zu verschließen. Laufbahnänderungen zur Attraktivitätssteigerung, Optimierung und Zusammenfassung der Ausbildung im streitkräftegemeinsamen Ansatz, dort, wo möglich und sinnvoll, sowie Standortentscheidungen stellen für Vorgesetzte in der Auseinandersetzung mit ihrem zivilen wie dienstlichen Umfeld eine erhebliche Herausforderung dar.

Vor dem Hintergrund des eingeschränkten finanziellen Handlungsrahmens einerseits wie des herrschenden Einsatzspektrums und Bedrohungspotentials andererseits sind die politischen Signale mit Blick auf den Organisationsbereich Marine der jetzigen Situation angemessen: Dazu zählen die vorgezogene Realisierung der Fregatte Typ F 125 von 2010 in das Jahr 2006 und die Ersatzgestellung der P-3C für die in die Jahre gekommene Breguet Atlantic. Der Ausbau der Marineschutzkräfte wird kontinuierlich vorangetrieben und folgt dem Grundsatz – wie generell –, die Soldatinnen und Soldaten bestausgebildet in den Einsatz entsenden zu können und so die Voraussetzungen für eine gesunde und erfolgreiche Heimkehr zu bieten.

Hieran wird ein wichtiger Bedeutungs- und Verständniswandel zwischen der Zeit des kalten Krieges und der heutigen Zeit deutlich: Vor dem Hintergrund des Bedrohungsszenariums des kalten Krieges wurde mit dem Ziel ausgebildet, der Abschreckung Genüge zu tun und die Soldaten nicht zum Einsatz bringen zu müssen; heutzutage folgt die Ausbildung dem Ziel, die Soldaten bewußt für den Einsatz, materiell und ideell gut gerüstet, auszubilden.

Neben den materiellen Anforderungen an eine Flotte, an eine Marine im Einsatz bleibt die »Ressource« Mensch das wichtigstes Gut – auch wenn die bisher in der Marine gewohnte »corporate identity« im schiffs- oder bootsbezogenen Sinne mit einem Zweibesatzungskonzept für die neue Fregatte Typ F 125 verlorenzugehen scheint, so wird sich dieses Defizit als ein nur scheinbares darstellen, da die Bindung an die Marine als ein Ganzes vorangetrieben wird, von der zudem jede und jeder einzelne Angehörige fasziniert sein wird und sowohl gegenüber dem Auftrag wie auch dem umgebenden Medium der See den notwendigen und erforderlichen Respekt entgegenbringt. Damit sind halt- und bewußtseinsbildende Eckpfeiler beschrieben, die auf der Grundlage unseres Verfassungssystems auch künftig die Gewähr bieten, die Deutsche Marine, dem Primat der Politik folgend, in kommende Einsätze zu entsenden.

Literaturhinweise:

Rahn, Werner (Hrsg. im Auftrag des Militärgeschichtlichen Forschungsamtes), Deutsche Marinen im Wandel. Vom Symbol nationaler Einheit zum Instrument internationaler Sicherheit [= Beiträge zur Militärgeschichte, Bd. 63], München 2005

Feldt, Lutz, Hin zur Expeditionary Navy. Schlußansprache auf der Historisch-Taktischen Tagung der Flotte, in: MarineForum 3 (2005), S. 9–19

Hillmann, Jörg (Hg.), »Erleben – Lernen – Weitergeben«. Friedrich Ruge (1894–1985). Festschrift zum 110. Geburtstag [= Kleine Schriftenreihe zur Militär- und Marinegeschichte, Bd. 10], Bochum 2005

Klüver, Hartmut (Hg.), Auslandseinsätze deutscher Kriegsschiffe im Frieden [= Kleine Schriftenreihe zur Militär- und Marinegeschichte, zugleich DGSM-Schriftenreihe, Bd. 7], Bochum 2003

Opitz, Eckardt (Hg.), Seestrategische Konzepte vom kaiserlichen Weltmachtstreben zu Out-of-Area-Einsätzen der Deutschen Marine [= Schriftenreihe des Wissenschaftlichen Forums für Internationale Sicherheit e.V., Bd. 22], Bremen 2004

Ausbildung der Offiziere in der Marine

Rück- und Ausblick

Manfred Nielson

Am 3. Oktober 1910 wurde die Marineschule Mürwik (MSM) in Anwesenheit des Flensburger Oberbürgermeisters sowie zahlreicher Repräsentanten des öffentlichen Lebens feierlich eröffnet. Seitdem dient sie der Ausbildung, Bildung und Erziehung des Offiziernachwuchses. In ihrer wechselvollen Geschichte wurde sie zum »Mutterhaus« und zur beruflichen Heimat von vielen Marineoffiziergenerationen. Am 21. November 1910 erfolgte im Beisein von Kaiser Wilhelm II. die Aufnahme des Lehrbetriebes. Seither war die MSM zentrale Ausbildungsstätte für vier Marinen: Kaiserliche Marine 1910 bis 1918, Reichsmarine 1919 bis 1935, Kriegsmarine 1935 bis 1945 sowie die Bundesmarine bzw. die Deutsche Marine seit 1956.

Auf den Tag genau 80 Jahre nach der feierlichen Eröffnung der MSM feierte das deutsche Volk am 3. Oktober 1990 die Vollendung der deutschen Einheit. Zusammen mit der Demontage des »Eisernen Vorhangs« steht der Mauerfall als Symbol für das Ende des Kalten Krieges sowie für die Aufhebung der politischen Teilung Deutschlands und auch des europäischen Kontinents.

Seit ihrer Eröffnung am 5. Oktober 1910 ist die Marineschule Mürwik, das »Rote Schloß am Meer«, zentrale Ausbildungsstätte für die Offiziere deutscher Marinen

(WGAZ-MSM)

Das Datum bedeutet keine Zäsur im Hinblick auf den grundsätzlichen Auftrag der Marineschule. Sie soll Offiziere heranbilden, die befähigt und bereit sind, Verantwortung zu tragen und Führungsaufgaben zu übernehmen sowie den ihnen anvertrauten Soldaten Vorbild zu sein. Gleichwohl mußte sich die Ausbildung an der MSM auf die veränderte weltpolitische Lage einstellen. Seit dem 3. Oktober 1990 sind Vorgesetzte mit Blick auf die vielfältiger und teilweise schwieriger gewordenen Beiträge der Marine in dem sich ändernden Aufgabenspektrum deutscher Streitkräfte vorzubereiten. Die klassische Landesverteidigung im Bündnisrahmen gegen konventionelle Angriffe als strukturbestimmende Aufgabe der Bundeswehr hat an Bedeutung verloren. Deutschland ist wie andere Nationen mit komplexeren Gefährdungssituationen konfrontiert. Sie werden umschrieben mit den Stichworten internationaler Terrorismus, Proliferation von Massenvernichtungswaffen und weitreichenden Trägermitteln, regionale Krisen und Konflikte innerhalb und außerhalb Europas sowie Informationskriegführung.

Deutschlands Rolle und Verantwortung für die europäische Sicherheit und den Weltfrieden sind seit der Wiedervereinigung gewachsen. Interessenlagen sowie internationale Verpflichtungen haben die Anforderungen auch an die Ausbildung in der Bundeswehr für gemeinsame Operationen mit unseren Verbündeten und Partnern ansteigen lassen. Leitlinie für die Ausbildung an der MSM sind die Verteidigungspolitischen Richtlinien vom 21. Mai 2003. Für das künftige Aufgabenspektrum ist hervorragend qualifiziertes und hochmotiviertes Personal in der Bundeswehr erforderlich, das in der Lage ist, in einem komplexer gewordenen sicherheitspolitischen Umfeld zu agieren.[1]

Der Neubeginn der Marineoffizierausbildung 1956

Am 12. November 1955, dem 200. Geburtstag des preußischen Heeresreformers Gerhard von Scharnhorst, erhielten die ersten Freiwilligen der neugegründeten Bundeswehr ihre Ernennungsurkunden. Am 16. Januar 1956 traten Soldaten in die Marinelehrkompanie in Wilhelmshaven ein. Der erste Verband der Bundesmarine war aufgestellt. Am 2. Mai 1956 wurde eine Marineakademie in der ehemaligen Seefliegerkaserne in Kiel-Holtenau eingerichtet. Sie erhielt nachfolgende Aufgaben:
– Aufbau der Marineakademie und Durchführung von Einweisungslehrgängen

Seit jeher beginnt die Ausbildung zum Seeoffizier mit der infanteristischen Grundausbildung, hier Offizieranwärter bei der Rekrutenausbildung während der 70er Jahre   *(WGAZ-MSM)*

– Ausbildung der Offizieranwärter der Marine und Weiterbildung von Marineoffizieren

– Seemännische, taktische und technische Fachausbildung der Seeoffiziere und Seeoffizieranwärter.[2]

Nachdem die Marineakademie mit Verfügung vom 5. Juli 1956 in Marineschule umbenannt worden war, erfolgte im August 1956 die Verlegung der Schule von Kiel nach Flensburg. Mit Wirkung vom 1. November 1956 wurde der Lehrbetrieb mit dem 1. Fähnrichlehrgang der Crew I/56 an der MSM aufgenommen.

Das Studium Generale Navale

Am 8. November 1956 wurde die MSM in Anwesenheit des Leiters der Abteilung VII (Marine) im Bundesministerium der Verteidigung zum zweiten Mal offiziell eröffnet. In seiner Rede vor den Kadetten der Crew I/56 präzisierte Vizeadmiral Ruge seine Anforderungen an einen Marineoffizier, die bereits in seiner Winterarbeit 1931 mit dem Titel »Ausbildung zum Seeoffizier«[3] Erwähnung fanden. Der Offizier sollte – bei angemessener Bildung – vorrangig befähigt sein, Schiffe zu führen, Menschen zu führen und die Waffensysteme einsetzen zu können. Erreicht werden sollte dies durch ein sogenanntes Studium Generale Navale, das sich mit Schwerpunkten in der technischen Professionalisierung für den Marineoffizier sowie der geistigen Auseinandersetzung mit Geschichte, Politik, Menschenführung und dem Erlernen von Sprachen an dem US-amerikanischen »Naval-Academy«-Modell orientierte.[4]

Für Ruge war das Studium Generale Navale zugleich Ausbildungsziel und Bildungsideal, mit hohen Ansprüchen an den Marineoffizier. »Es fordert nicht nur den gut ausgebildeten Spezialisten, sondern darüber hinaus den allgemein gebildeten Menschen. Als Offizier muß er zudem Menschen führen können und immer Kämpfer bleiben. [...] Die Marine liefert die Ausbildung und zeigt die Wege zur Bildung. Diese ist nur mit Mitarbeit des einzelnen Menschen zu erreichen. Im ›Studium‹ liegt das persönliche Bemühen. Wer es nicht aufbringt, wird über ein mäßiges Mittelmaß kaum hinauskommen.«[5]

Die Grundidee des Studium Generale Navale beruhte auf Erfahrungen in der Erziehung und Ausbildung zum Offizier der Reichsmarine und Kriegsmarine. Sie schenkte aber auch der damaligen bildungspolitischen Entwicklung in der Bundesrepublik Deutschland angemessene Beachtung.[6]

Der damalige Ausbildungsleiter an der MSM, Fregattenkapitän Schuhart, stellte 1958 in seinen »Gedanken und Vorschläge[n] zur Ausbildung der Offizieranwärter der Bundesmarine« fest, daß der Offizierausbildung »im wesentlichen der in Reichs- und Kriegsmarine erprobte und bewährte Ausbildungsgang des früheren Seeoffiziers zugrunde liegt, erweitert um die Vermittlung von Kenntnissen auf dem Gebiet des Antriebswesens«.[7] Neben dem gut und umfassend ausgebildeten als auch mit gleicher Wichtigkeit wohlgebildeten Marineoffizier forderte Vizeadmiral Ruge eine weitaus stärkere Berücksichtigung der Technik im Ausbildungsgeschehen. »Die Marine ist so stark technisiert, daß jeder Offizier ein technischer sein muß.«[8] In der Konsequenz wurden neue Ausbildungsabschnitte eingeführt. Auch an der MSM wurde der Unterricht in technischen und naturwissenschaftlichen Fächern deutlich ausgeweitet.

Grundsätzlich sah die Ausbildung 1956 für Offizieranwärter eine militärische Grundausbildung von vier Monaten in Wilhelmshaven vor. Es folgte eine viermonatige Reise auf den Schulschiffen Eider und Trave, an die sich ein zweimonatiger technologischer Lehrgang in Bremerhaven sowie der neunmonatige Fähnrichlehrgang an der MSM anschlossen. Im Anschluß an den Offizierlehrgang absolvierten die Marineoffiziere ein Flottenpraktikum sowie weiterführende Lehrgänge an den Fachschulen der Marine. Nach insgesamt 36 Monaten Ausbildungszeit übernahmen die jungen Offiziere ihre ersten Dienstposten in der Flotte.

In der Ausbildung für die Bundesmarine wurden neben der Anlehnung an Erfahrungen aus der Reichs- und Kriegsmarine auch neue Wege beschritten. Die Offiziere wurden nicht mehr frühzeitig in Fachrichtungen wie Seeoffizier-, Waffen-, Ingenieur- und Verwaltungsoffizierlaufbahn eingeplant. In der von Ruge proklamierten »Einheitsgrundausbildung« erhielt jeder eine gleiche, breite Basis in allen Wissensgebieten. An der MSM lagen die Schwerpunkte im neunmonatigen Fähnrichlehrgang in den Fächern Dienstkenntnis, Navigation, Nautische Gesetzeskunde, Elektrotechnik, Wärmelehre, Innere Führung, Recht und Englisch. Daneben sah der Lehrplan Mathematik, Physik, Schiffbau, Meteorologie, Fliegerkunde, Taktik, Seekriegsgeschichte und Staatsbürgerkunde als Pflichtunterricht vor. Weiterhin erhielten die Offizieranwärter Gelegenheit, in zusätzlichen Arbeitsgemeinschaften Französisch, Italienisch, Dänisch, Spanisch oder Russisch zu erlernen oder vorhandene Kenntnisse zu vertiefen. Die Anforderungen an die Offizieranwärter waren groß, und besonders die nicht ausgleichbaren Sperrfächer Dienstkenntnis, Navigation sowie nautische Gesetzeskunde bereiteten vielen besonderes Kopfzerbrechen.[9]

In den letztgenannten Ausbildungsfächern sollten navigatorische und seemännische Kenntnisse erworben werden, um ein Kriegsschiff sicher fahren zu können. Diese Fähigkeiten erlangte der angehende Marineoffizier vor allem in »Dienstkenntnis« und »Seekriegsgeschichte unter besonderer Berücksichtigung des Umganges mit Menschen und der in den bisherigen Marinen gemachten Erfahrungen«.[10] Das breite Lehrplanangebot sollte den künftigen Seeoffizieren eine umfassende Sicht der Marine vermitteln, »technisch wie militärisch, seemännisch wie wissenschaftlich«.[11]

Ende der fünfziger Jahre kam es mit der Unterscheidung der Profile für Berufs- und Zeitoffizieranwärter zur Umgestaltung der Ausbildung. Sie war gekennzeichnet durch bedeutsame Fortschritte in der Umsetzung der Ziele des Studium Generale Navale. Hinzu traten Verbesserungen in den Erziehungsmöglichkeiten durch einen verlängerten Offizierlehrgang sowie eine ausgedehnte Schulschiffsreise.[12] Die Ausbildung zum Berufsoffizieranwärter (BOA) dauerte nun 39 Monate. Er erhielt eine jeweils dreimonatige militärische und seemännische Grundausbildung in Glückstadt und auf dem Se-

Zur seemännischen Grundausbildung gehört das Kutterpullen, bei dem auch die weiblichen Offizieranwärter kräftig gefordert sind (WGAZ-MSM)

gelschulschiff GORCH FOCK. Ein ebenso langer technologischer Lehrgang in Bremerhaven, eine halbjährige Schulschiffsreise auf den Schulfregatten HIPPER und GRAF SPEE, ein jetzt einjähriger Fähnrichlehrgang an der MSM sowie weitere zwölf Monate weiterführende Fachlehrgänge, die sogenannten A-Lehrgänge, schlossen sich an. Eine endgültige fachliche Spezialisierung erfolgte dann später für die Kapitänleutnante im sogenannten B-Lehrgang.

Im November 1962 nutzte der Kommandeur der MSM, Flottillenadmiral Erdmann, den Bericht über die Ausbildung der Crew IV/60 (BOA) zu einer grundsätzlichen Kritik: »Unser heutiges Ausbildungssystem entspricht in seinem Aufbau und Ablauf im wesentlichen dem Ausbildungsgang der Seeoffiziere der Reichs- und Kriegsmarine und unterscheidet sich von diesen in erster Linie dadurch, daß der Technik in den entsprechenden Ausbildungsabschnitten [...] breiterer Raum gegeben worden ist. Aus diesem System ergibt sich eine Aneinanderreihung einzelner voneinander unabhängiger Ausbildungsabschnitte, die zwar aufeinander aufbauen sollen, aber doch nur in einem losen organischen Zusammenhang stehen. Die Folge hiervon ist, daß sich bei der Übermittlung des Fachwissens an die Offizieranwärter entweder Lücken oder Überschneidungen und Wiederholungen ergeben. Zwei Erscheinungen, die im Hinblick auf die Fülle des zu vermittelnden Stoffes und die Kürze der zur Verfügung stehenden Zeit gleichermaßen unerwünscht sind.«[13]

Den entscheidenden Nachteil erkannte er jedoch in der unzureichenden Beeinflussung und Führung der Offizieranwärter, die in der Masse als Mensch, Persönlichkeit und Soldat ausgesprochen labil und ungeprägt seien. Die Ursache hierfür sah Erdmann vor allem darin, daß in den fünfzehn Monaten bis zum Beginn des Fähnrichlehrgangs

Feierliche Vereidigung der neueingetretenen Offizieranwärter in der Marineschule Mürwik, im Hintergrund auf der Förde das zur Marineschule gehörende Segelschulschiff GORCH FOCK   (WGAZ-MSM)

kein Disziplinarvorgesetzter genügend Zeit gehabt habe, seine Offizieranwärter erzieherisch entscheidend zu prägen. In Anlehnung an Lösungen anderer Marinen schlug er ein Akademiesystem vor, das der MSM stärkere Mitsprache- und Weisungsrechte auch während der Ausbildungszeiten auf dem Segelschulschiff GORCH FOCK sowie während der Schulschiffausbildung geben sollte.[14]

Die vom Kommandeur entfachte Diskussion führte im Frühjahr 1963 zur Bildung einer Kommission im Marineamt. Mit der am 1. Oktober 1965 vom Amtschef des Marineamtes erlassenen Weisung Nr. 1 »Die Ausbildung zum Seeoffizier« erhielt die Marineschule einen größeren Einfluß auf die gesamte Offizierausbildung.[15] Die Teilung des Fähnrichlehrgangs in die Offizierlehrgänge I und II und eine Verlängerung auf fünfzehn Monate gaben den wissenschaftlichen Komponenten einen deutlich breiteren Raum. Die lange angestrebte Akademielösung mit einem anerkannten wissenschaftlichen Abschluß an der MSM war in greifbare Nähe gerückt.

Ende der sechziger Jahre begann die Zeit der technologischen Innovation. Durch zunehmende technische Anforderungen in der Flotte nahmen Speziallehrgänge einen immer breiteren Raum ein. Eine Verlängerung der Ausbildungszeit wurde unausweichlich. Der Bedarf an Fachexpertise stieg. Ab 1969 wurde an der MSM neben den Lehrgängen zum Offizier des Truppendienstes bzw. Reserveoffiziers ergänzend die Ausbildung zum Offizier des Militärfachlichen Dienstes begonnen. In diesen Ausbildungsgang wurden hochqualifizierte ehemalige Unteroffiziere mit Portepee mit Realschulabschluß oder entsprechendem Bildungsstand auf Vorschlag ihres Disziplinarvorgesetzten aufgenommen. Nach abgeschlossener Ausbildung sollten sie in Verbindung mit ihrer anschließenden militärfachlichen Spezialisierung dazu befähigt sein, Bereiche und Einheiten mit vorwiegend fachspezifischer Aufgabenstellung selbständig und eigenverantwortlich zu führen.[16]

Neuordnung der Ausbildung und Bildung

Aus der Erkenntnis heraus, daß die politische, gesellschaftliche und wirtschaftliche Entwicklung auch der Bundesrepublik Deutschland zunehmend von der Leistungs- und Wandlungsfähigkeit des Bildungssystems abhing,[17] räumte die Bundesregierung der Bildungspolitik mit ihrer Erklärung vor dem Deutschen Bundestag vom 28. Oktober 1969 und im Bildungsbericht 1970 einen neuen Stellenwert ein. In der Regierungserklärung vom 18. Januar 1973 wird festgestellt: »Die Reformen des Bildungssystems haben Vorrang. Dies gilt auch für die Bundeswehr.«[18]

Den ersten Schritt zur Reform der Ausbildung hatte der Bundesminister der Verteidigung schon im Juli 1970 getan. Er berief eine Bildungskommission ein und erteilte den Auftrag, Vorschläge für ein modernes Ausbildungssystem der Bundeswehr zu erarbeiten. Drei Forderungen waren zu erfüllen:
– Der Kampfwert der Bundeswehr sollte erhöht werden
– Der Dienst in den Streitkräften sollte attraktiver werden
– Zeitsoldaten sollten intensiver ausgebildet werden, um ihre dienstlichen Leistungen steigern und sich zugleich für einen Zivilberuf qualifizieren zu können.[19]

Im Mai 1971 hatte die Kommission ihren Auftrag mit der Vorlage eines Gutachtens zur »Neuordnung der Ausbildung und Bildung in der Bundeswehr« erfüllt. Der Bundesminister der Verteidigung sowie die Bundesregierung stimmten den Grundthesen zu. Die Offizierausbildung in den Streitkräften erfuhr mit der Verwirklichung des Gutachtens der Bildungskommission, der nach Professor Dr. Ellwein genannten Studie, einen tiefgreifenden Einschnitt. Die Laufbahn der Reserveoffiziere wurde abgeschafft. Das 1973 neu eingeführte wissenschaftliche Studium wurde zum integralen Bestandteil der Offizierausbildung aller Berufs- und Zeitoffizieranwärter mit einer Verpflichtungszeit von zwölf Jahren.

Die Hochschulen der Bundeswehr in Hamburg und München wurden durch Verteidigungsmini-ster Helmut Schmidt mit Kabinettsvorlage vom 5. Mai 1972 auf den Weg gebracht. Die Neugründung sollte »den Reformvorstellungen des Bildungsberichts 70 der Bundesregierung Rechnung tragen« und kurze Studienzeiten vorsehen, die »zugleich wissenschafts- wie praxisorientiert« zu gestalten waren. Von vornherein war keine militärspezifische Ausbildung mit akademischem Anspruch beabsichtigt. Es sollte ein inhaltlich und in seinen Diplomabschlüssen den Landesuniversitäten vergleichbares Studium sein.

Mit der Einführung des Studiums konzentrierte sich die MSM wieder auf ihren Kernauftrag, junge Offizieranwärter zum Seeoffizier und Vorgesetzten aus- und weiterzubilden, die Offizierprüfung der Marine durchzuführen und den Offiziernachwuchs zu befähigen, Führungsverantwortung bis hin zur Ebene eines Disziplinarvorgesetzten in einer modernen Bündnismarine zu übernehmen.

Die Offizierausbildung an der MSM wurde seitdem immer wieder an die wechselnden Aufgaben der Marine angepaßt. Sie wurde in vielfältiger Weise reformiert und optimiert und hat dabei schon früh die Abkehr von einer ausschließlich praxisorientierten zu einer mehr und mehr theoriebezogenen Ausbildung mit Studien- und Akademiecharakter vollzogen. Lehrgangteile des Offizierlehrgangs wurden in andere Ausbildungsabschnitte verlagert oder zu einem früheren oder späteren Zeitpunkt des Gesamtausbildungsganges unterrichtet. So führte beispielsweise die (Wieder-)Einführung des zweimonatigen Grundpraktikums Technik im Jahr 1978 zu einer Kürzung des Offiziergrundlehrgangs auf vier Monate sowie zu einer Verlagerung von Stoffanteilen in die Ausbildung nach dem Studium. Auch die Erkenntnis, daß etliche Offiziere während des Studiums die in den vorgeschalteten 15 Monaten erworbenen militärfachlichen Grundlagen vergessen hatten, führte zu einer Aktualisierung durch die Anordnung des Inspekteurs der Marine, »daß die Ausbildung vor dem Studium in erster Linie der Motivierung für den Beruf des Seeoffiziers und der Vorbereitung auf die Aufgaben als Führer, Ausbilder und Erzieher dienen solle«.[20]

Mit der Weisung »Forderungen an den Truppenoffizier des Truppendienstes der Marine«[21] hat der Inspekteur der Marine 1995 eine Leitlinie erlassen, an der sich die Offizierausbildung der MSM bis heute orientiert. Ihr Kernsatz lautet: »Einsatzfähigkeit und Qualität von Streitkräften sind wesentlich abhängig von der Qualität des Führungspersonals. Die maßgeblichen Faktoren, die die Qualität des Führungspersonals ausmachen, lassen sich in Führungskompetenz zusammenfassen. Das heißt, ein höchstmögliches Maß an Führungskompetenz muß herausragende Forderung an die Offiziere des Truppendienstes sein.«[22]

Der Ansatz sieht Führungskompetenz nicht mehr allein durch Lehrinhalte, sondern durch ein System von Schlüsselqualifikationen beschrieben, die dauerhaft verwertbare Grundfähigkeiten zur Lösung beruflicher Problemstellungen anstreben. Schlüsselqualifikationen – wie Motivationsfähigkeit, geistige Fähigkeiten, Verantwortungsbewußtsein, Demokratieverständnis, ganzheitliches Denken, Selbstständigkeit oder Menschenkenntnis – sollen den Offizier in die Lage versetzen, unterschiedliche Fragestellungen zu analysieren, eigene Verhaltensmöglichkeiten zu erweitern und die Aufmerksamkeit zielgerichtet auf jene Faktoren und Bedingungszusammenhänge zu richten, von denen in einer konkreten Situation der Führungserfolg abhängt. Sie fördern damit das Lösen aus starren Schemata und Routinen zugunsten hoher Flexibilität und Kreativität im Führungshandeln.

Schlüsselqualifikationen, die Erfassung aller Tätigkeitsbilder für Marineoffiziere sowie ein neues Verständnis von Ausbildungsweisungen in den vom Marineamt formulierten »Bestimmungen für die Planung, Steuerung und Durchführung der lehrgangsgebundenen Ausbildung in der Marine und Rahmenweisung für die Erstellung der dafür erforderlichen Ausbildungsweisungen und Lehrpläne (BLRA)« führten im Jahr 1997 mit der Inspekteurweisung »Die Ausbildung zum Offizier des Truppendienstes der Marine«[23] zu einer Neugestaltung der Offizierausbildung. In Anlehnung an die »Forderungen an den Offizier des Truppendienstes

Der damalige Korvettenkapitän Dr. Jörg Hillmann bei der Ausbildung von Offizieranwärtern im Unterrichtsfach Wehrgeschichte an der Marineschule Mürwik (WGAZ-MSM)

der Marine« gab der Inspekteur der Marine, Vizeadmiral Hans-Rudolf Boehmer, als Ziel für die Ausbildung der Truppenoffiziere vor: »Die Einsatzfähigkeit der Streitkräfte wird wesentlich durch die Qualität ihrer Führungskräfte und damit auch von deren Ausbildung und Bildung bestimmt. Diese sind ständig an den aktuellen wie künftigen Aufgaben auszurichten. Ziel der Ausbildung der Offiziere des Truppendienstes der Marine ist, den Offizier auf seine Tätigkeit als militärischer Führer, Ausbilder und Erzieher seiner Soldaten im Frieden und Einsatz vorzubereiten. Die Ausbildung orientiert sich dabei am Aufgabenspektrum der Marine und an der Vorgabe, das ein höchstmögliches Maß an Führungskompetenz herausragende Forderung an die Offiziere des Truppendienstes sein muß.«[24]

Die Ausbildung der Offiziere des Truppendienstes der Marine bereitet schrittweise auf die jeweils höhere Führungs- und Verantwortungsebene vor. In einem Stufenprinzip besteht ein ständiger Wechsel zwischen lehrgangsgebundener Ausbildung mit allgemeinmilitärischen wie auch militärfachlichen Anteilen und der Einsatzausbildung in der Truppe. Jede weiterführende Ausbildung zur nächstfolgenden Verantwortungsebene baut sowohl auf gewonnene Truppenerfahrung als auch auf vorhergehende Ausbildungsstufen auf. Im stetigen Wechsel zwischen Ausbildung und Einsatz in der Flotte wird so eine kontinuierliche Zunahme an Führungskompetenz erreicht und erhalten.[25]

Wesentliches Merkmal der Offizierausbildung ist der modulare Aufbau der Ausbildungsanteile. Er begünstigt Durchlässigkeit, einen breiten Verwendungsaufbau und ermöglicht eine querschnittliche Einsetzbarkeit des Truppenoffiziers. Die Ausbildung zum Offizier sieht heute eine 15monatige Grundlagenausbildung, ein Studium an einer der Universitäten der Bundeswehr mit einer Regelstudienzeit von 39 Monaten sowie eine 12monatige Fachausbildung vor. Daran schließt eine Systemausbildung mit einer Dauer von bis zu 22 Wochen an. Im Ausbildungsgang für Berufsoffiziere ist darüber hinaus eine neunmonatige erweiterte Fachausbildung vorgesehen. Sie versetzt Offiziere in die Lage, Aufgaben als Bootskommandant oder Schiffseinsatzoffizier wahrzunehmen.

In der Grundlagenausbildung werden die Offizieranwärter mit militärischen Gepflogenheiten und dem Tätigkeitsfeld Soldat und militärischer Vorgesetzter vertraut gemacht. Sie gliedert sich in eine sechsmonatige Offizierbasisausbildung und einen ebenso langen Offizierlehrgang. In den verbleibenden drei Monaten wird die Basis für Folgeausbildungen gelegt, wie beispielsweise eine Sprachausbildung für den fliegerischen Dienst oder ein Grundpraktikum Technik für Offizieranwärter mit anschließendem technischem Studiengang. Ein Teil der Offizieranwärter absolviert in dieser Zeit aber auch ein Truppenpraktikum und bildet als Gruppenführer Grundwehrdienstleistende oder Offizieranwärter der Nachcrew mit aus.

Die ungedienten Offizieranwärter beginnen die Grundlagenausbildung mit der soldatischen Basisausbildung an der MSM. In sechs Wochen werden allgemeine Kenntnisse und Fertigkeiten erworben. Die jungen Männer und Frauen erlernen gemeinsam grundlegende militärische Verhaltensweisen. In seemännischen Übungen und praktischer Seemannschaft erfolgt der erste Kontakt mit dem Element Wasser. Am Ende dieses Ausbildungsabschnittes steht die feierliche Vereidigung.

Die anschließenden Ausbildungsmodule Infanteristische Basisausbildung an der Marineunteroffizierschule (MUS) in Plön, Seemännische Basisausbildung auf dem Segelschulschiff GORCH FOCK, Basisausbildung Schiffssicherung am Ausbildungszentrum Schiffssicherung (AZS) in Neustadt sowie die Nautische Basisausbildung wiederum an der MSM erfolgen alternierend. Dazu wird die Crew gedrittelt. In der Infanteristischen Basisausbildung werden grundlegende Kenntnisse und Fertigkeiten im Gefechtsdienst und im Umgang mit Handwaffen erworben. Im Rahmen des jeweils rund sechswöchigen Ausbildungsabschnitts auf dem Segelschulschiff GORCH FOCK kommt der Offizieranwärter erstmals mit der Seefahrt in Berührung. Er gewinnt Eindrücke vom Leben in der Bordgemeinschaft und spürt die Auswirkungen der Naturgewalten auf Leistungsfähigkeit und Grenzen von Schiff und Besatzung. Körperlich fordernde und erlebnisreiche Tage auf See, unterbrochen von Aufenthalten in ausländischen Häfen, sind Charaktertraining pur und wecken zugleich die Liebe zur See.

Bevor im Rahmen der Nautischen Basisausbildung die grundlegende Ausbildung in Navigation, Nautischer Gesetzeskunde, Schiffslehre und in der Handhabung von Kraft- und Segelbooten beginnt, üben die Kadetten im AZS eine Woche lang den Umgang mit Feuer an Bord sowie die Leckabwehr, um abschließend selbständig Aufgaben und Tätigkeiten in der Schadensabwehr an Bord durchführen zu können.

Zum Abschluß der ersten sechs Monate muß sich der Kadett entscheiden, ob er die richtige Berufswahl getroffen hat. Bis dahin kann er jederzeit ohne Angabe von Gründen die Offizierausbildung beenden. Trifft er eine solche Entscheidung, scheiden weibliche Kadetten aus der Marine aus. Junge Männer werden in den Status eines Grundwehrdienstleistenden überführt.

Nach den vorrangig praktischen Anteilen beginnen die Offizieranwärter den stärker von Theorie geprägten sechsmonatigen Offizierlehrgang an der

MSM. Der Schwerpunkt liegt auf der Ausbildung zum militärischen Vorgesetzten. Die Offizieranwärter werden in den Fächern Führungslehre, Historisch-Politische Bildung, Wehr-, Verfassungs- und Völkerrecht, Allgemeine Truppenkunde sowie Nautik unterrichtet. Bestimmend ist dabei die Betonung von historisch-politisch-rechtlichen Themen zu Lasten einer tiefgehenden nautischen Ausbildung. In der Nautik werden zu diesem Zeitpunkt lediglich Fertigkeiten vermittelt, die zum Erwerb des Kraftboot- und Segelscheins erforderlich sind. Darüber hinaus sollen aber auch die rechtlichen Voraussetzungen zur Beförderung zum Leutnant zur See erfüllt sowie eine Identifikation mit dem Beruf und der Aufgabe des Marineoffiziers erreicht werden.

Die nautische Ausbildung wurde aus dem Fächerkanon der Sperrfächer herausgenommen und durch das nicht ausgleichbare Ausbildungsfach Innere Führung ersetzt. Es umfaßt die Fächerkombination Führungslehre, Wehrrecht sowie Historisch-Politische Bildung. Damit kommt eine Entwicklung zum Abschluß, an deren Ende die Trennung der Ausbildung zum Vorgesetzten im Offizierlehrgang vor sowie einem speziellen Führerlehrgang nach dem Studium von der nautischen Fachausbildung in einem gesonderten Wachoffizierlehrgang steht.

Eine wesentliche inhaltliche Änderung hat sich im Fach Ausbildungslehre (früher Menschenführung) ergeben. Es hat erheblich an Bedeutung gewonnen und ist durch die Seminare Ethik, Einführung in den militärischen Denk- und Handlungsprozeß, Umgang mit Sexualität sowie Interkulturelle Kompetenz erweitert worden. Interkulturelle Kompetenz und Sprachausbildung erfahren darüber hinaus nachhaltige Verstärkung im Rahmen von »Combined Education«. Diese steht für eine grenzüberschreitende, gemeinsame Ausbildung an ausländischen Offizierschulen. Jeder Kadett soll in den ersten 15 Monaten seiner Dienstzeit einen Teil seiner Ausbildung in einem internationalen Umfeld durchlaufen. Durch »Twinning Agree-

ments« mit dem Britannia Royal Naval College (2003) sowie der Akademia Marynarki Wojennej (Naval University of Gdynia) (2004) ist dieses Ziel fest in der Ausbildung verankert.[26]

Zum theoretischen Unterricht tritt das sogenannte Handlungsfeld als praxisorientierte Ausbildungsform, um so die Ausbildungs- und Lehrgangsziele zu erreichen und Schlüsselqualifikationen zu entwickeln. Unterricht dient vorrangig der Wissensvermittlung.

Beim Kuttersegeln werden Teamgeist und Führungseigenschaften in der Kleingruppe trainiert   (WGAZ-MSM)

Das Erlernen von Kenntnissen und Fertigkeiten steht im Mittelpunkt. Das Ergebnis wird in Leistungsnachweisen festgestellt und bestimmt wesentlich die jeweils erreichte Fachnote.

Anders die Handlungsfelder: Sie fördern in erster Linie Fähigkeiten und Einstellungen. Im Mittelpunkt steht der selbständige und bewußt handelnde junge Offizieranwärter. Er übt und erfährt, was es heißt, Führungs- und Handlungsverantwortung zu tragen. Er soll kenntnisreich argumentieren, administrieren und vor allem situationsgerecht agieren. In Handlungsfeldern können erworbene Qualifikationen besonders gut beobachtet werden. Dies findet Niederschlag in der zu erstellenden

Beurteilung des Lehrgangsteilnehmers. Gute Handlungsfelder sind praktische Seemannschaft, Lehrproben, die Ausbildung im Schiffsführungssimulator, Sportunterricht, Projekte, Märsche wie auch das sechswöchige Praktikum Bordbetrieb auf Einheiten der Flotte. Während des Praktikums lernen die Offizieranwärter den Betrieb an Bord eines Kriegsschiffes kennen. Sie erleben das Zusammenwirken der Abschnitte und Hauptabschnitte im Wach- und Gefechtsdienst sowie während Übungen mit anderen See- und Seeluftstreitkräften. Bei Hafenaufenthalten repräsentieren sie die Bundesrepublik Deutschland als »Botschafter in Blau«, lernen Länder und Kulturen kennen und erweitern so den persönlichen Horizont.

Nach bestandener Offizierprüfung nehmen die Offizieranwärter mit wenigen Ausnahmen ein Studium an den Universitäten der Bundeswehr auf. Sie können dabei aus nachfolgenden Studiengängen wählen: Volkswirtschaftslehre, Pädagogik, Betriebswirtschaftslehre, Wirtschafts- und Organisationswissenschaften, Staats- und Sozialwissenschaften, Geodäsie und Geoinformation, Maschinenbau, Luft- und Raumfahrttechnik, Elektrotechnik, Informatik, Wirtschaftsingenieurwesen, Bauingenieurwesen und Umwelttechnik, Geschichtswissenschaft, Wirtschaftsinformatik, Politikwissenschaft sowie Sportwissenschaft.

Im Anschluß an das Studium beginnen die Offiziere die Fachausbildung mit einer praxisorientier-

Basisunterricht Navigation. Ein Hörsaalleiter weist seine Offizieranwärter in die Anfangsgründe der terrestrischen Navigation ein (WGAZ-MSM)

ten und systembezogenen Einweisung in der Flotte. Die Fachausbildung unterteilt sich in Abschnitte, die für (fast) alle Offiziere verbindlich sind. Dazu gehören der Führerlehrgang, Grundlagen Technik, Grundlagen Operationsdienst, Grundlagen Logistik sowie ein Führerlehrgang in Schadensabwehr. Nur der Führerlehrgang wird an der MSM durchgeführt. Zielsetzung ist, den Lehrgangsteilnehmer zum qualifizierten Führer, Leiter des allgemeinen Dienstbetriebs, fachkompetenten Moderator in der politischen Bildung, Leiter der Schießausbildung bis hin zum stellvertretenden Disziplinarvorgesetzten auszubilden. In Verbindung mit den anschließenden Einweisungslehrgängen zu logistischen, technischen und operativen Grundlagen werden Kenntnisse und Einstellungen vermittelt, die junge Männer und Frauen in die Lage versetzen, Aufgaben als Offizier auf seinem ersten Dienstposten sachgerecht wahrnehmen zu können.

Im Anschluß an den obligatorischen Führerlehrgang in Schadensabwehr, der den Offizier befähigt, die Brand- und Leckabwehr zu leiten sowie den Gefechtsdienst an Bord zu koordinieren, teilen sich die Ausbildungsgänge der Offiziere in die Ausbildungsgänge Marineoperationsdienst, Schiffstechnik, Führungsmittel- und Waffensystemtechnik sowie Marinesicherung.

Ausblick

Die Ausbildung der Marineoffiziere wurde in der Zeit der Bundesmarine mehrfach verändert. Schon früh wurde die Abkehr von einer ausschließlich praxisorientierten zu einer mehr und mehr theoriebezogenen Ausbildung mit Studien- und Akademiecharakter vollzogen. Mit der Neuordnung der

Ausbildung für den Offiziernachwuchs der Deutschen Marine hat die MSM eine gute Antwort auf die neuen Herausforderungen gefunden. Ausbildung erreicht jedoch nie einen Endzustand. Sie muß als Prozeß begriffen werden und sich beständig weiterentwickeln, damit der zukünftige Marineoffizier bestens vorbereitet seine verantwortungsvolle Aufgabe wahrnehmen kann. Die Marine be-

Die theoretische Ausbildung an der Marineschule wird durch die praktische an Bord des Segelschulschiffs GORCH FOCK *ergänzt*   (WGAZ-MSM)

nötigt ein modernes, weltoffenes Offizierkorps, das gegenüber gesellschaftlichen und technischen Anforderungen aufgeschlossen ist, sich flexibel auf wechselnde Aufgaben einzustellen vermag, bereitwillig Führungsaufgaben übernimmt und entscheidungsfreudig ist.

Die Einsatzfähigkeit der Marine wird maßgeblich durch die Qualität ihrer Führungskräfte und damit auch von deren Ausbildung und Bildung bestimmt. Im Gleichklang mit den sicherheitspolitischen Rahmenbedingungen sind Ausbildungsinhalte ständig zu überprüfen und anzupassen. Absehbaren Einfluß auf die Inhalte der Grundlagenausbildung hat die Einführung der »Einsatzvorbereitenden Ausbildung in Konfliktverhütung und Krisenbewältigung«, die im Rahmen der streitkräftegemeinsamen Vorgesetztenausbildung standardisiert werden soll. Mit Blick auf die immer vielfältigeren Aufgaben für die Marine im Aufgabenspektrum deutscher Streitkräfte kommen neue Herausforderungen wie beispielsweise Menschenführung unter Belastung, Betreuung und Fürsorge sowie in Fragen der Streßbewältigung zu. Controlling, Qualitätsmanagement und die Einführung einer Standard-Anwender-Software werden immer stärker Einzug halten. Auch das zu Beginn dieses Jahres in Kraft getretene Gleichstellungsdurchsetzungsgesetz sowie die Vereinbarkeit von Familie und Beruf werden Einfluß auf das Ausbildungsgeschehen haben.

Um die Offizieranwärter bereits frühzeitig mit Joint-Gedanken vertraut zu machen, werden Möglichkeiten untersucht, zukünftig auch Teile der Offizierausbildung streitkräftegemeinsam durchzuführen. Neben der teilstreitkraftspezifischen Ausbildung soll ein regelmäßiger Austausch von Offizieranwärtern von Luftwaffe, Heer und Marine frühzeitig den Blick für die gemeinsame Ausrichtung der Bundeswehr entwickeln und die Fähigkeiten der anderen Teilstreitkräfte verstehen lernen. In einem ersten Schritt werden im Herbst 2005 Offizieranwärter von Heer und Marine einen gemeinsamen Ausbildungsabschnitt auf dem Segelschulschiff GORCH FOCK absolvieren. Jeder Kadett soll darüber hinaus vor dem Studium einen Teil seiner Ausbildung in einem internationalen Umfeld absolvieren, um persönlich zu erleben, was Multinationalität bedeutet. Dazu soll die »Combined Education« mit der im Sommer geplanten Unterzeichnung eines »Twinning Agreements« zwischen der Marineschule Mürwik und der Escuela Naval Militar in Spanien eine weitere Intensivierung erfahren.

Neben den schon absehbaren Neuerungen innerhalb der Grundlagenausbildung, werfen signifikante Veränderungen im Bereich der europäischen Hochschulbildung aufgrund des sogenannten »Bologna-Agreement« vom Juni 1999 ihre Schatten voraus. Sie werden auch an den Universitäten der Bundeswehr zu erheblichen Reformen führen. Zielsetzung der Vereinbarung ist das Erreichen einer europäischen Vergleichbarkeit von Bildungsabschlüssen an höheren Bildungseinrichtungen bis 2010. Zu den Zielen gehören unter anderem:

– Einführung eines Systems leicht erkennbarer und vergleichbarer Abschlüsse (Bachelor- und Master-Abschluß)
– Schaffung eines zweistufigen universitären Studiensystems, das am Ende der jeweiligen Stufe zu anerkannten Qualifikationen führt
– Entwicklung eines europaweiten Punktesystems (Credits): Die Punkte werden im Rahmen eines Studiums erworben, um die Mobilität von Studierenden zu fördern
– Schaffung europäischer Lernnetzwerke.

Alle deutschen Universitäten sind in Zugzwang, sich den fundamentalen Veränderungen in der Hochschulbildung zu stellen und vergleichbare Abschlüsse anzubieten. Welchen Einfluß diese Veränderungen auf die Offizierausbildung insgesamt und damit auf die MSM haben werden, ist derzeit noch nicht absehbar.

Die lehrgangsgebundene Ausbildung der Marine hat zielgerichtet auf die Einsatzausbildung und den Einsatz hinzuführen. Es gilt der Grundsatz »Ausbildung folgt dem Bedarf«. Dies erfordert einen frühzeitigen und kontinuierlichen Dialog zwischen Ministerium, Flotte und Marineausbildung. Neuen, im Rahmen der Transformation identifizierten Ausbildungsinhalten wird zusätzlich und möglichst frühzeitig Rechnung zu tragen sein. Das Vermitteln der notwendigen Fähigkeiten zum Beherrschen der Verfahren, der Technik und der Organisation der »Vernetzten Operationsführung« (NetOpFü) ist nur ein Beispiel, auf das sich die Ausbildung in Zukunft konzentrieren muß.

Veränderungen an Bord, neue Waffensysteme, eine abnehmende physische und psychische Fitneß der nachwachsenden Generationen, gesellschaftspolitische Veränderungen, wie sie die PISA-Studien verdeutlichen, aber auch demographische

Faktoren in der Bevölkerungsentwicklung werden auch in Zukunft Änderungen in der Ausbildung erforderlich machen. Das Ausbildungssystem muß deshalb für Entwicklungen offenbleiben. Für Redundanzen und überholte Lehrinhalte dürfen deshalb weder Zeit, Geld noch Personal verschwendet werden. Gemeinsame Zielsetzung muß bleiben, die Führungskräfte bestmöglich auf ihre nicht leichter werdenden Aufgaben vorzubereiten.

[1] Bundesministerium der Verteidigung (Hrsg.): Verteidigungspolitische Richtlinien für den Geschäftsbereich des Bundesministers der Verteidigung, Berlin 2003, S. 30

[2] Hillmann, Jörg: Das rote Schloß am Meer. Die MSM seit ihrer Gründung, Hamburg 2002, S. 104

[3] Ruge, Friedrich: Ausbildung zum Seeoffizier, in: Marine-Rundschau, Heft 3, 1932, S. 101–110

[4] Hillmann, a. a. O., S. 105

[5] Ruge, Friedrich: Studium Generale Navale, in: Marine-Rundschau, Heft 1, 1968, S. 1 ff

[6] Monte, Peter: Das Studium Generale Navale 1956–1973. Entstehung, Anspruch und Wirklichkeit, in: Historisch-Taktische Tagung der Flotte 1986, S. 98

[7] Schuhart, Otto: Gedanken und Vorschläge zur Ausbildung der Offizieranwärter der Bundesmarine, Tgb.Nr. 5143/58, Flensburg 1958, Bibliothek der Marineschule Mürwik Zg.Nr. 14130, S. 4

[8] Ruge: Studium Generale Navale, a. a. O., S. 3

[9] Rahn, Werner: Marineoffizierausbildung in der Bundesmarine ab 1956, in: Deutsches Marine Institut (Hrsg.): Die Deutsche Marine. Historisches Selbstverständnis und Standortbestimmung, Herford 1983, S. 161

[10] Ruge, Friedrich: Marineschule und Studium Generale Navale, in: Deutsches Marine Institut (Hrsg.): Marineschule Mürwik, Herford 1989, S. 164

[11] Ruge: Studium Generale Navale, a. a. O., S. 2

[12] Monte, a. a. O., S. 110

[13] Bericht des Kommandeurs der Marineschule Mürwik über die Ausbildung des Jahrgangs IV/60 vom 27. November 1962. Archiv, Wehrgeschichtliches Ausbildungszentrum der MSM, abgedruckt in: Hillmann, a. a. O., S. 111

[14] Ebenda

[15] Czisnik, Ulrich: Das Studium Generale Navale. Idee – erreichtes Ziel – künftige Gültigkeit, in: Marineforum 11/1969, S. 262

[16] Hillmann, a. a. O., S. 111

[17] Bildungskommission beim Bundesminister der Verteidigung (Hrsg.): Neuordnung der Ausbildung und Bildung in der Bundeswehr, Bonn 1971, S. 17

[18] Weißbuch 1973/1974. Zur Sicherheit der Bundesrepublik Deutschland und zur Entwicklung der Bundeswehr, hrsg. vom Bundesminister der Verteidigung, Bonn 1974, S. 81

[19] Ebenda

[20] Rahn, a. a. O., S. 162

[21] Weisung des InspM: Forderungen an den Offizier des Truppendienstes der Marine. BMVg, InspM, FüM I/I 5 – Az 32-08-01 vom 1. Dezember 1995

[22] Ebenda, S. 3

[23] Weisung des InspM: Die Ausbildung zum Offizier des Truppendienstes der Marine. BMVg, InspM, FüM I 5 – Az 32-08-00 vom 8. Dezember 1997

[24] Ebenda, S. 3

[25] Ebenda, S. 4, sowie Stelgens, Michael: Der Nachwuchs auf der Stufenleiter. Die neugestaltete Ausbildung zum Offizier des Truppendienstes der Marine, in: Truppenpraxis/Wehrausbildung 6/1998, S. 399

[26] Buchner, Peter: Combined Education. Investition für die Zukunft an der MSM, in: Marineforum 7/8-2003, S. 40–42

Organisationen maritimer Interessenvertretung

Marine-Offizier-Vereinigung, Deutsches Marine Institut, Deutsche Gesellschaft für Schiffahrts- und Marinegeschichte

Heinrich Walle

Am 12. November 1918, einen Tag nach Abschluß des Waffenstillstandes, mit dem die Kampfhandlungen des Ersten Weltkrieges beendet wurden, gründete Fregattenkapitän Georg Freiherr von Bülow unter dem Namen »Marine-Offizier-Hilfe« (MOH) einen Zusammenschluß von Seeoffizieren der nunmehr von den Siegermächten zur Auflösung gezwungenen Kaiserlichen Marine. Diese MOH, die als karitative Organisation auch heute noch weiter fortgeführt wird, war damals nichts anderes als eine Notgemeinschaft zur gegenseitigen Hilfe von Offizieren und Beamten der Kaiserlichen Marine, die jetzt nach dem Zusammenbruch des Kaiserreiches buchstäblich auf der Straße standen und Mühe hatten, sich einen neuen Beruf oder eine Stellung zum Broterwerb zu verschaffen.

Durch Verteilung von Geld- und Sachspenden, aber vor allem durch Arbeitsvermittlung sowie durch umfassende Berufsberatung half man vor allem jüngeren Offizieren, wieder Fuß zu fassen, deren Dienstzeit zur Gewährung einer staatlichen Versorgung noch zu kurz gewesen war. Nach dem Grundsatz: »Gleichgültig ob Fähnrich, Applikant (d. h. Anwärter für die Laufbahn eines technischen Offiziers, Anm. d. Verf.), ob Kapitän oder Beamter, wer wollte, war willkommen. Tritt ein und dir wird geholfen!« wuchs die MOH bereits 1919 auf 2.551 Mitglieder. Am 17. November 1921 beschloß die Ge-

neralversammlung der MOH die Umbenennung in »Marine-Offizier-Verband« (MOV). Man hatte erkannt, daß unter der neuen Bezeichnung eine Betätigung des Vereins in der Öffentlichkeit und im Wirtschaftsleben wirkungsvoller sein konnte. Außerdem war man davon überzeugt, daß mit der neuen Bezeichnung der Verein besser in der Lage wäre, alle Marineoffiziere und ihre nur zum Teil auseinandergehenden Interessen zu verbinden.

Damit war aus der Notgemeinschaft eine Standesorganisation entstanden, in der viele ehemalige Offiziere der Kaiserlichen Marine und auch die wenigen in der kleinen Reichsmarine dienenden Offiziere einen kameradschaftlich-gesellschaftlichen Zusammenhalt pflegen und eine geistige Heimat finden konnten. Der MOV erreichte 1939 kurz vor Ausbruch des Zweiten Weltkrieges einen Höchststand von 6.011 Mitgliedern.

Nach dem totalen Zusammenbruch vom 9. Mai 1945 vergingen noch fast sieben Jahre, bevor ehemalige Marineoffiziere sich wieder zu einem Verein zusammenschließen konnten, dessen Ziel die kameradschaftliche Selbsthilfe war. Nach 1945 war die Not noch größer als nach 1918, aber die in Deutschland regierenden alliierten Besatzungsmächte ließen in den ersten Nachkriegsjahren weder die Fortführung noch die Neugründung von Soldatenvereinen zu. Nachdem sich zu Beginn der 50er Jahre die Verhältnisse im nunmehr geteilten Deutschland hinreichend geändert hatten, die Bundesrepublik gegründet war und die wirtschaftliche Lage sich zu bessern begann, wurden auch erste Gedanken über eine Wiederbewaffnung Deutschlands diskutiert.

Unter diesen Voraussetzungen konnten am 16. März 1952 fünfzig ehemalige Marineoffiziere bei ihrer Zusammenkunft in Krefeld zur Neugründung der »Marine-Offizier-Hilfe« (MOH) schreiten. Sie wählten Kapitän zur See a. D. Heinz Bonatz zum Vorsitzenden. Im Vorfeld der Neugründung bestan-

den auch starke Bedenken, hauptsächlich seitens der im Verband deutscher Soldaten (VdS) organisierten ehemaligen Marineoffiziere. Man befürchtete eine Zersplitterung der Arbeit für die Interessen der ehemaligen Soldaten. An der Spitze dieser Skeptiker stand anfangs Admiral a. D. Gottfried Hansen, zeitweilig Vorsitzender des VdS, der später von der MOH in Anerkennung seiner Verdienste um die Versorgung der ehemaligen Soldaten zum Ehrenmitglied ernannt wurde.

Letztlich überwog jedoch das Bedürfnis, dem traditionellen Zusammenhalt der Marineoffiziere auch

Entgegennahme eines Gemäldes, das am 20. Juni 2001 Herr Wolfgang Beeck als Dauerleihgabe dem Wehrgeschichtlichen Ausbildungszentrum der Marineschule zur Verfügung stellte. Rechts außen der damalige Kapitänleutnant d.R. Dr. Guntram Schulze-Wegener, neben ihm Eberhard Schmidt, die »gute Seele« des WGAZ   *(WGAZ-MSM)*

organisatorisch Ausdruck zu verleihen und an die erfolgreiche Arbeit der MOH nach 1918 anzuknüpfen. So organisierte die neue MOH wiederum mit großem Erfolg die Vermittlung von Arbeitsstellen, rief zu Spenden auf, setzte sich für die noch in Kriegsgefangenschaft befindlichen Kameraden ein und leistete Hilfe unterschiedlichster Art.

Die neue MOH war aber auch eine Standesorganisation, denn alle ihre damaligen Mitglieder waren ja noch als Soldaten der ehemaligen Kaiserlichen, der Reichs- und Kriegsmarine bis 1945 Angehörige eines gesellschaftlich herausgehobenen Soldatenstandes gewesen und in dieser Hinsicht auch sozialisiert worden. So ging es, wie nach 1918 auch in der neuen MOH, nicht allein um die Behebung materieller Not. Viele ehemalige Marineoffiziere sowie Witwen gefallener und verstorbener Kameraden suchten hier wieder eine neue geistige Heimat. »Die ehemaligen Soldaten, die guten Glaubens und unter größten Opfern für das Vaterland ihre Pflicht erfüllt hatten, mußten nach dem verlorenen Krieg schmerzhaft erleben, daß ihr militärischer Einsatz von weiten Kreisen der Öffentlichkeit als aktive Unterstützung der verbrecherischen Ziele des Nationalsozialismus bewertet wurde. Die Inhaftierung der Großadmirale Raeder und Dönitz, die ungeachtet späterer Ergebnisse der Geschichtsforschung vom Offizierkorps der ehemaligen Kriegsmarine allseits geachtet waren, wurde weiterhin als Diffamierung der Ehre des Berufsstandes und der eigenen Lebensleistung sowie als ungerecht angesehen. Hinzu kam für viele die Entwurzelung als Folge der Vertreibung aus den früheren deutschen Ostgebieten, wobei es nicht wenigen schwerfiel, in der neuen Heimat der Bundesrepublik Deutschland und ihrer freiheitlich-demokratischen Rechtsordnung Fuß zu fassen.« (Karlheinz Max Reichert)

Damit war die neue MOH von Anbeginn mehr als ein Zusammenschluß mit rein karitativen Zielsetzungen. Ihren Gründern ging es um die Förderung des inneren Zusammenhaltes und der geistigen Stabilisierung in der neuen Gesellschaft der Bundesrepublik Deutschland.

Mit der Gründung der Bundesmarine kamen seit 1956 zunehmend Offiziere zur MOH, die nicht mehr in der früheren Kriegsmarine gedient hatten und als Soldaten der Bundeswehr, nach den Grundsätzen der Inneren Führung erzogen, sich nicht mehr als Angehörige eines besonderen Standes, sondern als Staatsbürger in Uniform empfanden. Dies begann nun seit den 60er Jahren zunehmend den Charakter der MOH zu verändern. Der wirtschaftliche Aufschwung der Bundesrepublik und die damit einhergehende Verbesserung der Versorgung ehemaliger Soldaten führten allmählich zu einer Gewichtsverlagerung der Rolle der MOH. Die karitativen Aufgaben, die übrigens bis zum heutigen Tage wahrgenommen werden, konnten so immer mehr in den Hintergrund treten. Dafür rückten Pflege des inneren Zusammenhaltes und die Fragen des Berufsverständnisses in der neuen Bundesmarine sowie Diskussionen um das Konzept der Inneren Führung in den Vordergrund.

Dies hatte zur Folge, daß nach ausgiebigem Meinungsaustausch die Mitgliederversammlung 1966 die Umbenennung der MOH in »Marine-Offizier-Vereinigung« (MOV) beschloß. Ein Jahr später, 1967, wurde die Geschäftsstelle der MOV von Krefeld nach Bonn verlegt. Die MOH wurde aus steuerrechtlichen Gründen zu einer separaten, gemeinnützigen, karitativen Organisation umgeformt. Die MOV erreichte 1966 mit 7.020 Mitgliedern ihren absoluten Höchststand seit der Gründung.

Im Mai 1963 übernahm als erster in der Bundesmarine gedienter Flaggoffizier Flottillenadmiral a. D. Alfred Schumann den Vorsitz, zunächst von der MOH, dann von der MOV, ein Amt, das er bis zum April 1978 innehaben sollte. Mit Alfred Schumann (Crew 1923), einem klugen und überaus gewitzten Flaggoffizier, verfügte die MOV über einen Vorsitzenden, der die Struktur dieses Vereins bis zum heutigen Tag geprägt und entscheidende Weichen für die zukünftige Arbeit gestellt hat. Er war sich bewußt geworden, daß die MOV als Standesorganisation oder »Veteranenclub« keine Zukunft hatte. Ein Zusammenschluß von Marineoffizieren, dessen zukünftige Mitglieder sich in steigendem Maße aus den nicht kriegsgedienten Jahrgängen der neuen Bundesmarine rekrutierten, mußte, um attraktiv zu sein, in jeder Hinsicht eine Hinwendung zur aktiven Marine praktizieren.

So leitete Admiral Schumann eine Umformung der MOV ein, die letztlich nichts anderes war als die Wandlung zu einer Interessenvertretung für die vielseitig verflochtenen maritimen Interessen der Bundesrepublik Deutschland. Dieser Weg war durch leidenschaftliche Auseinandersetzungen zwischen der Generation der altgedienten und den jüngeren, aufstrebenden Marineoffizieren gekennzeichnet. Dabei wurden aber die Pflege des kameradschaftlichen Zusammenhaltes und die Bemühungen, den Mitgliedern eine geistige Grundlage für ihr Berufsverständnis in der freiheitlich-demokratischen Rechtsordnung der Bundesrepublik zu vermitteln, nie aus dem Auge gelassen.

Um den neuen Aufgaben und gesellschaftlichen Herausforderungen gerecht zu werden, initiierte Admiral Schumann neue Organisationsformen. Unter dem Dach der MOV als Muttervereinigung rief er das »Deutsche Marine Institut« (DMI) ins Leben, dessen Gründung 1974 von der Mitgliederversammlung der MOV beschlossen wurde. Diese »sicherheitspolitische Lobby« kooptiert ihre Mitglieder und organisiert maritim-sicherheitspolitische Projekte unterschiedlichster Art. So entstanden unter der Ägide der MOV die alte MOH und das neue DMI als gemeinnützige Vereine.

Auf Schumanns Anregung hin wurde 1974 auch das seit 1919 bestehende Verbandsorgan »MOV-

Nachrichten« zu einer Plattform für den maritim-sicherheitspolitischen Gedankenaustausch und damit zu einer anspruchsvollen und unabhängigen Fachzeitschrift umgewandelt. Waren die »MOV-

Am 9. Januar 1987 besuchte Bundespräsident Richard von Weizsäcker die Kunstausstellung des Deutschen Marine Instituts »Seefahrt und Geschichte« im Wissenschaftszentrum zu Bonn. Im Bild: Der Bundespräsident bewundert einen silbernen Tafelaufsatz aus dem 19. Jh., rechts von ihm der Projektoffizier der Ausstellung, Fregattenkapitän Dr. Heinrich Walle (Slg. DMI)

Nachrichten« früher in der Hauptsache das Mitteilungsorgan eines Offiziervereins, das in der Hauptsache Personalnachrichten und Berichte aus den Crewen (Einstellungsjahrgang von Marineoffizieren, Anm. d. Verf.) oder regionalen Marineoffiziergruppen, den sogenannten Messen, enthielt, so wurde die Zeitschrift »MARINEFORUM« nunmehr in Weiterführung des mit den »Historisch-Taktischen Tagungen« (HiTaTa) des Flottenkommandos beschrittenen Weges eines fachlichen Gedankenaustauschs in der Tat zu einem Marine-Forum mit Beiträgen zu maritimen Themen in ihrer großen Vielfalt, von der Historie bis hin zu aktuellen Informationen aus aller Welt.

Ein besonderes Verdienst bei der Neugestaltung des »Marineforum« kommt seinem ersten Chefredakteur, dem damaligen Korvettenkapitän und späteren Flottillenadmiral Dr. Kurt Fischer, zu, der als erster der neuen Marineoffiziere zu einem Studium der Geschichtswissenschaften mit anschließender Promotion zum Dr. phil. freigestellt worden war und der sich hier als ein überaus begabter Journalist erweisen sollte. Das »MARINEFORUM«, das vom DMI herausgegeben wird, bildet heute die unverzichtbare Klammer von MOV, MOH und DMI. Seit 1989 wird die Zeitschrift, die im Verlag E. S. Mittler & Sohn erscheint, in nennenswerter Auflage auch auf dem freien Markt vertrieben, jedoch ohne die internen Vereinsmitteilungen, welche für die Mitglieder der MOV gelb gekennzeichnet eingeheftet werden.

»Die MOV versteht sich als Vereinigung der Marineoffiziere, in den Grundlagen des Berufsverständnisses des Marineoffiziers, an die Linie der aktiven Marine gebunden. Sie will den Marineoffizier von seinem Dienstantritt an in Kameradschaft, mit Fürsorge und in seiner Gedanken- und Ideenwelt begleiten.« (Karlheinz Max Reichert)

So vergibt die MOV seit 1998 sechsmal im Jahr den Preis der MOV an Offizieranwärter und Offiziere der Marine für Bestleistungen in der Ausbildung. Für Offiziere, die am Ende ihrer aktiven Dienstzeit stehen, werden praktische Hilfen für den Übergang ins zivile Berufsleben angeboten. In größeren Marinestandorten führt die MOV in unregelmäßiger Folge Informationsveranstaltungen durch, zu denen neben den ortsansässigen Mitgliedern auch die jeweils dort stationierten Marineoffiziere eingeladen werden, um mit ihnen ins Gespräch zu kommen.

Das Deutsche Marine Institut (DMI), eine »sicherheitspolitische Lobby«

Die seit den 50er Jahren des vergangenen Jahrhunderts unerwartet erfolgreiche wirtschaftliche Entwicklung hatte auch zur Folge, daß die Bundesrepublik Deutschland als am Export orientierter Industriestaat heute – mehr als früher – von der See, ihren Rohstoffen, von der Nutzbarkeit der Seeverbindungswege und von Freunden und Partnern jenseits der Ozeane abhängig ist. Admiral Schumann als Vorsitzender und die sicherheitspolitisch engagierten Mitglieder der MOV hatten damals klar erkannt, daß hieraus die Notwendigkeit erwächst, die maritimen Aspekte deutscher Politik, insbesondere deutscher Außen-, Sicherheits- und Wirtschaftspolitik der Öffentlichkeit in deutlicher und fundierter Weise bewußt zu machen. Diese Forderung richtet sich an jeden Bürger, in erster Linie aber an diejenigen, die an Meinungsbildung, Entscheidungsvorbereitung und politischer Führung beteiligt sind. Hierbei gilt es, die Bindungen zu verdeutlichen, die sich aus der Abhängigkeit der Bundesrepublik von der See und ihren Verbindungslinien ergeben. Durch die Vermittlung qualifizierter Information soll erreicht werden, daß den maritimen Elementen in einer seit Generationen durch kontinentaleuropäische Bindungen und Erfahrungen geprägten deutschen Politik stärkeres Gewicht verliehen wird.

Diese geistig-ideelle Arbeit des DMI wird getragen von seinen Mitgliedern, die natürliche Personen, Personengemeinschaften und juristische Personen sein können und vom Vorstand zur Mitgliedschaft aufgefordert (kooptiert) werden. So fanden sich seit 1973 Persönlichkeiten aus den Reihen der Marineoffiziere, aus Wissenschaft, Politik, Wirtschaft und Industrie zusammen, die sich alle verpflichtet haben, entweder praktische Mitarbeit an den Projekten des DMI zu leisten, wissenschaftliche Fachstudien zu maritimen Themen beizutragen oder die erforderlichen Gelder zu spenden bzw. Spenden zu organisieren.

Seit seiner Gründung hat das DMI folgende Tätigkeiten entwickelt:

– Herausgabe der Monatszeitschrift »Marineforum« als Fachblatt und in einer Teilauflage als offizielles Organ der MOV
– Herausgabe von Büchern, so wurden beispielsweise Vorträge der Historisch-Taktischen Tagung als Sammelbände editiert, 1998 der Band »Deutschland zur See, 150 Jahre Marinegeschichte«, wie auch der vorliegende Band vom DMI herausgegeben
– Veranstaltung von Tagungen und Symposien
– Vorträge vor fachbezogenen Gremien, die sogenannten Flamersheimer Gespräche
– Förderung wissenschaftlicher Studien und anderer Arbeiten
– Förderung der wissenschaftlichen und historischen Dokumentation; hier ist vor allem an die beiden Kunstausstellungen, die das DMI 1986 und 1988 veranstaltet hat, zu erinnern. Mit der im Dezember 1986 im Wissenschaftszentrum zu Bonn eröffneten Ausstellung »Seefahrt und Geschichte« wurde der Öffentlichkeit anhand von 300 Exponaten von Werken der bildenden Kunst und zeitgenössischen Schiffsmodellen vorgeführt, wie sich die Seeinteressen eines Landes auch im kulturellen Bereich fördern lassen. Mit der 1988 im Schloß zu Glücksburg eröffneten Ausstellung »Faszination der See in der bildenden Kunst der Gegenwart« wurde erstmalig eine Kunstausstellung gestaltet, die im Pluralismus aller Stilrichtungen zeigen sollte, daß bei jeder künstlerischen Darstellung eines maritimen Themas auch eine Aussage zu den Seeinteressen gemacht wird. Zu beiden Ausstellungen hat das DMI einen reich bebilderten Katalog als Sammelband verschiedener Aufsätze veröffentlicht.
– Führen einer Fachbibliothek und eines Archivs.

Als neueste Dienstleistung bietet das DMI das »Deutsche Maritime Kompetenz Netz« (DMKN) im Internet (www.dmkn.de) an. Geleitet von der Netskill AG, bieten das DMI, das Institut für Seeverkehrswirtschaft und Logisitik (ISL) und die Gesellschaft für Maritime Technik (GMT) eine offene Plattform für Information und Kommunikation mit den Kompetenznetzen Seeverkehrswirtschaft, Schiffbau & Technologie, Meerestechnik und Marine & Rüstung an. Zielsetzung ist, den Dialog zwischen relevanten Vertretern der maritimen Wirtschaft, der Marine, der Wissenschaft und der Politik zu fördern sowie branchenübergreifend die Öffentlichkeitsarbeit für die deutsche maritime Wirtschaft nachhaltig zu verbessern.

Damit ist das Deutsche Marine Institut, zwar als ein rechtlich eigenständiger Verein mit der Anerkennung der Gemeinnützigkeit, eine projektorientierte Abteilung unter dem Dach der MOV. Seit Oktober 2004 amtiert Konteradmiral a. D. Dieter G. Leder als Vorsitzender von MOV und MOH, Flottillenadmiral Klaus Dieter Fritz ist Vorsitzender des DMI, und Konteradmiral a. D. Dr. Sigurd Hess berät und koordiniert als Präsident die Arbeit dieser drei Organisationen.

Die Deutsche Gesellschaft für Schiffahrts- und Marinegeschichte (DGSM)

Eine Zusammenführung aller im weitesten Sinne maritim-historisch interessierten Bevölkerungskreise hat sich die »Deutsche Gesellschaft für Schiffahrts- und Marinegeschichte« (DGSM) als Aufgabe gestellt. Sie wurde am 6. März 1971 im Institut für Geschichte der Medizin der Universität Düsseldorf als eingetragener Verein gegründet. Die eigentliche Initiative ging wohl von Jochen Brennecke, dem in Düsseldorf lebenden bekannten Marineschriftsteller, und dem Ordinarius für Geschichte der Medizin an der Universität Düsseldorf, Prof. Dr. med. Dr. h. c. Hans Schadewaldt, aus. Unter den 38 Gründungsmitgliedern befanden sich Fachleute aus der Schiffahrt, Marineoffiziere, Publizisten und Wissenschaftler. Als besonders tatkräftige Förderer erwiesen sich der Verleger Gerhard Bollmann (Verlag E.S. Mittler & Sohn) und der Kölner Rechtsanwalt Prof. Dr. Hans Willy Bernartz, der auch zu den Gründervätern des Deutschen Schiffahrtsmuseum in Bremerhaven gehörte. Der Historiker Prof. Dr. Wilhelm Treue, der Medizinhistoriker Prof. Dr. med. Dr. h. c. Hans Schadewaldt und der Schiffbauer Prof. Dr.-Ing. Herbert Schneekluth haben als unermüdliche Organisatoren und Ideengeber die Geschicke der Gesellschaft bis in die jüngste Zeit gelenkt und ihr in verschiedenen Funktionen gedient. Prof. Treue wurde zum ersten Vorsitzenden gewählt, und Jochen Brennecke übernahm damals das Amt des Geschäftsführers und Chefredakteurs der Zeitschrift »Schiff und Zeit«, die seither zweimal im Jahr beim renommierten Verlag E.S. Mittler & Sohn erscheint. 1988 wurde Prof. Schadewaldt als Nachfolger von Prof. Herbert Schneekluth zum Vorsitzenden gewählt. Ihm folgte 1995 der Mediziner Prof. Dr. med. Hartmut Goethe und seit 2002 Konteradmiral a. D. Dr. Sigurd Hess.

Am 10. Oktober 1992 fusionierte die DGSM mit dem »Arbeitskreis für Schiffahrts- und Marinegeschichte« der ehemaligen DDR. Dies war ein ausgesprochen kollegialer Zusammenschluß von Schiffahrts- und Marineenthusiasten, wobei die in der DDR erschienene Zeitschrift »Panorama Maritim« mit »Schiff und Zeit« zusammengefaßt wurde. Seither trägt das Verbandsorgan der DGSM den Obertitel »Schiff und Zeit«, mit »Panorama Maritim« als Untertitel und dessen altem Logo, das mit seiner stilisierten Koggendarstellung an das mittelalterliche Stadtsiegel einer Hansestadt erinnert.

Die DGSM war 1971 aus dem Wunsch entstanden, ein Forum zur Pflege der deutschen Schiffahrts- und Marinegeschichte zu schaffen, da es damals an keiner Universität der Bundesrepublik Deutschland einen Lehrstuhl für diese Disziplin gab und das Deutsche Schiffahrtsmuseum noch nicht eröffnet war. Schiffahrts- oder Marinegeschichte wurde nur von wenigen Wissenschaftlern aus unterschiedlichen Fachgebieten, zum Teil sogar als privates Interessengebiet, betrieben. Mit der Gründung der DGSM sollten praktische Voraussetzungen für Forschung und Publikation des ganzen Spektrums maritimer Geschichtsschreibung geschaffen werden. Dies ist der DGSM erfolgreich gelungen. Mit der zweimal im Jahr erscheinenden Zeitschrift »Schiff und Zeit – Panorama Maritim«, deren 61. Ausgabe nun vorliegt, ist ein Fachperiodikum entstanden, das aufgrund seiner zahlreichen und fachlich subtil gestalteten Beiträge für Historiker und alle an der Schiffahrt Interessierten eine wahre Schatzkammer darstellt. Zusätzlich zur Zeitschrift veröffentlicht die DGSM regelmäßig ein Jahrbuch und eine Schriftenreihe »Beiträge zur Schiffahrtsgeschichte«. In den zahlreichen Regionalgruppen der DGSM, u.a. in Berlin, Hamburg, Dortmund, Wilhelmshaven, Rostock, Osnabrück, Stuttgart und Wolgast, werden regelmäßig wissenschaftliche Kolloquien und Vorträge zu den unter-

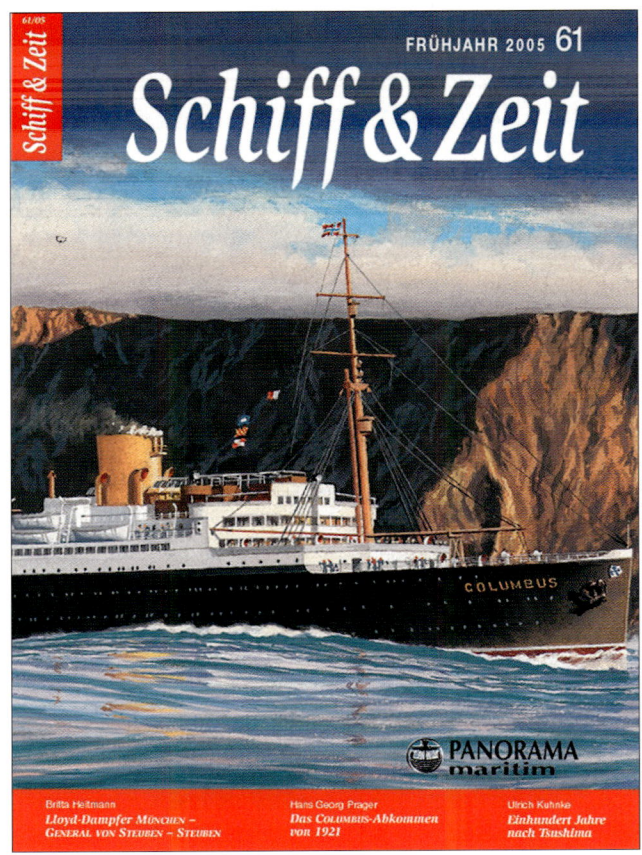

schiedlichsten Themen maritimer Geschichte gehalten, auf den Jahrestagungen vollzieht sich dies in größerem Rahmen. Nicht zu vergessen sind die von der DGSM organisierten historischen Exkursionen und Besichtigungen, die zu maritimen Einrichtungen, Museen, Häfen und Werften der Marine, See- und Binnenschiffahrt im In- und Ausland führen.

Auf Parallelkurs

Der Deutsche Marinebund (DMB) an der Wendemarke

Werner Hupfeld

Am Volkstrauertag 1996 enthüllte der Inspekteur der Marine, Vizeadmiral Hans-Rudolf Boehmer, im Marine-Ehrenmal Laboe eine Gedenktafel für die im Dienst der Deutschen Marine gestorbenen Seeleute. Mit diesem offiziellen Akt wurden auch die nach 1955 in die bis dahin primär den Kriegstoten zweier Weltkriege gewidmete Gedenkstätte einbezogen. Der damalige Präsident des Deutschen Marinebundes (DMB), Flottillenadmiral a. D. Hans-Dieter Christmann, vereinbarte mit dem Inspekteur der Marine eine wesentlich engere Zusammenarbeit, als sie bis zu diesem Zeitpunkt üblich war. Diese Vereinbarung war eine bedeutsame, ja historische Wendemarke in der Geschichte des Marinebundes, wenngleich sie nicht von allen Mitgliedern sofort verstanden wurde.

Die spürbaren Vorbehalte gegenüber dem DMB sind teilweise in seiner Entstehungsgeschichte zu suchen. Anders als seine Vorgänger – der 1891 gegründete Flottenverein und der 1933 gleichgeschaltete NS-Marinebund – war der neue Marinebund 1952 nicht als eine halbstaatliche Vereinigung gegründet worden, die mehr oder weniger offen die jeweilige Marine unterstützte. Nach dem Zweiten Weltkrieg ging es den meisten Gründungsmitgliedern wohl zunächst um das Wiedersehen mit denjenigen Kameraden, die überlebt hatten. Zu dem Gedankenaustausch über das gemeinsam Erlebte kam das Gedenken an die auf See Gefallenen. Nach und nach erst rückten Ziele wie die Unterstützung der wieder in Fahrt gekommenen Handelsmarine und schließlich, nicht zuletzt unter den Eindrücken des Kalten Krieges, auch der Bundesmarine ins Blickfeld der DMB-Mitglieder. Zunächst einmal standen jedoch die Kriegserlebnisse und deren Verarbeitung im Vordergrund.

Dies verstellte allerdings in der Folgezeit durchaus den Blick und das Verständnis für die ab 1956 im rasanten Aufbau befindliche Marine. Zwar wurde der erste Nachkriegs-Präsident des DMB, der im Krieg höchst erfolgreiche U-Boot-Kommandant Otto Kretschmer, wieder als aktiver Offizier übernommen und stieg gar bis zum Flottillenadmiral auf. Auch viele andere, jüngere DMB-Mitglieder überwanden die in der Bevölkerung damals weit verbreitete Abneigung gegen die junge Bundeswehr und zogen das blaue (manchmal zunächst auch graue) Tuch wieder an. Der weitaus größere Teil der DMB-Angehörigen blieb weiter auf Distanz zur Bundesmarine. Viele Veteranen waren ganz einfach zu alt, andere hatten beruflich und privat so feste Wurzeln an Land geschlagen, daß der berühmte »Ruf der See« sie nur noch schwach erreichte. Andere, stolz auf ihre Fahrenszeit auf Schlachtschiffen und Kreuzern, belächelten die jungen Seeleute auf den »BYMSEN« und mit Namen wie SCHARNHORST oder GNEISENAU aus ihrer Sicht »überetikettierten« früheren Geleitkorvetten der Alliierten. Bei manchen mögen auch ein gewisser Neid auf die jetzt zur See Fahrenden sowie eine aus subjektiven Kriegserlebnissen durchaus verständliche Abneigung gegen die neuen Verbündeten eine Rolle gespielt haben.

Ein wesentliches Element war die Überzeugung, daß der eigenen Generation etwas so Einzigartiges widerfahren war, daß eine Gedenkstätte wie das Marine-Ehrenmal für alle Zeiten selbstverständlich nur den Kriegstoten gewidmet bleiben könne. Dieser Logik folgend, beschränkten sich die in den 50er und 60er Jahren Verantwortlichen des DMB bei der Neugestaltung des Marine-Ehrenmales und der Historischen Halle weitgehend auf die ausführliche Darstellung der Kampfhandlungen der deutschen Marinen in den beiden Weltkriegen. Die Bundesmarine fand lediglich in Form einer Seeflagge und einiger weniger Schiffsmodelle statt. An Tote der Nachkriegszeit mußte – glücklicherweise – lediglich durch eine Glocke des U-Bootes HAI erinnert werden, auf dem 1965 fast die gesamte Besatzung ihr Leben bei einem Unglücksfall verlor. Wohlwollend nahmen die Traditionalisten im DMB zur Kenntnis, daß alle Marineschiffe beim Passieren des Ehrenmals wieder »Front« pfiffen. Auch fanden häufig offizielle Kranzniederlegungen in der unterirdischen Gedenkhalle statt, besonders während der Kieler Woche auch mit großer internationaler Beteiligung.

Die weitaus meisten Begegnungen zwischen DMB-Mitgliedern und aktiven Marineangehörigen fanden jedoch woanders statt, bei Besuchen und Gegenbesuchen im Rahmen von Patenschaften. Fast alle schwimmenden und einige landgebundene Marineeinheiten gingen im Laufe der Zeit ein Patenschaftsverhältnis mit einem Bundesland, einer Stadt oder einer Gemeinde ein, zumeist im Binnenland. In vielen Fällen traten und treten dabei natürlich die Marinekameradschaften als Mittler und aktive Gestalter auf. Einige ehemalige Mariner mißverstanden ihre Rolle als Gastgeber gegenüber den jungen, aktiven Soldaten, sodaß Bier und Labskaus im Vordergrund der Betreuung standen. Sie verkannten, daß dies als Basis oder gar Inhalt von Patenschaften, wenn auch wohlgemeint, jedoch eher abstoßend wirken würde.

»Front nach Steuerbord«: Seit fünf Jahrzehnten wird beim Passieren des Marineehrenmals Laboe durch Ehrenbezeugung von Besatzungen und Schiffen der Bundesmarine der auf See gebliebenen Kameraden gedacht (PIZ-Marine)

Einbringen der Truppenfahne des außer Dienst gestellten 1. Zerstörergeschwaders in das Marineehrenmal Laboe am 15. Juni 2004. Rechts von der Fahnenabordnung (v.l.n.r.): Kapitän z.S. a.D. Michael Kämpf, Präsident des DMB, Vizeadmiral Lutz Feldt, Inspekteur der Marine, Kapitän z.S. Georg von Maltzahn, letzter Kommandeur des 1. Z-Geschwaders, und Fregattenkapitän Michael Meding, letzter Kommandant des FK-Zerstörers LÜTJENS (Photo: Welsch)

Inzwischen hatten sich Marine und DMB längst weiterentwickelt. Wie die deutschen Flotteneinheiten seit Ende der 60er Jahre war auch der DMB Anfang der 70er Jahre zu einem anerkannten, gleichberechtigten Partner auf internationaler Ebene geworden. Begegnungen mit Angehörigen anderer Marinen, gemeinsame Manöver- und – ab Beginn der 90er Jahre – auch Einsatzerfahrungen lösten die Kriegs- und Nachkriegseindrücke ab. Nach und nach zog sich die Kriegsgeneration altersbedingt aus den Funktionen zurück, in der Marine wie im DMB. So war es dann auch folgerichtig, daß eine »selbstgestrickte« Marineführung und ein DMB mit gleichem Erfahrungshorizont aufeinander zuging und beginnend mit der eingangs geschilderten Tafelenthüllung im Marine-Ehrenmal auf Parallelkurs einschwenkte.

Was hat sich aber in der Praxis seit November 1996 geändert? Seit einigen Jahren kommen in Bonn Spit-zenvertreter von Marine, Handelsschiffahrt, DMI, MOV, DGSM, DMB und weiterer Marineorganisationen mehrmals jährlich an einem »Blauen Tisch« zusammen. Dabei wird ein gemeinsamer Kurs abgesteckt, um Ziele effektiver und effizienter verfolgen zu können. Bei Quartalsmusterungen und Anlässen wie der Historisch-Taktischen Tagung der Flotte versäumen es die höchsten Flaggoffiziere nicht, auf die Zusammenarbeit mit den Marineorganisationen und Schiffahrtsgesellschaften hinzuweisen, und ermuntern zu einem Engagement in diesen Verbänden. Was hat zu diesem Sinneswandel geführt, galt doch der DMB jahrzehntelang für manche eher als ein »Stammtischverein ewiggestriger Veteranen«?

Möglicherweise ist diese Einschätzung, neben der demographischen Entwicklung, der Einsicht gewichen, daß der DMB eine Multiplikatorenfunktion für die aktive Marine übernommen hat oder – wo dies noch nicht geschehen ist – zumindest übernehmen kann.

Die Deutsche Marine wie auch die zivile Seeschiffahrt stoßen in dem Industriestaat Deutschland auf das Phänomen, daß in der Bevölkerung kaum Kenntnisse über und leider auch kaum Interesse an diesen Bereichen existieren. Vorhandensein, Funktion und Notwendigkeit maritimer Interessen beziehungsweise maritimer Fähigkeiten der Bundesrepublik Deutschland gehören trotz modernster Informations- und Kommunikationsmöglichkeiten keineswegs zum Allgemeingut unserer Bürger. So gern und so selbstverständlich die Segnungen eines florierenden, ungehinderten Welthandels genossen werden, so kurzsichtig und desinteressiert geht man mit allen Fragen um, die mit der Seefahrt und der maritimen Wirtschaft unseres Landes zusammenhängen. Die Einsicht in die Notwendigkeit einer der politischen und wirtschaftlichen Bedeutung Deutschlands angemessenen Handelsflotte, Marine, Werft- und Hafenwirtschaft bleibt hauptsächlich den Bewohnern der Küstenländer und natürlich deren Abgeordneten in den Parlamenten vorbehalten. Dabei wird in Metropolen wie Berlin, Frankfurt, Köln oder München oft übersehen, in welchem Maße der wirtschaftliche Aufschwung und der daraus resultierende Wohlstand der Bürger von jederzeit verfügbaren, freien Seewegen abhängen. Leider müssen offensichtlich erst politische Krisen, Naturkatastrophen oder andere Unglücksfälle eintreten, bevor über die Medien die Vorgänge auf See in den Blickwinkel der sonst so vielseitig wie noch nie informierten Bürger geraten.

Hier kommt nun der DMB ins Spiel, der mit seinen über 20.000 in etwa 500 örtlichen Gliederungen organisierten Mitgliedern bundesweit und damit wirklich flächendeckend maritimes Gedankengut verbreiten kann. Die Deutsche Marine hat wie die gesamte Bundeswehr seit einiger Zeit ihren Aufgabenschwerpunkt eindeutig von unseren »Heimatgewässern«, also Nord- und Ostsee, in entferntere Einsatzgebiete verlagern müssen. Mit dem Ende des Kalten Krieges wuchsen die Verantwortung und das Engagement Deutschlands in einem bis dahin ungeahnten Maße. Seit 1991 stehen Einheiten der Deutschen Marine ununterbrochen, vielfach auch gleichzeitig in verschiedenen Einsätzen weit außerhalb unserer bisherigen Übungs- und Einsatzgebiete. Gemäß dem weit vorausschauenden Umstrukturierungsprogramm »Marine 2005« war bereits Mitte der 80er Jahre die Halbierung der Marine eingeleitet worden, um ausreichend Ressourcen für eine moderne Flotte freizusetzen, die den Anforderungen der Zukunft gewachsen ist.

Unter dem Begriff »Transformation« wird nun die Bundeswehr vollends auf die neuen Aufgaben eingestellt. Dieser Wandel von der »escort navy« zur »expeditionary navy« bringt es allerdings mit sich, daß die Einheiten unserer kleineren, aber modernisierten Flotte erheblich häufiger und auch länger in außerheimischen Gewässern operieren. Sechsmonatsphasen sind inzwischen auch für die Bootsgeschwader eher der Regelfall. Damit können diese Einheiten jedoch nicht mehr direkt für die Öffentlichkeitsarbeit und Nachwuchswerbung im Inland genutzt werden. Die Zeiten sind unwiderruflich dahin, als ganze Geschwader den Rhein hinauffuhren oder in zahlreichen Häfen und Badeorten zu »Wochenenden bei der Marine« und »open ship« eingeladen werden konnte. Die Reduzierung der Standorte tut ihr übriges, sodaß neue Wege beschritten werden müssen, um maritimes Gedankengut in der Bevölkerung zu verbreiten.

Die Marine tut gut daran, das Potential von über 20.000 DMB-Angehörigen als Multiplikatoren zu nutzen. Voraussetzung hierfür ist allerdings die gegenseitige Gesprächsbereitschaft. Die jährliche Informationsveranstaltung für Marine-Reservisten im DMB ermöglicht neue Eindrücke; Vorträge, Besuche und Mitfahrten ergänzen sie. DMB, DMI, MOV, DGSM und die Verbände der U-Boot-, Schnellboot- oder Zerstörer-Fahrer und andere mehr müssen ohnehin künftig mehr zusammenarbeiten, denn wie alle anderen Organisationen leiden sie unter Überalterung und Mitgliederschwund. Eine immer kleiner werdende Marine kann keinesfalls genügend Aktive oder Ehemalige für all diese einst mitgliederstarken Vereinigungen hervorbringen und so langfristig deren Weiterbestehen garantieren. Da die Ziele ganz nahe beieinanderliegen und teilweise sogar identisch sind, kann – analog dem »Blauen Tisch« – der Kurs nur der gleiche sein!

Zeittafel

Vorläufer der Bundesmarine

Seit Sommer 1945	Minenräumdienst deutscher Boote und Besatzungen; Aufbau der »German Minesweeping Administration« (GMSA) unter deutscher Führung und englischer Oberhoheit
1946	Das »Naval Historical Team« nimmt seine Arbeit auf
1947	Wegen sowjetischen Protests Auflösung der GMSA; Verkleinerung und Überleitung in den Minenräumverband Cuxhaven
1949	Gründung der NATO (North Atlantic Treaty Organization)
1949, 23. Mai	Verkündigung des Grundgesetzes der Bundesrepublik Deutschland
1950, 3.–6. Oktober	Tagung zum deutschen Verteidigungsbeitrag im Kloster Himmerod
Ab Februar 1951	Aufbau der »Labour Service Unit« (LSU), eines militärisch organisierten Minensuchverbands mit deutschem Personal und amerikanischer Führung
1951	»Wagner-Denkschrift«, das Urkonzept für eine deutsche Marine
1952, 27. Mai	Vertrag über die »Europäische Verteidigungsgemeinschaft« (EVG)
1954	Die EVG scheitert im französischen Parlament
1955, 5. Mai	Der neue Vertrag über die Westeuropäische Union (WEU) tritt in Kraft
1955, 9. Mai	Die Bundesrepublik Deutschland wird Mitglied der NATO

Die Bundesmarine

1955, 12. November	Gründung der Bundeswehr am Geburtstag von General Scharnhorst, die ersten Offiziere erhalten ihre Ernennungsurkunde
1956, 2. Januar	Die ersten Marinesoldaten treten in Wilhelmshaven ihren Dienst an
1956	Fast der gesamte Bundesgrenzschutz (See) tritt in die Marine ein, ebenso das Personal der LSU und das 1. Schnellbootlehrgeschwader (ehemals »British Fishery Protection Service« des englischen Geheimdienstes)
1956–1961	Vizeadmiral Friedrich Ruge, erster Inspekteur der Marine (InspM)
1957	Erste Historisch-Taktische Tagung der Flotte, die seitdem jährlich stattfindet und zur wichtigsten Veranstaltung der Seeoffiziere geworden ist
1958	Segelschulschiff GORCH FOCK wird in Dienst gestellt
Ab 1959	Sechs amerikanische Leihzerstörer der Fletcher-Klasse und sieben englische Fregatten bilden den Kern der deutschen Flotte
1961–1967	Vizeadmiral Zenker, InspM
1962	»Konzept und Aufbau der Marine«, erste offizielle Konzeption der Marine
1962, Oktober/November	Während der Kuba-Krise ist das Marinefliegergeschwader 1 in Bereitschaft, das 3. Schnellbootgeschwader befindet sich in der mittleren und östlichen Ostsee in Kriegsbereitschaft auf Patrouille
1962, 2. November	Wachboot KRAKE (MLR 221) der NVA/VM rammt das KM-Boot MINDEN
1966, 14. September	Untergang von U-HAI im Sturm auf der Doggerbank
1967–1971	Vizeadmiral Jeschonnek, InspM

1968, 21. August	Truppen des Warschauer Pakts besetzen die CSSR; die Schnellbootflottille nimmt Bereitschaftspositionen in den dänischen Inseln ein
1969, 1970	Indienststellung der Flugkörperzerstörer LÜTJENS, MÖLDERS und ROMMEL markieren die Modernisierung der Marine
Seit 13. Januar 1967	Deutsche Schiffe in dem ständigen NATO-Einsatzverband STANAVFORLANT
Seit 11. März 1967	Deutsche Minensuchboote in dem ständigen NATO-Einsatzverband STANAVFORCHAN (seit April 1999 umbenannt in Minenabwehrverband Nord)
1967, 16. Oktober	Einrichtung der Search and Rescue (SAR) – Leitstelle beim Flottenkommando als Teil der zivilen Seerettungsorganisation
1971–1975	Vizeadmiral Kühnle, InspM
1972	Zweite »Konzeption der Marine« (überarbeitet 1975)
1972–1976	Admiral Armin Zimmermann, Generalinspekteur
1974	Neue Spitzengliederung der Marine mit den Kommandobehörden Flotte, Marineamt und Marineunterstützung
1975–1980	Vizeadmiral Günther Luther, InspM
1980	Aufhebung der Einsatzbegrenzung 61° Nord, Linie Dover–Calais und 18° Ost
1980–1985	Vizeadmiral Ansgar Bethge, InspM
1985–1986	Vizeadmiral Dieter Wellershoff, InspM
1986	»Maritime Conceptional Military Framework« der NATO verabschiedet
1986–1991	Admiral Dieter Wellershoff, Generalinspekteur
1986–1991	Vizeadmiral Hans-Joachim Mann, InspM
1986	Dritte »Konzeption der Marine«
Ab 1987	Deutsche Schiffe in dem ständigen NATO-Einsatzverband im Mittelmeer »Naval On Call Force Meditteranean«
1987, 15. Juni	Tender NECKAR wird in der Ostsee von Schiffen des Warschauer Pakts (versehentlich?) beschossen
1989, 12.–16. Oktober	Erstmaliges Einlaufen eines deutschen Marineverbandes in den sowjetischen Hafen von Leningrad
1990, 3. Oktober	Wiedervereinigung Deutschlands

Die Volksmarine der NVA und ihre Vorläufer

1950, 1. April	Gründung der Seepolizei
1950, 15. Juni	Gründung der Hauptverwaltung Seepolizei
1950 - 1955	Vizeadmiral Verner, Generalinspekteur
1952	Umbenennung der Seepolizei in Volkspolizei See (VP-See)
1953, 17. Juni	Volksaufstand in der DDR
1955, 14. Mai	Gründung des Warschauer Paktes
1955–1956	Vizeadmiral Felix Scheffler, Inspekteur der VP-See, bzw. der Seestreitkräfte
1956, 18. Januar	Gesetz zum Aufbau der Nationalen Volksarmee (NVA)
1956, 1. März	»Verwaltung Seestreitkräfte«
Seit 1957	Gemeinsame Übungen mit der polnischen und sowjetischen Flotte

1957–1959	Vizeadmiral Verner, Inspekteur der Seestreitkräfte
1959–1961	Konteradmiral Ehm, Inspekteur der Seestreitkräfte, bzw. der Volksmarine
1960, 10. Oktober	Der DDR-Verteidigungsrat verleiht den Seestreitkräften die Bezeichnung Volksmarine
1961–1963	Konteradmiral Heinz Neukirchen, Inspekteur der Volksmarine
1963–1987	Konteradmiral Dr. Ehm (seit 1964 Vizeadmiral, seit 1977 Admiral), Inspekteur der Volksmarine
1987–1990	Admiral Hoffmann, Inspekteur der Volksmarine
1989, 9. November	Die Mauer fällt
1990, 1. Oktober	Aufstellung eines Küstenwachgeschwaders aus Einheiten der ehemaligen Volksmarine (bis September 1991)
1990, 2. Oktober	Außerdienststellung aller anderen Einheiten der Volksmarine

Die Deutsche Marine

1990–1994	Reduzierung der Bundeswehr von ihrem Höchststand 1990, weitere Reformen der Streitkräfte und NATO
1991	»Zielvorstellungen der Marine« zur Marine 2005
1991–1994	Vizeadmiral Hein-Peter Weyher, InspM
1991, Januar	Deutscher Kampfverband ins Mittelmeer entsandt, Zweiter Golfkrieg
1991, März–Juli	»Minenabwehrverband Südflanke der NATO«, deutsche und alliierte Minensucher räumen Minen im Persischen Golf
Seit 1992	Teilnahme deutscher Schiffe an dem ständigen Einsatzverband der NATO im Mittelmeer STANAVFORMED
1994	Die NATO entwirft das Programm »Partnerschaft für den Frieden« zur Zusammenarbeit mit den Streitkräften des ehemaligen Ostblocks
1994, Januar	Somalia-Einsatz der Marine zum Abtransport des deutschen Heereskontingents aus Mogadischu
1994, Juli	Beteiligung deutscher Einheiten an der Operation SHARP GUARD zur Durchsetzung des Embargos gegen Rest-Jugoslawien (bis 1996)
1994–1998	Vizeadmiral Hans-Rudolf Boehmer, InspM
1998–2003	Vizeadmiral Hans Lüssow, InspM
Seit März 1999	Einsatz von See- und Seeluftstreitkräften im Rahmen alliierter Operationen im und nach dem Kosovo-Konflikt
Seit April 1999	Teilnahme von deutschen Minensuchern am ständigen Minenabwehrverband der NATO im Mittelmeer
Seit Januar 2002	Deutsche Marineverbände am Horn von Afrika und im Mittelmeer zur Bekämpfung des internationalen Terrorismus, Operationen ENDURING FREEDOM, ACTIVE ENDEAVOUR, STROG
2003–2006	Vizeadmiral Lutz Feldt, InspM
Ab 2004	»Transformation« der Bundeswehr und der Marine

Die Autoren

Budde, Ernst-Wichard, Dipl.-Phys., arbeitet seit über 30 Jahren bei der IABG auf dem Gebiet der Simulation von Marine- und Luftwaffensystemen. Seit 1998 ist er u. a. verantwortlich für die interne Koordination im Bereich Modellbildung und Simulation mit Schwerpunkt auf Technologieentwicklung im Bereich Simulationsnetzwerke.

Feldt, Lutz, Vizeadmiral, geb. 1945, Eintritt in die Marine 1. April 1965, Kommandant Minensucher, Zerstörer und Kommandeur Zerstörerflottille, Stabsverwendungen im BMVg und in der NATO, 1998–2000 Kommandeur WBK I Küste, 2000–2002 Befehlshaber der Flotte, seit 2003 Inspekteur der Marine.

Hess, Dr. Sigurd, Konteradmiral a. D., geb. 1938, Kommandant S-Boot TIGER und Zerstörer MÖLDERS, Stabsverwendungen Flottenkommando, BMVg, SHAPE und BALTAP, Präsident Deutsches Marine Institut, Vorsitzender Deutsche Gesellschaft für Schiffahrts- und Marinegeschichte, Veröffentlichungen zur Sicherheitspolitik, Militärgeschichte und Informationstechnologie.

Hillmann, Dr. Jörg, Fregattenkapitän, geb. 1963, Crew VII/82, Bord- und Landverwendungen, u.a. Zerstörer HESSEN und Schulschiff DEUTSCHLAND, sowie im Wachbataillon. Lehrer für Militärgeschichte an der Marineschule Mürwik, Lehrbeauftragter Uni Bw Hamburg, zur Zeit Bereichsleiter im Militärgeschichtlichen Forschungsamt Potsdam.

Hupfeld, Werner, FKpt, geb. 1950, Crew X/69, Pressestabsoffizier im Presse- und Informationszentrum Marine, Glücksburg/Ostsee, stv. Landesverbandsleiter Nord im Deutschen Marinebund, Bildredakteur.

Jenisch, Prof. Dr. Uwe, Kapitän z. S. d. R. a. D., geb. 1941, Professor h. c. an der Universität Kiel. Nach dem Marine-Wehrdienst Jurastudium in Kiel, Freiburg und Harvard Law School. Berufliche Stationen in Bonn, Brüssel und Kiel konzentrierten sich auf Schiffahrt, Meerestechnik und -forschung, Seerecht und Meerespolitik; hierzu viele Veröffentlichungen.

Jopp, H. D., Kapitän z. S., Dipl.-Ing., Crew X/67. Kdr Technische Gruppe MFG 2, Admiralstabsoffizierausbildung. Wissenschaftlicher Mitarbeiter bei der Stiftung Wissenschaft und Politik, mil. Berater Ständige Vertretung Deutschlands bei der OSZE in Wien, Kdr Abtlg Grundlehrgang, Chef des Stabes, seit 2003 Leiter FB Sicherheitspolitik und Strategie an FüAkBw.

Leber, Dr. h.c. Georg, geb. 1920, Vorsitzender der Gewerkschaft Bau, Steine, Erden, Bundesminister für Verkehr und Post 1966–1972, Bundesminister der Verteidigung 10. Juli 1972–16. Februar 1978, Bundestagsvizepräsident 1979–1983.

Lippitz, Karlheinz, Dipl.-Ing. für Hochfrequenztechnik, Ministerialrat a. D. nach 37 Jahren im Rüstungsmanagement, davon 29 Jahre in Marinevorhaben von Z 103B, F 122, über F 123, F 124 bis F 125 und K 130; zuletzt Hauptabteilung Rüstung im BMVg, Referatsleiter für Überwasserkampfschiffe; seit 1. Februar 2005 im Ruhestand.

Mann, Hans-Joachim, Vizeadmiral a. D., Geburtsjahrgang 1935, Crew V/56, war von 1986 bis 1991 Inspekteur der Marine.

Naumann, Dr. h.c. Klaus, geb.1939 in München, trat im Oktober 1958 in die Bundeswehr ein. Nach der Generalstabsausbildung 1972 folgte der übliche Wechsel zwischen Stabs-, Truppen- und Nato-Verwendungen. Ernennung zum General 1991 und Berufung als GenInspBw. Letzte Verwendung Vorsitzender des NATO-Militärausschusses von 1996 bis 1999. Letzte ehrende Überraschung: Ehrenpromotion zum Doktor h. c. im November 2004.

Nielson, Manfred, Flottillenadmiral, Eintritt in die Marine 1973, Bordverwendungen als Kommandant und Kommandeur 6. Minensuchgeschwader, Stabsverwendungen im BMVg, zuletzt im Planungsstab, seit 2002 Kommandeur der Marineschule Mürwik.

Rohkamm, Prof. Dr.-Ing. Eckhard, Kapitän z. S. d .R., Vorstandsvorsitzender Blohm+Voss AG, Vorstandsvorsitzender ThyssenKrupp Technologies, Vorstandsmitglied ThyssenKrupp AG.

Salewski, Prof. Dr. Michael, geb. 1938 in Königsberg/ Pr., em. Professor für Mittlere und Neuere Geschichte an der Universität Kiel, Fregattenkapitän d. R. a. D. Zahlreiche Buchveröffentlichungen, u.a.: »Die deutsche Seekriegsleitung 1935–1945«, 3 Bde., München 1970–75; »Die Deutschen und die See«, 2 Bde., Stuttgart 1998–2002; »Geschichte Europas. Staaten und Nationen von der Antike bis zur Gegenwart«, München 2004; »Der Erste Weltkrieg«, Paderborn 2004; »Deutschland und der Zweite Weltkrieg«, Paderborn 2005.

Schimpf, Axel, Konteradmiral, trat 1971 in die Marine ein. Seefahrtzeiten in der Schnellboot- und in der Zerstörerflottille wechselten mit Stabsverwendungen in der Marine, im Bundesministerium der Verteidigung und in der NATO. Seit Dezember 2004 Stellvertreter des Inspekteurs und Chef des Führungsstabes der Marine.

Schütz, Heinrich, Erster Direktor BWB a. D., Dipl.-Ing., geb. 1938, zwei Jahre Wehrdienst bei der Marine. Er studierte Schiffbau an der TU Berlin, 1968 Eintritt in die Laufbahn des höheren technischen Dienstes in der Bundeswehrverwaltung. Mehrfach Beauftragter für große Schiffsprojekte, Leiter der WTD 71, bis Ende 2003 Leiter der Projektabteilung See im BWB.

Stuve, Christian B. W., Fregattenkapitän d. R., geb. 1956, trat 1977 in die Marine ein. Nach Studium an der Uni Bw Hamburg ab 1983 als Offizier auf U-Booten eingesetzt. 1989 Wechsel in den Bereich Marketing/Vertrieb Marineschiffe zu HDW, Projektmanagement und Projektleiter Vertrieb. 1999 Leitung des Bonner, später des Berliner Büros, seit Januar 2005 Leiter des Büros Werftenverbund der ThyssenKrupp Marine Systems in Berlin.

Schulze-Wegener, Dr. Guntram, Fregattenkapitän d. R., geb. 1965, Chefredakteur der Zeitschrift »Militär & Geschichte«, Veröffentlichungen: »Deutschland zur See – 150 Jahre Marinegeschichte«; »Die deutsche Kriegsmarine-Rüstung 1942–1945«; »Kriegsjahr 1944 – Im Großen und im Kleinen«, hrsg. mit Prof. Dr. Michael Salewski, sowie Aufsätze zur Militär- und Marinegeschichte.

Walle, Dr. Heinrich, Fregattenkapitän a. D., geb. 1941, Lehrbeauftragter für Didaktik der Geschichte an der Uni Köln, Stv. Chefredakteur der Zeitschrift »Militär & Geschichte«, Vorsitzender des AK Historischer Schiffbau, Redakteur Geschichte der Zeitschrift »MarineForum«, Veröffentlichungen zur Militär-, Marine- und Technikgeschichte.

Wessel, Dr.-Ing. Jürgen, Blohm + Voss GmbH, Projekte und Entwurf im Bereich Marineschiffe, Forschung und Entwicklung unkonventioneller Schiffe, Lehrauftrag Entwerfen von Marinefahrzeugen an der TU Hamburg.

Zikesch, Carsten, Dipl.-Ing., arbeitet seit Januar 2002 bei der IABG und leitet die Abteilung Systeme See/Marine. Nach seinem Studium war er sieben Jahre als Einsatzoffizier und Kommandant auf Schnellbooten eingesetzt. Im Anschluß an seine Dienstzeit wirkte er bei der Definition der Korvette K 130 und des MPA-Nachfolgers mit.

Die Herausgeber

Konteradmiral a. D. Dr. Sigurd Hess, geb. 1938, Präsident des Deutschen Marine Instituts und Vorsitzender der Deutschen Gesellschaft für Schiffahrts- und Marinegeschichte, Veröffentlichungen zur Sicherheitspolitik, Militär- und Marinegeschichte und zu Themen der Informationstechnik

Fregattenkapitän d. R. Dr. Guntram Schulze-Wegener, geb. 1965, Chefredakteur der zweimonatlich erscheinenden Zeitschrift »Militär & Geschichte«, Veröffentlichungen: »Deutschland zur See – 150 Jahre Marinegeschichte«, »Die deutsche Kriegsmarine-Rüstung 1942–1945«, »Kriegsjahr 1944 – Im Großen und im Kleinen«, herausgegeben zusammen mit Prof. Dr. Michael Salewski, sowie Aufsätze zur Militär- und Marinegeschichte

Fregattenkapitän a. D. Dr. Heinrich Walle, geb. 1941, Lehrbeauftragter für Didaktik der Geschichte an der Erziehungswissenschaftlichen Fakultät der Universität Köln, stlv. Chefredakteur der Zeitschrift »Militär & Geschichte«, Vorsitzender des »Arbeitskreises Historischer Schiffbau«, Redakteur Geschichte und Buchbesprechungen beim »MARINEFORUM«, Veröffentlichungen zur Militär-, Marine- und Technikgeschichte

Alle Soldaten der Bundeswehr schwören oder geloben zu Beginn ihrer Dienstzeit, das Recht und die Freiheit des Deutschen Volkes tapfer zu verteidigen. Vereidigung von Offizieranwärtern an der Marineschule Mürwik 2004

(PIZ-Marine)

Verabschiedung einer Besatzung vor dem Auslaufen aus dem Heimathafen. Im April 2005 läuft die Fregatte KÖLN zu einer längeren Auslandsreise aus. Freunde und Angehörige wünschen ihren Marinern eine gute Reise und glückliche Heimkehr

(PIZ-Marine)

Ein Obergefreiter läßt sich für sein »Heimatbild« vor der »Dienstflagge der Seestreitkräfte der Bundesrepublik Deutschland« photographieren

(PIZ-Marine)

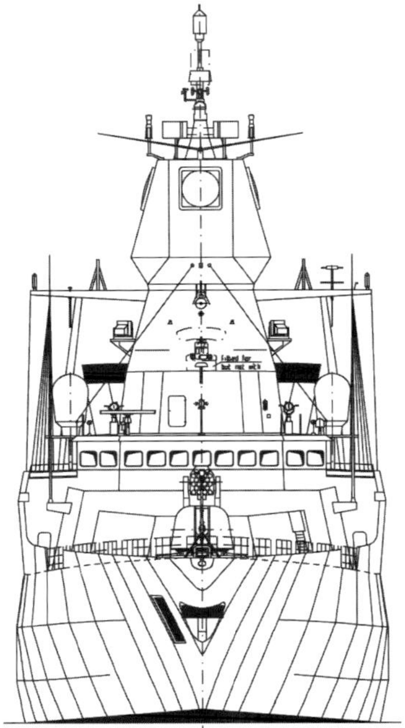

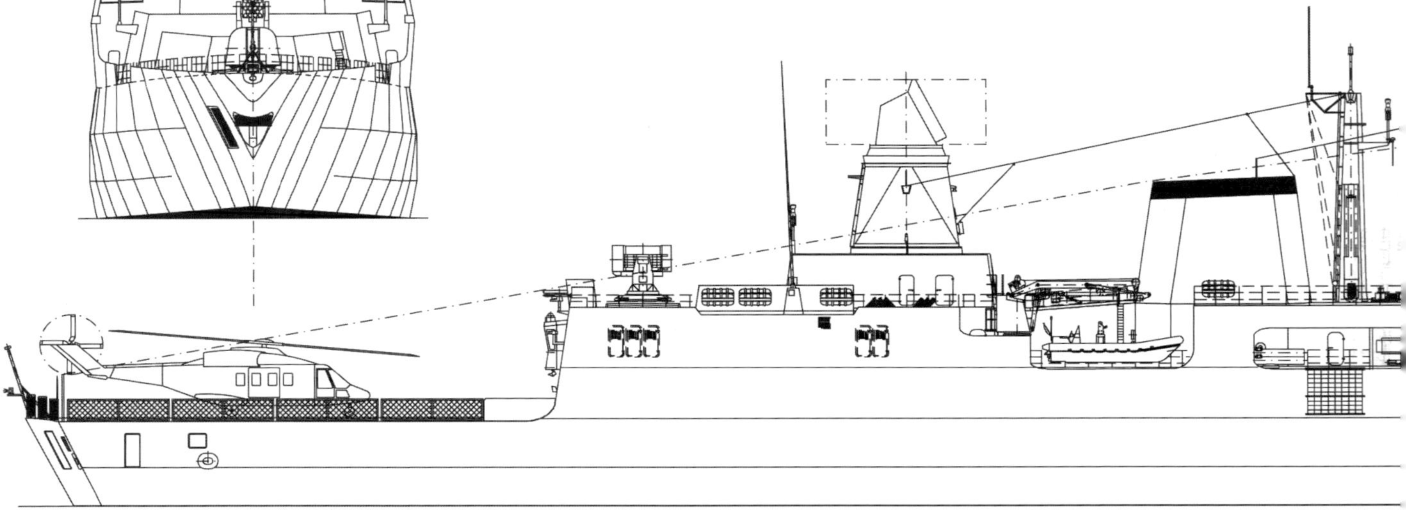

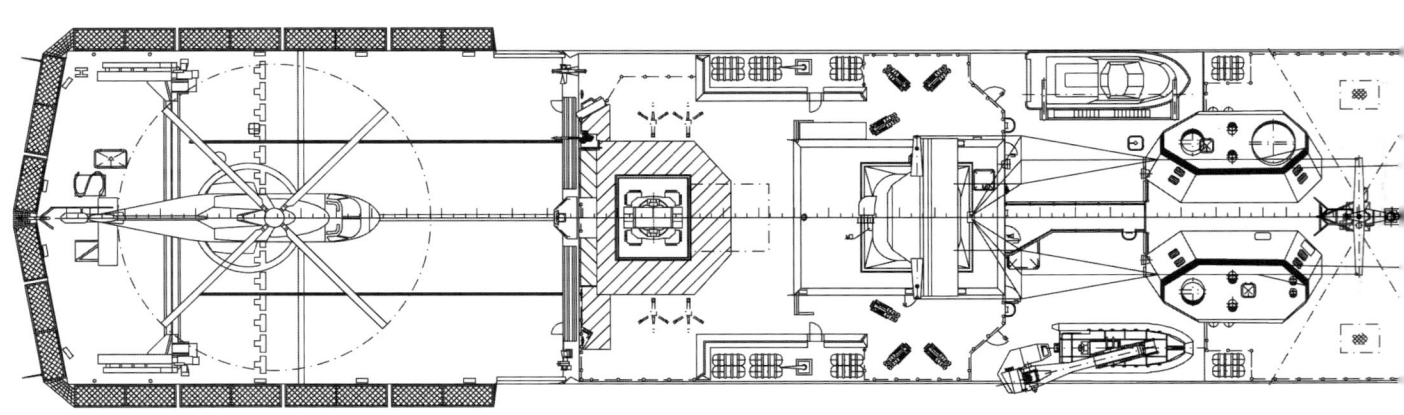